Wild Materialism:
The Ethic of Terror and
the Modern Republic

野性唯物主义

[美]雅克·莱兹拉(Jacques Lezra) 著
王钦 等译

著作权合同登记号　图字：01-2012-5626

图书在版编目（CIP）数据

野性唯物主义/（美）莱兹拉（Lezra, J.）著；王钦 等译．—北京：北京大学出版社，2014.1
　ISBN 978-7-301-23257-6

Ⅰ.①野… Ⅱ.①莱… ②王… Ⅲ.①政治哲学-研究 Ⅳ.① D0

中国版本图书馆 CIP 数据核字（2013）第 228208 号

Jacques Lezra
Wild Materialism: The Ethic of Terror and the Modern Republic
ISBN: 978-0-8232-3236-9
Copyright © Jacques Lezra
Original edition published by Fordham University Press, 2010
All Rights reserved.
This edition is authorized for sale in the People's Republic of China only, excluding Hong Kong, Macao SARs and Taiwan.
Simplified Chinese translation copyright © 2014 by Peking University Press.

本书中文简体字版经授权由北京大学出版社限在中华人民共和国境内（不包括香港特别行政区、澳门特别行政区和台湾）独家出版发行。

书　　　名：	野性唯物主义
著作责任者：	[美]雅克·莱兹拉 著　王钦 等译
责 任 编 辑：	周 彬
标 准 书 号：	ISBN 978-7-301-23257-6/D·3423
出 版 发 行：	北京大学出版社
地　　　址：	北京市海淀区成府路 205 号　100871
网　　　址：	http://www.pup.cn　新浪官方微博：@北京大学出版社　@培文图书
电 子 信 箱：	zpup@pup.cn
电　　　话：	邮购部 62752015　发行部 62750672　编辑部 62752032　出版部 62754962
印 刷 者：	三河市国新印装有限公司
经 销 者：	新华书店
	660 毫米 × 960 毫米　16 开本　29.5 印张　400 千字
	2014 年 1 月第 1 版　2014 年 1 月第 1 次印刷
定　　价：	65.00 元

未经许可，不得以任何方式复制或抄袭本书之部分或全部内容。
版权所有，侵权必究
举报电话：010-62752024　电子信箱：fd@pup.pku.edu.cn

中文版序

我很荣幸能够为《野性唯物主义》中文版写几句序言。这本书从很多方面看都很奇怪，部分是因为它写作时面对的语境，部分是因为它处理的主题。如果这个译本的读者能从这奇怪当中读出思想上的收获，或者觉得它具有挑战性，甚或令人感到不安（在我写作的过程中，我自己认为它就具有这些特点），那就再好不过了。

《野性唯物主义》在很多人看来是一本政治哲学著作，但为什么它花了相当篇幅分析文学著作、电影、精神分析著作，甚至广告？其他人可能会觉得本书属于文化批评：但它处理的是什么文化？——西班牙文化？英国文化？法国文化？阿尔及利亚文化？德国文化？本书的论述谈到了欧洲现代性转型时期，大致从1500年到1615年。但它**同时**也涉及后来人们对这一时间段的想象性重构——从18世纪晚期、19世纪、20世纪，一直到2001年9月11日及以后。本书的核心概念"恐怖"见于我们的日常经验（不管在童年还是长大以后，谁没有因为一些大大小小的事件而感到恐怖呢？），见于审美领域（害怕、恐惧、恐怖——所有这些在艺术哲学中都有很长的历史，从亚里士多德到当代法国哲学家雅克·朗西埃，中经康德和柏克），见于政治和当代生活领域（所谓"恐怖战争"、分裂主义和原教旨主义的各种暴力形式、国家恐怖）。本书的主要论点是，现代政治结合依赖于制造出种种能够包含和保护我称为"恐怖"的生活形式和治理形式。这个论点似乎不管怎么看都有悖常理。社会的目的难道不该是尽可能将个人面对威胁、暴力、贱斥（abjection）——总而言之，恐怖——的风险降到最低吗？本书的方法想必在很多人看来既熟悉又陌生：不错，本书大致遵循唯物主义批评传统的脉络，但它的论述方式完全不同于历史唯物主义或辩证唯物主义。修饰"唯物主义"的"野性"（wild）一词究竟是什么**意思**？

《野性唯物主义》是美国学术语境下的产物，政治哲学研究在这个大学语境中既不被政治学系和政治科学系承认，也不被哲学系承认。这里的原因很复杂，既有历史因素也有建制因素。从1960年代中期开始，美国学院文化倾向于用量化标准衡量各个专业，成果要可定量，研究要基于实验数据，自然语言和环境的含混性和杂质要减少到最低。"硬科学"（hard sciences）的模式主导了大部分研究；国家科研经费越来越多地局限在那些结果可以测算的领域内。因此，政治学和政治科学就开始转向博弈论、理性选择理论、系统论。同样，哲学系也开始向逻辑学、分析哲学，以及由神经科学范式主导的精神理论方面收缩。欧洲和世界其他地区所理解的政治哲学，在相当程度上成了无家可归的学科。可以预料，这一局面会带来很多负面结果——对于哲学传统中一些永恒问题的讨论和学术研究变得贫乏，而更棘手的是，对目前美国政治图景的分析呈现出一种反智主义。但政治哲学无家可归也产生了一些令人意想不到的积极效果。缺乏强大的建制基础作为支持的专业，要么会消失，要么会解体并通过与其他专业相结合而重组——这正是政治哲学在美国的命运。探讨马克思批判黑格尔《法哲学原理》的课会出现在美国研究系、人类学系，或社会学系、影视系、比较文学系。一篇有关阿伦特的"革命"概念的文章，其作者可能是英语系教授，也可能是哲学系教授。直接就政治话题（性别、种族、阶级）写作的哲学家们更可能把他们的文章发表在文学理论刊物、文化研究刊物或欧陆哲学刊物上，而不是发表在美国主流哲学刊物上。方法论陈规的全面瓦解是其结果——而这反过来又不时催生出一种体制性的恐慌（如果不是恐怖的话）。学院中的系科、专业和研究领域都是保守的建制；一个像政治哲学这样已然解体却仍然健康的领域（而且它在今日世界有着亟待实现的使命），对于现有体制来说既是威胁也是机遇。

以上就是我写作《野性唯物主义》时的学术语境。我自己的学术训练来自比较文学研究。我在1988年至1995年期间作了博士研究，当时我的思考路向后来形成了我的第一本书[1]；"比较文学"作为一个系，在那个时候已经带有其独特的面貌——尤其是在我的母校耶鲁大学。在那里，你不仅可以和诸如布鲁克斯（Cleanth Brooks）和威姆塞特（William Wimsatt）等文学批评家（这些伟大的新批评家实现了美国文学教育的转型，其功绩正如瑞恰慈[I. A. Richards]和利维斯[F. R. Leavis]在英国所作的贡献）对话，还可以和欧陆批评家、符号学家、精神分析学家和哲学家对话，他们形成的团体和所谓后结构主义有着松散的联系：翁贝托·艾柯、拉康、哈贝马斯、露西·伊利格瑞、让—弗朗索瓦·利奥塔、阿尔都塞，尤其还有德里达。和他们的对话时常生动热烈且富有生产性。从这一学科交叉中诞生的"文学理论"为未来的许多对话设置了舞台——后来包括反殖民主义批评家如萨义德、斯皮瓦克、罗西·布雷托蒂（Rosi Braidotti）等；包括来自英国《银幕》（Screen）团体的媒体批评家（米勒、希斯[Heath]）；包括哲学家朱迪·巴特勒和巴利巴尔，他们关心的是如何理解种族、性别和阶级不平等的来源；还有其他。二十多年来，美国的比较文学系已经成为所有这些不同运动、对话、论辩传统的交汇地。在这里而且只有在这里，一本像《野性唯物主义》这样"无家可归"的著作才找到其安身之所。

《野性唯物主义》的"野性"之处在哪里？"唯物主义"的地方又

---

[1] 指的是 *Unspeakable Subjects: The Genealogy of the Event in Early Modern Europe*（Stanford University Press, 1997）一书。按：本书页下注皆为译者注。

在哪里?"野性"一词意在让人联想到弗洛伊德1910年的文章《对"野性"精神分析的几点观察》。在类比的意义上,"野性"的唯物主义作为一种唯物主义进路,既是非技术性的、体制外的、粗俗化的、大众化的,也位于既有的判定标准之外,无法根据标准的唯物主义规则和目标来决定它的成败。对我而言,这个词还有更具体的含义。当一种唯物主义实践被激进地、不间断地进行中介的时候,它就是"野性"的。这种意义上的"中介"有两个指向。第一,它指的是这样一种观察:没有任何**物质**现实或数据(包括对某个所谓经验事实或数据进行思考或观察的"事实"或"数据")是单纯给定的——可以脱离一个对其起到干预作用和构形作用的符号语境;第二,这些语境从来不是自洽的,也不是完整的(对这些语境来说,规范是不存在的)。在我看来,"中介"是一台机器,它生产和揭示语境与物质之"不完整性",同时也生产和揭示它们的必然性:语境和物质必然致力于作出关于事实或数据的判断——海德格尔或许会称之为"事态"(states of affairs)。《野性唯物主义》的"野性"之处在于,它展现了历史或哲学的语境如何填充"单纯事实",如何充斥着"数据"或"事实",打碎它们、分裂它们、不断切割和分散它们,将它们分散至已经四散的种种领域、时间、行为和民族中去。

最后一点:为什么**如今**,在今天,在21世纪,"恐怖"成了政治哲学的一个奠基性概念(或半概念)?我在本书开篇对**恐怖主义**而不是**恐怖**作了思考。我最初考虑的是独裁时期西班牙首相布兰科遭暗杀一事。我是西班牙人,在移居美国前一直生活在马德里——所以我对暗杀发生的一带很熟悉,知道是什么社会和政治情境导致了事件的发生;我对抵制长枪党统治的群体抱有同情,但也对此类袭击行为所代表的直接暴力带有极大的不信任感。所有这些都是很初步的不成熟想法。由此,我的想法开始聚焦于恐怖主义行为的三个方面;这三种思考方式在9·11事件之后变得鲜明了。首先,我考虑了恐怖主义行为的奇特经济:如何计算目标价值?"恐怖主义者"的袭击目标究竟**是**什么?纽约世贸大厦袭击事件的恐怖后果——既包括死难者，也包括其后布什政府的军事主义和排外主义意识形态——使这些问题变得非常紧迫。其次，我越来越关注的现象是，很多知识分子都奇特地感到与恐怖分子有认同感——恐怖分子能直接行动，他的政治处在高度知识化的学院体制世界的另一端。我越来越觉得，英雄主义式的直接性、纯粹行动的英雄主义的诱惑是一种浪漫派的残余，它在历史和哲学的意义上考验着我们。最后，我开始相信人们无法以恐怖主义行为为装置和基础，来建立一种政治以适应21世纪愈益分化的社会需求；上述第一个观察，即恐怖主义的奇特经济或反经济，或可提供一些线索。由此我从**恐怖主义**转向了**恐怖**。恐怖是我赋予下述经验的名字，这一经验属于极端分化的社会领域内的民主组织的根本经验。它表达的是一个人没有能力给出一个满意的概念来将自己的利益与他人利益挂钩。同样重要的是，恐怖是一个思想效果，即注意到概念不可能是完整的（根据我上面提到的专门意义而言）。我认为存在一组缺陷性概念，可以用来代替政治哲学的一些经典概念（"自律性""自由""个人主义""公民权"）——而这些缺陷性概念之间相互的弱联系，可以或多或少地根据《野性唯物主义》一书中提出的"现代共和国"的说法加以安排。

雅克·莱兹拉

[目 录]

致　谢 / 009

导　论　恐怖伦理学 / 011
第一章　恐怖的伦理 / 071
第二章　法勒斯或可分割的主权 / 115
第三章　主权的逻辑 / 157
第四章　自律性批判中的物质（Mareria）/ 193
第五章　萨德式的共同体 / 267
第六章　三个女人，三颗炸弹 / 303
结　语　分心的共和国 / 351
索　引 / 385

附录一　死亡驱力的变体 / 411
附录二　比较文学的未来 / 427
附录三　"非主体"：动物、缺陷性概念与激进共和主义
　　　　（访谈雅克·莱兹拉）/ 445

译后记 / 465

致　谢

2001年8月,这本书的草稿躺在我的桌上,已经基本上完成了。自那以后相继发生了世贸大楼可怕的倒塌和一系列公开或私人的事件,令我费了很多时间重新思考、写作和重写。

我得到了很多帮助。我在威斯康星—麦迪逊大学的学生,以及我一个学期待在哈佛时遇到的学生,都是我忠实而严苛的对话者;这本书是我们长期对话和不间断的友谊的记录。我很高兴向威斯康星—麦迪逊大学研究生院致谢,我在那里得到了写作和修改所需的时间。纽约大学人文学科研究项目的赞助使我能把插图加到书中:对此我表示感谢。

第一章部分内容曾以《极端民主下的恐怖伦理》为题刊于 *Arizona Journal of Hispanic Cultural Studies* 7(2003):173—193。第二章未修改前曾刊于 *Sovereigns, Citizens, and Saints: Political Theology and Renaissance Literature*,Julia Reinhard Lupton和Graham Hammill编,特刊,*Religion and Literature* 38, no. 3(Autumn 2006):13—39。我的《阅读的劳作》一文(收入 *Depositions: Althusser, Balibar, Macherey, and the Labor of Reading*,Jacques Lezra编,特刊,*Yale French Studies* 88 [1995]:78—117)是第四章的来源;第五章和第六章借用了我曾发表的《萨德论彭特克沃》一文,*Discourses* 26, no. 3(Fall 2005):48—75。本书结论有一部分是我写给 *Spanish Republic* 的导言,见

Journal of Spanish Cultural Studies 6，no. 2（2005），特刊。

Susanne、Gabe和Nat始终以某种方式存在于这些文字中。没有他们就没有这一切。

本书献给住在马德里的Mauricio和Giggy。

导 论
恐怖伦理学

我发现他被一种反常的恐怖折磨得困苦不堪。

——爱伦·坡：《厄舍古屋的倒塌》

他们不仅在制造恐怖；他们在制造意象。

——尼尔·盖布勒（Neil Gabler）：《这次是真实的景象》，

《纽约时报》2001年9月16日

恐怖、判断和城市之间有一种古老的亲缘关系。考察这种关系，同时考察它对于"共和主义"的承诺（一个同样古老的概念），便是本书的主题。

让我们把故事设定在1982年。哲学家列文（Michael Levin）提出一个假设：一座城市的存在岌岌可危，而它的存亡取决于我们的决断。列文说的是一座具体的城市，但它代表任何城市。他著名的寓言令人感到恐怖，但这却是他所意在达到的启发经验，或者更好地说是**公民**经验（如果我们真的感到恐怖，那我们就会行动起来保卫这座城市）。他所讲述的故事涉及伦理判断和政治利益的关系，并且将全球化与民族利益之间的冲突问题放置在一个大都市想象的形式之中。列文写道：

　　设想一个恐怖分子在曼哈顿安置了一枚核炸弹，它将于7月4日正午爆炸，除非……（这里列举了一连串常见的要求，例如金钱、释放同伙等）。然后，设想他在灾难降临的那天上午10点被捕，但是他宁死不屈，不愿透露炸弹安放的位置。我们该怎么做？如果我们按部就班——等候他的律师、进行进一步审讯——数百万人将会死去。如果解救这些生命的唯一办法在于施加极其残暴的折磨在这个恐怖分子身上，有什么理由拒绝这么做？我认为没有理由。无论如何，我请你们以开放的心态面对这个问题。

> 严刑逼供恐怖分子违宪吗？很可能。但数百万人的性命当然要远远胜过合宪性问题。严刑逼供的手段野蛮吗？大规模杀伤性袭击远远比这野蛮。事实上，为尊重某个藐视自己罪责的人而让数百万无辜者白白送死，这是道德懦弱的表现，也是政治上不愿意有损自己清白的表现。如果你抓住了恐怖分子，如果你知道数百万人因为你不愿使用电刑而死去，你还能睡好觉吗？[1]

与之相反的论辩从未占过上风，至少在过去四分之一世纪的美国媒体或政治辞令中没有；9·11事件以后就更没有了。甚至伊拉克的阿布格莱布监狱（Abu Ghraib）和关塔那摩监狱受到曝光的囚犯待遇和"强化审讯"等种种丑闻，都没有对上述论辩产生冲击——无论是在法理上、法律上，还是文化上。在学界内部，列文提出的争议场景的影响力也丝毫不弱；这篇文章在各类写作课或修辞课的课程大纲上出现，与其说证明了它论证的自洽，不如说证明了它在论题、意象和技巧方面的出色，以及与令人难过的时事之间的切合。[2]基于"定时炸弹"场景的功利主义论述相当刻板，并且，如电视剧《24小时》所表明的那样，"更多人的更大数量的善超过任何特殊利益，也超过某些普遍利益（例如体现于保存法律与'合宪性'之中的抽象社会利益）"——这一论题具有不可否认的商品特征（commercial cachet）。反对列文场景的最有效方式是从实际性的反对出发（例如，论证严刑逼供的手段并不奏效，因为它并不产生所需要的效果，甚至会产生负面效应；或者论证说，严刑逼供的手段会纵容他人用同样的方式对待美国士兵；或者论证此类折磨有损美国的国际声誉，等等）。义务论、价值伦理、宗教道德——当想象这座城市危在旦夕之时，一切反对酷刑和国家恐怖的伦理学论辩都倒塌了。城市的围墙保护我们不受敌人的袭击，抵挡恐惧，形成我们彼此的交际圈，界定了一系列实践、习惯和语言，正是它们规定了我们的身份。在城市的围墙内，我们都是人文主义者；权利得到平等保护，政治自主性的标准得到确定。当我们允许那些实践逾越城墙，并运用于那些并不接受这座城市的语言和习俗的（域外的）人身上时，我们就被扣上"道德懦弱"的帽子。

我们继续在这一点上停留片刻。更仔细地解读列文的立场，我们会发现它取决于一种要么是不自洽的、要么是不切实际的价值论述。首先，在列文的描述中，之所以严刑逼供被允许，是出于其"求真"的作用，但这一作用或许无法与其他次级的、更次级的作用分开，而这些其他作用则无法出于同样的原因被允许（因此也就需要与首要目标进行权衡，假设这个目标能够实现的话）。举两个例子：产生"真相"（如果确实如此的话）的折磨行为也必定产生对这些手段的自返性证成（reflexive justification）。如果我们成功地拯救了这座城市，那么我们的所作所为就得到了证成；如果我们失败了，那么我们至少不必有"道德懦弱"的愧疚，即便我们对其他事情感到愧疚；我们的英雄主义属于悲剧英雄一类。下述原则——严刑逼供因其奏效而可被允许——并没有被证伪；恰恰相反：有可能是因为我们审错了恐怖分子（可能是其他人知道炸弹安放在哪里），也可能是我们没有对那个知道真相的人施加足够的酷刑。这第二种自我正当化的、英雄主义式的作用，并不作为折磨行为的**目标**而在道德上被允许，但它无法与第一种作用区分开。而且，折磨行为也具有人们或许可以称为**词序上的**（lexical）次级的后果：如果我可以允许自己运用电刑，那么我就不再是在此之前的那个我了（例如，我或许由这一姿态而获得了某种宪法之外的英雄主义），而我所拯救的城市如今被笼罩在一圈域外的、法理之外的围墙内，这些逾越的围墙不同于之前那些界定并守护这座城市的围墙。正如不存在一种单一而谨慎的折磨行为——相反，存在的是行为的"复数性"，包括各种姿态、决断、不同势力运用的各种工具、在时空上的延伸，等等——因而也就不存在折磨行为的简单结果（例如，吐露真相也是一种报复行为）。

其次，考虑到严刑逼供下的陈述行为，上面这种行为的杂多性，以及它跨越空间、行为者、时间的分化和渗透，同样成立。忏悔，或者是有关地点、计划、姓名的坦白，在证实条件满足以前，将不会算数。坦白与事实相符吗？要是所陈述的信息是真的但却不完整，那怎么办？换句话说，可能炸弹确实在X位置，可我还没有告诉你如何拆除它（恐怖分子都聪明得可怕）。例如：告诉我炸弹安放在哪里；炸弹在X位置，比如说在法航售票窗口，但这一陈述即便证明为真，也不足以阻止炸弹爆炸。还需要进一步的答案，以及更进一步的其他问题（如何拆除炸弹？）。从法学角度出发则又预设了另一类问题和答案，由种种问题而确认这个人确实是我们需要套其口供的恐怖分子（而不仅仅是个漫步于城市的游客）。一些问题滋生出其他问题，也需要进一步的问题。这里的困难既是概念上的，也是实际上的：在开始提出问题之前，我们需要设想非常多的情况，不存在**单一**的问题足以应对列文所设想的场景。问题本身也是杂多的。

认为存在一个单一的、主导性的问题，这个幻想也与时序幻想密不可分。思考一个古代的故事：这次场景是在忒拜群山间，两条道路在城市附近交叉，那里发生了一起严重的、悬而未决的犯罪，以及一起私下的、被人遗忘的犯罪（抛弃一个孩子），这两起犯罪仍然在困扰这座城市。牧人说出了那个当初把孩子交给他的人的名字，由此瘟疫消失了，或者不如说，他同时命名了这个瘟疫并通过命名而终结了瘟疫。像索福克勒斯的寓言那样，列文的寓言具有神话的视野：当恐怖分子因酷刑带来的痛苦而说话的时候，威胁消失了。事实上，我们意识到威胁已经消失的时候（只有到这个时候），才知道他的话是真的。或者是因为，答案已经提前知道了（正如在列文的例子里，大家都知道日期是"注定的"；就像"恐怖分子"就是"恐怖分子"，而他的信息着实会帮助拯救这座城市等事实那样，俄狄浦斯的出身也预先就被诸神、斯芬克斯、先知提瑞西阿斯[Teiresias]、俄狄浦斯、观众们知道了)。我们会说"当然啦,我们始终都知道炸弹装置就在**那里**",并且现在炸弹不在那里了,或者已经失灵了。如果没有这种神话式的意识结果,折磨行为就无法在产生真理和拯救城市的层面上展开——这种行为是我利用信息时所产生的间接后果(虽然我或许是有意为之)。相反,如果没有上述意识结果,产生的就会是这样一种言语,其真假有待在最后一刻揭晓:亚里士多德学派的逻辑学家或许会称之为"未来偶然事件"(*future contingent*,这类事件是在真理上保持中立或有待确定的陈述,无法适用亚里士多德的排中律原则——即要求命题必须或为真或为假。最著名的例子是亚里士多德说的"一场海战会在明天爆发"。如亚里士多德的例子那样,"安放在曼哈顿的炸弹将在'7月4日中午'爆炸"尚不为真或为假:它仅仅会变成真的或假的陈述)。在未决的时期,介乎陈述和证实之间、行为及其结果之间的时期,我的判断同样是中立的、悬而未决的、悬置的。说到底,如果不是把一种行为、一个决定、一种事态与其预期的或推断的结果相联系,或与某些确实是内在的、公认的、清晰的、构成共同体纽带的标准和准则相联系,我(或者我所在的共同体)又将如何进行评判呢?[3]

　　人们无法**同时**依照结果主义和真理上中立的偶然性来证成某个行为(或一组行为:严刑逼供);人们无法假定哪些行为后果将从属于伦理判断,而哪些仅仅是偶然事故;或者不如说,人们可以这么假定,但仅仅能够在非常有限的意义上这么做。举个文学的例子或许有帮助:考虑另一个故事。这次是《炼狱篇》,维吉尔正指导朝圣者但丁理解出现在他眼前的折磨和惩罚场景:

> 我的眼睛正专心致志地望着,
> 要看极愿意看到的新鲜事物,
> 但掉过去观望他时并不迟缓。
> 读者,我不愿意你因为听到了

> 上帝如何命定罪人偿清债务，
> 就吓得抛弃了你的善良意图。
> 且不要注意那折磨的形式；
> 要想一想那随着来的，想一想
> 这痛苦最多也不会超过末日审判。[4]

这里的场景引人走神，以至于诗人但丁转而（站在旅程终点的高度而回溯性地）指导他的读者理解他在维吉尔帮助下所目睹的折磨。他告诉读者：想一想那随着来的，想一想"末日审判"。专注于折磨的种种形式，便犯下了滥施同情或"道德懦弱"的过错。只有从结果或事件（event，对于"*succession*"[随之而来]一词的程度很强的佳译）的角度来看，从奥林匹亚的位置来看（这个位置是保留给那些人的；他们不仅知道时日和行为有其结果，并且知道行为的赏罚；他们拯救了城邦或灵魂），人们才能真正作出判断。但丁用了两遍动词以示强调：不是目见或想象，而是**思想**，*il pensier*，帮助我们从我们看到或想象的折磨中找到用以证成这些折磨行为的结果。结果主义思想能够防止一个例子变成反面教训，也能防止（比如）从他人的受苦场景中感到太多的兴趣、快乐或满足，也能防止我们的所见或所想从附属位置（反过来）压倒一切"善良意图"，像美杜莎那样麻痹我们的判断并摄住朝圣者。列文的寓言既要求读者具备关于事件的神话视角，也将这个视角作为城市赖以建立的基础，以及判定共同体成员身份的基础。公民的判断被放在末日审判的角度来思考，从属于主权的完整性。主权思想将我们仅仅看见和想象的事物排除在城墙之外。这座城市是一种末世论。是否存在另一种方式来想象恐怖、判断和城市之间的关系？

城市之前

让我们换一种方式开始故事。仍然是古代的场景，古老的悲剧：女性、枯萎、瘟疫；它们的原因不得而知。这座城市，城邦（polis），支撑它的制度和共同体实践，使这些制度和实践得以可能的牢固的城墙，以及城市居民的生活——一切都处在危难中。两个故事交错于这个古代场景中：城市的受难故事及其统治者的起源故事。在这两个故事交会的地方，主权者正向仆人说话；这个仆人（他起初保持沉默——出于什么呢，克制？礼仪？忠诚？）被迫开口说话：出于暴力（violently）。对于总是在旁的公民歌队而言，这一场景有着索福克勒斯或塞涅卡的现代读者所不熟悉的形式。例如：我们作为这些古代悲剧的现代读者或观众，相信出现于歌队面前的故事与出现于我们面前的故事应相互区分，因为一者涉及公共事务，而另一者涉及私人事务。并且我们相信，将主权（既有镇定自若[self-possession]的意思，即能够自主决定采取何种行为方式，也有政治主权的意思）置于一个职务或一个个体身上，或是将主权分配到各个团体身上，其背后的道德基础取决于一项区分：城市的利益与生活在城市中的个体的利益。我们或许要再次询问，对于以城市为名实施的行为而言，判断其是否可被允许的基础，是否可能是世俗的、非末世论的？最后，我们相信，即便我们承认如果仆人不说出那个故事，城邦就不能继续持存；进一步，即便我们承认为了达到持存的目的，仆人（或恐怖分子）按照列文的话说可以"被施以最为严酷的折磨"——即便如此，我们仍然会下结论说，此后这个城邦将不再是它之前那个样子了，当它以暴力的方式获得那个将会使它得救的故事时，它的种种自我理解也就不复存在了（例如，它将不再是一个"合宪"的社会；它的价值将不再具有普遍性或得到普遍应用）。

当这个古老的故事开始的时候，这四种反对都不相关：公共利益与私人利益尚未采取其现代的、差异性的、相互关联的、对立的形式，而且它们之间的区别也不具有规范性价值。仆人的故事并不是他自己的，而是属于这个城邦，而它在公共事务中的位置则是暴力的结果——当代的眼光可能会觉得这种暴力根本无效，甚至是自我挫败的；巨大的、低效的、精微的世俗化装置在那时还没有立足点。[5]在索福克勒斯甚或在塞涅卡那里，并不存在这样一个世俗立场，借此某个角色、歌队的某个成员，或事实上是某个观众能够：第一，询问这个城邦在牧人说出故事后、在探得这个故事所需的暴力被实施后，还能否继续持存；第二，判断集体利益是否确保了个体（仆人或主权者）牺牲的合理性。没有一个单独的概念——比如"城邦""个体"，或其关联，"公民权"——能够脱离那场威胁着这个城邦及其居民的瘟疫，不存在这样一个中立而无涉的概念，借此人们可以判断是否（或要求）某种行为应当被实施，由谁实施，以及在何种情况下实施，然后描述并制定规则以"按流程实施"。不存在任何稳固的立场，借以作出哪怕是最简单的伦理判断或政治判断——也不存在任何借以评判它们关系的立场。不存在任何一个这样的位置，由此出发可以确定，决定接受城邦法律的行为，发生在法律存在之前还是之后；或试图确认这一行为究竟是不是一项决定：苏格拉底在《申辩篇》中阐述的关于国家的理论将会探讨这个空缺。[6]

因此，这就是我想提到的古代场景。这个场景是索福克勒斯《俄狄浦斯王》中公共的或政治的故事与私人故事交汇的场景之一，也绝不是最具有暴力性的一个。或者，不如说它的暴力性不同于提瑞西阿斯盛怒下的质询，也不同于俄狄浦斯与克瑞翁的对峙，也不同于以下两种极端但却是幕后的具体叙述：俄狄浦斯刺瞎自己的双眼，这个姿势将一个故事永远与另一个故事缝合起来，他瞎了的眼窝标志着两个点，城邦的故事，主权者的故事，以及每个公民对它们的了解，都在那里汇集到一起；盲目的点，十字路口，绝境。城邦的利益、城邦的健康、城邦的持存：这些因素在戏剧开始时就显然处在关键地位（俄狄浦斯对乞援人和歌队说："你们每人只为自己悲哀，不为旁人；我的悲痛却同时是为城邦，为自己，也为你们。" ll. 60ff），但在这高潮的一幕中却不是如此。俄狄浦斯并未以政治理由询问仆人；这里存在着另一种逻辑：

报信人：喂，告诉我，还记得那时候你给了我一个婴儿，叫我当自己的儿子养着吗？

牧人：你是什么意思？干吗问这句话？

报信人：好朋友，这就是他，那时候是个婴儿。

牧人：该死的家伙！还不快住嘴！

俄狄浦斯：啊，老头儿，不要骂他，你说这话倒是更该挨骂！

牧人：好主上啊，我有什么错呢？

俄狄浦斯：因为你不回答他问你的关于那个孩子的事。

牧人：他什么都不晓得，却要多嘴，简直是白搭。

俄狄浦斯：你不痛痛快快回答，要挨了打哭着回答！

牧人：看在天神面上，不要拷打一个老头子。

俄狄浦斯：（向侍从）快来人，立刻把他的手反绑起来！

牧人：可怜呀，为什么呢？[7] [*dustēnos anti tou*]

关于上述诗行存在一些编辑上的细微分歧。牧人的呼告——*dustēnos*，"可怜的，灾难性的，悲惨的"——普遍被读作自指，虽然有些编者指出这一形容词也可能用于俄狄浦斯：这个词在仆人和主权者之间滑动，对两者都有意义。关于俄狄浦斯的"快来人，立刻把他的手反绑起来！"一句也存在分歧：这句话既可以理解为威胁（把牧人的手绑起来，准备其他未明言的酷刑），也可以理解为牧人的苦难已经由此开始了（被绑住双手就是牧人所受折磨的一部分）。

由此，这一对话产生了两种舞台布置：一种认为仅仅对于苦难的惧怕就足以使牧人说出故事，而另一种则将角色的受苦展现出来：第一种理解符合这出戏自始至终对于暴力场景的处理，即将其置于想象性的、幕后的领域中（谋杀拉伊俄斯[Laius]、伊俄卡斯忒[Jocasta]的自杀、俄狄浦斯刺瞎双眼）；第二种理解则威胁要将暴力场景搬上舞台。塞涅卡的版本青睐于第二种理解。他笔下的俄狄浦斯质问福波斯（Phorbas）——负责照看忒拜城皇家羊群的牧人：

俄狄浦斯：（旁白）为何还到远处寻找？如今命运已近了。（向福波斯）完完整整告诉我，那个婴儿是谁？

福波斯：我的忠诚禁止我这么做。[Prohibet fides.]

俄狄浦斯：你们谁，拿火来！火焰马上会烧尽忠诚。[Huc aliquis ignem! Flamma iam excutiet fidem.]

福波斯：真理是靠这种血腥手段寻得的吗？我恳求您原谅我。[Per tam cruentas vera quaerentur vias？]

俄狄浦斯：如果你认为我残酷无情，你马上可以找到报复手段：告诉我真相！[Si ferus videor tibi/Et impotens, parata vindicta in manu est:/Dic vera.][8]

无论是索福克勒斯笔下的命令（"说出故事"或"把他的手反绑起来！"），还是塞涅卡的（"告诉我真相！"），都不是基于城邦利益与公民利益的严格区分。两个版本的《俄狄浦斯王》在这一点上都不可能自洽地在主权者表达的欲望（作为儿子、丈夫、有谋杀嫌疑者、被背叛者；作为可以为所欲为的人；作为盲目追随他人安排的命运的人）与城邦利益之间作出区分。尽管种种区分在这出戏将两者进行比较的领域内具有决定意义（确定家族或世代的区分；区别陌生人和亲属,奴隶和公民,主权者和臣民,或现在与过去;确定表面上看似自由的行为是否确实是自由的,抑或其实遵循了某个更古老的逻辑),但在政治判断甚或伦理判断的领域内,这些区分都既是根本的,也是不可能作出的。[9]

顺着这两部戏所划出的弧线,一种形式的伦理—政治逻辑消退而另一种随之上升(似乎是一种补偿)。到索福克勒斯的《俄狄浦斯王》剧末(**作为这出戏的结果**),"属于城邦"的含义、公民的含义、主权者的含义、歌队成员或观众的含义,都发生了巨大变化。统治者的故事和城邦故事的不同面向的责任已分摊到公民中间,因而公民之间的关系也被重新定义、重新塑造、中介(mediated)和转化。正如俄狄浦斯和克瑞翁的家庭关系一样。索福克勒斯的《俄狄浦斯王》以一系列要求结尾,这些要求涉及不同层次并基于各种不同的规范性框架。其中两个要求特别引人注目。歌队向观众(包括忒拜城民众和这出戏的观众)表明俄狄浦斯已经刺瞎双眼,令人想起主权者的好运(ēn tuchais,明确而反讽地指向俄狄浦斯在l.1080处宣称他自己是"幸运女神之子"[paida tēs tukhēs])曾一度激起热切的模仿乃至嫉妒,然后从俄狄浦斯的陨落中得出了对于忒拜居民的著名训诫:在死之前不要就任何必死者的幸福或不幸作出判断(ll.1524—530)。值得注意的是忒拜城的"居民"(enoikos)和"公民"(politēs)之间的区别。"居民"在索福克勒斯这里并不常见,事实上所指也更广泛,索福克勒斯剧中唯一另外一处使用这个词的地方出现在《菲洛克忒忒斯》中,指的不是一个人而是一个动物:尼米亚猛狮(hoi pote Nemeas enoikon);柏拉图在《克力同》(113c)中用这个词描述亚特兰蒂斯的原住民伊夫纳(Evenor)。歌队加于观众身上的要求,将观众(包括忒拜人)转变成仅仅是空间的占据者。他们是居住者而非公民;他们的生命是动物或原住民的赤裸生命;城邦如今被理解为一个由野兽栖息的空间。更确切地说:一个动物园。当俄狄浦斯请求克瑞翁保护安提戈涅和伊斯墨涅,请求克瑞翁让他向她们祝福，他唯一可以依靠的基础只有亲属关系；他的要求并不是基于任何社会的、伦理的或政治的标准。在索福克勒斯那里，牧人故事令人痛苦地揭示了真相，预示着城邦**政治**生活的终结——政治生活如今不可避免地分裂为仅仅旨在居住的利益和家庭的贵族式要求。忒拜城随着俄狄浦斯的放逐而恢复了健康，驱散了斯芬克斯和瘟疫的恐惧，[但]也失去了恰恰使得这座城邦成为**政治**空间的东西：主权者的创伤、他对命运的敏感、纯粹的偶然性、遍及整个城邦的主权者自身的弱点。正如伊俄卡斯忒称自己与俄狄浦斯的关系是"不名誉的双重纽带"：将受伤的主权者以牺牲的方式逐出城邦拯救了城邦，同时也判了城邦的罪，并隐约开启了想象替代性方案的可能，即主权的缺陷性、分裂和偶然性并不被驱逐，而是被城邦所接纳并分摊到全体民众：被人们记住、重复、反复推敲。

塞涅卡对于城邦中（为了城邦）说出真相的"真相"（"truth" of truth telling）所作的简要观察，首先就令人瞩目地将索福克勒斯含糊其辞的事情摆上了舞台。塞涅卡的真相看起来位于一段残酷经历的终点。它与忠诚冲突。而实情（true story）在表面上所采取的残酷、实情为了拯救城邦而采纳的折磨手段，使得真相变成了一种报复工具：说出真相实际上就是以牙还牙，用苦难抵消苦难。[10]塞涅卡有关在折磨之下说出真相的"真相"所作的上述观察（也是关于真相的运用和结构所作的观察），并不彼此从属，也不从属于某个"说出真相"的规范性观念，不管它是道德的还是认识论的；它们甚至不是彼此相关的观察。这幕场景有意思的地方在于上述无序的观察与塞涅卡在俄狄浦斯旁白中勾勒的领域之间的对比："为何还到远处寻找？如今命运已近了（*Quid quaeris ultra? Fata iam accedunt prope*）。"故事的真相在于它命中注定要去的地方；当实情呈现出来时，无论如何它都会被人们辨认出（如果不是已经被知晓了的话）。因而这就是为什么福波斯讲述的故事会立即被理解，并被认为是真的：牧人的故事重复了俄狄浦斯以某种方式已经知道了的故事,他已经在向自己讲述这个故事,他已经对此感到害怕。简言之,在塞涅卡的城邦中,以及对这个城邦而言,说出真相的真相与其重复和辨认密切相关(我们或许可以说:在塞涅卡的城邦中,真相总是一个神话,一个被不断回忆和重复的公认的故事)。

其次,在塞涅卡的《俄狄浦斯王》中,"说出真相的真相"同样与角色的内在性(在非常初期的意义上的"内在性")相关。俄狄浦斯预先便体验了自己的故事和城邦的故事,而塞涅卡对这个故事的重复,展现出一种性格特征(统治者在折磨自己;他是城邦的污染物;折磨福波斯是将心理状态外显化的方式)、一种内在性的表征(舞台上演出的故事由此可以以对应的方式呈现出来)。如果观众对于如下的戏剧性反讽了然于胸——酷刑的威胁或体验在其中既再现了统治者所感受到的(以及不断加诸自身的)痛苦,也为他将体验到的酷刑埋下伏笔——那他们就会以同样方式理解,自身[为何会]意识到此前戏剧中出现的种种重复,但效果(affect)则截然相反:[即理解到存在]这样一种记忆,戏剧可能与之对应也可能不与之对应,但戏剧暗示着这种记忆并从中获取其身份认同(identity)——一种来自主权者创伤景象的集体认同。

第三,与之相关的是俄狄浦斯与歌队之间的关系。索福克勒斯的歌队代表城邦,直接向国王唱出城邦的利益,并作为公民集体而直接与国王对话,但塞涅卡的歌队则不是这样。塞涅卡的歌队作为道德性普遍原则的来源,代表着一种不安的、迟来的,或许可以说是遗留的习俗,在戏剧历史上它不久就将被抛弃。随着戏剧空间逐步被理解为心理空间的象征,歌队的作用就被性格设置和传统所吸收。

最后,同样在性格这一点上,塞涅卡的俄狄浦斯表现出极度的牺牲式的(sacrificial)自哀、极大地突出了索福克勒斯笔下的俄狄浦斯的一个特征。塞涅卡的俄狄浦斯向观众如是说:

> 所有你们这些心智孱弱、重病缠身、几与行尸走肉无异的人，看哪，我被驱逐而离开这里：抬起你们的头来，我走之后你们会迎来明澈的天空。起死回生的气息将吹拂到那些垂死于病榻上的人身上。去吧，去帮助那些被遗弃的人；我会将这片大地上致死的疾病都带在自己上。野蛮的命运、狂暴的疾病、破坏性的瘟疫和遍地的苦难，都跟我走吧，跟我走吧：我欢迎你们做我的向导。[11]

我们在此看不到任何索福克勒斯的《俄狄浦斯王》结尾处具有的模棱两可：驱逐是回报和治愈；受伤的主权者的离开给城邦带来健康和繁荣，使之延续。

简言之，塞涅卡的《俄狄浦斯王》将索福克勒斯设置的僵局从政治本体论领域转化到审美领域，并在审美的层面上处理它们。索福克勒斯的悲剧——城邦的持存前提是政治的丧失——被转化为塞涅卡的喜剧。这种策略仅仅是部分地成功了，但在类似列文所论述的城市中，我们可以发现其末世论所仰仗的正是上述策略。

对我们而言，问题不在于"回到索福克勒斯"（不管这意味着什么），而是在关于城市利益（以及这些利益所需要的伦理秩序）的种种当代表征背后，寻找另一种古老的立场——一种非末世论、非英雄主义、非牺牲的，确切地说是**政治性的**立场——由此出发，确定在面对城市时伦理判断所处的位置。是否可能得出某些标准，用以判断某种行为或情境是否与城市的准则相符，并且这一判断**无需**诉诸某种规范性理念，或用审美来代替政治性问题，或诉诸某个概念、某种幻想（例如，有关此类城市或共同体或许会是什么样子、或许需要什么条件的理念、概念或幻想）？从内摄的（introjected）缺陷性主权这一极具寓言性的意象中能得出什么？

迈向缺损的普遍性

> 有时,即使在理性的情形眼光看来,我们人类的悲惨世界,与地狱不无相似之处,但人类的想象力不是卡拉蒂斯(Carathis),可以不受惩罚地探测每一个洞穴。唉!不能把大量坟墓般的恐怖,都看做是稀奇的想象——但是,像那些伴随着阿弗拉斯布(Afrasiab)驶过奥克苏斯河(Oxus)的魔鬼那样,这些恐怖必须沉睡,否则它们会把我们吞噬——它们必须陷入昏睡,否则我们就得毁灭。
>
> ——爱伦·坡:《过早埋葬》("The Premature Burial")

让我们换个角度重新开始。设想一个现代场景(或者你也可以说是现代性的场景)。不同于物质性的城市——不管它叫忒拜、雅典还是亚历山大——让我们设想一个思辨和行动的空间,以适于解决冲突、协商差异、协调利益冲突。设想一个得到礼仪与和解的理念遮护的公共空间,根据上述理念得出的规范管理着它:经典社会学或许会称这个空间为"共同体"(Gemeinschaft);或者是社会学家博坦斯基(Luc Boltanski)和夏佩洛(Eve Chiapello)所说的"投射性城市"(projective city),"既是合法性的提供者,也是批判者……一个**自指的批判机制**,内在于这样一个世界中:它正经历着生成的过程,并且要想持存就必须自我限制"。[12]瘟疫、凋敝、饥馑,无论是字面意义上还是别的意义上,都威协着任何经典意义上的公民身份,并使之变得不可能(即遵照结合的种种原则——正是它们界定了共同体——而有意识地参与共同体事务;在博坦斯基和夏佩洛的模型中,这些规则可以部分地具有自我创建性质[autopoietic],自我再生产并自我限制)。威胁同时来自内部和外部:事实上,正如这些威胁所唤起的往昔场景那样，它们涉及差异本身，涉及将使差异保持下去的种种自我反思和自我限制的内在性过程（还是生理学：德里达在晚期著作中认为，现代性的政治疾病是一种自体免疫的状况）。我的言语和行为，既在城市内部也在其外部被理解，既在政治语汇或思辨内部也在其外部被理解。不同的结合原则（我们或许还可以说：关于公共性的不同观念，不同的语言游戏、种种差异性责任）便是主权者（sovereign），或不如说这些原则**同样**是主权者；在这些城墙内部（并且跨越这些城墙），我们可以设想其他城市（或例如帝国）、其他得到承认和实行的公民身份、其他附属的责任。这个受到遮护的共同体如今面临着种种威胁：企业资本的全球化，出自"越大越好"的社会经济学模型的、传统的阶级利益和阶级身份观念逐渐失效，媒体在经济和意识形态上趋于巩固，自我稳固的政治官僚阶级的诞生，以及公共领域（这些趋势或许可以在其中得到讨论或反思）理念的贬值。[13]从有限的经济到普遍的经济[1]；从投射性城市到世界体系。

在主权者与仆人相遇的地点，戏剧来到了十字路口。在决断的

---

1 "general economy"和"restricted economy"是乔治·巴塔耶（Georges Bataille）的术语，见于*The Accursed Share*，后来得到了雅克·德里达（Jacques Derrida）等人的进一步阐述。巴塔耶认为大部分经济理论都持一种"有限经济"观，而与此相对，他说："经济增长的扩张要求推翻种种经济原则——推翻它们背后的伦理学根基。事实上，从**有限**经济视角向**普遍**经济视角的转变实现了一次哥白尼式的转型：颠倒思想——也颠倒伦理学。如果财产的一部分注定要付诸东流或起码不会带来任何收益回报，那么，交出种种商品而没有回报，这在逻辑上几乎是**不可避免的**。"因此，与那种如马克斯·韦伯在《新教伦理与资本主义精神》中描述的勤俭节约、重视稀缺性的资本家的经济态度不同，巴塔耶提出我们应该认识到经济增长有其"过度"的一面，他所谓"注定遭难"指的份额就是任何经济体都不可避免地具有的过度部分和不可追回的要耗散掉的部分。它们要么被有意识地耗散掉，要么被不知不觉地浪费掉，而后面这种情况在古代社会就表现为馈赠等行为，在现代社会则表现为战争和军备竞赛等行为。"总体经济"的机体则有意识地运用这部分"注定遭难的份额"，用它来达到自身的扩张和实现不可能性。参见Georges Bataille: *The Accursed Share, Vol. 1: Consumption*, trans. Robert Hurley（New York: Zone Books, 1988），25—26。

场合向城邦敞开之处，在伦理判断与政治利益相遇之处，我们发现，随着索福克勒斯的角色、他的观众，以及观众在舞台上的化身（歌队），我们自己也身处其中。我们记得之前有个男人死在十字路口。但十字路口个个不同；城邦在某种意义上无法持存并不意味着我们作为城邦公民在另一种意义上也无法持存；我们从上述观察中感到安慰。索福克勒斯选择将联合性政治转化为要么是单纯的居住，将城邦的空间转化为动物栖息地（一个狮子和人共同居住的动物园），要么是单纯的家庭责任。塞涅卡选择了另一条道路，由此为其主权者和戏剧本身创造出初期的内在性形式（外部事件是对内在直觉的重复），将城邦的政治关系审美化，绕开了他的前辈所提出的棘手问题。

让我们回到最初的问题（回到牧人站在城邦中央哭泣的场景），同时也不要忘记塞涅卡对它的重述中产生的调和方式（公民身份的指向要么是单纯的居住，要么是单纯的亲缘关系），以及塞涅卡的回答中产生的调和方式（斯多葛式的对于内在性的控制）。该如何想象我们对于城邦的持存所承担的责任？这相当于提出三类问题。

首先，承担对于城邦（某一方面）的责任，承担对于主权者的责任，承担对于奴隶和奴隶所说的故事的责任，这一切意味着什么？我们是否正在作一个决断？我究竟能否自主地**决断**是否进入城邦？我们是否在参与或默认某个事件？如果这里确有决断的话，那么它便是"属于城邦"的条件：它为城邦奠定基础。它构成了政治性的领域；它为我提供公民身份。人们能否从城邦外部得到这类事件或决断？在城邦前（位于城邦的城墙之外或在城邦建立以前），伦理价值具有何种地位？

其次，追问我们何以为城邦的持存负责便是追问我们与下面这种人的关系——他们不具有公民身份，却对于确立我们自己的公民身份至关重要：追问我们与主权者和奴隶的关系，与两者相遇之暴力的关系，并追问我们与异见、治理、臣服和遗弃的关系。

最后，我们要问，我们作为这个古老而原初的场景的观众，如何能够将主权者及其仆人之间孪生和例外性的位置（在法律面前被剥夺一切的可怜位置）遍布到整个城邦。由此引发一系列问题：这些位置**能否**被分配？它们是可分割的吗？如果我们规定它们可以分割——这一点绝不是自明的——我们将采取什么办法分配它们？这种责任需要何种性质的工作？我们将如何理解那些"斑点"，在此上述双重性的位置分配将无法奏效——包括开裂、对双重性分配的拒斥，以及敌人？

墨菲（Chantal Mouffe）在《民主的悖论》一书中认为："民主所面临的问题是将人的关系中存在的潜在对抗转化为竞争（agonism）。"[14]这一提法涵盖面很广，甚至有些模糊到足以包括进自从欧洲社会主义和辩证唯物主义衰落以来众多政治哲学所提出的许多议题。不过，墨菲属于为数不多的与下述盛行观念保持距离的人之一：这种流行的"伦理"视角提倡以民主的方式转化对抗。在她的描述中，"伦理"——德性伦理、古典义务论伦理，以及墨菲所谓"后现代"伦理（欢呼"没有对抗的多元可能性"）——因其无法解释社会对抗以及由此产生的必然暴力而存在缺陷。像其他辩证思考的形式那样，这些"伦理"视角试图在各种社会利益之间设置一种形式同一性，以此来管理各种政治冲突，并且为了实现这一政治目标，这些"伦理"视角将那些有可能瓦解共同体的实质性差异（利益差异、身份差异、欲望差异）进行置换、重命名，或将它们变得抽象。墨菲和一些激进民主思想家指出，多元民主（pluralist democracies）是由（或应当由）各种分裂的主体性和不完善的自主性所组成，并对它们积极作出回应；多元民主应该认识到，政治利益和主体欲望从来不是同一回事；它们的前提是，伦理和政治不可能相互调和。这一描述引致一系列麻烦。倘若差异性的社会利益和需求在本质上就是对抗性的，那么正如拉克劳（Ernesto Laclau）质疑的，社会"统一体"如何并在何种层面上（制度层面？主体间性的层面？）"由异质性中产生"？[15]（墨菲谈到了存在于人际关系中的潜在对抗：形式[modal]差异并不改变其主张或目标。）看起来似乎是依赖于"真实界的精神分析伦理"，或用克里切利（Simon Critcheley）的话说，依赖于对霸权的强阐释。[16]因此，社会统一体（既在主体间性的层面上，也在制度层面上）要求相应的普遍性——至少要有一种关于精神机制或"霸权"的包罗万象的观念——但激进民主的语汇却充斥着半普遍性（quasi-universal）的表述和作用词：冲突、表达、人际关系，等等。这些普遍性是什么，它们是在哪里得到的，它们是如何被建构起来的？[17]它们如何区别于古典伦理学的那些规范性术语，包括自律性、价值、后果、功用？最后也是最宽泛的问题是，民主概念必须得到怎样的修正，才能应对经济全球化和宗教的、伦理的和民族的原教旨主义的双重现象？

对于这些问题的最为敏锐的回答，产生于近来激进民主思想中两种"伦理"视角的碰撞，它们都大致源于哈贝马斯的古典共和主义政治观念：

> 从"共和主义"观点看……政治是社会整体过程的本质部分。它被认为是实质性伦理生活的反思形式，也即这样一个中介：某种意义上处于孤独的共同体的成员在其中逐渐意识到彼此的依赖，并在作为公民而深思熟虑的行事过程中进一步塑造和发展既有的相互承认的关系，将其塑造为法律治理下的自由平等的密切联合。[18]

一方面，我们发现一种有关黑格尔"承认的斗争"的后形而上学版本（以一种独特的、取自米德[George Herbert Meade]与哈贝马斯的实践人类学，来补充黑格尔耶拿早期著作中尚不成熟的论辩）为霍内特（Axel Honneth）所谓的"伦理生活（*Sittlichkeit*）的形式观念"提供了标准。[19]另一方面，论辩可以从二元而非一元的角度出发：在提出承认的主张同时，要求权利以及社会和经济资本的再分配，或如南希·弗雷泽（Nancy Fraser）所说，更加尖锐的要求是通过在道德领域设想一种"影响深远的正义观"而整合对承认的主张和上述再分配任务，这种正义观"既能符合对社会平等的保护性主张，也能适应对于承认差异的保护性主张"。[20]

上述两种立场产生相当不同的规划，虽然它们源于共同的资源和问题性，但除了最宽泛的层面和最微不足道的层面，它们似乎还在重要方面相互对立：例如，人们可以自信地说，弗雷泽和霍内特都试图构想出社会关系的模式，以解释和设法克服导致在"权利享有"问题上产生差异的既有不平等和结构性问题。尽管如此，"承认派"和"再分配派"的立场都面临一个重大困难——没有能力解释（或解决、跨越、利用）其论辩中两个方面之间的紧张。对于广义的"承认派"和"再分配派"阵营而言，其伦理—政治体系的核心面向乃是批判权利的形式体制和诸种正义理论，这一面向的基础是对称的承认（某个利益集团承认另一个利益集团与自身的关系，并假定对方以同样方式承认自己，也就是假定对方也与自身处于同一种关系中，或双方都根据一套用来界定"利益""认同"或"公民身份"的中立标准、法则或语法而相互承认）。[21]此类对称（或用来指称何谓承认的中立性标准）根本上都是非历史的，而且正如马科尔（Patchen Markell）最近指出的那样，它们"至少部分而言是由一般而言的主权国家的种种机制培育的"[22]。此类对称的运用前提是，如霍内特指出的那样，认为平等而抽象地掌握关于"承认"和"尊重"的语汇，要么是"真实存在"的事态，要么是有可能的；这一规范性信念将一切未来的变化都限制在诸如"利益""价值"或"同一性"概念下，而这些概念或许会根本改变甚或摧毁各种承认和再分配的关系。

再分配派和承认派阵营都意识到了这一质疑，并采取了类似方法进行应对。弗雷泽写道：

霍内特和我都拒绝历史主义阐释学那种极端的内在论（internalism）。我们都不满足于仅仅对既有传统中包含的意义进行解释，我们都认为，只有在规范和现状之间的鸿沟保持开放的前提下，批判才能带有激进的潜能。而且，我们都假定种种有效标准都超越了它们得以产生的直接语境。因此，我们并没有将自己限制在严格的内在批评上，而是寻求带有"剩余效力"（surplus validity）的概念。[23]

霍内特用弗雷泽所使用的"平等原则相继'扩张'的观念"作为例子来阐明这样一个论题：它"正是意味着社会平等的理念在某种意义上具有语义的剩余，各种新颖的阐释正在逐步揭示这一点，但却不会被彻底或完全地确定下来"。[24]

然而，上述方法论的一致却是虚假的。规范性概念的"剩余效力"观（也即，它们超越了自身得以产生的直接语境；我们或许可以说，它们超越了最初使用它们的语言游戏环境）和"理念"的"语义剩余"是相互矛盾的而不是同义的，至少就上述表述而言是这样。对于霍内特来说，对理念进行"新颖阐释"的任务被设想为揭示一种总是已经存在的既定语义剩余，尽管很可能无法穷尽（否则的话就会是能够"彻底或完全地确定"的了，就算不是提前确定的话，从永恒的角度看[sub specie aeternitatis]也是如此；充分展开一个概念的语义剩余是有可能的；批判是一种实现潜能的形式）。对弗雷泽而言，剩余是内在的，不是内在于概念，而是在概念与产生概念的直接语境之间的过剩关系或欠缺关系之中；她所设想的任务是语境和概念之间的相互修正，这是一项独特的、无穷尽的任务（"效力"是一个关系性概念）。从霍内特的剩余观中产生的是一种末世论的甚至天启式的伦理—政治模式（阿尔都塞或许会说："语义过剩"属于最终意义上[in the last instance]的规范性准则）。从弗雷泽的剩余观中产生的伦理—政治模式则是机械而近乎生理学式的：它设想一种存在于规范性概念及其规范语境之间的稳定关系。两种模式都要求相当程度上对自由（至少就其古典意义而言）进行再定义。充分展开的语义领域制约了"新颖阐释"：批判要考虑到这一充分展开的领域；与话语性和物质性的原生语境相关的概念，其"剩余效力"进一步产生出各种语境和进一步的概念：批判要考虑到这一运动过程。

对于一种替代性思路而言——它能在保持对于对称性承认的批判的同时，不诉诸天启式的内在性，也不诉诸机械论形式——简言之，对于一种激进**共和主义**的替代性思路而言，一种不同的解释"剩余价值"（语义或概念上的剩余价值）的方式是必需的，而一种不同的理解规范性语境的本体论地位的方式也是必需的。克里切利近来呼吁"培育所谓的'政治性'（*politicities*），即霸权斗争的各种领域，它们反对国家那种田园牧歌般的共通性……这与培育无政府性质的多重性联系在一起"[25]。**共和**一词在这个语境下看上去似乎颇具争议，因为就我的用法来说它似乎并不指涉任何一种积极的政制或性情（教养、尊重、承认），而只是一种关系的分隔或聚合。而且，容易引人战栗的修饰语"极端"或许在某些人看来纯属多余、哗众取宠。对某样东西追根究底[1]首先意味着这样东西**拥有**一个根基，一个来源，一个持续的基点——而且，这东西就其本身而言并不是（比如说）一个根基，或另一种有机或半有机的体系，一个根茎，或一个机器——如在马克思和德勒兹那里。

不过，我注意到，当代对于政治组织的阐释中至关重要的恰恰是下面这个困难的主张：作为积极自由之实践的"关系"（既是名词性的

1　原文"radical"有"极端"和"根本"两义，如康德谈论的"radical evil"就不能译为"极端的恶"而宜译为"根本的恶"；在此作者同时运用了这两层含义，考虑到上文说这个修饰语"引人战栗"（frisson-inducing），姑从"极端"的译法。

[nominative]也是动词性的[verbal])。我将会指出,现代共和并不是这样一种法律制度,它促进市民承认并允许(如菲利普·佩迪特[Philip Pettit]定义的那样)"一个享受无统治(non-domination)的状态……以这样的方式与他人相处,即……没有人能够随性地干预他的选择"[26]。现代共和也不是社群主义用以寻求(促进,依赖)参与性实现过程的一种方式,如波考克(John Pocock)认为的那样。[27]它接受内格里(Antonio Negri)认为它不够格的首要因素——内格里说:"尽管共和主义话语有很多优点,但它仍然与超验的传统密不可分。"这种联系其实是批判性的(在我看来,说某人成功摆脱了自己与"超验传统"的联系,这似乎是一种草率的否认,而在内格里的著作中则是让人吃惊的不诚实;下文会尝试说明这一点)。我认为共和主义与超验传统的密切关系,与其说体现为共和主义确认了内格里所谓的"'独一'的哲学,对于多重性进行化约的哲学,通过各种表征机制而对主体进行异化的哲学"[28],不如说体现为共和主义明确处理和取代了这种哲学。激进的共和主义表面上与由伯林(Isaiah Berlin)、内格尔(Thomas Nagel)和汤姆逊(Judith Thomson)传统所代表的价值多元主义者描述的政治立场相近,对于这些人而言,各种价值真的是异质性的、不可兼容的。对于现代共和主义的价值多元主义阐释因而承认,政治体制需要变得足够灵活和宽松,从根本上允许不可兼容的各种价值能够以最少社会暴力(压迫、管制、监督)为代价而得到伸张。[29]

上述三种共和主义阐释在我看来都显然是消极的,或相当空泛。"只要有关联!"(Only connect!)——高峰现代主义的审美和人文主义原则猛然转化为政治实践:"只要有联系!"(Only relate!)而重点是在第一个词上:"**只要**有联系"("**只要**"为积极自由创造各种关系提供了平台——力比多的关系、政治的关系、经济的关系,等等;这一平台不受约束,对于由此产生的各种关系而言,体制本身的运作都是负面的或消极的)。请佩迪特原谅,激进共和(我认为这个令人不快的修饰词在此颇有必要）所扮演的角色恰恰来自他者——他们作为政治行为者和在世客体——所拥有的不可化约的能力，他们可以与每个他者一起"随性进行干预"——也就是说，对我造成恐惧。在每个政治主体和共和国本身的每个"身体"之中（共和国作为政治主体性的决定性条件）捍卫和促进这种干预能力、这种任意性的权利（也就是，理解体现于一项主张或一种利益之中的沉默或内在的能力），便是激进共和的积极的伦理—政治标准。

在我详细阐述这一积极标准之前，我想把问题说得更明确些。我想非常简略地考察两种与爱伦·坡所谓"人的想象"相关的思考方式，它们与传统的批判思路不同，我们可以从中看到一种不同的"剩余价值"模式，而规范性语境与使用中的规范性概念之间的关系（制定规则的领域与遵守规则的领域之间的关系）在这两种思路中也并不具有本体论的、逻辑的或时间性的优先地位。这两种思路一起提供了一种对于伦理、心理和政治维度的更好理解，我对这一现代的、激进的共和国的描述要以此为准。

列维纳斯（Emmanuel Levinas）关于责任的著名的也是相当有保留的定义如下："先于任何自由的承诺的责任，外在于所有有关本质的隐喻的'自我'，便是一种为他者的自由负责的责任。与邻人相关的无法救赎的罪责，就好像我身上的肌肤将会变成内萨斯[1]的皮膜。"[30]当然，列维纳斯关于肌肤的说法并不止这一处，在他的论述中"肌肤"是个含义丰富的意象。[31]（保罗·利科[Paul Ricoeur]就列维纳斯的《别于存在》[Otherwise than Being]说："这些称赞肌肤之美的文字——'皱纹是肌肤本身的踪迹'——有着异样的美妙。"[32]）在此，我们当然不是在思索或把玩肌肤的美感，虽然不论肌肤燃烧并杀死我们，抑或使我们投入

---

[1] Nessus，希腊神话中半人半兽的怪物，因调戏赫拉克勒斯的妻子而被赫氏所杀，但赫氏亦因内萨斯的毒血而死。

他人充满爱意的碰触，肌肤经验引起的象征情感都是一样的。

这里，论辩的重心从某种意义上说落在明确提示的内萨斯、赫拉克勒斯和德亚妮拉（Deianira）之间的故事，最著名的版本是索福克勒斯的《特剌喀斯少女》(*Trachiniae*)。[33]赫拉克勒斯如此描述那件对他而言变成了一张"约束之网"的衬袍："它由愤怒编织而成，他正在其中渐渐死亡。"这无疑是关于痛苦的最有影响力的再现之一——再现了列维纳斯所谓的"最折磨人的痛苦"。下面这一点当然也与列维纳斯的论辩不无关联，对我自己的论辩也并非无关：赫拉克勒斯所遭受的折磨不具有揭示真相的作用，而在这个意义上他的苦难也是无意义的。[34]在内萨斯死后很久，半人马的血作为一种盲目而机械的力量，以纯粹的、事后报复的方式为他报了仇；德亚妮拉则在不知情的情况下成了他的工具和牺牲品。那么，赫拉克勒斯要为谁负责？他在此付出的如此可怕的代价，究竟是为了何种罪责？

> 它紧粘在我胸旁，咬我最深处的肉；
> 它越粘越紧，吸空了我肺上的气管；
> 它已经喝尽了我的鲜血，我全身衰弱了，
> 陷入了这无法言说的束缚。[35]

除了暗示这一可怕场景而外（我在下文还会提到），列维纳斯的论述重心还体现在其格言的前置短语中——事实上，重要的正是自我与他者之间的相对位置（他者、我的邻人：*les autres*, *le prochain*，在我近旁的人），自我与各种被用于自我与他人的本质隐喻之间的相对位置。责任是一种**前置**（*pre*-positional）：它是我们——就彼此而言以及就"存在"而言——占据位置的基础，这些位置由此得以呈现、被占据、被争夺。列维纳斯的论述表明，理解这种"前置性"需要处理格言中包含的两种含混。[36]首先需要注意的是拗口而近乎不恰当的"我

的肌肤将会变成"一语：原文是"*comme la tunique de Nessus de ma peau*"。这句话中的"*de*"有两层含义：责任类似于皮膜，而我的肌肤**就是**皮膜（而这一肌肤——皮膜作为另一个人的毒血的踪迹和另一个人的爱的踪迹，无可挽回地、根本地附着在位于肌肤——皮膜之下的另一个"我"身上），或者责任类似于**依附**在我肌肤上面的皮膜（我的肌肤依附于我），是我肌肤的肌肤，是一件衬袍、一个保护层、一种外在形式，或一种替代、一个隐喻或一个意象，遮蔽并揭示我肌肤的形状，一个关于本质的隐喻。

列维纳斯隐蔽在两种"类似"后面的神话式语言并不是一层可以被从格言（的肌肤上）剥离开来的衬袍或皮膜，就像这一格言及其暗示并不能从《别于存在》的整体中剥离开来；它不是（或不仅仅是）代替概念的一个隐喻或一种具体说法，即以某种相似性为基础来同时遮蔽和揭示该概念的本质。同样，它**确实是**一种以与我肌肤不同（与论辩的概念不同）的材质制成的衬袍或皮膜，带有我敌人的血的踪迹，它是一个意在保存我的爱的礼物——带有我对他者所负罪责的踪迹。简言之，内萨斯皮膜的神话（这个名字所唤起的一堆故事、人物、文献）既像是一个规范性语境，它为理解列维纳斯有关"责任"的规范性概念所作的论辩提供评判标准；也像"责任"概念本身：类似于它的边界，围绕它的围墙，它肌肤中一个致命和异样的部分。责任不仅自外于有关本质的种种隐喻（位于它们之前；前提），而且是别样的存在——*autrement qu'être ou au-delà de l'essence*。如索福克勒斯笔下的赫拉克勒斯谈及内萨斯皮膜与自己的肌肤之间致命的关联时所说，这正是 *aphrastos*：无法言说，令人震惊，无以言表，无法形容；无法理解；超出了思考之所能及。[37]

无以言表。

列维纳斯实现了三种相互关联但彼此不同的目标；它们位于不同层次。首先，他表明规范性伦理概念（例如"责任"）的"剩余效力"或"语义过剩"只有根据一种同样是过剩的（但过剩的方式不同）规范性维度或语境才可能加以规范。但与此相关，列维纳斯接下来又表明，判断的具体事例（某种特定情境的出现以及由此必须作出的决定：例如，列文或许会说，决定为了城邦性命而牺牲宪政；或决定采纳他首先勾勒的那个假设场景）、我们在作决定时运用的规范性概念（责任，或对一个人的生命和许多人的生命进行衡量，此举的可能性和价值），以及为上述概念的使用作出规定的规范性语境，这三者之间的差别是不稳定的。关于位置的语汇对这种差别而言是不充分的；关于本体论的语汇同样如此。各种陈述——包括指称一个概念为概念时所需要的最低程度的断言，也即任何谓述背后的自我同一性的断言（一座城市是一座城市，或不是一座城市；一个公民是一个公民，或他不是一个公民；一项法令是一项法令，或是别的什么；一个决断是一个决断；等等）——既是关于本质的各种隐喻（对本质的替代："类似于"存在，"类似于"概念的存在），也是概念的本质性表达（它的肌肤：将它区别于相近概念的标记；一座城市的城墙）。

对于伦理的任务来说，何种语汇是充分的？列维纳斯的最后一步是将规范的悖论性本体论（规范性伦理概念、规范其运用的规范性语境）与神话领域相连。在此十多年前，我们也能从胡塞尔那里看到类似之举；在列维纳斯那里，这一联系必然很微弱（"与邻人相关的无法救赎的罪责，**就好像**我身上的肌肤将会变成内萨斯的皮膜"）——或不如说，其著作中与此相关的是神话所需要的双重姿态（这一点与胡塞尔对神话的处理不同，我在结论里会谈到这一点）。一方面，规范性原则受到了削弱，恰恰是因为神话从来不是单独一个：神话需要各种阐释、神话的文化性中介、神话的虚构性、神话来源的不确定性——凡此种种都确证了神话中的名字并不是经典意义上理解的对其他事物的隐喻，即从概念的抽象领域（例如，在这里是罪责、爱、责任和复仇）转换到可教意象的具体领域的过程。内萨斯皮膜的故事使得这一神话的整体性的消散成为议题，而部分出于这个原因，责任问题才以如此复杂的方式被表述出来。列维纳斯以"**内萨斯**的衬袍"提到这个故事，但这一衬袍当然不是这个半人马兽的，既是因为它已经死了，也因为这件衬袍是德亚妮拉回赠给赫拉克勒斯的礼物——后者给她带来的"礼物"是赫拉克勒斯的侍妾伊俄勒（Iole），赫拉克勒斯为了对她的爱而摧毁了她父亲的城邦——也因为衬袍上的毒血不仅是与半人马兽关系最密切的踪迹，也是与它关系最远的踪迹：终结内萨斯生命的毒必定会直接或间接地终结赫拉克勒斯的生命。[38]

每一件礼物都有不止一个功能——给予生命，终结生命。每个神话、每个为神话命名的名字同样如此。我们无法确定（而《特剌喀斯少女》的持久力量也来源于这种不确定性），半人马兽的血作为惩罚赫拉克勒斯的意象和工具，所惩罚的罪责究竟来自半人马兽的死，还是来自赫拉克勒斯对德亚妮拉的背叛，还是由于他摧毁了特剌喀斯。并且，即便上述三种行为是犯罪的话，它们也极为不同——私人的犯罪、礼俗的犯罪、公民的犯罪，其后果也处于非常不同的层面。内萨斯的衬袍（它既是这个半人马兽的，又不是它的）使得赫拉克勒斯永远都不能爱德亚妮拉之外的人（因为它用致命的、无法形容的纽带将两人绑在一起），在这件衬袍中，"为他人生死负责"这一责任的散播和扩散就失去了制约。半人马兽的致命而无法言说的纽带散播到赫拉克勒斯的肌肤之外，并且在触碰到它之后，索福克勒斯的观众从此便似乎附上了一层由他者的血所内生的肌肤。

由于（这是神话标准需要的第二重姿态）神话提供的"先在"（anteriority）特性和文化约束力，**虽然或因为缺乏"规范"的连贯性并与神话本身的争议内容无关**，这一特性恰恰因此占据了"规范"的地位，成为由人们接受下来的名称和语言（小说、故事、神话）所提供的有缺陷的文化普遍主义，以及对于罪责的散播和超越于彼此责任的运动过程：共和国（*res republica*）。[39]

我将用**恐怖**（*terror*）一词来指称那个有缺陷的普遍性，各种伦理判断和政治利益都围绕着这种普遍性展开；**恐怖**同样也是各种有缺陷的普遍性的类型名称，以及这一类型所引出的对于城市的经验的名称。我从政治哲学和美学中借用这个词；革命恐怖与崇高事物——卓绝之物，对于不可言说者、惊异者、无以言表者等的审美经验——的动力之间的联系，已经有过很多的研究。然而，通过将恐怖与不可言说的但却是激进的民主的可能性相联系，我试图激发一组差异性的规范性语境（不同的语言游戏、不同的习俗惯例，它们本身也在相当程度上从浪漫派的美学中折射出来）。

克里切利问道："从弗洛伊德的二重地形学（second Freudian topography）角度来看，列维纳斯式的主体性是什么样的？"[40]可能是下面这样（这是我对恐怖伦理的二重阐述）。

回想一下弗洛伊德在其1920年的著作《超越快乐原则》开篇发出的不和谐之声：一场战争首次为欧洲幻想敲响了丧钟，[告诉人们]欧洲"文化"并不是"一体"的，更不用说普遍性的了。[41]弗洛伊德的上下文是在讨论两种神经症之间的关系：一种是引起"严重的习惯性震荡"的神经症，包括战争创伤——"炮弹休克"，或我们今天所说的由意外事故、战争的震惊感、突发事件所引起的创伤后压力心理障碍症（PTSD），另一种用弗洛伊德很好的提法来说，即"和平的创伤性神经症"。[42]他告诉我们，后者的特征是突然性以及随这种神经症而来的惊悸、惊吓和恐怖（Schreck）。他继续说道：

> 恐怖（Schreck）、害怕（Furcht）和焦虑（Angst）这几个词被人们不恰当地当同义词使用，其实它们在与危险的关系上具有十分明显的区别。"焦虑"指的是这样一种特殊状态：预期危险的出现，或者是准备应付危险，即使对这种危险还一无所知。"害怕"则需要有一个确定的、使人害怕的对象。然而"恐怖"则是我们对人所遇到的如下情况进行描述的用语：一个人在陷入一种

危险时，对这种危险毫无思想准备；它强调的是惊愕的因素……焦虑具有某种保护主体使其免受恐怖的作用，所以不至于引起恐怖性的神经症。[43]

弗洛伊德对于"战争神经症"的诊断和论述的丰富蕴含（不仅对于面临着回归士兵——他们遭受了各种棘手的"神经性"问题——的社会而言，也是对于医疗体系的确立而言），可能要通过以下标准来判断：欧陆和英格兰的那些大众和专业出版媒体，有多少篇社论是为此主题而撰写的。其中最著名的或许是1916年3月《柳叶刀》上一篇题为"神经衰弱与炮弹休克"的文章，报道了一群无法被称为"心智健康还是神经错乱"的病人，他们似乎是"无人岛上的居民，完全无法得到界定。这一朦胧区域中包括许多前线返乡的具有神经性问题的人"。[44]

让我们暂且放下弗洛伊德对于创伤性神经症的病原学表述在医学上是否正确的问题；让我们暂且忽略那种认为在各种"状态"间作出"清晰区分"违背弗洛伊德初衷的质疑。事实上，需要记住的是这一区分在《超越快乐原则》之外的其他著作中并没有得到贯彻：弗洛伊德简略勾勒了这一区分，但并没有系统性地考察它，而在《超越快乐原则》之后他经常习惯用"焦虑"（*Angst*）来指称这里他所谓的"恐怖"（*Schreck*）。[45] "*Schreck*"一词相当含混，覆盖了很多意思，从可怕（horror）到令人愉悦的惊讶。虽然如此，但是将"害怕"与"焦虑"跟"恐怖"区分开来的最重要的一点在于引起上述心理反应的对象或情境。害怕是由特定对象引起的心理状态（比如，我对亲戚的小刀感到害怕；我害怕蜘蛛）；焦虑是由对于某种时间上与特定事态相关的畏惧造成的（我对某物感到畏惧，即便我不知道它是什么，因为我推测它就在我前面等着我，会在未来某时跟我相遇）。最后，恐怖既不联系到某个特定对象或特殊事态，也不联系到某种对于时间的畏惧，而是关系到令人不安地遇到某事物——对此人们没有准备，其"客体性"（object-ness）或"事态性"（state-of-affairness）也不是既定而明确的。恐怖：我突然与某事物相遇——我不知道它是什么，我也不知道我跟它的相遇意味着什么，结果我也不知道我与它的这次相遇会否意指其他我所能想象的相遇，也就是说，这次突然的相遇可能根本不是一个突然的时刻，而是会延伸到我能想起的所有其他时刻，延伸到我所能预见的所有时刻。

人们可以理解，为什么弗洛伊德倾向于忘却他作出的"清晰区分"：他处理的是相当麻烦的事情——不仅对于读者来说麻烦，更对他致力于形成对于心理机制的井井有条的描述构成麻烦。但是人们也理解为什么弗洛伊德不得不作出这个区分：在他描绘的独特状态或经验中，唯有他所谓的"恐怖"看起来对应于《柳叶刀》关于返乡士兵所描述的情境。由于缺乏引起恐怖的对象或事件，就没有办法对其采取任何预防措施（因为恐怖是由一种无法预知的相遇引起的），并且在当下的直接场景中找不到任何治疗手段来克服恐怖。恐怖的影响力无法根据我的过去或根据我的行为的未来结果而得到衡量；人们或许可以说，恐怖的可能性本身就是焦虑的来源。一旦我的害怕在这时或那时过去了，一旦引起恐怖的情境得到了解释并融入一种事态中去、得到**对象化**，那么我就可以回溯说我害怕的是某个特定对象或情境。但感到恐怖是害怕和焦虑的缺乏：处于恐怖之中便是缺乏一个人们可以推测算计的对象，也缺乏一个人们可以评价衡量的时间。相遇的恐怖延伸到相遇之外；事实上，恐怖的威胁在于，它不是一种相遇的古怪变体，而将成为任何一种相遇的标准，成为**事件**的另一个名称。

我在本文开始时简略提到了**恐怖**一词在今天得以运作的二重规范性语境："恐怖分子"威胁城市的语境（威胁国家，威胁自由主义民主价值，威胁西方），以及"针对恐怖的战争"的语境。我提到的恐怖的建制——城市、生命政治和伦理政治的生活，以及它们之间的关联——必然由这一语境折射出来。但"恐怖主义"不是"恐怖"，虽然一般人们所谓的"恐怖行为"或"恐怖主义"也能产生我所理解的"恐怖"。但这仅仅出于偶然。通过联系、污染、取代，**恐怖主义**一词的作用在于遮蔽现代共和国中必然存在的恐怖的运作过程。以列文为简例，他所描述的一切都与我描述的恐怖性情（ethos）无关：首先，为了奠定一个规范性语境（"曼哈顿的核炸弹……在7月4日正午……这个宿命般的日子"），便诉诸神话般的但却是直接的联系性隐喻集合（"7月4日"），诉诸同样神话般的结局制高点，来证成当下的酷刑（暗示采取先发制人的酷刑的说法，即排除各种偶然性的判断）；其次，一个孤立的城市，受到物理和概念之墙的庇护（一个岛屿，一个典型性的空间），对"语义过剩"的封闭（"恐怖分子"是"恐怖分子"，一座城市是一座城市，由酷刑套出的信息根据事实本身就是对城市的拯救）；再次，场景的客观性或不如说"对体性"（objectality）[1]：恐怖分子令我们感到恐怖的事情是我们事先知道的（它由恐怖分子的身份而来：恐怖分子制造通常的威胁，带来通常的结果）。在我们想象中展现出来的恐怖分子痛苦不堪的卑污形象——它流动地、电流般地与我们自身的形象联系起来——庇护着我们的想象力，防止更为令人不安的思想渗入。我们对恐怖分子处以电刑，而电流则同时流向两个方向（恐怖分子和我们自己），虽然总是有着不同的象征（我们的幻想是预防性的：恐怖主义是一种预防疗法）和不同的效果。"我们"积极的、决断的身体——我们的伦理—政治身体——随

---

[1] "objectality"是拉康精神分析的术语，与小对体*a*（object *a*）密切相关。小对体*a*与欲望秩序有明显联系，而与之相对的客观性（objectivity）则是科学的前提假定，构成了主体宣称的意图。拉康认为在客观性与科学分析的思维模式中有些东西被忽略了，这便是"将生命给予知识作用的欲望"。拉康在 Seminar XI 中举了一个例子：月亮对于潮汐的影响当然是一客观事实，我们能以此为基础确定规律。但如果潮汐变化是月亮的**结果**（*effect*），那月亮借以对潮汐产生影响的原因是什么？这里的缺失就是一处关涉小对体的空白，关系到"对体性"中欲望的对象原因。相关解释可参见Roberto Harari, *Lacan's Seminar on 'Anxiety'* (Other Press, 2001), pp. 165—170。

着那个我们正在折磨的身体而获得生命;现代政治主体性产生于将他人置于"最严酷的痛苦"中的决断。这是一个哥特式的场景:一种从悲惨中获取生命的生命政治;一种死亡政治(necropolitics)。

恐怖以另外的方式运作,也必须以另外的方式被思考。为了以一种无以言表或无法言说的纽带将我自身与当下的他者联系起来,或与他或她密切相连,而不是用死亡政治中流行的臣服—主体化的方式,便要求我分配/散播对于伦理—政治生命之持存的责任,要求我照顾和看管那一分配/散播过程。两者都是伦理—政治任务,大体上分别属于公共的和私人的性质;两者都(在伯林的意义上)既是积极的任务也是消极的任务,同时具有肯定的一面和否定的一面(当然,四个修饰词——**公共的、私人的、积极的、消极的**——之间的界线并不是既定的)。公共的任务包括设想出种种形式制度,它们既承认公民身份中包括奴隶和主权者在内的种种例外地位,也对其进行分配;此外这些制度也安排和庇护一种有缺陷的、分裂的主权。私人任务需要不同的工作——解释的、破坏性的或不如说解构性的、意向性的。这不是福柯所认为的"自我照顾"(*cura sui*),而是培育"自我不稳定"(*insecuritas sui*)。

两种任务合起来或许可以视为是促进"恐怖"——但这个描述太过清晰,因而并不十分(terribly)有用;而且不管怎么说,由于它容易引起我的论述所希望消除的混淆,因而具有误导性("恐怖"和"恐怖主义"之间的混淆,能归于双方的各种行为形式之间的混淆,等等)。其中任何一种任务,以及两种任务合起来(它们只能被合起来进行),都需要下述概念或准概念,即它们的"剩余效力"或"语义过剩"无法被内在地或机械地加以规范,而只能根据有缺陷的普遍性加以规范。从这一角度看,恐怖并非"极权主义统治的核心"(比如汉娜·阿伦特[Hannah Arendt]和卡瓦雷洛[Adriana Cavarero]就这么认为),并非阿伦特所谓"运动法则"的"实现"和"执行"——这种法则是19世纪中期巨大的意识形态具有的思想特征,其特点在于"拒绝将任何事物'如其所是'地观察或接受,在于一以贯之地将一切都解释为只是某种未来发展的一个阶段"。[46]

"处于恐怖之中"或"感到恐怖",在我所意指的特定意义上推进"恐怖",需要我们解开阿伦特的两个命题,需要我们在拒斥和启示论之间、在上述两者之间的缝隙边缘或缝隙中,构想出某种思考方式(视觉和语言的回声:"一条几乎看不见的缝隙,从房子正面的屋顶开始,呈锯齿形沿墙而下,一直通入池塘的死水之中。"[47])。在此,"思想"对于对象的对体性的缺失(事物变成别的事物,或其边缘变得不固定、开始吞没其他边缘,等等)、存在于时间中的独立性(可计算性、规整性、空间性)的缺失、概念的封闭性的缺失(概念的各个边界同样变得不固定、不规范)进行思考、体验、对其负责并保障它们。在此,"思想"将分裂的主权散播到主体阶层的缺陷性概念中去。

罗德里克·厄舍,一个遭受"反常的恐怖"之苦的"奴隶",在这恐怖中发现了致命的病症、憎恨世人、高度的审美意识,最终发现了死亡。作为判断的基础和设想新的共和国的基础,处于"恐怖"之中、感到"恐怖",是必不可少的。

我的论辩因此倾向于**激起种种缺失**(*failures*)并捍卫和保障它们:以反常的方式拓写历史和文类,插入残存的谱系学,并不断地进行分割。我将处理人们熟悉的文本和罕被提及的文本——既有由层层累累的阐释和习俗评价牢牢保护的经典著作,也有处于主流传统之外的文本和著作。著名的本地故事(通常是英国、德国和法国的:占据主导地位的、其边界受到很好保护的、饱和了的、语义上充分打开了的故事)和人们不熟悉的故事并置在一起(西班牙的故事、欧洲边缘地区的故事、阿尔及利亚的故事、欧洲战后想象中鬼魅般的形象,以及美国的故事)。也有既已确立的[阐释]史:索福克勒斯笔下的俄狄浦斯比后来塞涅卡笔下的俄狄浦斯对于我们当下而言意味着更多东西;德里达对主权的分析必然要经过莎士比亚的分析和罗伯特·珀森斯

（Robert Persons）的分析；胡塞尔晚期的抑郁与其同时代西班牙哲学家赞布拉诺（Maria Zambrano）著作之间的相遇。我采取这一分裂而偶然的道路，试图从偶然和偶遇的角度而不是"命运"的角度出发，将伦理判断与一种未完成的政治概念联系起来。阿尔都塞晚年在阐述他所谓"偶遇的唯物主义潜流"[1]时，让笔下的哲学家喊道："事情本可以是另外的样子！"事情**就是**另外的样子。

以下各章节大致按照时间顺序排列，可以说是作了一个历史论辩。按照某种历史学讲法，欧洲"现代性"密切联系于世俗化与商业主义之间的巧合或互动。这一偶遇发生在16世纪的舞台上；其结果——原初的民族构建（proto-national formations）、欧洲公法的诞生、主权的去神圣化——不均衡地影响到欧洲各地并延绵数个世纪，在法国大革命后终于充分而稳定地表达出来。政治神学的问题是：一种不充分的世俗化、一种不充分的对于主权者身体的去神圣化，其何种残余仍萦绕在欧洲现代性周围？我在这里讲述的故事也是瞬时性的——这个故事在早期现代性、启蒙运动晚期、20世纪中期欧洲的种种解殖斗争之间来回往复。但是，我论辩的首要考虑并不是残存的或新生的文化形态。或许可以这么概括："对于'恐怖'的现代经验，标志着往昔的'恐怖'在经历了不充分的去神圣化之后的残存或重生，这种往昔的'恐怖'根植于前现代主权身体，并由它激起。"我的目标是在一个不同的层面上为下面两个问题给出答案：在平滑的、极端"去地域化"的后民族时代图景中，何种政治结合形式是适宜的？伦理—政治生活如何**保障**恐怖？我所谓的**现代共和国**——萨德式的、恐怖的共和国——是我对第一个问题给出的回答；至于第二个问题的回答，我认

---

[1] 参见Louis Althusser, "The Underground Current of the Materialism of the Encounter"，收入Louis Althusser, *Philosophy of the Encounter: Later Writings, 1978—87*, ed. Francois Matheron and Oliver Corpet, trans. G. M. Goshgarian（Verso, 2006），pp. 163—207。

为本书的方法论原则可以提示一二，即试图勾勒和实践一种**野性唯物主义**，它是非辩证的、历史的、偶然的。

我首先作出了某些考古学的和概念的区分。在第一章中，我表明恐怖何以能够与恐怖主义区别开来。此章开篇分析了齐泽克著作中的有机结合模式的持存性和作用，接着基于对一个特定话语建构的分析——它背后是20世纪最著名的恐怖主义行为，即1973年西班牙巴斯克民族分裂组织埃塔（ETA）刺杀西班牙首相路易斯·卡雷罗·布兰科海军上将（Admiral Luis Carrero Blanco）——而提出一种替代性解释。这次事件在当时引起广泛评论，成为许多新闻媒体报道的对象，并在1979年被吉洛·彭特克沃（Gillo Pontecorvo）拍成电影。这章讲述了此次事件的想象性重构如何经过汽车广告、照片、新闻报道、历史撰述、佛朗哥年终全国讲话、执行暗杀任务的埃塔成员的回忆而最终成形。我认为，这些阐述的集合建构了暗杀事件，遵循的是一种符合佛朗哥统治下西班牙长枪党鼓吹的国家概念的逻辑；它提供了一种在长枪党的概念语汇中仍然只是零散表达出来的、工具性的、英雄主义的反叙事（counternarrative），同时也描绘出一个令人印象深刻的、没有具体目标的焦虑（恐怖）领域（一种时间；一种物理性的城市空间；一个认识论的新纪元），[我们]可以以此为基础设想非有机的社会性（sociality）概念。

第二章和第三章阐述了"创伤性主权"（wounded sovereignty）的概念。两章都集中考察欧洲早期现代性中的逻辑—政治想象，正如卡尔·施米特（Carl Schmitt）及其最仔细的读者已经指出的，这个时期是神学概念（尤其是主权概念）的世俗化通过其"不可分割性"的前提而表达出来，并开始缓慢地重塑政治概念的时刻。我在第二章区分了两种"分割"，一种是南希（Jean-Luc Nancy）将其与共同体联系在一起的基督神学式的、英雄主义的、牺牲性的对于实体的分割——它倾向于恢复主权的地位，即一项掌管权力分享和**分配**的不可分割的决断行为；另一种是对事物的形式主义（pharisaical）分割。前者依赖于规定性的、博丹式的论断，即主权必然（逻辑上和实际上）是不可分割的。相比之下，后者依赖于德里达在其晚期著作中所说的——不是一种逻辑，而是一种"可分主权的困境"。在第三章中，我主要考察了阿甘本（Giorgio Agamben）阐述的主权决断所依赖的逻辑"无差别区域"。我处理的事例提供了一幅复杂图景，它勾勒的是主权的奇特逻辑，以及那种试图为主权的诞生和"现代"特征作出阐述的历史学逻辑。这些事例包括：修辞学家皮埃尔·德·利沃（Pierre de Rivo）和神学家亨利·德·泽梅伦（Henri de Zomeren）之间展开的一场历史上记录在案的冲突（大致发生在1465年至1479年），涉及未来的偶然事件；另一件几乎神话般的事情是：据罗扎诺（Cristobal de Lozano）于1671年的叙述，托莱多主教古伊哈罗（Juan Martinez Guijarro）在1546年进行了注定失败的尝试——他试图将所谓赫拉克勒斯洞穴（Cave of Hercules）的传说去神秘化。在最早对于治理、逻辑和恐怖经验之间关系进行概念化的过程中，它们也是相互关联的档案。

　　处于恐怖之中、"取决于"恐怖，到底意味着什么？恐怖是什么概念？在什么意义上它提供了生存的社会框架和法则、困境和精神特质（ethos）？这是对谁而言？接下来的两章在启蒙运动及其最严厉的同时代批评者——萨德和马克思——所给出的历史框架内处理这些问题。我在第四章探讨了观念论哲学传统如何想象哲学概念的诞生。我的论述以阿尔都塞为切入点，对于后者来说这一问题是在一组特别丰富的问题丛中形成的：如何在黑格尔式的"用'降临'（*Ad*-vent）观念吸收'事件'（*e*-vent）[1]"的方式之外想象历史事件（他在巴黎高师交给巴什拉[Gaston Bachelard]的论文"论黑格尔思想中的内容"[1947年]里如是说）；概念是否是生产出来的（如果是的话，这一生产需要

1　前缀"ad-"意为"变化"，前缀"e-"意为"外在""超出"。

何种劳动），还是被揭示的，还是被设定的，还是偶然产生的；概念的"有效性"是否能够由某个特殊话语而理解，尽管该概念本身是缺席的（例如，结构——经济结构、社会结构——及其要素之间的关系的概念）；生命或**某种**生命能否被认为拥有一个概念。接着一章展示了阿尔都塞对于概念之诞生和流通的阐述需要对"概念"一词本身加以相当程度的再定义：概念（例如"共同善"的种种概念或"主权"概念）不再是（如在康德那里的）共同表征（*raepresentationes comunes*），而是以非表征性的表达出现，与尤为文学性的唯物主义相符；通过马克思和黑格尔在各自对于自然状态的论述中的相遇（这一相遇具有高度的多元决定性质），这种唯物主义得以被揭示和勾勒出来。我认为"恐怖"就是此类概念，但我们同样也可以用它来命名一组吊诡地开放的、非自我同一性的概念，这组概念产生于自发性法则——根据它们，阿尔都塞式的或（更好地说）**物质性**的概念得以诞生和流通——与此同时，这组概念也规定了人们如何思考这些同样吊诡的自发性法则的运作模式。

第五章考察了三种描述上述物质概念（也就是，在这个意义上定义"恐怖"）的方式，指出它们可以成为不同于工具性、本质性结合逻辑的替代性方案。第一种替代性方案是激进民主对于"辩证逻辑"（在这个意义上，我们可以在跟随霍克海默和阿多诺思路的思想家那里——[如]墨菲和拉克劳、哈特和内格里——找到这种辩证逻辑）的挑战；第二种是由罗蒂（Richard Rorty）提出的实用主义的自由主义民主方案。我认为，两者都依赖于两个未得到充分阐述的概念，它们能够发挥作用，部分靠的是相互强化，部分靠的是回到一种不充分的表征性逻辑；一是对于偶然性的弱阐述（各种对抗性社会利益和力量都是不可化约的；尽管如此，政治或法理的形式框架还是可以被制造出来，将对抗转化为竞争）。二是对于文化的英雄主义式阐述，认为文化能够缝合不可化约的种种社会冲突。罗蒂认为，叙述使我们能够重新描述我们自己；内格里和哈特总结说："宪政的政治过程将必须通过积极的逻辑在这个开放的力量领域上展开。"——这个想象的领域在政治上得到捍卫之前，首先要在文化上被生产出来。不同于工具性结合逻辑的第三种替代性方案是激进共和主义，它的基础是一种分配的、自主性的快感观念，可以免于上述双重弱点。萨德在《卧室里的哲学》（*La philosophie dans le boudoir*）中给出了关于偶然性的强阐释，这部著作也以一种新教学法形式对文化英雄主义展开了批判（这一新教育法被设想为逻辑上和时间上都先于任何关于"结合"的政治阐述）——即拉康所说的以多曼斯（Dolmancé）取代蒂俄提玛（Diotima）的位置。

本书在第六章中回到了开篇时的当下历史语境——定时炸弹的场景、1973年西班牙首相被暗杀的场景。这一章探讨了欧洲解殖现象与特殊形式的恐怖主义的诞生之间的纠缠关系，这一纠缠关系是当今媒体和相当部分文化想象的关注对象：女性自杀式炸弹袭击者的面纱背后，浮现出原教旨伊斯兰恐怖主义的幽灵形象。我将考察彭特克沃的两部电影：《卡波》（*Kapò*，又译《盖世太保》，1960年）和更为有名的《阿尔及尔之战》（1965—1966年）。此章开篇讨论了《阿尔及尔之战》中表面的公正性，即在法国士兵的凶残和阿尔及利亚民族解放阵线的炸弹之间求取平衡。接着我将这一表面的客观性所蕴含的伦理姿态放置在三种语境下：1950年代末和1960年代初在阿尔及利亚和法国主流文化界中进行的关于传统穆斯林妇女所戴面纱的争论，第一种语境便是这场争论的文化—政治语境；在明信片上、色情的珍奇小玩意上、高雅艺术作品上描绘阿尔及利亚妇女揭开面纱的瞬间——这是自德拉克洛瓦（Delacroix）[1]以来的东方学视觉传统；第三种语境是由

---

[1] Eugène Delacroix（1788—1863），法国浪漫派艺术领军人物，他对异域情调的热衷强烈影响了象征主义运动。

雅克·里维特（Jacques Rivette）[1]、塞尔日·达内（Serge Daney）[2]等人开创的批判—哲学对比，即彭特克沃再现"历史"事件（《卡波》中的妇女集中营，以及《阿尔及尔之战》）的电影技法和阿兰·雷乃（Alain Resnais，尤其是他的《夜与雾》）的电影技法之间的对比。这里涉及两场小型文化波澜———是有些非宗教知识分子（布尔迪厄与法农的对话）认为阿尔及利亚妇女重新戴上面纱具有重要战略作用（strategic function），而另一场波澜则涉及后来所谓的"《卡波》中的跟拍镜头"。这两场波澜折射出"三个女人、三颗炸弹"的蒙太奇，后者表现的是位于《阿尔及尔之战》核心的恐怖炸弹袭击。伦理的和技术的"可表征性"要求导致了"可悲的"逻辑（里维特在提到《卡波》时如是说），导致了一种集中营色情片。[48]《阿尔及尔之战》似乎以极具争议的方式将冲突设置在两种工具性逻辑之间，即酷刑的逻辑（定时炸弹的场景）和对于恐怖主义的工具性使用，展现了这两种逻辑之间的冲突如何在不可表征之物那里遇到了共同的限制。

《野性唯物主义》结论部分具体考察了整本书提出的概念场景。在"分心的共和国"这一章，人们在萨德那里发现的激进共和主义、阿尔都塞的政治概念中的野性唯物主义、对于文化领域缝合功能的批判、可分性主权的困境，这些都集中在对于20世纪政治历史的"共和国"概念所作的分析之中：西班牙共和国在1939年遭遇失败，体现了这一共和国模式的悲剧性挫败。这一章将胡塞尔在1935年所作的"日内瓦演讲"与西班牙共和主义哲学家赞布拉诺的著作放在一起阅读。在赞布拉诺的忧郁阐述中，共和国被设想为未完成的"事业"

1　Jacques Rivette（1928— ），法国导演、编剧、电影批评家，新浪潮代表人物之一，作品有《不羁的美女》（*La Belle Noiseuse*）、《塞琳和朱莉出航记》（*Celine and Julie Go Boating*）等。

2　Serge Daney（1944—1992），法国电影批评家，曾在《电影手册》杂志上发起"回到电影"专题，邀请米歇尔·福柯、吉尔·德勒兹等人参与讨论。

(empresa)，一项有待进行的劳作，但[该词]也指一个规范性的意象或表征；她的悖论性分析与胡塞尔认为能够带领欧洲走出法西斯主义黑暗的神话式的"理性英雄主义"适成对照。从忧郁的性情和英雄主义的性情中，我们都找不到那种特定的结合形式——它以脆弱而吊诡的普遍性为基础，同时又捍卫这些普遍性。这种结合形式并不与上述两种性情中的任何一种对应，也不自它们中间产生。相反，它从两种性情之间的**关系**中穿过，并试图在时间和支点上扩展那一流动的、令人不安的运动。现代共和国是这一运动的政制/机制（它起源并终结于这一运动）。在这个意义上，努力变成"共和"，就是努力适应、分配、共享、扩展脆弱概念所具有的强烈恐怖。

注释

[1] Michael Levin，"The Case for Torture"，*Newsweek*，June 7，1982.这篇文章被收入很多文集，网上可见http://www.coc.cc.ca.us/departments/philosophy/levin.html。也见Linda H. Peterson和John C. Brereton编的*The Norton Reader：An Anthology of Expository Prose*（New York：W. W. Norton & Company，2003），694—696。

[2] 虽然从原则上讲，"恐怖"威胁或行为的真实例子要比假设性的场景更能阐明对于酷刑的功利主义式运用，但真实例子有很多实际的和概念的约束。首先，臭名昭著的一点是，由于严刑逼供而来的信息常常不准确，能够证明酷刑对于调查或法理程序起帮助作用的实际例子少得可怜。其次，拿酷刑在真实情况下"奏效"——阻止某起恐怖行动——作为例证，马上就遇到我们或可称为"道听途说"的麻烦。因为没有任何政府或组织希望被人看到运用严刑逼供的手段，政府或组织就很难以第一人称断言，在阻止某起具体的恐怖袭击时，他们确曾运用过这种手段。相反，人们可以说自己曾**听**

到某个政府或组织曾利用过从酷刑中得到的信息——比如，德肖维奇（Alan Dershowitz）坚称，菲律宾政府曾于1995年利用严刑逼供套得的信息以"挫败暗杀教皇和使11架商务客机坠落太平洋的计划"（Alan M. Dershowitz, *Why Terrorism Works: Understanding the Threat, Responding to the Challenge* [New Haven, Conn.: Yale University Press, 2002], 137）。人们甚至可以说："我们作为美国中央情报局或美国政府曾利用过我们听来的菲律宾通过酷刑获得的信息，以挫败某项恐怖计划。"反过来，菲律宾政府可以诉诸某种相同的"道听途说"："为了挫败某项恐怖计划，我们菲律宾政府将我们听到的信息——据说是某个政治组织利用酷刑得来的——传达给美国中央情报局或美国政府。"为酷刑负责的总是他者，而任何以第一人称说出类似"我出于原因X或Y而动用了酷刑，为的是达到效果A或B，取得信息L或M"的话，从表面上看都是自我挫败的：承认对他人施以酷刑的主体，由于这一事实本身，就没有资格对于已经做出的酷刑给出任何理由。

真实例子（如果确实存在的话）还有进一步的逻辑约束和实际约束。人们可以这样分析严刑逼供的"真实例子"：比如这样一个陈述——"这个信息是通过明令禁止的审讯手段收集来的，作用是阻止某项袭击或犯罪行为"——结合了两类陈述。一方面，对于事态的描述作出了事实论断或指涉性论断。"在此我们拥有或曾经掌握着某个信息"是个可以被证实（更可能的是被证伪）的陈述，而"某个恐怖行动并未发生在这个或那个时刻、这一天、这个地点"看上去也是个事实陈述，某种意义上看上去是真的和可证实的（尽管我们首先要对什么是这里的"事实性"或"真"进行相当狭隘的理解）。另一方面，有一些陈述的基础是，将貌似事实性的陈述以关键的、虚词性的（syncategorematic）形式组合起来。比如这样一个论断——"某个恐怖行动没有发生在某天，**因为我们掌握了某个信息**"，这个假设在某些条件下可能成立。但它并不在任何条件下都成立，而且它从来不是**必然**成立的。我们总是可以设想其他理由来解释为什么某个行动（包括恐怖行动）不会或不曾在某天发生——从意外事故、内部故障，到世界末日。关于酷刑的文献多得让人束手无策，最近的文献列表可见Sanford Levinson编的 *Torture: A Collection* (New York: Oxford University Press, 2004)。

[3] 我强调算计或推测的一面,以阐明这一政治共同体观念与韦伯(继滕尼斯[Ferdinand Tönnies]之后)所谓的"结合性社会关系"(*Vergesellschaftung*),在这个群体中"社会行为的导向依赖于理性驱使的利益调整,或受到类似推动而达成的一致,无论理性判断的基础是绝对价值还是暂时的理由"。见Max Weber, *Economy and Society: An Outline of Interpretive Sociology* (1968; rpt. Berkeley: University of California Press, 1978), 40—41。

[4] Dante Alighieri, *Purgatorio* X, ll. 103—111, trans. W. S. Merwin (New York: Alfred A. Knopf, 2000), 99; 行数根据原文略有调整。[引文根据朱维基译文,见但丁:《神曲:炼狱篇》,上海译文出版社1984年版,80页。——译注]

[5] 关于奴隶的"对体性"历史,见Page DuBois, *Slaves and Other Objects* (Chicago: University of Chicago Press, 2003)。

[6] 对于伦理言语和政治言语之间的"缝隙"(尤其涉及列维纳斯的著作)的细致论述,或可见Simon Critchley的"Five Problems in Levinas's View of Politics and the Sketch of a Solution to Them", *Political Theory* 32, no. 2 (2004): 172—185。

[7] Sophocles, *Oedipus Rex*, ed. R. D. Rawe, rev. ed. (Cambridge: Cambridge University Press, 2006), 70—71。对这几行的阐释历史,见Jean Bollack, *L'Oedipe roi de Sophocle* (Lille: Presses Universitaires de Lille, 1990), v. 3, 753: "因为'把手反绑起来'并不是开始一系列审问性酷刑的姿势,'apostrepsei'几乎总是被译成'连起来'(bind)……至于'扭',译者们依赖的是《奥德赛》中有关墨兰托(Melanthio)的惩罚的描述……因此,威胁是被明确指出但未被执行的。"

[8] Seneca, *Oedipus*, ed. and trans. John G. Fitch (Cambridge: Harvard University Press, 2004).

[9] 不可能作出区分——更好地说是毫无意义。比如,维特根斯坦在

其"伦理学讲演"结尾说（Ludwig Wittgenstein, "A Lecture on Ethics", *The Philosophical Review* 74 [1965]：3—12）："现在当这种异议出现时，我便立刻清楚地看到，不仅我能想到的一切描述都不能描述我所谓的绝对价值，而且我反对任何人从一开始就根据其重大意义而提出的一切意味深长的描述。这就是说我现在明白了，这些荒谬的表达并非没有意义，而是因为我还没有找到正确的表达，但它们的荒谬性却正是其本质。因为我对它们要做的一切就是去超越这个世界，即超越意味深长的语言之外。我整个的倾向和我相信所有试图撰写或谈论伦理学或宗教的人的倾向，都碰到了语言的边界，像这样在我们囚笼的墙壁上碰撞是完全地、绝对地没有希望的。伦理学渊源于希望谈论某种关于生活之终极意义、绝对善、绝对价值的欲望，就这点来看它不能成为科学。伦理学谈论的事情，在任何意义上都对我们的知识无所补益。但它是人类思想中一种倾向的纪实，对此，我个人不得不对它深表敬重，而且，说什么我也不会对它妄加奚落。"［根据万俊人译文，见《维特根斯坦的伦理学演讲》，载于《哲学译丛》1987年4期；略有改动。——译注］对于那些普遍稳固的区分的虚假必然性质（这些区分带有维特根斯坦这里所谓"绝对价值"的性质），我在这里特别想到的是实用主义论辩，如普特南（Hilary Putnam）所说，实用主义论辩正确地坚持认为，"从'某种区分无法在任何情况下都成立'这一事实，无法得出'无论如何它都不成立'"。（Hilary Putnam, *Ethics Without Ontology* [Cambridge：Harvard University Press，2004]，118.）事实上，将某些概念区分进行（人们或许可以说）"**本体论化**"（*ontologization*）是一项特别弱的哲学技巧，但尽管如此，索福克勒斯和塞涅卡的戏剧关注的确乎是此类区分。这两出剧被算作悲剧（事实上，从黑格尔到巴特勒[Judith Butler]的论述中，它们定义了文学文类和哲学写作的一种亚文类），恰恰出于其稳定的文化、政治甚或神学重要性（gravity），这两出剧为各种必然（出于同样重要的原因）终归失败的区分赋予了上述重要性。

[10] Page DuBois, *Torture and Truth* (New York：Routledge，1991).

[11] Seneca, *Oedipus*, ed. and trans. John G. Fitch (Cambridge：Harvard

University Press, 2004), ll. 1052—1061, pp. 110—111.

[12] Luc Boltanski and Eve Chiapello, *The New Spirit of Capitalism*, trans. Gregory Elliott（London：Verso, 2005）, 522—523.

[13] 同上，第106页："网络本身无法代表对城市的支持。考虑到网民在相当程度上还是不确定的，'共同善'的观念在网络主题方面就很成问题，因为不知道'善'要**在谁中间**成为'共同'的，同样出于这个理由，也不知道正义标杆**在谁中间**得到确立。"这种关于"网络"的伦理空洞观念，和更具弥赛亚色彩的有关"帝国"或"全球化"论断，及其相伴的形形色色集体性论断，两者之间存在着相当大的裂缝（关于大众、"民众"：见Michael Hardt and Antonio Negri, *Empire* [Cambridge：Harvard University Press, 2000]）。

[14] Chantal Mouffe, *The Democratic Paradox* (London：Verso, 2000), 135.

[15] Ernesto Laclau, *On Populist Reason* (London：Verso, 2005), 241.

[16] 这是拉克劳的近期表述。在回应齐泽克对其 *On Populist Reason* 的批评时，他说："我的全部分析恰恰基于这个主张：任何政治和话语领域都总是通过一种相互过程而结构起来的，通过这一过程，'空洞性'削弱了具体能指的特殊性；但反过来，那种特殊性又通过为'普遍性'赋予必然的外显化实体（incarnating body）而作出回应。我将霸权界定为这样的关系：某个特殊性通过霸权而成为一种完全无法衡量的普遍性的名称。故此，由于缺乏任何直接表征的手段，普遍性通过它那寄寓在特殊性中的扭曲手段，仅仅获得了一种'借来的'在场性。"（Ernesto Laclau, "Why Constructing a People Is the Main Task of Radical Politics", *Critical Inquiry* 32 [Summer 2006]：647—648.）亦参克里切利的重要文章 "Is There a Normative Deficit in the Theory of Hegemony？"见于 *Laclau：A Critical Reader*, ed. Simon Critchley and Oliver Marchart (London：Routledge, 2004), 113—123。

[17] Ernesto Laclau, *Emancipation* (*s*) (London：Verso, 1996).对于普遍主义问题颇为敏锐的综述，见Linda M. G. Zerilli, "This Universalism Which Is Not One", Diacritics 28, no. 2 (1998)：3—20；reprinted in *Laclau：A Critical*

Reader, ed. Critchley and Marchart, 88—111.

[18] Jürgen Habermas, "Three Normative Models of Democracy: Liberal, Republican, Procedural", in *Questioning Ethics*, ed. Richard Kearney and Mark Dooley (New York: Routledge, 1999), 135.

[19] Axel Honneth, *The Struggle for Recognition: The Moral Grammar of Social Conflicts*, trans. Joel Anderson (Cambridge: MIT Press, 1995), 171—179. 当然，霍内特意识到，在精神分析、维特根斯坦、后结构主义等传统批判了主权主体性之后，再谈复兴Sittlichkeit概念就特别棘手。他考察了针对古典自律性和社会概念的无效批判，见 *The Fragmented World of the Social*, ed. Charles W. Wright (Albany: State University of New York Press, 1990)。

[20] Nancy Fraser, "Social Justice in the Age of Identity Politics: Redistribution, Recognition and Participation", in Nancy Fraser and Axel Honneth, *Redistribution or Recognition? A Political-Philosophical Exchange* (London: Verso, 2003), 25—26. 弗雷泽有关承认和再分配相互融合的领域作了如下完整描述："社会理论……的任务是为当代社会设想一种阐述，能够调和阶级地位差异和彼此的纠缠。同时，政治理论的任务是设想一套制度安排方式和政策改革方案，能够修补错误分配和错误承认，并将这两种修正手段同时出现时可能引起的相互干预降到最低。最后，实际政治的任务是促进目前各个分割区域中的民主参与，以便建立基础广泛的规划性导向，将再分配政治的最佳部分与承认政治的最佳部分融合起来。"

[21] 霍内特写道："'对称'意味着在没有任何一个群体处于体系性的弱势地位的情况下，每个个体都有机会体验自己的成就和能力，感到自己是对社会有益的人。"(Axel Honneth, "Post-traditional Communities: A Conceptual Proposal", 载于他的 *Disrespect: The Normative Foundations of Critical Theory* [Cambridge: Polity, 2007], 261) 这就产生了对根本上属于亚里士多德的"相互性"伦理观念的熟悉批判。回想一下《尼各马可伦理学》第五卷中亚里士多德从"绝对正义"的考虑转向所谓"政治正义"的领域，也就是"自足地

共同生活、通过比例达到平等或在数量上平等的人们之间的正义"(《尼各马可伦理学》,5.6)谈论"绝对的正义或不义",*haplos dikaios*,便是抽象地将人们的评论限制在定义的秩序之内。谈论"政治正义……自足地共同生活、通过比例达到平等或在数量上平等的人们之间的正义"便是强调平等观念的视域——强调平等的可能性,以及平等作为判断的视域(法律面前的平等、将法律理解为对于人们彼此间差异的管理)。比例平等原则或数量平等原则的存在大体意味着,尽管种种行为在本体论的意义上与其结果之间不可衡量,也与其可能的回报之间不可衡量,对于行为及其结果而言的"衡量"原则仍然能够推出来,从而人们不必被迫简单地说"行为人公正地受到了其行为的结果,正义便得到了贯彻",或用稍微不同的话讲,即"以牙还牙、以眼还眼"的同态报复律(*lex talionis*)。"相互性"是位于比例平等和数量平等的诸种原则背后的结构。以这段《伦理学》引文为据,人们强烈倾向于将相互性想象为一种中介性标准(mediating standard),一个算盘或一个介于各个行为之间、行为及其结果之间的一般等价物:一只眼睛值这个价,这个牙齿值这个价,因此眼睛和牙齿可以根据一般等价物进行交换,而夺走眼睛或牙齿的道德和社会代价也可以在正义的报复原则和分配原则方面得到确立。在亚里士多德那里正如后来在马克思那里,主导性的类比都是金钱的运作:

> 所以,如已经说过的,所有的东西都必须由某一种东西来衡量。这种东西其实就是需要。正是需要把人们联系到了一起。因为,如果人们不再有需要,或者他们的需要不再是相同的,他们之间就不会有交易,或者不会有这种交易。而货币已经约定俗成地成了需要的代表。这就是我们称货币为流通物的原因。因为,它不是由于自然而是由于习惯而存在的,可以由我们来改变或废除。所以,只有当不同的产品平等化了,从而鞋匠的鞋同农夫的食物之比例符合于鞋匠同农夫之比,回报才会发生。但是,我们决不能在他们开始交易之后再定出一个比例,否则两个极端中得的过多的人就占得了两种优势。相反,应当在他们还占有他们

各自的产品时定出这个比例。这样,他们才能够成为平等的,才能相互联系起来。因为只有在这样的情况下,比例的平等才可以建立起来(农夫A,食物c;鞋匠B,他的同食物比例化了的产品鞋d)。只要回报比例还不能以这种方式建立,双方就不可能进行交易。既然需要似乎是把双方联系起来的唯一纽带,那么在双方或至少一方没有需要时,交易就不会发生(例如当某人需要另一个人占有的东西,比如酒,因而同意出让谷物来换酒的时候)。所以必须有这种平等化的关系。(Aristotle, *The Nicomachean Ethics*, 2d ed., ed. Lesley Brown, trans. David Ross [Oxford: Oxford University Press, 2009], 1133a—b, p. 88. [中译根据廖申白译文,参见亚里士多德:《尼各马可伦理学》,商务印书馆2003年版,第144—145页。——译注])

这是个著名的晦涩段落。最近的研究综述,以及雄辩地提出《伦理学》的这一部分应该是为政治论述而非经济论述的观点,均见Gabriel Danzig, "The Political Character of Aristotelian Reciprocity", *Classical Philology* 95, no. 4 (October 2000):399—424.大部分关于伦理判断的现代解释都落入亚里士多德基本框架的两个面向的一面:也就是,大部分解释都认为,**相互性**这样的连接性术语要么属于绝对正义一面,要么属于政治正义一面。

我认为,亚里士多德所谓"相互性"以两种方式发挥作用:它当然是一个衡量标杆,但它也是一个设置、一个功能。一方面,《尼各马可伦理学》中指出相互性具有"比例"或"类比"的形式,而与这个形式的关系对双方来说似乎都是共同的,无论是对于绝对正义还是对于政治正义。相互性是正义的本质属性,就好像"生产食物"是农夫的本质属性而"制鞋"是鞋匠的本质属性。但另一方面,一旦亚里士多德直接处理这种抽象,我们就发觉他所设想的关系——法律与作为抽象价值的货币形式之间的种种关系——正是相互性得以确立的装置(devices)。但这些关系是从**政治**伦理的一面、而不是从绝对伦理的一面得来的。**相互性**作为绝对正义和政治正义之间的连接性术语，因此具有政治功能。

[22] Patchen Markell, *Bound by Recognition* (Princeton：Princeton University Press, 2003), 187. 马科尔对于"承认"语汇和语法的有效批判提出了替代性方案，以代替该词具有威胁性的"非民主后果"——这些后果部分源于他所谓的"主权的快感"。他提出"将各种承认的斗争所展开的位置加以多元化和弥散，抵抗一般意义上主权国家的隐含主张——即国家对于承认的分配具有垄断权，国家是各种有关身份的论争的最终裁判"（第188—189页），替代（或补充）承认的纽带。

[23] Fraser, "Distorted Beyond All Recognition", 载于Fraser and Honneth, *Redistribution or Recognition*? 202.

[24] Honneth, "The Point of Recognition", in ibid., 263.

[25] Simon Critchley, *Infinitely Demanding*：*Ethics of Commitment, Politics of Resistance* (New York：Verso, 2007), 130.

[26] Philip Pettit, *Republicanism*：*A Theory of Freedom and Government* (Oxford：Oxford University Press, 1997), 67. 对佩迪特立场的准确重述见于Norberto Bobbio and Maurizio Viroli, *The Idea of the Republic*, trans. Allan Cameron (Cambridge：Polity Press, 2003), 尤其是对话中Viroli部分。

[27] 具体论述见John Pocock, *The Machiavellian Moment*：*Florentine Political Thought and the Atlantic Republican Tradition* (Princeton：Princeton University Press, 1975)。

[28] Max Henninger, "From Sociological to Ontological Inquiry：An Interview with Antonio Negri", *Italian Culture* 23 (2005)：159.

[29] 这一路向的大致来源是伯林的《自由四论》(*Four Essays on Liberty*, Oxford：Oxford University Press, 1969)。认为价值"多元"的立场并不像罗尔斯认为的那样，包括或产生于某些基本的普遍有效和独立统一的或一元论的原则，这一观点的最佳表述参见Judith Jarvis Thomson, *The Realm of Rights* (Cambridge：Harvard University Press, 1990), and "The Right and the Good", Journal of Philosophy 94 (1997)：273—298. See also William Galston,

Liberal Pluralism: The Implications of Value Pluralism for Political Theory and Practice (Cambridge: Cambridge University Press, 2002), 尤其是chap. 7, "Democracy and Value Pluralism" (81—93), 那里作者处理了存在于规范性民主框架和根本的多元论主张之间的僵局（也必然无法解决：这一传统的理路表述这些僵局的方式表明，我们面临的更像是二律背反而不是简单的矛盾）。

[30] Emmanuel Levinas, "Substitution", 载于*The Levinas Reader*, ed. Sean Hand (Oxford: Basil Blackwell, 1989), 99; Emmanuel Levinas, *Autrement qu'ê tre ou au-dela` de l'essence* (The Hague: Martinus Nijhoff, 1978), 173. "展现非对称性替代的概念对于拉康和列维纳斯的责任理论具有核心意义"的原创且重要的论述，见Kenneth Reinhard's "Kant with Sade, Lacan with Levinas", *MLN* 110, no. 4 (1995): 785—808, 尤其见于793—794。

[31] 关于列维纳斯著作中隐喻的中肯讨论，见Rudolf Bernet, "The Traumatized Subject", *Research in Phenomenology* 30 (2000): 160—179. See also Fred C. Alford, *Levinas, the Frankfurt School, and Psychoanalysis* (Middletown, Conn.: Wesleyan University Press, 2002), 66—68.

[32] Paul Ricoeur, "Otherwise: A Reading of Emmanuel Levinas's *Otherwise than Being, or Beyond Essence*,'" trans. Matthew Escobar, *Yale French Studies* 104, *Encounters with Levinas* (2004): 92—93. 利科引用的是第90页。伊利格瑞（Luce Irigaray）关于列维纳斯的评论也涉及碰触的爱欲（erotics）——虽然在这里问题的关键是"肉"而不是"肌肤"。内萨斯故事的独特之处在我看来是它关注肌肤（以及与它有关的一切，作为逻辑表面、作为包装、作为审美兴趣的关注点、作为脸的形式，等等）向肉的转化（揭示）。见Irigaray的"The Fecundity of the Caress: A Reading of Levinas, *Totality and Infinity* section IV, B", 载于*Face to Face with Levinas*, ed. Richard A. Cohen (Albany: State University of New York Press, 1986), 231—256.

[33] 对于列维纳斯著作中的"暗指"现象作出开创性研究的或许是Gabriel Riera的"'The *Possibility* of the Poetic *Said*' in *Otherwise than Being* (Allusion, or

Blanchot in Levinas)",*diacritics* 34,no. 2(2004):14—36。Riera提到列维纳斯关于布朗肖的一些暗指也与此处有关内萨斯的暗指相关——尽管并非全都相关。Riera说:

> 虽然列维纳斯在《别于存在》中最终承认,"诗性"能力可以表示超越于话语秩序之外的意旨,甚至认为这种能力具有(近似)伦理的力量,这一承认却没有明确表达出来,或仅仅是被暗示了(*sous-entendu*)。这部著作在列维纳斯思想中标志着"语言转向",体现了一种不同于《总体性与无限性》(*Totality and Infinity*)中主导性的语言观,甚至改变了"现实及其阴影"(Reality and Its Shadow)里的某些关键概念。但这种承认只是以暗指布朗肖的《时日的疯狂》(*The Madness of the Day*)的方式出现……列维纳斯的间接指涉标志着复杂的互文性嫁接:诗性地**说出**的仅仅是**提示**,"语言将会溢出思想的边界",对于列维纳斯的文本而言非常重要。这使得迎接"别于存在"成为可能,并实现了这样一种写作:其双重的时间性(temporality)让他者能够"与思考发生关联,作为思考的方式**以及**回应"。(Maurice Blanchot, *L'écriture du désastre* [Paris: Gallimard 1980], 41; *The Writing of the Disaster*, trans. Ann Smock [Lincoln: University of Nebraska Press, 1986], 36.)通过对布朗肖文本的暗指和嫁接,列维纳斯使占据首位的伦理意指(**言说**[*saying*])的结构变得清晰,并将其作为一种写作形式生产出来,以瓦解"存在"(Being)及其封闭体系的优先地位。由此,这一暗指比单纯地展现诗性语言在指示方面的丰富性要关键得多,因为列维纳斯通过布朗肖不仅勾勒出了"语言牢笼"的拓扑学,而且指明了出路。(第15页)

[34] 关于列维纳斯那"消极、无意义和恶"的"受难现象学",见William Edelglass,"Levinas on Suffering and Compassion",*Sophia* 42,no. 2(2006):43—59,尤其是46—48。

[35] Sophocles, *Women of Trachis*, in *Electra and Other Plays*, trans. David Raeburn (London：Penguin, 2008), ll. 1046—5751.[中译根据罗念生译文，见《罗念生全集》第二卷，上海人民出版社2004年版，第473页；根据上下文稍有改动。——译注]

[36] 对于列维纳斯意义上的身体含混性的细致分析，见D. H. Brody, "Emmanuel Levinas：The Logic of Ethical Ambiguity in *Otherwise than Being, or Beyond Essence*"，载于*Research in Phenomenology* 25（1995）：177—203.关于含混性所假定的干扰，他的论述与我对列维纳斯的暗示的分析似乎有相关之处：比如第198页。

[37] 德亚妮拉在《特剌喀斯少女》中之前就用aphrastos来描述她用来将内萨斯的血洒向衬衣的羊毛以无法言说的奇怪方式解体了：

但是方才
我进去，看见了一个现象，
无法形容，不是凡人的智力所能理解。
我无意间把那团用来涂抹药物的羊毛扔在
热力下，扔在太阳光里；它一变热，
就融化了，在地面上粉碎了。（697—700）

[38] 有关列维纳斯伦理学著作中（尤其是"替代"["Substitution"]一文和《别于存在》中的章节）"礼物"所扮演的角色，全面而有帮助的研究见Robert Bernasconi's "What Is the Question to Which 'Substitution' is the Answer？" in *The Cambridge Companion to Levinas*, ed. Simon Critchley and Robert Bernasconi (Cambridge：Cambridge University Press, 2002), 234—252。对列维纳斯著作的政治意义的考察，不能忽略Parallax杂志"列维纳斯与政治"专号所辑录的论文，见*Levinas and Politics*, ed. Simon Critchley（8, no. 3 [2002]）。我从Alan Montefiore的"Levinas and the Claims of Incommensurable Values"一文中

获益良多,见第90—102页。

[39] 因此,我的论点与Thomas Carl Wall关于列维纳斯的思想意象的论述不同。他说:

> 在列维纳斯那里,伦理学**一词**所指的不是伦理学本身,也不是伦理关系。他指的是一种非关系的关系,必然遭背叛的关系,而且是我必然被其约束的关系,因为与*Autrui*的关系的"本质"就是*au-dela de l'essence*——就是背叛"本身",或者说会瓦解和掏空一切真实的关系。这恰恰是他者约束我的方式:**因为这个他者是不带任何关系的**,是孑然独立而终有一死的,是已然超越我力量之外的,所以我也是不带任何关系的。因此便出现了我的"焦虑"和列维纳斯经常提到的自我的"不安"。将我和他者"绑"在一起的是与大他者(the Other)的**非关系**,即我,我自己**所是**的那个"无"或无–关系(no-relation)。我的肌肤,一层内萨斯的皮膜。(Thomas Carl Wall, *Radical Passivity*: *Levinas, Blanchot, and Agamben* [Albany: State University of New York Press, 1999], 33—34.)

这段引文最后说得疙疙瘩瘩,颇有征兆意义:"我,我自己**所是**""我的肌肤""内萨斯的皮膜"如何在论辩上组织起来?在句法上和连接语上,是什么将它们连起来的?它们的**关系**是什么?Alain David通过将列维纳斯的思想与共和主义联系起来的方式总结了他论列维纳斯的文章,见Alain David, "Unlimited Inc", *Parallax* 8, no. 3 [2002]:88—89。

[40] Simon Critchley, "The Original Traumatism:Levinas and Psychoanalysis", in *Questioning Ethics*:*Contemporary Debates in Philosophy*, ed. Richard Kearney and Mark Dooley (London:Routledge, 1999), 239.

[41] 克里切利对于列维纳斯与精神分析的相遇的阐述,在我看来迄今无人能够超越:"列维纳斯式的主体是个创伤性的自我,一个通过自我关系(这种关系是一种对于缺失的体验)建立起来的主体,因而自我就在其中被体验

为'自我'(ego)(一个忧郁症主体)所缺失的无法占据的(inassumable)来源……如果没有创伤,在列维纳斯的特殊意义上就没有伦理学……在列维纳斯那里,通往正义的道路——通往第三政党、共同体和政治——要经历或跨越理论和历史的对于创伤的经验。没有死亡驱力就没有民主!"(同上,第240页)在别的地方,他写道:"他者反抗任何我把握他的努力,他呐喊着出现在我面前,令我想起我自己呐喊的记忆,想起我自己的创伤,我自己痛苦经验的'前史',一种与我最初的满足/憎恶对象相关联的远古记忆……这一呐喊的结构展现了列维纳斯那里的'替代'模式,其中呐喊成为'言说'的维度,通过主体与"他异性"的根本性纠缠而阐明主体的前史。"(Simon Critchley,"*Das Ding*: Lacan and Levinas",载于他的 *Ethics, Politics, Subjectivity* [London: Verso, 1999], 210) Bettina Bergo认为列维纳斯著作朝着这种思考方向发展:"(1) 强调从愉悦到畏惧的情绪的动力性质和症候性质;(2) 发展出'分裂主体'的观念,其现实性就像彗星的尾巴,一端很闪耀而另一端渐渐消隐不见。"她说:"这种思想便是精神分析。"(Bettina Bergo, "What Is Levinas Doing? Phenomenology and the Rhetoric of an Ethical Un-Conscious", *Philosophy and Rhetoric* 38, no. 2 [2005]: 123.) Fred C. Alford采取了不同的解释方式,通过Winnicott而不是弗洛伊德研究列维纳斯,见其"Levinas and Winnicott: Motherhood and Responsibility", *American Imago* 57, no. 3 (2000): 235—259。

[42] Sigmund Freud, *Beyond the Pleasure Principle*, in *The Standard Edition of the Complete Psychological Words*, ed. and trans. James Strachey (London: The Hogarth Press, 1955), 18:12. 德文版见*Jenseits des Lustprinzips*, in *Gesammelte Werke* (Frankfurt am Main: S. Fischer, 1999), 13:9—10。弗洛伊德在此是回应第一次世界大战结束后出现的一批有关创伤性战争神经症(后来在英格兰被称作"炮弹休克")的新文献。将病症辨认出来(或毋宁说对返乡士兵展现的一组症状进行命名)的决定性文献,见Charles S. Meyers, "Contributions to the Study of Shell Shock", *The Lancet*, February 13, 1915, 316—320, 以及其后来修改过的关于炮弹休克的病原学论述*Shell Shock in France, 1914—1918* (Cambridge:

Cambridge University Press, 1940)。最近处理德国"战争神经症"经验的研究有Paul Lerner's *Hysterical Men*: *War*, *Psychiatry and the Politics of Trauma in Germany*, *1890—1939* (Ithaca, N.Y.: Cornell University Press, 2003)。对于炮弹休克的德国文献,更早的综述见Doris Kaufmann, "Science as Cultural Practice: Psychiatry in the First WorldWar andWeimar Germany", trans. A. J.Wells, *Journal of Contemporary History* 34, no. 1 (January 1999): 125—144.《柳叶刀》在1916年的几组文章特别有帮助:见M. D. Eder, "The Psycho-Pathology of the War Neuroses", *The Lancet*, August 12, 1916, and Harold Wiltshire, "A Contribution to the Etiology of Shell Shock", *The Lancet*, June 17, 1916; see also Frederick W. Mott, *War Neuroses and Shell Shock* (London: Henry Froude and Hodder & Stoughton, 1919)。最近围绕弗洛伊德有关战争神经症反思的情境所作的流行阐述,见Ben Shephard's *A War of Nerves*: *Soldiers and Psychiatrists*, *1914—1994* (London: Jonathan Cape, 2000); 早期文献综述见Edward M. Brown, "Between Cowardice and Insanity: Shell Shock and the Legitimation of the Neuroses in Great Britain", in *Science*, *Technology and the Military*, ed. Everett Mendelsohn, Merritt Smith, and Peter Weingart (Dordrecht: Kluwer, 1988), 323—345; 并见Ted Bogacz, "War Neurosis and Cultural Change in England, 1914—1922: The Work of the War Office Committee of Enquiry into 'Shell-Shock,'" *Journal of Contemporary History* 24, no. 2 (April 1989): 227—256. 亦参Kurt Eissler颇佳的*Freud und Wagner-Jauregg vor der Kommission zur Erhebung militarischer Pflichtverletzungen* (Vienna: Löcker, 1979), trans. as *Freud as an Expert Witness*: *The Discussion of War Neuroses Between Freud and Wagner-Jauregg*, trans. Christine Trollope (Madison, Conn.: International Universities Press, 1986)。

弗洛伊德同时期的文章"战争神经症电疗法备忘录"(1920年)载于*International Journal of Psycho-Analysis* 37 (1956): 16—18,结尾混合了愿望的实现和对于学科或专业上获得成功的断言。他写道:"我在此要给出决定性的证据,证明用电疗法治疗战争神经症根本无效。1918年恩斯特·西美尔(Ernst

Simmel)博士作为一家位于波兹南的战争神经症医院的院长发表了一个小册子,他在其中报道了用我所建议的精神疗法来治疗几起严重的战争神经症而取得了巨大成功。在这个小册子出版以后,1918年9月在布达佩斯召开的下一届精神分析学会上来了数位德国、奥地利和匈牙利军队的官方代表,他们承诺建立以纯粹心理学方式治疗战争神经症的医疗中心。虽然这些代表完全有理由因为这种治疗方式耗时耗力且无法迅速让病人重新投入军队,从而即刻离席,但他们还是作出了这个承诺。当革命爆发并给战争画上休止符,也终结了当局迄今为止所独揽的大权时,为建立这种中心所作的准备事实上早已在进行中了。但是,随着战争的终结,战争神经症的研究也消失了——这是这一疾病最后的、但也是令人深刻的心理原因。"(第18页)

这是多利斯·考夫曼(Doris Kaufmann)对弗洛伊德结论的枯燥评论:"然而,弗洛伊德被证明是错的:对战争神经症的兴趣没有在1918年11月后停止。对于所有关心它的人来说,强迫治疗已经成为军事领导人的兴趣,他们用它来规训病人。"(Kaufmann, "Science as Cultural Practice", 140)

[43] Freud, *Beyond the Pleasure Principle*, 12—13.

[44] "Neurasthenia and Shell Shock", *The Lancet*, March 18, 1916, 627. 引自 Santanu Das, *Touch and Intimacy in First World War Literature* (Cambridge: Cambridge University Press, 2005), 195。有关这一主题,最有影响力的讨论是Eric Leed的 *No Man's Land: Combat and Identity in World War* (Cambridge: Cambridge University Press, 1979)。

[45] 弗洛伊德在《超越快乐原则》中的论述既回应也扩展了他早年在《精神分析引论》中作出的论述:"至于焦虑、害怕和恐怖等名词在语言习惯的用法上,是否有相同的意义,还是能够明确区分开来,我要避免探讨得太过细致。说这些就够了:我认为焦虑是就情境而言,不问对象;害怕则集中注意于对象。至于恐怖似乎有其特殊的含义——它也是就情境而言,但危险突然而来,没有焦虑的准备。因此,我们或可说,有焦虑,便可无恐怖之虞。"(Sigmund Freud, *Introductory Lectures on Psychoanalysis*, *The Standard Edition of the*

Complete Psychological Works,16:395；*Vorlesungen zur Einführung in die Psychoanalyse*,Gesammelte Werke,11:410.）最近关于"害怕"和"焦虑"之区分的流行讨论可见Joanna Bourke's *Fear：A Cultural History*（London：Virago，2005），189—192。

[46] Hannah Arendt, *The Origins of Totalitarianism*（1948；rpt. New York：Schocken Books，2004），598. Adriana Cavarero's *Orrorismo：Ovvero della Violenza sull' inerme*（Milan：Feltrinelli，2007），translated as *Horrorism：Naming Contemporary Violence*, trans. William McCuaig（New York：Columbia University Press，2009）一书很好地拓展了阿伦特的论述。Cavarero认为，阿伦特式的"总体性惊骇（horror）"涉及相当不同的问题：惊骇不再像恐怖那样与运动的物理学相联系，而是与静止相联系。不像阿伦特思想中恐怖的工具性逻辑那样总是与中介性联系，惊骇与直接性相关，一种过度的直接性。这本著作前几章区分"恐怖"和惊骇（orrore），颇具启发。

[47] Edgar Allan Poe,"The Fall of the House of Usher", in *Poetry and Tales*, vol. 1 of *Edgar Allan Poe*, ed. Patrick Francis Quinn（New York：Library of America，1984），320.

[48] Jacques Rivette,"De l'abjection", *Cahiers du cinéma* 120（June 1961）：54—55.

[第一章

恐怖的伦理

> 运动是每一种政治的不确定性和不完美性。运动总是留下剩余物……它是这样的：如果它是什么，就仿佛不是什么，它缺乏自身[manca a se stesso]；如果它不是什么，就仿佛是什么，它溢出自身。运动是剩余与缺乏之间不确定的界限，正是这一界限标示出每一种处于构成性不完满状态之中的政治的边界。
>
> ——吉奥乔·阿甘本："运动"

> 探讨笑话的动机似乎没什么必要，因为获得快乐一定是被看做笑话的充分动机……使得探究笑话的主体规定性变得必要的第二个事实是这样一种被普遍承认的经验：没有人会仅仅满足于为自个儿说笑话。给他人说笑话的欲望不可避免地与笑话的运作方式联系在一起。
>
> ——西格蒙德·弗洛伊德：《笑话及其与无意识的关系》

> 就主权而言，死亡是绝对主权权力最清晰、最壮观环节的呈现；相比而言，如今死亡成了这样一个时刻：个体逃脱所有权力的掌握，退回自身，即所谓回归自身的私密性。权力不再承认死亡。它在字面上忽视死亡。为了象征化这一切，如果你愿意的话，让我们看看佛朗哥之死，这毕竟是一桩非常非常有趣的事件。
>
> ——米歇尔·福柯：《必须保卫社会》

为何必须保卫笑话

这儿有一个包含诡计的笑话。

弗朗西斯科·佛朗哥用一种官气十足的"我们"口吻说话,许多人觉得这种说法陈腐可笑,另一些人觉得它十分险恶。伴随着时时打断言说的简省的手部动作,这一集合代词"我们"不可阻挡地将西班牙的观念上的共同躯体(notional corporate body)同佛朗哥自己的身体紧紧结合在一起。1970年代早期,佛朗哥因为宣布了旨在加速西班牙经济发展的新经济运动而赢得声誉;要知道在1960年代短暂繁荣之后,整个国家的经济面临着停滞的威胁。宣布这一政策的新闻有着上述**笑话**(chiste)的形态。新闻播报采用领袖冗长无聊的措辞,模仿其一上一下的手部运动:"相距'二战'已经三十年了,我们已决定改变我们的运动[或'我们运动的方式',或'我们的政治方案',或'我们政治上的尽忠方式';hemos decidido cambiar de movimiento]。"——说出这句话的同时,说笑话者也在中途变换手势:中断了垂直运动,此刻开始做水平运动,伴着一种同样迟钝的、左右摇摆的节奏。

这既不是关于佛朗哥的第一个笑话,也不是最出色的笑话,但是它属于最具颠覆性的笑话之列——因为这个笑话要求讲述它的人通过在语言和姿态上装出元首的特征,去想象对于大部分人来说这一时刻最急迫的政治幻想:承诺改变整个国家的政治运动或承诺一种推翻独裁者的政治方向。[1]对于文化批评家来说,这个笑话提供了一条捷径：通往想象中的长枪党和手的形象之间非凡的联合。[2]某个政治史学者把它作为"运动"（*Movimiento*）一词在西班牙战后时期发生变动的例证，即从长枪党运动（*Movimiento Falangista*）（由何塞·安东尼奥·普里莫·德·里维拉[Jose Antonio Primo de Rivera]建立的具有法西斯性质的运动）这一或多或少表现出特定历史用法的表述，变为1939年民族主义胜利之后的国民运动（*Movimiento Nacional*），再转变为1969年马特萨（Matesa）丑闻发生之后独裁者的言说所体现的全然抽象的运动（*movimiento*）。（马特萨丑闻是一桩举国皆知的大规模腐败案件，牵扯到一家重要的纺织公司、西班牙最大的国有银行之一、三位佛朗哥的前任部长和财产受益人，以及时任发展部长的劳雷亚诺·洛佩斯·罗多[Laureano López Rodó]——他是由卡雷罗任命的。[3]）对于我们善于空想的政治史家来说，*movimiento*的语义变动标志着佛朗哥设法疏远长枪党，并且在1970年代早期设法疏远长枪党的后嗣曼努埃尔·弗拉加（Manuel Fraga）、何塞·索利斯（Jose Solis）和费尔南多·玛丽亚·卡斯铁利亚（Fernando Maria Castiella）。[4]

那些渴望理解今日西班牙文化焦虑形态的人——关乎加入欧盟以及重新协商那些长久以来被珍视为国家主权之特权的事务——必须考察的是，大众文化在对待转型年代的问题上，如何伴随种种制度性努力，一同试图解救长久以来被压抑的事件的物质踪迹：群众陵园的开放、巩固并向大众开放内战档案、诸如*Cuéntame cómo pasó*（《告诉我这一切是怎么发生的》）这类电视连续剧所取得的惊人成功——这部连续剧说的是一个马德里家庭1960年代中期以来（中经佛朗哥去世、向民主转型等事件）的经验编年史。当然还有老旧笑话的复兴：它们如今与一种怀旧的剩余价值一起流通，这种怀旧的剩余价值有时很难与这些笑话极具讽刺性的开头相匹配。

最后，文化人类学家或许会注意到，挥动的手势表明了政治转变以何种方式在这样一个时刻被想象出来：此时，政治运动的概念

和 *movimiento* 这一能指仍然关联着团体性的（corporatist）联合模式——事实上是关联于躯体本身（the very body）——而这一观念的[政治]运动或许会放弃此种关联。或者可以以一种学科综合的尝试来说明这里的问题。对于1989年以来的西班牙社会来说，在经济和社会方面汇入欧盟表现为一种有关"转型"的恼人的回忆——即从1940年威权主义原则向宪政民主转换的运动，这一民主以名义上的君主制脆弱地联合着各自治区。要描绘这一回忆的形态有些麻烦。这是因为，对于经历了这一转型的西班牙人来说，为了决定性地"改变运动"而"超越""运动"[本身]来思考——对于一种有待被追忆的转型进行思考——意味着采取元首的形象和姿势，以使施加给他身体的姿势暴力（violence of a gesture）运作起来，或者以一种更少寓言意味的方式来说，承担政治恐怖的重负，以脱离这一恐怖或从中获利，或自返性地（reflexively）完成、内摄、消化这一恐怖。将关于政治变化的回溯性思考的形式与元首的手联系起来，这相当于强调说，佛朗哥的身体在它消逝之后依然具有幽灵般的影响，它提出了一种最近的历史——这一历史在西班牙法律所谓 *Movimiento* 的永久营业权或"ley de manos muetas"留下的阴影下被保存了下来。[5]

这组观察、玩笑和微观论点（micro-arguments）所具有的意义超出了西班牙半岛的范围。让我用三个论题来组织这些内容。

宽泛地说，首先是**谱系学**式的，或者说得更到位一些，**转型式**的论题。追踪一种历史形态的出现，不管是社会的、政治的或经济的，并不仅仅意味着考察从一种体制性的运动（constituted *movimiento*）转变为另一种运动，也不是仅仅确认并描绘（用雷蒙德·威廉斯出色的术语来说）这些转变背后的"情感结构"（各种形式背后的情感结构，或主导形式背后的情感结构，或某种残余形式的重复或重构背后的情感结构），"感觉到的思想和作为思想的情感：当下的实际意识带有活生生的、互相关联的连续性。"[6]事情的麻烦之处在于：去理解"实践意识"的**当下**指什么,即去理解"思想"和"情感"——就种种历史构型而言(比如,欧洲的国家法西斯主义的衰弱,以及不同种类的文化法西斯主义在美国、中东和欧洲的出现)——在今天所采取的形式和功能。分析历史构型背后的思想和情感——从其社会运用和概念运用方面(假想的和实际的运用、此时此刻的运用)出发而展开分析,相当于将这些历史构型视为某种建构性(constituent)逻辑的一部分,此种逻辑或许会、又或许不会得到明确承认(它或许会、又或许不会被真正地思考或感知)。不管转型式的思考是否承认这一任务,它将人们带向由佛朗哥来回摆动的手在此提出的问题:政治转变的表征能否脱离崇高的躯体?以何种方式,在何种条件之下,崇高的政治体经历着去物质化或再符号化(resemanticizations)——两者有效地改变了政治体的运动(方向、价值——这里涉及整个微观物理学)?

  这一笑话中佛朗哥挥动的手所处的第二个、一般的层面是地形学的(topographical)层面。这一层面明确地指向我们所谓的**思想和情感**。这一笑话的奏效之处——以及这一笑话所代表的另一些笑话的引人发笑之处——似乎便是威廉斯笔下"情感结构"的所在:"思想"被"感知"之处以及"情感"被"思考"之处。虽然充满争议,但威廉斯精确地将"艺术与文学"放置在这一压迫性的、中介性的位置,在这一位置,文学与艺术起到了清晰表达(articulate)[1]情感结构的作用——而佛朗哥来回摆动的手同样也表达了1970年代中期西班牙社会的某些状况。[7]威廉斯将"表达"(articulation)理解为一种中介作用。然而,威廉斯将"表达"理解为中介作用,碰到艺术和文学的情况就颇具争议了,而且显然,对于古怪的笑话运作方式来说,这种理解也是不充分的。若不极力强调所有上述概念的惯例性定义,如弗

---

[1] articulate有"表达"和"连接"两义,译文多采取前一个意思,但阅读时需要考虑到两层意思。

洛伊德的《笑话及其与无意识的关系》所阐明的那样——事实上，若要将笑话或艺术和文学化约为"当下实际意识"的表达，化约为思想和情感的表达，那么人们就得极力强调所有这些概念的惯常定义，弗洛伊德的《笑话及其与无意识的关系》对此讲得很清楚——事实上人们有可能就此拆散连接[本身]。其他"表达"模式——最为显著的是，早在拉克劳和穆菲的《领导权和社会主义策略》中就已提出、并由两人各自发展出来的"表达"模式——在解释艺术和文学的复杂功能，以及与之友好关联在一起的笑话运作方式上，和威廉斯提出的"表达"模式一样不成功；[文学和艺术的复杂功能在于，它是]一种使思想与情感相接合并使之从情感中脱离开来的功能，一种从内部同时从外部威胁完整性（integrity）的功能。佛朗哥的手表达了什么？如何表达？它在哪儿？更一般地说，从思想与情感上说，如佛朗哥的手一般的言语行为坐落于何处？

  我想从这一浅薄的笑话中引出的第三个问题是从古怪的社会语境中涌现出的问题，即弗洛伊德在论及一般性的笑话运作方式时提到的语境："**给他人说笑话的渴望不可避免地与笑话运作方式联系在一起。**"[8]众所周知，对于弗洛伊德来说，这一"渴望"[*Drang*]源于我们对于快感的期待——我们期待释放（词语、形象、概念的）压抑性的、吝啬的、"经济的"压缩（这一压缩构成笑话运作方式最初的、私密的时刻），从而获得身心放松。笑话并非其他社会进程中的一种：笑话在语词和概念层面将节约和释放[能量]捆绑在一起，对于弗洛伊德来说，这标志着"第一人称"向"被询唤的第三人称"[eingeschobenen dritten Person]开放。[9]那么，哪一种共同体，哪一类政治结合方式是由笑话引出的？

为何括约肌[1]是崇高的

比如说那个公认的故事——欧洲民族主义的确立以及关于它们显然即将被纳入超民族的组织的故事——完全遮蔽了对于恐怖的观念进行去神圣化、政治化及去政治化的故事。有人或许会以此种方式来诠释这个故事。就民族或原初民族意识的现象学而言,恐怖的经验——一种传统上被限定在私人的、审美的或是心理领域的情感——突然间转移到公共领域。在某种程度上这也是出于启蒙对于这些领域的规范化。这一运动的审美媒介是关于崇高的语言,早在伯克那里,"崇高"已经与政治革命环境的反思建立了关联。[10]而其文化—新闻媒介可以在以下事实中找到:将罗伯斯庇尔的革命说成是"大恐怖"。这是一种过分具体化的(over-concretization)做法,预防式地将其限定在某个特殊的时刻以及一系列极为恶劣的行为之中,而实际上,它却是代议制政府的一般条件。[11]

正如巴利巴尔(Etienne Balibar)所说,早期全国性的"大众恐惧"(crainte des masses)[2]同时在主观和客观方面被经验到,即同时作为两种恐惧被人们所体验到:群众对于他们新获得的认同形式感到恐惧,以及新兴政治机制对于其名义上代表的群众感到恐惧。[12]另一方面,我们可以这样来排列传统意义上所谓跟从现代认同形式发展起来的社会焦虑:焦虑源于首次定义的观念上的私人与公共领域,以及将这一私人纳入公共领域或相反;更一般地说,焦虑源于将认同的局部样态——族裔的、地缘的、经济的、宗教的——纳入(传播和技术的

---

1 括约肌是分布在人和动物体某些管腔壁的一种环行肌肉。人体内的括约肌见于消化道和泌尿系统。在括约肌收缩时能关闭管腔,舒张时使管腔开放,平时经常处于收缩状态。一般受植物性神经支配或激素调节。

2 关于此概念,可参考第五章相关译注。

变化以及个人和资本愈发便捷的流动促进了此种容纳）范围更广的认同模式，或者说以全然不同的方式组织起来的民族认同之中：简言之，社会焦虑表现为政治恐怖，也会偶尔在预防的意义上表现为政治阶级以及对其进行抵制所造成的恐怖。另一方面，鉴于现代政治阶级被要求去掌握这些范围更广或以全然不同的方式组织起来的民族认同，鉴于现代政治阶级被要求在面对特殊意志（*volonté particulière*）时能够代表公意（*volonté générale*）（即面对特殊意志的、永远纳入到公共领域之中同时又不能化约为这一领域本身的公意），身处群众以及"公民主体"之中的现代政治阶级如何遭遇到熟知利益与陌生利益的外密（*extimate*）[1]结点——一些利益可以化约为政治或其他表象，而另一些则溢出这些化约。亲密的陌生大众（intimately alien mass）及公民主体（在此，领属关系是主格的）所带来的恐怖在实践上表现为或多或少由政治阶级所实行的压制——简言之，表现为政治恐怖。这一恐怖也可以用政治经济学的语言来表达，此种语词的商品化试图在特殊与集体意义或可再现的与不可再现的意义之间进行协调：法的"精神"或民族"精神"、意志的自愿投降、无法避免的资本全球化。

这表明，成功的共和主义并非要去轻视这些亲密的、不对称的恐怖及其实践性的、政治哲学的表现，而是要理解、捍卫和管理它们：抵抗与压制、舒马赫[2]式的重新局部化（我们或许可以称之为"小即美"）与经济全球化。我们可以针锋相对地说：激进民主的共和主义

---

1 "外密"（extimate）是拉康的概念，意指这样一种心理现象：不遵守内与外、自我与他者的边界，而是一种既处于外部又植根于内部的现象。"extimate"与拉康的"小对体"理论相关。因此，它是主体的异面，与主体相远离，但却又内在于内心最根本的剩余性之中。

2 德裔英国经济学者舒马赫（E. F. Schumacher, 1911—1977）在1950及1960年代开始寻求"可持续的发展模式"（patterns of sustainability），提倡"小即美"（Small is Beautiful）、"适用／中间科技"（appropriate／intermediate technology）等与西方主流经济思潮不相一致的观念。《小的是美好的》出版后于1973年。1984年，商务印书馆引进了该书。

滋养并依赖社会恐怖的经验。2001年"9·11"事件之后,任何一个活着的并有话可说的人都不会轻易提出这个主张。呈现为批判—认知装置的社会恐怖——共和伦理学就是建立在这一装置之上——必须与恐怖主义现象区分开来。这是一项特别棘手的任务:因为它非常紧迫。想一想圣-茹斯特(Saint-Just)著名的主张:"共和政府以美德为原则;要不然,就以恐怖为原则。"[13]在这里,统治与原则之间的关系并非政治性的而是根基性的(foundational),这是一种神话设定,卡特琳娜·金茨特勒(Catherine Kinztler)称之为形而上学式的"超越政治的、如机器般运作着的力量"。[14]在圣·茹斯特看来,当政治体制的机械性暴露无遗的时候;当共和代议制的形式装置无法测绘政治利益场域,当权利宣称与法律的形式性之间出现某种僵局或异识(differend)[1]的时候,或者当美德不再是明了的、给定的措辞而是行政性歧义的晦暗情势时——事实上,这种情势是语义战争的争辩场(与其所支持的字面意义上的战争一样恐怖)——这时候,共和政府的原则将自身揭示为神话设定,也就是说,显然不是共和原则。在此,由于恐怖经验唤起了金茨特勒所谓"废除或悬搁[政治]机器的情形",一种"相当于其基础"的[特定]情形便不再是例外性的、而是规范性的动因,即以此批判性地反思共和政府的原则,特别是反思政府在原则和手段之间那崇高的不对称。[15]虽然看起来令人哀叹,但是由恐怖经验所揭示的社会经验构造之中的破裂,成为定义真正开放的、激进民主国家本性的契机,这一国家的体制将寻求在利益导向的权利规则与法律之间进行斡旋,从而产生某种建构性的对抗观(constitutive antagonism)。[16]

1　"异识"(differend,或译为"歧论")是法国哲学家利奥塔提出的概念。他强调寻求新规则不可以依靠共识,反而要打破占主导地位的范式。此种运作方式便可称为"异识"。"异知"不仅仅是简单的分歧,而是说如果不修改讨论规则,所探讨的内容无法成为争论的内容。

在这一描述中，社会恐怖成了反思政治原则地位的主要原因，而分裂的、中断的恐怖现象学成了后国家联合的主要比喻。但是否社会恐怖也能作为某种模式服务于这一反思？如果不采用恐怖主义行动的形式的话，似乎就不行。且看一下取自一份由埃塔—V（ETA-V）在1973年出版的 Hautsi 官报中的伪三段论语句：

> 在越南人、爱尔兰人、巴斯克人等争取正当权利的任何合法的、民主的途径都被堵塞了的时代（这一法律制度对于他们来说是全然外在的），他们在斗争中可以倚赖何种策略？我们的目的是协助工人阶级以及人民组织起来，因此由工人阶级所领导的人民可以开展致力于民族解放与全体人民社会解放的革命斗争。同时，革命活动将被引导着去划分和孤立压迫者，努力去激化存在于剥削阶级[en el seno de las clases explotadoras]心中的矛盾……这不是恐怖主义。我们并不实施不加区别的打击，而是对特定对象进行攻击，因为他们是压迫者阶级或压迫机制的领导人物。[17]

埃塔（ETA）[1]区分"不加区别的"攻击（恐怖主义）与代表性的暴力行为（一种有正当理由的军事战术、一种在外在法律体系的语境中采取的军事战术、一种为了法而牺牲权利的军事战术），依赖的是一种不稳定的原理，它与圣·茹斯特在"恐怖"与"美德"之间所作的游移不定的区分紧密联系在一起。这里的僵局既是策略性的又是分析性的。鉴于"压迫者阶级"或"压迫机制"都是给定的、明确的，"恐怖主义"组织放弃了某种先锋功能："揭露"压迫性国家或概念机制之机械性——由此为每一[暴力]行为赢得了理由，但付出的代价是，放弃在认知与政治上批判性地揭露"压迫者"心中矛盾的神话基

1　埃塔（ETA）：西班牙巴斯克民族分裂组织。

础。然而，相较而言，像埃塔这样的组织通过选择某些公民作为其攻击目标（因为他们的"代表性"）来寻求揭露与激化这些矛盾，这一点**并非自明**，而是需要被阐明。就此而言，埃塔这一组织以放弃自身的任何一种直接政治代表性为代价来赢得批判功能。目标从属于"压迫机制"的身份越不明确，这一行为的教育功能——这一教育功能回顾性地使选择攻击目标的理由变得明确——就越发成为一种任意的再符号化，越发成为一种在符号层面活动的"恐怖主义"。

这一存在于埃塔官报核心处的僵局使我回到了上文所提出的问题：是否社会恐怖的经验可以非工具性地服务于反思活动：即反思被政府机制所遮蔽的政治原则？如果身处于国家及/或革命恐怖阴影之中的激进民主的后国家模式，滋养并捍卫着一种同恐怖经验及其文化—情感价值（作为一种反思的动因，作为一种指向非缝合的、开放的社会场域或者是作为一种对更广泛的"政治性"进行反思的模式）之间清晰的历史关联，那么促成后国家的联合形式，便意味着仔细考察恐怖的双重纽带，这一纽带由其工具化的形式即我们所谓恐怖主义所揭示。这一双重纽带在于：对于恐怖分子来说，一方面，个人利益与个人所代表的阶级利益之间的含混关系必须被维持下来；恐怖行动的教育功能将事后建构此种关联，在难以解释的首次攻击之后，以或许可称之为政治性"啊哈现象"[1]的形式会产生第二次攻击，此种攻击的形式在压抑机制中（重新）认识首次攻击目标的"代表性"或共谋。然而，另一方面，又必须破坏这一关系——此种破坏采纳的是这样一种形式：坚持个人利益与男男女女所代表的阶级利益或概念利益之间自明的、透明的关联。恐怖主义逻辑在这一两难命题的两极间摇摆不定，正如其策略在卡洛斯·马杰拉（Carlos Marghella）所谓游击队精准的"射击"与恐怖分子不太区分对象的爆炸行动所造成的"无法弥补的伤

---

[1] "啊哈现象"是创造心理学的研究对象，一般指瞬间闪现的灵感。

害"之间移动。[18]当这一摇摆不再发生在描述"政治[性]"(the political)的概念难题的两极之间,而是建构政治自身的本质时,激进民主的、共和的恐怖便成形了——这是一种肯定性的(affirmative)恐怖(同样地,都具有属格掌控[genitive govern]的形式):后国家的、非概念的、不平衡去地域化的联合形式与不平衡再地域化的联合形式所带来的恐怖。

那么,使恐怖主义逻辑臣服于植根在恐怖思想之中的批判,意味着什么?——该逻辑表现为国家恐怖主义或反对国家的恐怖主义,再或是基地组织所制造的那种恐怖行动:攻击那些只在微弱意义上代表广泛文化与经济形态的平民。也可以反过来说:使共和主义的恐怖服从更强的恐怖主义解决方式,意味着什么?转向恐怖主义遗产,从而使概念不稳定性变得明显(这一不稳定性在恐怖哲学的中心得到滋养,并且对于激进民主的后国家观而言仍然必要),这又意味着什么?譬如,有人将政治恐怖的文化经验与共同的民族—国家之肉身化(此种具现了的概念是所有折磨肉身之暴行的继承者:因此有了康托洛维奇[Kantorowiz]著名的关于国王两个身体的设想[1],或是在本文开头的**笑话**里佛朗哥夸饰的身体)联系在一起。在这儿,西班牙的事例再次表明具有教育意义。长枪党的国家有机观具有天主教—神秘形式,这一有机观在何塞·安东尼奥·普里莫·德·里维拉的话里得到了最好的总结:

> 祖国是一种总体性的统一体,其中个人与阶级整合在一起;祖国不可能被最强有力的阶级所掌握,也不会被组织得最

---

[1] 康托洛维奇(Ernst Hartwig Kantorowicz, 1895—1963),德国犹太裔中世纪政治与思想史学者。《国王的两个身体》(1957)是其代表作。此书探讨了"中世纪的政治神学",具体而言,探讨了中世纪与现代早期的神学家、历史学家以及圣徒是如何来理解国王的职位与身体以及王国的理念。在作者看来,欧洲君主的形象是宗教以及法律传统独特的产物,它最终产生了同时作为个人以及王国具体化身的"国王"观念。

好的党派所掌控。祖国是一种超验的综合，一种不可划分的综合，有着自己要去实现的目的。为了今日的运动以及这一运动所创造的国家，我们想要成为有效的、权威性的以及威权式的（authoritative）工具，服务于这一不容否认的统一体，服务于这一永恒的统一体，不可撤销的统一体，即祖国。[19]

注意两件事。首先是民粹式威权主义挥之不去的悖论：祖国并非掌握在最强的或是组织得最好的力量[阶级、政党]手中——不是因为它掌握在每一个人手中，如同假定中的民主社会的情形，而是由于[掌握]在**手中**，具体地被用作一种有形的权利形式，因此不可能具有超验的属性。一方面，"运动"与"国家"完全偶然地关联着这一超验的综合（在具体的制度掌握着祖国的意义上，不能说它们为祖国而行动），[同时]也是这一不可撤销的统一体的一部分。但是，另一方面，"今日的运动"所设想的国家是祖国的"目的"，它试图以如下模式来塑造国家：换言之，运动与超验之物合并在一起，实现了**真正目的**（fines propios）。这一运动通过赋予祖国以"运动的目的"、通过明确"国家即祖国的目的"这一点，来为祖国服务。这是一个很困难的联结：要么运动并非必要，因为祖国的超验综合已经存在，并且将从自身出发生产出符合其理想的物质对应物；要么党成为工具，凭借这一工具，祖国以自身的形象建设国家，在这一情形中，祖国的预先存在并不是先天性的，而是祖国偶然的一面，它需要技术，需要操作，[它是]一个工具、一个奴隶。注意，其次，国家与祖国（Estado, Patria）之间的区别既是时间意义上的，也是本体论意义上的。长枪党的国家正在生成，而祖国是永恒的、不可撤销的，它是一种概念而非物质化过程；运动既是创造国家的工具，又是使物质和概念、国家与祖国相和解的工具；同时，运动在由此而诞生的国家中，服务于祖国。换句话说，归功于党及其目的的先验综合既独立于具体存在的党又要求党作为其工具。

设想一下，党与国家之间不稳定的关系成了某种意识形态的策略元素，这一意识形态既使"运动"（movimient）与"党"（Patria）相同一，又使运动成为完成党的真正精神的手段。再设想一下，有机性的民族国家模式中存在裂缝的幻想恰好将这一裂缝定位在该策略性元素的神秘化过程的深处：在这一点上，党的政治机器与国家的概念外延的"超验综合"有了具体的形式，即这一"综合"表现为党的领导的具体形态与祖国的概念外延之间的同种同源（homology）。简言之，呈现为佛朗哥的手——执行的、督促的、指引的、训诫的手，当然，首先它有着神秘的意味，既是一种具体的又是一种全然寓言性的器官。

说到此种同源性，这里就有一个恐怖主义行动的例证。我诉诸此例，部分出于其壮观的形态；部分由于它提供了某种暴力行为的例证（此种暴力行为的对象似乎经过精心选择且十分明确，其目的却在于模糊而非促进对于国家矛盾的反思）；部分原因也在于：这一事件被认为在西班牙从威权统治向民主转型的历史上具有重要意义。不过，让我选择这一例证的主要原因还是：由于西班牙试图构造出一种后国家的、"欧洲"认同，路易斯·卡雷罗·布兰科海军上将之死所招致的利益冲突仍然规定着地方性的民族主义和国家利益之间的关系。这一事件及其所代表的具体冲突，以迄今未被认识的方式（in ways as yet unacknowledged）标记着多变的、自由民主的"欧洲"社会想象的界限。[20]

1973年某一天——这是佛朗哥政权开始走下坡路的年头，卡雷罗这位西班牙政府的首脑及全军总司令（Generalisimo）的指定接班人，缓缓步出马德里的圣·弗朗西斯科·德·博尔哈（San Francisco de Borja）教堂（他定期在那儿参加弥撒），钻进了自己的专用轿车。几分钟后，街上传来巨大的爆炸声。那天第一手的新闻报道说是煤气总管发生爆炸，没有造成伤亡，只是在克劳迪奥·科埃略（Claudio

图1 卡列·克劳迪奥·科埃略（Calle Claudio Coello），马德里，1973年12月20日

Coello）街上轰出了一个大窟窿。实际上，首脑的轿车没有立即被找到。[埃塔]突击队员放置的炸弹将这辆豪华轿车推到空中，使之越过了教堂正面高墙，后来是一位神甫发现了它。这位神甫当时正一边诵经一边走向内院阳台，他就在那里发现了卡雷罗的轿车，后者扭曲成了V字形，只让他看到了乘客的手。他面对着这些手举行了最后的仪式。克莱门特（Josep Carles Clemente）写到："随着这一事件的发生，向民主转型开始了[Empieza la transición]。"[21]

某种程度上，这一攻击的时间选择及其对象设定都是可预见的。爆炸发生那天，精心筹备的1001号审判（proceso 1001）——对十位被捕的地下共产党组织"工人委员会"（Comisiones Obreras）领导人进行审判——正要开始。而卡雷罗，这位陪伴佛朗哥时间最长的副手，被公认为能够在佛朗哥逝去的时代掌控政治接管（political relevo）。就在爆炸案发生前夕——1973年6月——他被佛朗哥指定为首脑接班人并主

管组阁事务。埃塔的论述如下:

> 从1951年以来,卡雷罗就是佛朗哥政权事实上的主脑。相比于其他人来说,卡雷罗比谁都更象征着"纯粹的佛朗哥时代"。他的军警试图深入佛朗哥政府的每一机构之中。因此他是整个体制的关键要素,是寡头政府政治游戏中最根本的组成部分。每个人都知道,西班牙寡头政府指望倚靠卡雷罗来确保向没有佛朗哥的"佛朗哥时代"平稳过渡。[22]

此次暗杀激发了一种直接的——或几乎直接的——危机:既是政治危机又是社会危机。大量忙于解释是谁真正杀死了卡雷罗的理论浮出地表,而且这是许多讨论的主题(不时表现出令人感到荒谬的激烈性质);一些关于这次暗杀的笑话小类和一系列相当病态的猜谜游戏流行起来。此次攻击的政治后果是:马特萨丑闻之后丢掉位置的、走强硬路线的长枪党集团重新掌握了权力。尽管如此,这桩事件的认知性后果以及或可称之为心理—社会方面的后果是更为重要的。这里是特雷莎·比拉罗斯(Teresa Vilarós)对于此次暗杀所造成的后果的两个关键环节的描述:

> 对于[暗杀卡雷罗事件]政治与情感上的回应所包含的复杂的扭结(交织与拆分),正是帕尔多宫(El Pardo)[1]所遭遇到的东西。这一事实在某种程度上反映了西班牙社会肌体在那一时期同样遭受的事情,它同等程度地、冲突性地纠缠在情感与政

---

1 "帕尔多"这个词第一次出现在1405年。在1950年,它指的是马德里地区自治性的市政当局。在那里,最为著名的建筑即"帕尔多王宫",1406年由卡斯蒂勒王朝的亨利三世修建。这是那一地区第一个大型建筑。帕尔多宫曾经是当权时期的佛朗哥的宅邸。

治之间，整个社会既感到这次谋杀所指示出的巨大希望，又害怕政治变迁所需要的暴力……不过，在标示出一个时代的终结和另一个时代的开始之外，此次谋杀同样标示出某个历史加密过程的开始，西班牙的社会构造以此回应此番对于政府首脑的谋杀。[23]

这一事件指引着我们去解密，在此精神之下，请大家注意爆炸[案]与其社会性（再）构造之间（世俗的、体制性的、象征性的）媒介。谋杀发生之后，对于卡雷罗身体的重新符号化跟从官方及非官方频道、依照着自愿及非自愿的机制，在短时间内以疯狂且不平衡的方式展开。坎波·比达尔（Campo Vidal）所谓"密集的新闻轰炸"（news-bomb delivered in small doses）由媒体分发传播，这一媒体事件处于《国家报》（El Pais）后来的调查中称之为"信息解释"（hermetismo informativo）的环境之中；[24] 还有一些其他解释零零星星地从法国传入西班牙。埃娃·福雷斯特（Eva Forest）在1974年同发动此次攻击的埃塔突击队员进行了一次访谈，名为"食人魔行动"（Operación Ogro）。这一访谈赋予此次事件某种叙事形态（至今仍然有效），同时也使之成为英雄式的壮举——这在彭特克沃对于弗里斯特说法的阐释中得到了强化，彭特克沃为之拍摄了电影《食人魔》（Ogro）。甚至如今想要不引入古怪的歧异元素就来讲述这一故事似乎都是困难的。在最近一份关于此一时期的历史记录中，一种赤裸裸的召唤式的泛灵论（merely evocative animism）被用来自然化卡雷罗的汽车，此种泛灵论奇怪地汇入了跳水比赛时所采用的术语："在官方车辆的轮子下方，街上的道路破裂开来，这辆轿车突然中断了缓慢的水平移动，向空中直冲了35米多。然后是干净利落的一跳。下降的时候——呈现出完美的垂直状——轿车刮到了突出的屋顶的边缘。"[25]

这些解释所贯彻的社会—文化运作是什么呢？这里是福雷斯特那

次谈话的录音记录,其中,两名埃塔成员回忆了他们是如何挖掘放置炸药的坑道的:

> 我们只能用一只手伸进洞穴,开始用另一只来挖去其中的污泥……真是臭气熏天!只要敲击地面,就开始有泄漏的瓦斯冒出——地洞里充满着瓦斯。这是松软的、充满油污的、潮湿的地洞。每当我们拉动抽水马桶的放水链条——hombre!(人啊!)——一股足以将我们赶走的恶臭就扑面而来。当挖通下水道的时候,我们一定是凿开了通向卫生间设备的某条管道。想要扛住这种恶臭是不可能的。[26]

这些语句所强调的地方很大程度上指向恐怖分子的(肠子的或至少是排泄的) 运动、拉动放水链条、恶臭与排除(从克劳迪奥·科埃略大街的肛门部分、从政府首脑轿车的肛门部分排除某些东西[27])之间不断增殖的类比。再一次地,这一类比的机制实在是太显白了:再没有比厕所的恶臭更令人反感的东西了;再也没有比导致"拉动抽水马桶的放水链条" 的各类消化与肌肉运动过程显得更常规、更自然的东西了。(西班牙语使这一类比更加赤裸裸。"[C]ada vez que daban la bomba del piso de arriba salía por allí un tufo que no se podia aguantar":无疑这里是 bomba [泵或冲洗设备] 和 bomba [爆炸] 之间的呼应。)[28] 这一阴沟/泄肠腔的类比一旦建立,它就构造了一种伪三段论的基础:排除或驱逐卡雷罗的"自然"必然性,即厕所放水链条,其次,楼上的水泵 (la bomba del piso de arriba) ——就像装在地下的 (piso de abajo) 炸弹 (bomba) 一样运作,最后是代表排泄物的首脑,排泄物构成马德里阴沟的活动全景 (panorama) ——反之亦然:排泄物代表首脑。这一看法所包含的"嫁接"的修辞运作携带着一种附加性的概念价值:排除卡雷罗倒转了长枪党的反联邦主义 [译按:即强调有机统一性],此种主

图2　卡雷罗轿车运动轨迹图。取自Sebastián Galdón与Gastón Pardo：Cómo ejecutamos a Carrero Blanco（墨西哥：Editores Asociados，1975）

义拒绝承认巴斯克地区相对于西班牙的"外来性"。此种排除所采取的方式是爆炸性地表明佛朗哥政权的西班牙意识形态（Castilianizing ideology）自身可以象征性地以及在字面意义上从城市躯体、从国家躯体、从西班牙的躯体中分离出来。

福雷斯特的类比恰恰是路易斯·埃雷罗（Luis Herrero）所提供的滑稽描述——称轿车"中断了移动"，"跳或跳水[salto]"，以及最终"刮"到了屋顶：身体或心灵在拉动链条时所履行的意志元素，**决定**中断自己的运动（其movimiento或desplazamiento），去跳水，去刮——意志行为万物有灵般地（animistically）附上了政府首脑的轿车。这一置换补偿了暴力行为，卡雷罗自己的意志——无论这一意志过去是什么——因这一暴力，显得无足轻重。这些摘自《食人魔行动》的语句有力地想象出卡雷罗意志的丧失：爆炸遮蔽了从**决断**（decisión）到**运动**（movimiento）的转换。凭借埃塔的"执行"或"处决"，国家的共

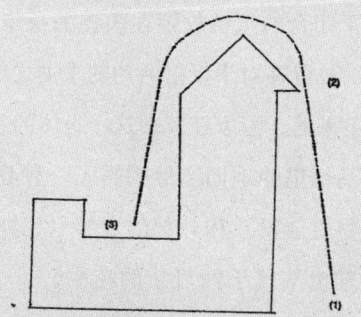

图3 "录自《信息公报》第7号/74。自埃娃·福雷斯特[Eva Forest]（以笔名Julen Agirre行世），《食人魔行动:处决路易斯·卡雷罗·布兰科海军上将》，Barbara Probst Solomon译（纽约：Quadrangle/NY Time Book Co., 1975)

同躯体（corporate body）丧失了自己的肢体与自己的意志之间的直接联系，或者换句话说，恐怖分子表明履行共同意志从来不是直接的而总是受到中介的且是可以被打断的，他们表明非自愿的或仅仅是反射性的要素存在于"超验的统一体"之中——这是"象征界"与**佛朗哥时代（franquismo）**这一概念之间的"统一体"，就如同运动与国家或"西班牙"与隐秘的外省—巴斯克地区之间的"统一体"。为这一食人魔故事（Ogro story）所受到的多元决定提供的一组解释如今已为人熟知：重要的不仅是卡雷罗的排泄物化，整个城市的肛门化，恐怖分子内摄（injection）与排斥策略的色情化。福雷斯特的访谈清楚地表明了通俗历史著作同样呈现了的东西：对于卡雷罗谋杀案的建构过程，代表着[人们]拒绝闭合国家赋予自身的概念躯体。这一建构过程将对于闭合的抵抗放置在失控的身体之中，放置在[身体的]意志空缺之中，放置在对于反射活动的求助之中——这一反射行为是从反思中切割下来的，国家在管理这一身体的表面和边界——同时是内部的边界（马德里的地面突然揭露了一种具有厚度的、不可置疑的、威胁性的物质全景）和外部的边界（巴斯克地区与法国之间的边界在那时很难说从属于西班牙的控制）——的经济时，也遭遇到此种反射。

无论如何，这也是佛朗哥自己解释埃塔谋杀卡雷罗事件的方式。在一篇引起很大争议的、错综复杂的演说"年终消息"（"Mensaje de fin de año"）中（佛朗哥在谋杀发生两周之后作了此次报告），埃塔在《食人魔行动》中的解释所征用的内外逻辑以一种富有深意的方式被重铸了。佛朗哥以晦涩而魅惑的方式，将此次袭击描述为"没有恶不是源自善"[No hay mal que por bien no venga]，他提到：

> 一小撮人的暴行受到国外势力的支持和鼓励，一小撮不代表任何人的力量将自己淹没在绝大多数的西班牙人民中间。体制的运作源于我们人民的内心……我们甚至不用求诸法律所允许的例外手段，这是因为西班牙人民的信心和希望确保了秩序与和平的持存。消费社会的外部现象或是社会阶级的某一部分所带有的轻浮不可能来评判人民。人民自身[ellas]的内在无法被看到，这是我们的运动的理想已经铭刻[或"注入""刻入"：渗透进（calar）]在善良的西班牙人民身上的东西，它在所有伟大的场合呈现。[29]

佛朗哥的话在开放的疆界与爆炸的效果之间所建立的联系是双重的。一方面，袭击卡雷罗揭示了一种可渗透的边界的存在，一种外部力量可以从城墙之外影响国家——城邦——的通道。但是另一方面，与此相应，爆炸的效果将要关闭国家自身，重新主张其根本大法以及激起对于那些理想的密集防御。一方面，袭击及对于此次袭击的社会反应揭示了商业阶级、消费社会的阶级的外在轻浮；另一方面，它们表明不可见之物的存在、人民的灵魂、理想或品质。这一论断是复杂的，至少在某种意义上颇成问题。去"揭示"运动铭刻在"西班牙人民"（"成熟[madurez]""真诚[serenidad]""信赖[confianza]"，以及尊敬"国家机构"[los organos del estado]）身上的东西，在这儿显然是可欲的。——或多或少在黑格尔学说的基础上，即承认"善良人民"的面貌在某些场合会"呈现自身"，"善良的人民"能看到这一点，这一承认是"人民"孪生意识的条件，即身为**人民**的意识以及自身作为运动之铭刻与塑造工作的对象的意识：即它的入口（cala）。但是如果是这样，那么谋杀卡雷罗这样一个"伟大的场合"就不可能全然受到谴责。相反，爆炸案及其结果必须将——仿佛被内化或是（用佛朗哥的话来说）消费——必定转向有利条件，必定将自身揭示为一种事件：翻转佛朗哥格言的运动，"没有恶不是源自善"（no hay bien que por mal no venga），"善"的出现——运动铭刻于人民身上的标志的外在化，对于已然可以渗透的边界的具体化，重新肯定长枪党的强硬路线（卡雷罗曾试图安插进来的技术官僚政府对它造成了威胁）——皆是源于"恶"。简言之，埃塔有意无意间使自己成了长枪党国家的自我承认的推动者，它辩证地重新确认了人民和党之间那种中介性的、然而却是关键的（读作：合乎意志的）关系，正如党揭示出自身乃是深深印刻在——渗透进（calado）——人民的本质之中。

或者这样来说：在佛朗哥的话里，"恐怖主义"和"外来"等概念诞生于它们所描述的行动之前，既[指向]行动在社会领域内注定发生的地点，又[处于]该领域的外部。这一抵抗国家"内在的外部"（internal outside）的行动之宿命，当然意味着：国家为了施加自己的意志，为了掌握与利用那些驱逐社会肌体不能全然消费之物的[放水]链条，会创造出恐怖主义与外来者的名字与范畴。一种熟悉的、强制性的模式继而产生，其直接效果就是去预先占有真正的异端，所采用的办法是将此种异端联系于任意的"外来性"，而其更加有趣且影响深远的后果是，（在名义上以及实际上）创造出剩余性的恐怖行动。强有力的国家以及诉诸模式化的"外部"从而在内部完成统一的民族能够作为"整一"（one）来回应这种恐怖行动。由于这一模式化的外部也表现为强有力的政府以及民族特性的产物，表现为以极为私密的方式定义国家"内在性"的具体化过程，佛朗哥的"消息"（mensaje）与埃塔的解释的拓扑学结构互相为对方设想出一种幽灵般的、镜像的形态，贝果纳·阿雷特哈加（Begoña Aretxaga）在说明巴斯克地区所存在的国家恐怖时讨论过"叙事性的剩余"，其中谈到了这一镜像形态：

> 国家的**有感觉**的身体成为现实，靠的不是理性与暴力的结合（这一现代国家的标志），而是表演一种针对假想敌的模仿性暴力。国家正是通过在叙事上繁衍"剩余"而建立的，[并且]国家不过就是[这一]"剩余"。民族主义活动家在同国家的想象性关系中成为主体，就如同国家在同幻象性的巴斯克恐怖分子的想象性关系中建立自身。[30]

在佛朗哥看来，国家"有感觉的身体"在关键动词calar中成为现实，它以某种微妙的方式成为深层的剩余性叙事的承载者。calar意指"使某些物质完全饱和，去标记或是深深地进入某些东西之中"，它在这里描绘出人民自我承认形成过程中的意识形态运作。动词calar的名词形式是cala，即表面上（比如说，墙或街道）的孔洞、伤口或是切口，从而规定了事物的厚度、构成，从而可以去寻找处于底下的东西。但是calar还指"镶边"或"依照某种模式将某些东西缝合在一起"——在这个词对偶性的压缩中，有着关于拆线与重新缝合运动的绝妙而简洁的描述。在佛朗哥的解释里，正是凭借这一描述，社会肌体构造中"善"与"恶"的运动、外在化与内在化的运动、恐怖主义与国家理由的运动可以化约为一种封闭的、可控的结构。佛朗哥的表述小心翼翼地设计并跟从一种句法与概念边界，这一边界由三种意义以及这三种意义所想象的独特的拓扑结构确定："我们的运动的理想已经铭刻[或'注入'、'刻入'：calar]在善良的西班牙人民身上的东西"，暗示了"孔"，暗示了这一运动从西班牙人民深处抽取并内摄的"矿石"，这种运动（movimiento）的意识形态由此开始反映其所统治的人民的核心价值；这一表述也暗示，运动的意识形态注入了西班牙人民的"原料"之中，凭借易变的理想，运动使内在性插入人民内部或是孕育其中。此种理想来自外部（比如，继承的是意大利法西斯主义或是长枪党自身的先锋派架构）；这一表述还暗示着那指引针线的表层图案，一张附于"善良的西班牙人民"肌肤之上的地图。佛朗哥的语词盘旋在这一"善良人民"的肌肤之内、之外、之上，界定了共同的国家躯体的反情色经济，在其严密监控的边界上，每一种力图进行对抗的描述——移民、颠覆性的观念、威胁当地商业竞争的商业产品等——都被挡了回来。

或者当然[也可以说是]随意允许对方进入。阿雷特哈加关于国家恐怖叙事的细致分析以一条限定性注释结束，这条注释在这里显得尤其切题。在互相照面的主体性"互为拜物教对象"的镜像构成之中，"国家与激进民族主义者都不是同质的或自洽的主体。"[31]如果是这样，我们可以期待在文化叙事中——这一文化叙事将社会恐怖与国家或分裂主义恐怖主义连接在一种相应的模仿关系中，这在交互性拜物教化的投射中或许可被称为**剩余的剩余**——发现一种神秘的叠加，即叙事性剩余在建构恐怖时所扮演的角色的叠加（它将恐怖塑造成恐怖主义行动的内部（反之亦然）；或是将恐怖主义塑造成强大国家隐秘的外部（反之亦然）。

虽然佛朗哥的解释很强大，但它还是未能触及埃塔看法的某个方面，这个方面不可能在佛朗哥的评论所规定的反情色经济中被交易。随着共同意志的阻塞，随着"卡雷罗"象征功能的耗尽以及卡雷罗的象征躯体经历具有批判意味的再物质化，暗杀卡雷罗的故事揭示出，就推进铭刻及再铭刻过程而言，它可以说做得太多，也可以说做得太少——这一过程由埃塔、佛朗哥以及坎波·比达尔政府消息灵通的信息系统（circuitos informativos）承担：这一严酷的故事包含着一个笑话；其中包含着诡计，或许可以说，这个故事隐藏了一个笑话。符号及概念的缺乏与剩余所带来的不稳定的反经济（an-economy）使恐怖主义逻辑向另一种活生生的恐怖的构造开放。它就位于核心（en el seno），就在卡雷罗谋杀案发生之后所产生的转型与运动语汇的核心处。它是我们在这儿所展开的反思的真正对象。

考虑一下，在解释卡雷罗暗杀事件过程中，什么是双重的剩余或双重的匮乏。我这样做，并不意味着追问是否需要谴责暗杀行动自身，也不是追问在何种基础上这一行为需被谴责——虽然这些也是关键问题，但它们和我想要谈的还不是一个层面的事。确切地说，我要探讨的也不是下述奇怪的方面，即暗杀案件本身尚未了结——在一种符号或另一种符号之下，暗杀行动得到了各种复杂的重复。[32]而是提请大家注意这一暗杀故事溢出佛朗哥、埃塔以及其他人为之带来的外观的那一面，提请大家注意缺乏故事的意识形态重构，缺乏比拉罗斯所描述的恋母情结化的"历史加密过程"的那一面。如果佛朗哥的cala（渗透、注入）与埃塔的bomba（"爆炸""泵"）相对于卡雷罗暗杀案来说都是不充分的，那或许是因为社会恐怖的环节自身难以被塑造——虽然它的直接后果在某种程度上会因这一或那一目的而受到控制。恐怖所带来的社会经验会反对种种组织所划定的边界（不管是一种拆解形式还是一种重新缝合社会领域的手段），而此种抵抗会成为第三种恐怖（tertiary terror），成为某种情感形式。在此形式中，对于国家与政党法西斯主义体制原理——甚至是，有关它们的笑话——的批判性揭露会得到详尽地展开。

举例来说，我们该如何理解此次暗杀的极端的字面意义（literality）？关于卡雷罗暗杀案的一切似乎都发生在读与写之间，或是发生在比喻性替换的符号之间——部分（身体的某些部分）替代了整体，（卡雷罗及其随从的，以及埃塔突击队员的）躯体象征性地或错误地替代了其他躯体（代表中央政府的观念躯体；当然恐怖分子也被看成是雕塑家），某些事件以抑制恐慌的方式替换了另一些事件（瓦斯爆炸替换了暗杀）。策划此次爆炸行动的埃塔武装部队用一个红点标出这个地点；那位被爆炸打断阅读的神甫说他看见了一辆轿车在窗外被炸飞，被炸得变了形，成了一个字母模样的东西——U或V；街道下面埋炸药的通道被说成是具有字母T的形态。

注意在这个事件中，躯体部分违反常情的增殖：我们记得，希门尼斯·贝尔扎尔（Jiménez Berzal）第一个走向了被压扁了的轿车，他如何看到受害人的手，他又是如何面对这些手举行了最后的仪式；我们记得，发生暗杀的街道的名字同这一斯帕拉郭莫斯仪式（sparagomos）[1]之间有着一种隐秘的、全然偶然的联系——克劳迪奥·科埃略的发音是从闭合音O转向U——后者正是被炸坏的轿车的形状——再转向 cuello，即"脖子"。回想一下用于描绘这一事件时始终发挥作用的古怪的泛灵论：轿车的"一跳"，像是获得了生命（在西班牙语中，这一

---

[1] Sparamos指的是古希腊酒神仪式，这种仪式会肢解活的动物或是活人献祭给狄俄尼索斯（酒神）。

点更加明显：aranar，"刮到"，将我们引向另一种美学上的变形，阿拉克尼（Arachne）[1]，即aranada更为原始的意义），发生了人格化。暗杀卡雷罗不仅是可预见的；它并不仅仅是密集的书面争辩和视觉争辩的对象。此次袭击总是已经被"写下"了，好像在某种（国家、城市、具体的躯体与其所代表物之间的关系的）审美构造的空间中发生过一样。或者毋宁说：埃塔制造的爆炸所唤起并揭示的东西——对国家进行激进地重新物质化——使那些毗邻的形象、名字、空间与地形向这一重新物质化的过程开放。让卡雷罗送命的爆炸打碎了城市景观，用一系列残破的名字、身体、意义和肢体不全的鬼魂为其注入了生气，没有任何cala（裂缝）或是corte（切口）能够指望去描述或遏制这些东西的纠缠。

现在，来看一看这些鬼魂之一：卡雷罗所乘坐的轿车。坎波·比达尔引用了克莱斯勒西班牙分部（Chrysler Espana）在暗杀发生之后所发表的产品推广辞，这一引用充斥着沮丧的标记（他称其为"令人震惊的、甚至是难以想象的……接近于极端无礼"[chocante，incocebiblle incluso…rayana en la irreverencila]）。这则广告说道："这辆车确实表现得非常坚固有力"，"因为它承受住了源于正下方的剧烈爆炸，要知道这次爆炸把它抛到了25米的空中。"

> 首脑的轿车不仅没有解体（我们确信，如果换做国内外其他许多品牌的轿车，包括那些比道奇3700[Dodge 3700]更贵的牌子，这一解体都将无从避免）：车门在车跃入露台时没有打开，因此避免了将车上乘客甩出，如果这一情况发生，倒能为整个事件平添一些戏剧性。……更重要的是，我们已经得知，当车在露台上着陆的时候，车上的转向灯依然闪烁不止。[33]

1　阿拉克尼（Arachne），古希腊神话人物，传说她因为与雅典娜比赛纺织失败，被变成了蜘蛛。

这则广告所包含的严酷设置是这样一种"联结"：它在轿车躯体的完整性、西班牙制造（fabricación Espanola）的坚固性（虽然道奇是外国牌子的汽车，但却是在西班牙生产制造的——比利亚韦德制造[fabricado en Villaverde]，道奇汽车工厂就位于马德里附近的小镇上）、国家的不可冒犯性与市场之间建立起联系：首脑的轿车的坚固性具体化、欲望化了卡雷罗所推行的坚挺的国家价值，而买（或是在政治正当性上默许）了前者，就是默许后者的政治正当性（或是消费后者）。因此，得到强调的[性]高潮式的细节——轿车的转向灯在遭遇爆炸之后依然亮着——成了一个特别神秘的符号，它不再指向一种（空间或政治的）运动的转变（cambio de movimento），而是指向相反的东西：信号灯微弱的光始终说明了轿车的坚固性，说明在司机已然僵死的手的控制下，其内外空间仍然是完整的，它避免了那种戏剧性，而另一个品牌的汽车则会遭遇这种戏剧——将自身敞开，开放给恶俗的趣味或批判性的细查。特别是，当政治体中出现了某种切口——corte或cala——的时候，运动及运动的转变被这一转向灯、被元首摆出姿态的手所标识，由此内与外、运动及运动的转向被缝合在了一起，同时又保持一种若即若离的联系。

然而，对于道奇汽车那微弱却持久的车灯的运用，不仅确证了佛朗哥在"年终消息"中对于内外关系的精妙掌控，也戏剧性地动摇了这种控制。毕竟，如何控制这一附加在叙事细节之上的剩余价值？特别是附加在字母之上的剩余价值？请再次注意坎波·比达尔用以表达其震惊的措辞：这一广告是"难以想象的"，其语调"接近于极端无礼"。佛朗哥在其"年终消息"中调动的机制事实上是启蒙政治经济学的三位一体组合：尊崇某个概念（如"国家"或"善良的西班牙人民"），这一学说——就其定义而言，它依赖既定的、控制良好的政治**边界**——分界线（rayas）（从这个例证的拓扑结构可以见出此点），或者说，依赖首脑轿车不可冒犯的内部空间。在欲望化这一三元组合的过程中，出现了这样一种领域：暗杀卡雷罗的事件将以一种不可预知的方式被彻底吸纳，就民族认同的概念拓扑结构而言，这种由欲望驱动的商品文化领域比起这一领域所热切消费的恐怖主义行动领域来说，更加令人震惊，令人难以想象，更加无礼。西班牙产克莱斯勒汽车广告**包含了笑话**：它道出了不可预见的、无法控制的剩余性情感投入，这一情感投入使共同的国家躯体变得不确定，而这一国家的概貌也是它划定和利用的。

非自愿的收缩；或反射性民粹主义的限度

在这儿，在结论中，有另一种鬼魂——这一次是由卡雷罗替代的、醒过来的鬼魂，即佛朗哥摆出手势的躯体。我已经说明，对首脑的攻击在1970年代早期的文化、政治想象中，象征着某种威胁与快感——缺乏意识形态、经济、文化和物理性的闭合造成了此种威胁与快感；它也在政治建制的语言中，特别是在佛朗哥对于这一事件决定性的重构中，制造出一种补偿性的对于反射性边界的反－情色化——这些边界让一种共同意志来摆布国家、人民或政党的躯体的各种内部与外部空间。事实证明，这一幽灵性的象征化越来越无法掌控：暗杀的内容表现得太过于字面化，以至于无法被埃塔的替换逻辑的机制所耗尽，但又不足以字面到[只能]附着于某个单一的、给定的、无法代表的身体——它太轻易就被消费了，以至于控制良好的经济无法限制它，但同时又没有完全被新兴的商品文化消费掉。同样，它也无法在任何常规性的历史编纂意义上被掌握，因为迄今为止，关于此次暗杀的历史叙事的边界自身已经奇怪地变得千疮百孔了。比如，我们会毫不惊讶地发现，埃塔在1973年袭击佛朗哥的副手，其实是以悲剧的形式重复了佛朗哥在1961年打猎时所遭遇的一次事故，这次事故或多或少具有闹剧的性质。一份公报会让西班牙人想起这次事故："今天下午，首脑阁下在帕尔多打猎时因为来复枪走火，左手受了点轻伤。"几天之后，ABC日报报道，佛朗哥已经出院，并且发表了他与自己的私人医生维森·希尔（Vicene Gil）的谈话——希尔也参加了那次导致佛朗哥受伤的狩猎。元首十年以后在"年终消息"里所提出的怪异逻辑在这个例子中已经现出端倪，虽然有着一种截然不同的调子——人们几乎可以怀疑这就是一个**笑话**：

——元首说了什么没有？
——[希尔医生]：我对他说："这真是令人激动。"他只是简单地回应说："人民是善良的。"
——您知道走火的来复枪的规格吗？
——不太有把握；不过肯定不是西班牙来复枪。[34]

希尔的"肯定"（desde luego）——"肯定不是西班牙来复枪"——巧妙地抓住了后来几十年佛朗哥语词与政策中关于异邦与本族、外部与内部认同之间同义反复的设定。然而，这次事故与暗杀卡雷罗事件之间的关联，并非如其表面上那样不足信。就元首对于国家的掌控而言，这一早年的偶然威协，会成为推行那终将规定佛朗哥逝世后[国家]转型模式的立法[过程]的重要原因之一——而卡雷罗是构造、巩固这一立法的工具，从这一立法中，他显然也获得了好处。在帕尔多的那个下午，这种威胁牵涉到元首受伤的手，（更重要的是）还涉及其他一些器官。拉蒙·索里亚诺（Ramón Soriano）回想起佛朗哥的医生们对比利亚韦德（Villaverde）侯爵即佛朗哥的女婿所说的话："只是一只手受了点伤。我们近期为总司令做了一次身体检查。一切正常。唯一的例外是",他们继续说道：

> "他消化食物变慢了。"这一观察对于门外汉来说或许是极为琐碎的细节,但却足以引起医师队伍的关注。在麻醉剂的效果下,肌体的反射作用消失了,特别是那些阻碍异物进入肺与气管入口的反射活动。这样一来,如果病人反刍,胃里的东西就会进入肺部,甚至会呛死病人……总司令在午饭后两小时遭遇了这次事故,这一事实表明,胃里可能有东西。[35]

比起这次事故与暗杀之间偶然的相似性,两次危机之间的政治连续性显得更加重要,当然——很难找到一种精确的标准来区分"偶然"与"有意为之"或"必然"相似性（或联系）,区分这一事件的政治内容与事件表层的、仅仅是审美材质的东西（使用麻醉药的时候,这一审美材质会对之造成威胁,它要侵入前者,甚至于呛死它）。对此,让我们稍作停留——比如,元首的手所遭受的伤害是由多重因素决定的,在某种比喻的意义上,这只手在1973年再次受到伤害,以司机那只被截短了的、僵死的手的（双重）形式再次出现——这只手搁在首脑的轿车方向盘上；想一想外国枪的走火事件如何在外来元素——埃塔——的失败之中找到了审美补偿,他们想要破坏"善良的西班牙人民"珍藏在心中的特质,但却失败了。人民将这种特质藏在心中,就如同不可摧毁的道奇3700中卡雷罗不屈不挠的身体；想一想首脑的轿车是在真正的[西班牙]城镇——比利亚韦德——制造的,我们会想到去联系侯爵之名,元首的医生们正是向这位侯爵报告了佛朗哥消化能力弱化的情况。[36]对于门外汉来说,这些当然是政治内容中极为琐碎的部分,但它们表明,在政治内容中包含着一些差异性的、甚或是异样的内容,这些内容显眼地将打猎时的意外与政治暗杀联结在一起：西班牙贵族（比利亚韦德侯爵）、初兴的劳动市场全球化——

克莱斯勒汽车生产线落户在西班牙指明了这一点（"产于比利亚韦德""fabricado en Villaverde"）——与审判独立工会领导人（本就定在卡雷罗暗杀案发生的那天进行）之间的共谋性。这些事实指引我们去问这样的问题．是否卡雷罗暗杀案应被同时视为一种**反射行为**以及政治体"反射作用""消失"所引发的事件？政治上的区别[在此]至关重要：要么是，卡雷罗的死代表着长枪党凭借埃塔回到自身，自己（的代理人）弄伤自己，仿佛元首的左右手对于自己与运动来说是外在的，因此暗杀成了一种自残的形式而非源于外部的袭击；要么是，卡雷罗之死代表着政治体自我掌控的最基本的形式失灵了。

　　这一说明或许应被给予一个稍显正式的形态。这儿有一种从细节的优势出发来谈论该事件的方式，因此也是勾勒这种形态的方式。我们可将此种形态归因于转型的思想，这一思想的出现以运动为条件，而它又拒绝这一运动，决然外在于这一运动：在反—审美／麻醉（an-aesthetic）这一点上运思。埃塔情色化了括约肌，将克劳迪奥·科埃略大街视为肛门，使马德里重新化身为受到外国势力寄生的身体，并使这一身体的反射、排泄功能成为卡雷罗暗杀事件的自然形象。也就是在这里，十年前对于佛朗哥所经历的手术的医学重构曾经想要控制并"去情色化"这一入侵与排泄／排斥——将政府首脑所消耗的东西以及走火的外国枪支排斥出去。当佛朗哥的医生们试图在生理上缝合手的伤口，并在审美上包扎这第二个伤口，政党、国家、民族与统治者的"先验综合"的伤口（这是因佛朗哥生命受到威胁而造成的伤口）——这些医生不自觉地、却相当清晰地预示着佛朗哥时代终结的消息所具有的种种文化作用：主要就是，掌控"善良的西班牙人民"内外表面之间的交换，以及监控边界或分界线（rayas），管控一个被埃塔无礼地破坏的概念。麻醉剂引发的危险就出现在埃塔对暗杀的处理中，出现在反射运动发端与衰弱的地方，此种反射运动使这一事件的政治内容免于被其审美表达污染，免于被"极为琐碎的细节"损害：管理由外部器官向内部器官过渡、由躯体的外在向内在过渡的种种共同机制失灵之处，这些"极为琐碎的细节"就出现了；但这些细节同时也止步于此。要区分这一事件的"偶然"与"有意为之"或"必然"的方面、区分反射性的[或自发的]与非反思的活动或思想、区分这一事件的政治内容与事件表面的、仅仅是美学材质的东西，变得困难了，事实上在形式上是不可能的，正如生命政治的逻辑在自我免疫的逻辑中找到其边界，反之亦然。

　　我既不想提出一种意图论的论断也不想提出一种因果性的说法。埃塔在1973年制造爆炸案的根本原因并没有在行动与语词上跟从佛朗哥手术的相关描述：这一组织并没有预见到袭击卡雷罗会跟市场进程联系在一起（西班牙克莱斯勒公司从中牟利）；肢体不全的幽灵们在语言上散播在整个城市地理志之中、散播在西班牙近期的文化史中，但这不是埃塔的目的。在文化上，暗杀卡雷罗成了不受束缚的事件或一种有缺陷的客体，而非受约束的符号或行为。它生产出了指明自身的语言与解释自身的历史记录——关于其意义的解剖、意识形态、时间性与经济学；它揭示出社会意图无法得到确切规定，揭示出无法还原为任何政治利益的社会情感的剩余性；它不但改变了当下与未来，更改变了过去；它解放了那一历史时刻。更扼要地说：在西班牙政治想象的领域，在经济符号学领域，在塑造其民族历史的叙事领域，解放恐怖（unbounding of terror）是一种思想形式又是一种伦理－政治介入的模式。这一不受束缚的思想使恐怖主义从属于恐怖的严格性，并使这一恐怖所遭受的神秘化与麻痹的束缚（作为这一或那一共同形式的崇高性），臣服于恐怖主义行动所引出的伦理－政治要求。

　　我想简单地提一提卡雷罗暗杀案的后续事件之一——1997年7月，埃塔在艾尔穆阿（Ermua）谋杀了米克尔·安赫尔·布兰科（Miguel Angel Blanco），我会比较两件暗杀事件，从而来结束这一章的讨论。两桩事件当然差别很大，正如两者所属的情境截然不同——一桩发生在佛朗哥政权的衰弱期，另一桩发生的时候，某个强有力的——虽说是年轻的、在很大程度上具有社会民主性质的政府已登上历史舞台。（我说"很大程度上具有社会民主性质"，虽然在1997年，当权的正是何塞·玛丽亚·阿斯纳尔（Maria Aznar）领导的中—右性质的大众党[Partido Popular]。）在象征与政治意义上，埃塔的这两个目标几乎是无法比较的——一个是政府首脑，另一个是不引人注意的城市议员。这两件暗杀事件的后果也是不同的——虽说两者的差别并不像它们看上去那样大。正如我们已经看到的那样，随着卡雷罗死去，向民主社会的转型似乎也开始了。而随着米克尔·安赫尔·布兰科死去，更为漫长而迟缓的、朝向一个"没有恐怖主义的社会"的过渡得以宣告，甚至显得迫在眉睫。在布兰科暗杀案发生之后的不长时间里，人们可能会相信，抗议这次杀戮的、沉默行进的人群的移动形象标志着民族主义恐怖主义工具逻辑的枯竭。ABC是这么来表述的："整个西班牙爆发出了和平的呼声。米克尔·安赫尔·布兰科并没有白死：关于他的回忆已经进入了无数西班牙人的良心，他们抛开了意识形态上的差别。昨天，只有一个声音如雷鸣般响起：'我们都是米克尔·安赫尔。'"布兰科死后，登载在《国家日报》（*Daily El Pais*）上的头条文章的头一句话同样相当直接："昨天，所有西班牙人进行了一次支持和平的公投（referendum）[un inmenso plebiscite por la paz，比起我所使用的'公投'一词，plebisctio {通过全民投票来体现全体公民的意志}一词更为牢固地铆定在民主体制的语汇之中]。"[37]

在这些抗议与愤怒的符号经济之中，舌头与手一起行动，自发的情感碰上了大众动员，个体震惊的情感性运动或习性[开始]自我组织（变得有组织了），所有这些都在随手可得的文化与社会材料中得到了表达。自然，这一现象不仅重新功能化并重新符号化了可用的文化与社会比喻，而且擦除了这些比喻漫长且迥然不同的历史，为之打上括弧，忘记它们。比如，人们的手，以所谓manos blancas（"清白的手")的流行姿势伸出，这些手浓缩了共同的社会纯洁无辜的要求与受害者的名字，米克尔·安赫尔·布兰科。"清白的手"这个口号是为了抗议埃塔某次暗杀行动而发明出来的——布兰科暗杀案发生一年之前，埃塔杀了一名马德里的法学教授弗朗西斯科·托马斯·巴里安特（Francisco Tomás y Valiente）。这一口号利用了通俗文化（一条传统谚语：las blancas manos no agravian, mas duelen（"清白的手不会冒犯，但会造成痛苦。"），正如有名望的《西班牙隐喻和格言辞典》(Diccionario de las metáforas y refranes de la lengua castellana) 所说，其一般来说意指："女人的轻蔑无损于男人的荣耀"），又利用了高级文化（这是卡尔德隆一部赢得了荣誉但却几乎无法上演的戏剧的标题）。[38] 示威者似乎在说："看，**我们的**手是清白的，你们也应该这样——你们这些恐怖分子，民族主义的支持者，那些外在于或反对这一新运动的人（西班牙人在心中捍卫这一运动）。"关于这一形象的新闻解释这样写道："看，我们从这一手势、从我们一同举起的手中获得了认同与声音。看，我们已经掏空了'举起的手'这一符号的历史内容，让它保留空洞性，变成白色，blanco或blanca：其空洞性是某种基础：我们正是在这一基础之上塑造了超越意识形态与党派利益的共同身份。看，这一共同身份是你们埃塔生产出来的东西，是布兰科的牺牲所带来的东西。'没有善不是源自恶'，同时，'没有恶不是源自善'。"这一习语让人想起国际媒体在2001年"9·11"袭击事件之后表达出来的愤怒以及与纽约城市和纽约居民团结一心："我们都是纽约人，我们都是美国人。""我们"这一代词一时间被洗白了、被掏空了、变得空洞了。

在巴里安特和布兰科遇害案发生的那一时期，媒体将两件事紧凑而象征性地放在一起讲述，不无道理：西班牙从佛朗哥政权向（整个国家所构想的）形式上的、或多或少的联邦民主过渡的故事；以及，西班牙人民自发的结成一体的故事——超越党派性与意识形态向前进，摆脱内战所造成的漫长的、仍然沉睡着的阴影，一致拒绝恐怖主义暴力。随着手的阵列（las rayas de la mano）而被讲述的这个双重故事横跨了六十年——从第一代长枪党到元首的狩猎事故，再到他的左右手、他的"mano derecha"——卡雷罗被杀，再到巴里安特与米克尔·安赫尔·布兰科被谋杀。在恐怖主义行动周围形成的共同体通过"清白的手"这一空洞的能指，产生出象征性一致。这一共同体反射性地/自反性地、甚至是自发地将自身塑造为某种共同的形态，而这一形态是由西班牙法西斯主义的两股纠结在一起的力量所共享的。一种声音，一只手，一种记忆，一个名字。埃塔与长枪党的内—外拓扑结构的共鸣是不会被弄错的：相信这些拓扑学穷尽了自身，相信它们能被抹除或再功能化，或相信那一瞬间、那一时刻的清晰边界可以通过它们来重新划定，便是又回到了普里莫·德·里维拉那有机的、共同性的（corporativist）幻想，即幻想有"sintesis transcendente e indivisible, con fines propios que cumplir"（"一种超验的综合，一种不可分割的综合，有其自己要去完成的目的"）。作为一种幻想，在其病理形式上，这一信仰重建了行为，封闭并直接耗尽了它[——这是就]行为是由多种体制形式所生产[而言的]。政治体的反射性闭合导致了群众无声的、静止的、可用数字来表示的本体论，也就是说，导致了一种极端非政治的、抽象的联合。导致了恐怖主义。

然而，假定我们要提出一种针对此种自发的民粹主义理由的替代性方案，一种针对观念性的空洞能指基础之上建设民粹主义共同体的替代性方案。我们将这一替代性方法描述为一种缝合与拆开社会—文化伤口的工作，也是追踪各个历史时刻之内对于文化重新符号化的解放/运动，以及在政治思想中为社会恐怖制造空间。我们称这一工作为反—审美/麻醉（an-aesthetic）思想。我们或许可以逃脱民粹主义式回应所落入的陷阱，但这只是因为我们已经陷入了另一个或许更加危险的陷阱。幻想用单一而共同的方式回应恐怖主义行动，成了沉默的非政治性[群众]那苍白的数字本体论，而我们则建立了第二种幻想，即：

以哲学头脑思考的批评家可以直接超越通俗文化与大学文化的融合，在它外部行动，超越束缚其言语的物质规定性；简言之，幻想转型的、移动的、反—审美的思想如同一次突然的自发的爆炸一般，其效果会完全浸入语义与政治领域的意义之中并且有效地改变这一意义。这是批判性思考的英雄主义：作为恐怖主义的反—审美/麻醉思想家。

激进民主共和的思想摆脱了上述孪生陷阱，它那最具责任感的形式——作为一种恐怖的伦理——要求它将关于自发性、集体化或共同组织化、符号性再语义化的种种幻想（这些幻想是非政治的、英雄主义的、民粹主义的和先锋派的，是骚动不安且带有精英色彩的），既视作自己的可能性条件，但同时也当作其不可化约的批判对象。在这儿，"去思考"意味着捍卫恐怖，就如同我们维持与分享笑话。（恐怖主义不是一个笑话，但或许——这一点很关键，恐怖是一种笑话。）我们将在下一章看到，这个意义上的"思考"与三种词汇领域（lexical fields）保持着一种特殊的、高度不稳定的关系，现代民族国家形式从三种词汇领域中获得其正当性断言：[这三个领域]即政治神学、逻辑与神话史书写领域。

注释

[1] 这一章的早期版本在耶鲁大学、哈佛大学文学与文化研究中心的会议上以及杜克大学讨论会"谈谈西班牙后民族文化（Brokering Spanish Postnationalist Culture）：全球化、批判性的区域观与知识分子的角色"（1999）上发表过。我对于所接收到的鼓舞人心的评论表示衷心感谢。论文的初版见于"The Ethic of Terror in Radical Democracy"，*Arizona Journal of Hispanic Cultural Studies* 7（2003）：173—193。文中所有翻译除却特别标明的以外，全部出自笔者之手。

[2] Giuliana Di Febo：*Teresa d'Avila*：*Un culto Barocco nella Spagna franchista*（Naples：Liguori Editore，1988）。迪·菲波机智而全面地讲述了佛朗哥在发动反对共和国的运动期间（1936—1939）使用特蕾莎·达维拉之手的故事。佛朗哥使这一古物免受共和国军队的破坏，他在战争期间直至去世始终保存着它。关于这一圣徒之手的传说在城市中流传甚广、版本颇多；佛朗哥也因将其作为自己军队中的将军军衔而闻名。

[3] 更具体地说，1969年8月，马特萨这一由佛朗哥的发展部长的合作者劳雷亚诺·洛佩斯·罗多（Laureano López Rodó）领导的纺织公司被发现卷入了一桩大规模转移国家基金的案件（国家通过工业信用银行[Banco de Credito Industrial]获得这些基金）。这些基金随后被用来为西班牙之外的Opus Dei所发起的项目提供资金援助；并不让人感到诧异的是，最终证明这一阴谋中的主事者（principal agents）即所有佛朗哥政府中占据高位的人，都是Opus Dei的成员。这是政府内部发生的冲突——与传统长枪党（曼努埃尔·弗拉加是这一组织中最为著名的人士）有联系的集团同改革派（renovadores），即与Opus Dei结盟的、带有宗教背景的技术专家之间的对抗。一大批与马特萨以及Opus Dei有联系的内阁部长被罢免，紧接着路易斯·卡雷罗·布兰科海军上将被任命为佛朗哥的继任者。不过，由于卡雷罗自己是Opus集团的亲密同盟，政府里的改革派悖论性地发现自己在此桩丑闻之后的位置要比丑闻发生之前更安稳。

[4] 参见Paul Preston，*Franco*：*A Biography*（New York：Basic Books，1994），270，694—695；and Javier Tusell and Genoveva García Queipo de Llano，*Carrero*：*La eminencia gris del régimen de Franco*（Madrid：Ediciones Temas de Hoy，1993），344—364.

[5] 在中世纪晚期的法理学中，永久经营（土地）权（mortmain）指一种有限制的所有权样态，特别是涉及租佃权或土地占有，因此永久经营权所支持的财产是不能变卖或剥夺的。（在这个意义上，它们是继承而来的财产。）直到众人皆知的"取消永久营业权"前，特别是1834至1835年间由Juan Alvarez Mendizabal发起的没收所继承的教会财产之前，西班牙法律一直保留着

永久经营权或"ley de manos muertas"原则。

[6] Raymond Williams, *Marxism and Literature* (Oxford: Oxford University Press, 1977), 132.

[7] Ibid., 133.

[8] Sigmund Freud, *Jokes and Their Relation to the Unconscious*, vol. 8 of *The Standard Edition of the Complete Psychological Works of Sigmund Freud*, trans. James Strachey (London: The Hogarth Press, 1960), 143; 强调为笔者所加。

[9] Ibid., 158.

[10] Edmund Burke, *Reflections on the Revolution in France* (Oxford: Oxford University Press, 1999), 33.

[11] 比较Walter Laqueur, *The Age of Terrorism* (Boston: Little, Brown, 1987), 26.

[12] Étienne Balibar, *La crainte des masses: Politique et philosophie avant et après Marx* (Paris: Galilée, 1999), 293.

[13] 转引自Catherine Kintzler: Terreur et vertu: Metaphysique, moral et esthetique au comble du politique, in *La République et la terreur*, ed. Catherine Kintzler and Hadi Rizk (Paris: Kime´, 1995), 17.

[14] Ibid.

[15] 彼得·威多森(Peter Widdowson)提出了一种有力的论点来恢复作为批判概念的"恐怖主义":"或许,自在的恐怖主义是一种'字谜';但它是这样一种符号与症候:对于西方自由民主的恐怖行为的某种反应。就反对此种民主的集体力量来看,它亦有一种政治真空。"("Terrorism and Literary Studies", *Textual Practice* 2, no. 1[1988]: 20)。也请考察一下内格里早期的论点:"暴力总是以形式与内容的综合呈现在我们面前。首先,作为一种无产阶级的反作用力、作为自我赋值(valorization)过程的呈现。其次,作为一种破坏结构和破坏稳定的力量——即作为一种**生产力**以及一种**反体制力量**。因此,显然无产阶级暴力不需要以示例的方式来呈现自身,也不需要为自己选择示

例对象或目标……暴力的核心性（centrality）尤其将自身呈现为内容与形式的综合；呈现为排斥形式的综合——凭借排斥敌人；以及拒绝劳动的理性、手段以及定义的综合。暴力是将无产阶级赋值捆绑在[legga]破坏系统结构行为之上，并将这一破坏捆绑在动摇政体行为之上的理性绳索[filo razionale]。暴力是一种有效的革命方案，因为内容的可欲性已经成为规划的形式，也因为这一规划正在成为专政"（IL dominio e il sabotaggio [Milan：Feltrinelli，1978]，第67—68页）。

[16] 比较Ernesto Laclau and Chantal Mouffe，*Hegemony and Socialist Strategy*（London：Verso，1985），93—105和José Luis Piñuel，*El terrorismo en la transición española*（Madrid：Editorial Fundamentos，1986），13。

[17] 转引自Luigi Bruni，*E.T.A.：Historia política de una lucha armada*（Bilbao：Txalaparta Argitaldaria，1988），154—155。

[18] Carlos Marighella，"Minimanual of the Urban Guerrilla"，重刊于*The Terrorist Classic：Manual of the Urban Guerrilla*，ed. and trans. Gene Hanrahan（Chapel Hill：Documentary Publications，1985），49，84；亦见Martha Crenshaw，"The Logic of Terrorism：Terrorist Behavior as a Product of Strategic Choice"，in *Origins of Terrorism：Psychologies，Ideologies，Theologies，States of Mind*，ed. Walter Reich（Cambridge:Woodrow Wilson International Center for Scholars and Cambridge University Press，1990），18。

[19] José Antonio Primo de Rivera，*Obras completas*，ed. Agustín del Rio Cisneros（Madrid：Dirección general de informaciones públicas españolas，1952），66—67。

[20] 参看费尔南多·雷纳斯（Fernando Reinares）："危机以此种方式从两种意志之间的显见冲突中诞生：基本上，一种是成为巴斯克人的意志，另一种是成为西班牙人的意志。做巴斯克人还是做西班牙人之间的辩证法将此种对抗凝结在一种极化状态之中（polarization），同时敌意催化了此种冲突。在这一冲突的根子上，有一种渴望，此种渴望被视为一种权利：恢复[la recuperación]自治、恢复巴斯克主权"（*Reinares Violencia y politica en Euskadi*[Bilbao：Desclee de

Brouwer，1984]，9）。这种关于"意志""渴望"权利安排比我在这里所谈到的更为复杂，值得进一步细究，不过需要注意的是雷纳斯最后的论断——自治的"渴望"以"恢复"一种失落于中央行政之中的历史构型为其形式——直接遭到了巴斯克西班牙主义者（espanolistas）诸如海梅·伊格纳西奥·德尔·布尔戈（Jaime Ignacio Del Burgo）的反驳，*Sonando con la paz：Violencia terrorista y nacionalismo Vasso*（Madrid：Temas de Hoy，1994）。

[21] Josep Carles Clementa，*Historias de la transición*（1973—1981）（Madrid:Fundamentos，1994），17，转引自 Teresa Vilarós，*El mono del desencanto：Una critica cultural de la transición espanola*（1973—1993）（Madrid：Siglo XXI，1998），125。阐明这一事件最为详尽的书是华金·巴尔达维（Joaquín Bardavío）的 *La crisis：Historia de quince días*（Madrid：Sedmey，1974）。

[22] Eva Forest（笔名 Julen Agirre）：*Operation Orgo：The Execution of Admiral Luis Carrero Blanco*，trans. Barbara Probst Solomon（New York：Quadrangle/NY Time Books Co.，1975），46.

[23] Vilarós，*El mon del descencanto*，120，125.

[24] Manuel Campo Vidal，*Información y servicios secretos en el atentado a Carrero Blanco*（Barcelona：Argos Vergara,1983），28；Ismael Fuente，Javier García and Joaquín Prieto，*Golpe mortal：Asesinato de Carrero y agonía del franquismo*（Madrid：El Pais/PRISA,1983），167—179.

[25] Luis Herrero，*El ocaso del régimen：Del asesinato de Carrero a la muerte de Franco*（Madrid：Ediciones Temas de Hoy，1995），13—14.

[26] Forest，*Operation Ogro*，89；我稍微修改了一下译文。

[27] 关于排泄形象以象征抵抗形式发挥作用，参见 Begoña Aretxaga，"Dirty Protest：Symbolic Overdetermination and Gender in Northern Ireland Ethnic Violence." *Ethos* 23，no. 2（1995）：125。

[28] Forest，*Operation Ogro*，170—171.

[29] 转引自 Fernando Vizcaino Casas，*1973/El ano en que volaron a Carrero Blanco*

(Barcelona: Editiorial Planeta, 1993), 298.

[30] Begoña Aretxaga, "Playing Terrorist: Ghastly Plots and the Ghostly State", *Journal of Spanish Cultural Studies* 1, no.1 (2000): 53.

[31] Ibid.

[32] 比较阿尔瓦罗·巴伊扎（Alvaro Baeza）的话："可以精确地找出反恐组织出现的时间——其致力于对抗埃塔、FRAP与GRAPO：1973年12月20日之后，路易斯·卡雷罗·布兰科海军上将，西班牙政府首脑，在这一天为埃塔所发动的恐怖袭击所杀。"（*GAL:Crimen de estado* [Madrid: ABL, 1995], 68）。亦参Campo Vidal, *Información y servicios secretos*, 28—31。

[33] Campo Vidal, *Información y servicios secretos*, 64, 转引自 *El Economista*。

[34] "El Generalismo regresa al palacio de El Pardo en estado satisfactorio", *ABC* (Madrid), December 27, 1961, p.1.

[35] Ramón Soriano, *La mano izquierda de Franco* (Madrid: Planeta, 1981), 16.

[36] 关于那个时候克里斯托瓦尔·马丁内斯·博尔迪乌（Cristóbal Martinez Bordiu）、即比利亚韦德侯爵（Marquis of Villaverde）特征的描写，可参Tatjana Pavlovic, *Despotic Bodies and Transgressive Bodies: Spanish Culture from Francisco Franco to Jesus Franco* (Albany: State University of New York Press, 2003), 55—56.

[37] "Millones de españoles se unen a la rebelión de los vascos contra ETA y HB", *El Pais* (Madrid), July 15, 1997, p.1.

[38] Jose Musso y Pontes ed., *Diccionario de las metaforas y refranes de la lengua castellana* (Barcelona: N. Ramírez, 1876), 148.

第二章

法勒斯或可分割的主权

　　这些分析之所以特别困难，是因为病人对于冒犯家人或家属那守口如瓶的秘密感到恐惧，虽然这个秘密的文本和上下文都印刻在了病人自己的无意识中。这个病人的虚假却必需的正直性有被瓦解的危险，这一点加重了他对了严格意义上的"越界"的恐惧。

——尼古拉斯·亚伯拉罕[1]："论幽灵"

---

[1] Nicolas Abraham（1917—1975），法国精神分析学家，与玛丽亚·托洛克（Maria Torok）一起提出了所谓"幽灵"的代际转移理论，对弗洛伊德和后弗洛伊德精神分析理论进行了激进的再定位；根据亚伯拉罕的理论，精神分析症状并非来自个体本人的生活经验，而是来自家庭或他者的精神创伤、冲突、秘密。代表作有 *The Wolf Man's Magic World*（Minneapolis, 1986）等。

请允许我先将恐怖分子区别于激进民主共和主义所捍卫的根基性恐惧——其伦理形式的条件、占据核心位置的弱概念或弱标准。将无法控制的符号过度转变为可供思考与操作的弱概念，看起来颇为可行，虽然基本上仍然是个抽象工程。当然了，[这概念]会显得尤为现代：它和后浪漫派的文学—哲学语汇无法分离，特属于一种过渡性的国家形式，仅仅相关于一时。我的例子就是战后西班牙想象中政治运动的建构：一个正式宣布现代化的长枪党国家；一个暂时与政治异议势力联手的全副武装的民族主义分裂主义运动；一种旨在过渡到消费资本主义形态的经济；以及一个不稳定的社会，其边界在某些层面上开放而在其他层面上关闭——一切特殊情境。但我的主张要更加宽泛。元首的神秘身体听命于种种流变、解体、替换、受伤、委任，同时也崇高地跃居这些仅仅是意外的可能事件之上。主权者的神秘身体和他的物质身体之间闪烁的边界，标示着世俗化和现代化的非连续进程的踪迹（最显著的一条踪迹），而两者的默契配合远早于浪漫派和启蒙运动。从一个战后国家形式向另一种形式变化，这一症候性的典型运动带来了其他种种运动，它们或许可以部分地为[国家形式]作出规定，也必然将提供一个更宽泛的舞台以进行"新颖的阐释"并扩展霍内特和弗雷泽所需要的"具有'剩余效力'的概念"。[1]现代阐释和概念之间的边界、现代事件和古代或未来事件之间的边界都是易变且悬而未决的，恰如西班牙想象中的战后国家或元首身体的松散边界那样。主权概念部分地控制着这些不同步的运动，部分地从这些运动中产生；这一概念具有其本身的历史和特殊的表达逻辑、语法和——确切地说——文学。"恐怖"这一弱的伪概念诞生并持存于这一历史中，诞生并持存于现代主权的表达逻辑、它的语法和文学之中。在这一章和下一章，我将转而考察恐怖伦理的谱系。

理论主权：父权

> 因而，可分割主权就必然有另一个问题，事实上是一个问题性（aporetic）。长期以来，起码自19世纪末，人们都以"有限的"或"共享的"主权来谈论主权国家。但无论何时何地，主权原则的根本核心难道不正是其例外性的不可分割、无边界、内在的整一性？主权是不可分割且不可分享的，要么它就不是。分割不可分割之物、分享不可分享之物：这是不可能之物的可能性。
>
> ——雅克·德里达："挑衅：前言"

德里达宣布的两环节计划——描述并拆除主权所依赖的"内在的整一性"，[然后]提出一种即将到来的"可分割主权的问题性"——仍未完成。他在晚期的著作中展开了与阿甘本、施米特、南希等人的对话，勾勒了计划的轮廓并提出了一些概念，我们在这里看到的就是其最简要、最吊诡也最显著的形态："分割不可分割之物、分享不可分享之物……不可能之物的可能性。"问题性的线索将把我们不仅带向国家主权的有限的、共享的分配，而且带向先前的博丹式区分：一方面是委任权力和主权的区分，另一方面是派生主权和假定（posited）主权的区分。

德里达另一个审慎的历史论断就没那么虚张声势，也没那么备受争议："起码自19世纪末"以来，涉及民族国家时"谈论"有限主权或共享主权就已经成为通用习语。我们这样来表述问题——即指出德里达既构思了一系列问题性概念，又对它们的起源和用法作出了简要的历史论辩——相当于赞成施米特，因为后者有著名的说法："现代国家理论的所有重要概念，都是世俗化了的神学概念。"而且，这一处境的存在"不仅出于它们的历史发展……而且出于它们的系统性结构"。[2]德里达的论辩和施米特的论辩的并置产生了一系列问题——甚至连将它们表述出来都很困难，因为我们置身于民族国家时代，并以该时代节拍来想象主权语汇、逻辑和问题性。"可分割主权的问题性"的"历史发展"和它的"系统性结构"之间是什么关系？在我们所谓主权国家诞生之前，有没有"可分割主权的问题性"——例如，在博丹出版其《共和国六书》(*Les six livres de la république*)的时候？在什么时代或历史中，将会诞生"另一个问题，事实上是一个问题性"？而在另一个层面上说，关于某个习语的历史地位的论断，或确切地说，关于某个如"主权可以被分割"或"可分割主权的问题性是必然的"之类的论断之历史性的论断，与可分割主权的"问题性"之间有什么共同点？在何种意义上，神学概念的世俗化能在早期欧洲现代性的文化领域里被表达或生产出来？

我们记得，对于施米特而言，（在博丹、霍布斯、马基雅维里等人那里）主权的不可分割性表现为决断例外的权力——例如决断谁是国家敌人的权力——并且，如果该权力本身就是例外性的、非派生的、非委任的，那么主权的不可分割性就得到了确立。博丹在《共和国六书》的相关段落中对此表述如下：

> 如果君主赋予官员的最高而绝对的权力[也]有权被称为"主权"的话，官员似乎就可以同样以此反对君主，于是君主只剩一

个名号而已,就只是一个符号而已:如此一来,臣民倒可以对主权者施令——没有什么比这更荒谬了:想想看,在所有赋予统治者或个人的权力中,君主总是被排除在外的;他从不给予他人极大的权力,而是自身保有更多权力;也无法想象君主的主权权力可以被剥夺,他只是可能亲自检查并决定那些让手下官员去做的事情……他也可以从他们那里夺回那些因归顺或建制因素而赋予他们的权力。[3]

施米特认为,随着欧洲公法在奥格斯堡和约(1555)[1]和南特敕令(1598)[2]期间的诞生,博丹此处赋予君主的例外性主权开始坐落在国家身上——因为在这五十年的时间里,欧洲国家开始采取互相承认和回应的集体政府身份(corporate-administrative identities),不同建制产生各种特殊国家,内在互相协调运作,外在与其他国家协调运作。随着承认敌人为公共敌人的例外性权利的产生,新兴欧洲国家确立了承认他国为朋友或"非敌人"的权利;出于礼节的现代礼仪原则,也出于对主权的尊重,各国忽略彼此巨大的经济差异、政治利益差异、教派差异、传统差异——这背后的原则即 *comiter maiestatem conseruare*:在涉及各个主权者之间的差异时,主权者应当首先致力于(如博丹的译者所说)"礼貌地保留更高贵的[主权者]的威严"。[4]施米特提到的例子之一是伊丽莎白一世在1559年至1563年间处理宗教问题时的诸多妥协。

如德里达极为简要的评述包含两个论辩那样,施米特在《政治的

---

1 Peace of Augsburg 是1555年由神圣罗马帝国议会颁布的合约,规定神圣罗马帝国境内各诸侯邦之间不得因宗教原因而发动战争。该合约结束了神圣罗马帝国长达五十年的内乱纷争。
2 Edict of Nantes 是亨利四世于1598年4月13日颁布的法令,给予信奉新教的臣民宗教自由和充分公民权。天主教徒对此十分不满,1629年枢机主教黎塞留废除了其政治条款,1685年路易十四撤销了整个法令。

概念》和《政治神学》中也提出了两种论辩：其一来自早期现代欧洲国家的经验情境，即相对的新兴平衡，其二来自"政治"的概念。前者颇具挑衅性，但表面上看却是弱论辩。《政治的概念》和《政治神学》对于早期现代欧洲政制的政治世俗化的描述显得偏颇、不均衡，甚至太过化约。例如，我们可以快速扫一下西班牙的情况，在那里摩尔斯科人[1]和哈布斯堡君主制的共存经历着各种中介——也很难作为各个建制间彼此"结合"的一个例子，因为从1609至1610年驱逐摩尔斯科人以来，教会的不同教区、本地贵族、法院在这一问题上相互遏制了四十年有余。人们或许也可以反对说，施米特将伊丽莎白一世的早期宗教宽容抬高，忽略了她本人及其后继者的不宽容（例如，效忠宣誓[2]、对于拒不参加国教礼拜仪式的天主教徒的处置、废黜耶稣会秩序，等等）；或者，世俗化论题忽略了在此过程中国家礼节和欧洲公法的种种巨大失败。此类失败通常以不可协商的"异识"呈现出来。例如1588年的西班牙无敌舰队：根据一种描述，危机源于西班牙这一个国家拒绝服从"礼貌地保留更高贵者的威严"的礼节；根据另一种与之无法调和的描述，危机源于**英国**拒绝这么做，说它通过支援走私和海盗冒险活动来对抗西班牙经济，而发生在尼德兰地区的对于西班牙的反叛，也促成了危机的产生。

在1555年至1610年间的英国、西班牙和法国，将宗教流亡当做一种国家政策手段至少表明一点：国家主权从神学政治向名义上的世俗行政体制的转移，与其被那些具有另类利益和身份的国家粗暴地排斥

---

[1] morisco population，指的是定居于西班牙和葡萄牙、具有穆斯林血统却改宗基督教的信徒。

[2] Oath of Allegiance指的是要求臣民或公民承认自己对于君主负有义务的宣誓，最初源于1215年的英国大宪章；其后英国分别于1534年及1559年颁布了两项所谓"最高治权法案"（Act of Supremacy），确立了亨利八世和伊丽莎白一世对英国国教会的最高统治权，排挤了罗马教皇权威。

在外的状况密不可分,后面这些国家或许对单一的世俗行政政制不太友善。在施米特及后来人那里,世俗化论题通常忽略了早期现代性时期欧洲各国的联合所付出的代价,这提醒我们注意到,在相当程度上所谓结合性主权国家和欧洲公法的观念都是回溯性的幻想,是为了弥补欧洲市民社会在20世纪头二十五年内的显著失败:一次有意制造的遗忘,而它带来的种种后果都将在20世纪欧洲社会往后的历史中暴露出来。

施米特的第二个论辩是一种从政治概念或结构出发、而不是从现代政治体系的经验发展出发的形式论辩,其吊诡的任务是调和两种决定性情境——我们或许可以说,用一个概念来调和两种谓项(predicates)——它们只是**看上去**互相关联而已:主权所居的实体可以决断谁是敌人、谁是朋友,谁或哪些建制能够非对称性地(也就是说,无法像博丹指出的那样宣布一种相互性的替代权力)替代君主(也就是说,"主权"来源于一个决断);只有主权者能够作出这类决断(也就是说,由于例外决断是一个既定主权主体或国家的意志,它就是一个决断而不是一个描述、一个幻想,或仅仅是一种表征)。博丹和施米特都没有明确承认的困难之处涉及"主权宣称"的来源、它的时序和结构、它作为言语行为的结构。我们知道,主权权力是无限的,不受任何法律制约("给予君主的大权如果有条件和义务,那这就不是真正意义上的主权,不是绝对权力"[5]):主权者对于那给予他这一权力的实体(建制、情境)可能会感到自己负有责任和义务,但主权权力的无限性恰恰把这一点给抹去了。或毋宁说,规定或义务仍然存在(主权者出于实践理由和历史理由的考虑,必须将自己与僭主区分开来),但已经被移置了——或者被升高,或者被抽象化。博丹继续说道:"此类义务或条件……[必须]直接在上帝和自然之法中来理解……除了上帝和自然规定的法,[主权权力]没有附加的条件。"设想权力的管理应在相互竞争的建制之间进行划分,这算不上是什么不寻常的看法（例如，教会仿佛就被认为要负责管理"上帝的律令"而君主则掌管涉及国内建制的那些法律）。这些非派生的、规定性的、神圣或自然的法律的地位，被规定下来（stipulated）却没有得到考察——但介于非派生的规定性法律和派生的建构性力量（constituting power）之间的区分（例如，某个共同体或集体之所以能委任或"给予"主权，只能是因为该行为已被**提前**抹去了，它被设想为既不创造义务也不创造责任，丝毫不留踪迹）本身在博丹和施米特那里却没有清楚的地位。那么，由谁来负责这种区分？它的逻辑地位是什么？

德里达在《无赖》中探讨了这一问题，其表述几乎与我们在"挑衅：前言"中看到的一样：

> 正如所有主权理论家都已正确承认的那样，纯粹主权是不可分割的，要么它就不是，而施米特正是由此将主权联系到决断论的例外性。这一不可分割性从原则上将主权排斥于分享、时间和语言之外。排斥于时间之外，排斥于主权始终与之密切结合的世俗化过程（temporalization）之外，并因此吊诡地排斥于历史之外。因此，在某种意义上，主权是非历史的；它是与一种退回到决断性例外的瞬间事件之中的历史相结合的契约，该事件没有任何时间的或历史的厚度。[6]

该事件的"瞬时"幻想（甚或可以借用尼古拉斯·亚伯拉罕的说法，即事件的"虚构却必需的整一性"）对于德里达而言是老问题了——例如人们可以想到他的《声音与现象》，或更晚近的《友爱的政治学》——而在这里，它同时与德里达对南希有关共同体观念的重要著作的讨论结合在一起。在南希看来，共同体取决于某种特殊形式的原初创伤性分享或分割（partage）。[7]"分割"来自弗洛伊德对于分享[原初父亲身体的阐述,我们从《图腾与禁忌》里就熟悉这个说法(人们也可以类似地想到弗雷泽)。[兄弟]友爱关系——南希指出,因此还有"共同体",尤其是共同主权或友爱主权的吊诡观念——产生并取决于对父亲身体的原初牺牲和分享。德里达正确地将这一整全的父亲身体的神秘形式与基督学话语结合起来,并将分享父亲身体的事件与例外决断那同样神秘的不可分割性结合起来:根据施米特以及对纯粹主权的理论解释,决断(分割)的事件是未加分割的(undivided),正如分割或分享原初父亲身体的事件本身是独一无二且不可分割的(也就是如南希所说,"分割不可公度之物"[le partage de l'incommensurable])。

像德里达在《无赖》中所做的那样用施米特来读南希,使双方的困难都变得明显了:主权是纯粹的,因为例外决断同样分割了不可分割之物(父亲的身体);当主权依赖于一次独特的事件时,也就是说,当它依赖于一个从历史经验(它本身总已经是被分享的、偏颇的、分割了的)之中分割出来的事件时,它就是纯粹的——不可分享、无偏颇、不可分割。南希没有声称自己的阐述具有人类学的或历史的精确性,正如弗洛伊德(在那些更谨慎的段落中)没有声称《图腾与禁忌》有关弑父的故事有这样的精确性。就像分享的内容是父亲,或像博丹将规定性的、非派生的、自然或神学的法律区分于建构性的、自我抹除的主权权力的给予那样,主权决断(的事件)也许是某种虚构,文化的或个人的虚构,一个有关此类分享的俄狄浦斯化的幻想。尽管如此,这一文化或个人的幻想的作用则是将下述理念——"父亲"的理念、"不可分割的事件"的理念、"例外决断"的理念、"父权形象的整一性"——从南希所设想的分享、公开化、共同分配和友爱协商之中拯救出来。在南希的阐述中,这一图腾式的分享和对父亲身体的理想重构仍然是必然的,但这与其说是决断(事件)的某个属性或偶然性质,不如说是其根本实质。主权者的整一性和分享父亲身体的自发决断,取代了被分享和使用的圣礼化身体,成为非功效的共同体

(unwrought community)[1]的实质,成为它的共享记忆和内在法律。并且,主权决断作为不可分割的实质坐落在语言、时间和历史之外。

在这一点上,根据德里达的重述,南希著作中比比皆是的经院哲学隐喻透露出一种极为严重的困境。因为,被牺牲的父亲**作为**不可分割的实质,他被剥夺了那使他成为父亲的属性——可分割性——于是他总是处在其继承者的共同体外部:只有他无法分享他那被分割的身体。对于共同体而言,经由父亲的分割和牺牲的事件而重构的父亲理想或意象(imago),成了明显的、古典意义上的本体—神学论基础——这个共同体分享、使用、纳入父亲,但父亲却无法加入它或成为其中的一部分。德里达认为,南希既不能迈出这个困境,也不能回避它,因为南希离主权的古典"理论"观点太近,或者说还不够近。

我们记得,德里达在"挑衅:前言"和《无赖》中将上述看法表达如下:"正如所有主权理论家都已正确承认的那样,纯粹主权是不可分割的,要么它就不是,而施米特正是由此将主权联系到决断论的例外性。"暂且不谈"纯粹"这个令人困惑的限定词。《无赖》和"挑衅"都谈到了下述命题("挑衅"谈得更简要):"所有主权理论家都已承认","纯粹主权是不可分割的,要么它就不是主权";这一命题可以(用波爱修斯和经院哲学的话说)分割为几个替代性命题(alternatives)。根据支撑德里达论述的逻辑图表,或许可以说"纯粹主权是不可分割的,要么它就不是(主权)"是一个本体论主张;"纯粹主权是不可分割的,要么它就不是(纯粹的)"是一个柏拉图式的主张;"纯粹主权是不可分割的,要么它不是(不可分割的)"的主张则具有基本逻辑必然性的形式,即P是S或不是S;无论如何P不可能既是S又不是S。属性或谓项(例如可分割性或不可分割性)或许可以

---

[1] 对此可参看第五章,另外可参考让-吕克·南希著:《解构的共通体》,夏可君编校,郭建玲等译,上海人民出版社2007年版。

按照偶然事件的模型来想象——例如，就好像当只有某些桌子是圆的时，某人说"桌子是圆的"来意指所有桌子都是圆的。或者，这些属性或谓项可以被想象为会发生历史变化（例如"太阳绕着地球转"）。最后，人们也可以按照这样的模型来想象作为主权谓项的"不可分割性"：该属性无法从它所规定的实体身上移除或分割出去。

"不可分割性"必然要被假定属于本质性的属性或谓项之一，而这类属性或谓项一直以来都是早期现代逻辑学家的兴趣所在，他们通常都跟从亚里士多德的《后解释篇》和波爱修斯的注疏而区分三种形式的本质性谓项：*de omni*[全体性]，*per se*[自身性]和*universale*[普遍性]。[8] 在所有三种形式那里，以及更一般而言，在所有这些命题分割形式背后，本质属性的边界形式（limit-form）都是同语反复："太阳是太阳"；"一张桌子是一张桌子"；"主权是主权"。由于此类本质属性显然依赖于一种同语反复的同一性逻辑，早期现代逻辑学家便以此作出了谓述与主权之间的关键结合——这种纯粹的理论结合确立并保护了早期现代性中对于逻辑和主权的理论看法，无论是在博丹、施米特那里还是在南希那里。

以托马斯·布伦戴维（Thomas Blundeville）[1] 1599年的《逻辑技艺》（*Art of Logike*）为例。他写道：

> 本质性谓述是一种自然而普通的言语，借此一物自然而恰当地谈论另一物，或如逻辑学家所说，当上级语词用下级语词谈论时，就具有自身的近似性（affinity），正如一般类型用特殊类型谈论，或特殊类型用个体（Individuums）谈论时……因为这类言语都是自然而必然的；因为谓项合适地应用于它的主语。[9]

1　Thomas Blundeville（1522—1606），英国作家、数学家，《逻辑技艺》是他1575年写作、1599年出版的逻辑论著。

类型的等级（普遍特质、属、种、个体）和大致的社会组织之间的类比很初步，但已被自然化了（"自然而普通"，"自然而恰当地谈论"，"自然而必然"），很难忽略它。"上级语词用下级语词谈论"的命题主导了其后的对子，即种—属和属—个体；与此相伴的规定——这种在"具有自身的近似性"的"语词"之间维持的层级差别（概括性差别）——几乎找不到表达（hardly registers）。它看起来完全是一个形式要求，仅仅指上级语词只能用相关的下级语词来做谓项，如种与普遍特质的关系，或属与种的关系，等等。任何对于近似性或等级的违反都未被提及，甚或无法想象：一个类似"主权是不可分割的"的命题取决于"主权是主权"这个先在的断定，后者既确立了该语词所属层级的自我同一性（一项普遍特质是一项普遍特质，不是别的；一个种是一个种，等等），也确立了"自身近似性"的同一性（一个语词是某个自我同一层级中的一分子，仅此而已）。需要注意的是，布伦戴维对主权逻辑的夸张的自然化（"自然而普通"，"自然而恰当地谈论"，"自然而必然"）在某些方面削弱了他的论辩——或至少使之带上了补偿（compensation）的色彩。布伦戴维的"自然"总是受限于某个附加的补充性语词：普通、恰当、必然——这当然是因为在这个时期，"自然"领域内的分类不仅不系统，而且受到来自自然哲学的曼德维尔[1]式的巨大压力（既有内部压力，也有外部压力），逐渐泛滥的贸易浪潮涉及种种异域文化隐喻和同样来自异域的、迄今未见过的各种商品、游记、奇幻式的冒险故事。一种不受使用、礼节和必然性限制（其实哪怕以这些方式受到限制也无妨）的"自然"逻辑能够而且的确鼓励了各种无法归类或可被过度归类（over-categorizable）的近

---

[1] 指的应是Bernard de Mandeville（1670—1733），政治经济学家、哲学家，以《蜜蜂的寓言》闻名，其中不仅包括劳动分工和"看不见的手"的命题，更提出了"私人的恶通过精明的政治学家之手可以转化为公共的善"这一备受争议的论断。

似性，有些语义模糊的词汇属于不止一个层级，有些语词既可以做不止一个主语的谓项，也可以做别的谓项的主语，既服务于两个或更多的主人，同时也做它们的主人：如奥赛罗所说，这是长有翅膀的鹰头马身兽[1]和"食人者和肩下生头的化外异民"（1.3.143—144）。像布伦戴维提到的那种"自然"逻辑能够也确实催生了从属和谓述的种种悖论，产生了严格排斥在古典逻辑之外甚至拉米斯[2]逻辑之外的死角：产生了诸如"纯粹主权是不可分割的，并且它不是主权"或"主权是不可分割的，并且它不是不可分割的"之类的命题。

"在他们可怕的分裂中分裂"

布伦戴维的阐述所揭示的主权逻辑和逻辑主权的困境，与其说以关于当时逻辑和主权的理论论述和实践论述的形式出现，不如说更生动也更重要地以我提到的鹰头马身兽和食人者的形式出现，它们是早期现代文化生产领域。正是在这里，我们要寻找德里达摆在其21世纪的读者面前的"可分割性主权的问题性"的早期踪迹，我们曾在索福克勒斯的命令中看到其古老的形式：受伤的主权者要在城邦中被保护起来而不是被牺牲。

1　鹰头马身兽（亦写作Hippogryph以及Hippogryphe）是一种传说中的生物，一般认为是狮鹫和马的后代。

2　Ramism指法国16世纪哲学家、逻辑学家拉米斯（Petrus Ramus，1515—1572）的学说，他认为de omni是真理的法则，per se是正义的法则而universale是智慧的法则，其中尤属第三项最重要，智慧应从普遍性开始建立起一个由下属分支的各种二元对立构成的树状结构图，以此作为知识论或学科分类的依据。

第二章 法勒斯或可分割的主权

此节小标题"在他们可怕的分裂中分裂"出自《理查三世》结尾处里奇蒙德（Richmond）的著名台词——这或许是莎士比亚中出现的对于所谓都铎历史神话的最不含混的断言，同时肯定也是他最含混的对于政治区分的探讨。战争已经胜利；"恶狗"死矣；可怕的玫瑰战争走向了尾声；斯丹莱（Stanley）告诉胜利的里奇蒙德——未来的亨利四世、伊丽莎白一世的祖父——"一顶久被篡夺的王冠"已从"死贼"头上"摘了下来"。里奇蒙德的台词如下：

> 按他们的身份依礼入葬；
> 对逃亡的士兵宣布赦免令，
> 让他们前来归顺；
> 然后，我们既已向神明发过誓愿，
> 从此红、白玫瑰要合为一家。
> 两王室久结冤仇，有忤神意，
> 愿天公今日转怒为喜，嘉许良盟！
> 我这句话，纵有叛徒听见，谁能不说声阿门？
> 我国人颠沛连年，国土上疮痍满目；
> 兄弟阋墙，阋下流血惨祸，
> 为父者在一怒之间杀死亲生之子，
> 为子者也毫无顾忌，挥刀弑父；
> 凡此种种使得约克与兰开斯特两王族彼此分裂，
> 在他们可怕的分裂中分裂。（Divided, in their dire division）
> 而今两家王室的正统后嗣，里奇蒙德与伊丽莎白，
> 凭着神旨，互联姻缘；
> 上帝呀，如蒙您恩许，
> 让他们的后裔永享太平，国泰民安，
> 年兆丰登，昌盛无已！

（对开本："让您的子嗣[如蒙您恩许]

国泰民安，永享太平，

年兆丰登，昌盛无已！"）[10]

"凡此种种使得约克与兰开斯特两王族彼此分裂/在他们可怕的分裂中分裂"是句费解的话，围绕它的争论部分来自对开本和四开本之间的细微差异。四开本使用的"分裂"（devided，devision）巧妙地玩了一下 *device*（工具）的语言游戏，而且在里奇蒙德台词里第二个"分裂"后面没有逗号，威尔逊对此抱怨说："我们在这里只能依靠第一四开本，但排字工很粗心。"这两行令人恼火地晦涩，它提到了两次"分裂"，以押头韵的方式排在一起。恰如恩赐的声音响彻天际，过去和未来在一起交响，王国的命运也取决于里奇蒙德的话。当考虑到曾一度分裂约克与兰开斯特两王族的"种种"（这是这出剧的主题），或考虑到两家"如今"摒弃前嫌、言归于好的"结合"，细究"在他们可怕的分裂中分裂"到底是什么意思（如果这句话的确有什么深意的话）就显得无足轻重。我们刚从里奇蒙德那里听到，并从整个故事的尾声处回想到，"凡此种种使得约克与兰开斯特两王族彼此分裂"——不仅彼此对立，而且各自内部也对立重重。确实，这说明的不是分割双方的"可怕分裂"，而是约克和兰开斯特至少**共有**这一点：两个阵营都是分裂的，每个阵营内部都是分裂而互相敌对的。故此，牛津版和诺顿版合理地将分裂的对开本和四开本中这句"在他们可怕的分裂中分裂"替换为"在他们的可怕分裂中结合在一起"，《诺顿版莎士比亚集》还加了有用的注释："通过仇恨彼此结合，即双方除了彼此对立之外没有共同点。"[11]《理查三世》结尾处唯一真正重要的"分裂"，其标志是王冠回到其真正的位置，因而这个分裂如今就已经被克服、弥合、结合了：理查德短暂执政分裂了一个久远的合法继承序列，如今这个序列得以恢复。我们这些听里奇蒙德说话的人，因此就分离于理查的分裂,也分离于约克和兰开斯特所共有的种种分裂,它们既分裂双方,又作为这一分裂之分裂的结果而让双方结合在一起。

请注意里奇蒙德结尾处的台词:他命令"按他们的身份依礼入葬",宣布赦免令,将那些"前来归顺"的人区别于那些不愿意归顺的人——这些话都是杂糅的言语行为,表达出集体意愿("愿天公今日转怒为喜,嘉许良盟!";"两家王室的正统后嗣,里奇蒙德与伊丽莎白,/凭着神旨,互联姻缘;/上帝呀,如蒙您恩许,/让他们的后裔永享太平,国泰民安,/年兆丰登,昌盛无已!")。这些宣誓、命令、恳求、希望的剖白之所以有效,是因为里奇蒙德和伊丽莎白的继位真相符合"神旨",而且它们所表达的主权者意志呼应了上帝本身的意志。[12]约克和兰开斯特之间以及各自阵营内部的"可怕"政治分裂如今已被两种不同臣服秩序的结合代替:一方面是臣民臣服于主权者,另一方面是他或她的言语臣服于上帝的"旨意"和"意志"。我们知道,理查的才智在于让第一个臣服秩序看起来是第二个的证据;而里奇蒙德现在试图让第二个秩序变成第一个的基础。"分裂"的结合"秩序"与对应的(如果确实对应的话)臣服形式之间的复杂调和,归根结底表征了一种文化机制,而凭借这种机制,神学—行政的主权观念开始慢慢向着政治—行政的领域迈进。

不过我们仍然无法确定这一"可怕的分裂"究竟有多尖锐。虽然里奇蒙德采用并展现给我们看的视角似乎没有那些对于主权的限制——在德里达所探讨的很多理论那里,这些限制都被看得非常严重,并且被严格排除在外——不过,里奇蒙德的台词里还是有很多地方表明,哪怕是在《理查三世》里设想的所谓"昌盛无已"的未来,主权的实施也将取决于种种分裂,其中每一处都可怕到有如约克和兰开斯特的最初分裂那样。让我回到里奇蒙德的"分裂"。我们迄今一直在讨论的晦涩而关键的句子——"在他们可怕的分裂中分裂"——含有第二层含义，即 *division* 一词更古老的、音乐中"高音部"的意思，即通过将长音符切分为短音符而实现旋律转换。[13]音程越短、旋律切分越多，则越好——某些非打击乐器和人声如果表演技艺越精湛，也越接近于模仿连续的、不切分的、平滑的转换。[14]国泰民安、年兆丰登、后嗣永享太平，这些"平滑"的面相不仅与理查满目疮痍的身体形成对照，而且象征着里奇蒙德那短暂的历史所具有的形态，"平滑"就体现在重新把"可怕的分裂"塑造为一种稳步前进的表述。回溯地看，"可怕的分裂"的创伤（或毋宁说是理查在英国历史上激起的分裂，也是里奇蒙德如今治愈了的分裂）"如今"仅仅是不同历史时期之间的一次"平稳"过渡，就像旋律中的不同音符一样。里奇蒙德的主权形式代替了理查的主权形式，但如果舍弃不加限制的分裂，或启示那不平滑的面相，里奇蒙德的主权形式就无法与理查的主权形式撇清干系。或许可以说，里奇蒙德的台词不仅可以看做是莎士比亚对事态的描述，而且可以视作有关"遗忘"的幻想或装置。我们必须在与内战所表征的"可怕的分裂"中"分离"——并且，这种分离必定既是新秩序的例证，但也**极端地**（*direly*）与"可怕的分裂"相"分离"：绝对地、毫不含糊地、无法弥合地分离。因为里奇蒙德的道德教导过程正是不平等的工具、令主权败坏的途径、令"公正"之物变得难堪的手段，因而这个过程必须被埋葬和遗忘——由此就为这出剧的危险性埋下伏笔，可以说随着该剧的演出，这一危险性也被搬上舞台。

如果里奇蒙德那兼具评论和启示意味的视角突然显得与理查的分裂难以分离，这部分是因为《理查三世》挪用了不同的习语和情境，多少折射出伊丽莎白统治期间文化生产领域中的"分裂"概念——宗教的、政治的、音乐的甚至教学的习语和情境，它们决定和多元决定着彼此，也决定了《理查三世》的结尾，由此极大程度上使我们的任务变得相当复杂：即将我们自己的时代和伊丽莎白时代结合起来，或将莎士比亚的时代与理查三世的时代结合起来。我已经指出，*division*[切分]一词在音乐上的含义或许使莎士比亚在戏剧结尾处对于政治分裂的理解更为复杂；简言之，这里[呈现在我们面前的]是*division*一词诸相关领域的素描。

显然，《理查三世》把"分裂"与政治继承权的中断这两者的文化上的结合写成了戏剧，而在无嗣的伊丽莎白晚年，尤其是挫败西班牙无敌舰队之后的几年里，政治继承权问题在英国法庭和大众文化领域内越发引人焦虑。[15]正如冈特的约翰（John of Gaunt）在《理查二世》里所说，莎士比亚对于"天堂代替者"的正当性的探讨——首先是对于夺权的理查和克劳狄、安吉洛、豪博斯[1]等替代者的探讨——其紧迫性相当程度上来自这些篡位者、代理人、代替者给平稳继承带来的威胁，既有谱系上的威胁，也有世间的（temporal）威胁。[16]里奇蒙德明显的天启语调具有策略意义——它强化了理查统治与动荡分裂之间的关系，这些如今都要按照里奇蒙德设想的启示秩序加以修复。

同样，[这些台词也]呼应着基督教教父学中对于*division*一词的义疏，后者将该观念联系到一种千禧年的预言语言上，联系到既成教会内部的教派分歧上，联系到政治裂隙上。这些注疏见于《但以理书》；莎士比亚在别处（如《威尼斯商人》）明确提到过但以理这个正义角色，他[如今]隐而不彰地处于里奇蒙德的"结合"背后；他所描述和设法将之弃诸英国身后的"可怕分裂"，令人想到但以理在伯沙撒的墙上和未来读出的分裂。[2] 神秘之手写在圣经墙上的最后一个字

---

1 Claudius是《哈姆雷特》中的国王，Angelo是《一报还一报》中的维也纳公爵，Hotspur诺森伯兰郡公爵亨利·佩西（Henry Percy）的外号，被莎士比亚写入《亨利四世》。
2 参见《旧约·但以理书》5：17以下。

Phares[1]意思就是*divisio*[分裂，分割]（例如，伊西多把*phares*的词源追溯到法利赛人[2]，而拉丁文定本《圣经》中也如此表述），或是不太常见的含义*fragmentum*（如在佩特鲁斯·柯梅斯特[3]那里）；在詹姆斯钦定本《圣经》中具体说道，伯沙撒王国"是分裂的，归于玛代人和波斯人"。更确切的是耶稣会领袖罗伯特·珀森斯（Robert Persons）[4]影响深远的论著《基督徒导引：通往拯救之路》（*A Christian Directorie Guiding Men to Their Saluation*，1585），其中明确指出但以理书中场景的教父学意义如何与那已然将珀森斯和许多其他英国耶稣会士驱逐出去的分裂相关联。（埃德蒙·坎皮恩[Edmund Campion][5]在1580年出版了《挑战枢密院》[*Challenge to the Privy Council*]，而1585年一项法令宣布所有设法进入英国的耶稣会士都是叛徒；珀森斯的传记作者轻描淡写地把这几年称作伊丽莎白治下对于天主教徒、尤其是耶稣会士的"令人沮丧的迫害年头"。[17]）在说道"巴比伦的巴尔萨泽国王在宴饮上享受着时光，突然在墙上看到了一些莫名出现的符号"并简要解释了三个令人费解的字之后，珀森斯宣称：

1　根据《旧约·创世纪》，法勒斯为Judah和Tamar之子，Zerah之兄，因争抢着先被生出来而得此名，意为分裂或破坏了母亲的子宫：

　　她玛将要生产，不料，她腹里是一对双生。

　　到生产的时候，一个孩子伸出一只手来，收生婆拿红线拴在他手上说："这是头生的。"

　　随后这孩子把手收回去，他哥哥生出来了。收生婆说："你为什么抢着来呢？"

　　（《创世纪》38：27—29，和合本译文）

2　Isidore of Seville（约570—636），西班牙基督教神学家、自然法学家，主教。由他编撰的《词源》一书是从以往各类拉丁文著作中摘录而成的百科全书。*Phares*一词见于《词源》VII. vi. 40："Perez（*Phares*），'分裂'：因为分裂了胞衣膜，他被取名为'分裂者'，也就是*phares*。对此也可见法利赛人，他们认为自己才是正直的人，从而把自己和其他民族的人分离开来，因而他们被称为'分裂出去的人'。"参见*The Etymologies of Isidore of Seville*, trans. Stephen A. Barney, W. J. Lewis, J. A. Beach, Oliver Berghof（Cambridge University Press: 2006），163。

3　Petrus Comestor是12世纪的法国神学家，著有*Historia Scholastica*等经文注疏。

4　Robert Persons（1546—1610），英国耶稣会士牧师。

5　Edmund Campion（1540—1581），英国罗马天主教徒、耶稣会牧师。

啊，天使在巴尔萨泽的墙上刻下了这三个金光闪闪、无比重要的字，重新标刻在基督王国的每一扇门窗上，或毋宁说刻在每个基督徒的心里……既然我们绝大多数行为都无足轻重，我们又能从中期待什么呢？（我说的是）这类人除了遭受巴尔萨泽那里最可怕的分裂威胁之外，还能期待什么呢？（或者还更糟糕——如果还有更糟糕的情况的话，也就是）被从上帝及其天使那里分离出去；从我们的救世主那里分离出去；从圣徒教派中分离出去；从我们继承的希望中分离出去；从我们的天堂和永恒生命中分离出去。在此，我们要听基督本人向粗心的仆人宣布的话：**这种仆人的主子将在他期待之外到来，在他无法逆料的时刻到来；将把他分配到（devide him out）伪善者那里——那里充满了哭泣和愤恨**。[18]

正如珀森斯所言，从"参与""教派""希望"和"永恒生命"中分离出去，这一"最可怕的分裂威胁"不仅将基督徒区别于非基督徒，而且代表了另一个同样尖锐的分裂：一方面是那些心里真正刻着但以理书中话语的基督徒，另一方面是那些比起他们应有的分量来"无足轻重"的基督徒；[也就是]罗马天主教教会与英国国教教会、改革派教会之间的分裂。在礼拜仪式上，这一区分进一步取决于另一种分裂，确切地说是取决于某些圣礼的**可分割性**——因为珀森斯描述的正是参与或分配圣餐。一个圣礼场景确乎宣告了君主制的复辟："对逃亡的士兵宣布赦免令"，里奇蒙德宣布道，"让他们前来归顺；/然后，我们既已向神明发过誓愿，/从此红、白玫瑰要合为一家。"[19]因此，托马斯·比尔森主教出版于1585年的《基督徒的归顺与非基督徒的反叛之间的真正差异》(*The True Difference Betweene Christian Subjection and Unchristian Rebellion*) 就认为，英国国教在圣餐仪式问题上的立场如下（这是就"圣餐仪式"一词最极端的意义上说的，[即把主持宗教仪式的职务分配给全体成员，事实上是普遍分配给所有信众）："我们的救世主并没有指定晚餐的具体时间和地点,而是指定了言辞和圣餐:命令我们去行他所行之事,去打破和给予,让所有人都可以分享一个面包;去将杯子分开,让所有人都可以喝。"[20]

"分离"的种种多元决定[因素]相当稠密,对此我们无需惊讶。拉康也已经注意到,对于教父学传统及其早期现代后继者们的解经来说,珀森斯注疏所涉及的但以理书中的场景(同样也是位于里奇蒙德的结尾台词背后的场景)发挥着类似于原初场景的作用。吉罗姆(Jerome)对但以理的著名疏解在这一点上就很明显:伯沙撒墙上的文字引起的"不仅是解读经文的需要,而且是阐释所读内容的需要,以便理解这些文字究竟在宣告什么"——《理查三世》结尾的主权表述也显然需要阐释。[21]里奇蒙德言语中稍显含混的地方——分割、双重的分割——横亘在通往主权的诸多理论道路上:在这里,我们既能看到政治主权与逻辑分割的阐释法则的主权相互对应,也能看到这种对应的不足。《理查三世》或里奇蒙德自己似乎为疲于战争的公众提供了调和"分裂"的方案,但无论是这种调和,还是"分裂"概念的话语规定性或多元规定性,都不是由某个明确的既成语词加以规范的:无论在神学设置上或是在实践推衍上,这出戏剧没有提供任何如此这般的公认法则或原则——据此读者或阐释者能够决定,对于主权者的臣服是否取决于主权者对于(无论是神圣的还是宪政的)"公平法则"的臣服,或是前者为后者提供正当性,抑或是两者毫无关系。

这个问题确实很关键,因为逻辑臣服和政治臣服之间的类比(如果这可以算是个类比的话)具有双重意义:阐释和论辩中遵循的法则,在理论和实践的意义上——在教学和概念的意义上——都从(一项)不可分割的法则的主权那里获得权威性,而我们现在知道,不可分割也就意味着无法阐释或无法分析。反过来说,政治主权在某种程度上从经院哲学遵从的规则——逻辑分割和分析的程序所依从的规则——那里获得其理论和实践上的权威性。因此也就产生了里奇蒙德话语中的奇怪而自返的重复；因此也就产生了我们在关于但以理之（分裂的）分裂的教父学注疏中碰到的分析和预测之间的层级变化："分割"是困境的同义词（例如，莎士比亚的读者和观众在里奇蒙德的台词里碰到的困境，或伯沙撒王室在神秘文字上碰到的困境），同样也是解决困境所需要的逻辑步骤的同义词——在同样的著作中，这种同义性并非不明显。

以乔治·阿伯特（George Abbot）[1]的《先知约拿疏证》(*An Exposition upon the Prophet Ionah*) 为例，阿伯特在讨论到海藻时说："大西洋的经验已经证实这一点，人们越洋去美洲时遇上了奇怪的困境（Dilemma）或分裂（Diuision），因为要么出现海藻无根存在的奇景，要么它们的根深深扎在水底，从自然天性来说，如此纤细的东西决然不能做到这一点。"[22]阿伯特进一步澄清道："在这种时候，我的职责是显示[诺亚的]拯救之道——我已经简明扼要写下来了：文字既不需要分割，也不需要很多阐释。"[23]或者再看看布伦戴维《逻辑的技艺》提出的问题："什么是分割？""分割就是把更一般的某个事情或语词分离或切分成其他不那么一般的语词和事物……当某个模棱两可或可疑的语词被切分为数个意指（significations），这就被称作对名字的分割。"往下：分割"帮助人们能够明白地进行定义，让复杂缠杂的事情变得简单、明白和确定"[24]。某个语词可以同时作为谓项和主语，可以同时被规定和规定其他语词，因而完全不具有同一性，暧昧地部分属于貌似的某个层级，可[似乎]也是那个层级的内在组成部分，等等——在里奇蒙德的话语中，及其背后那多元决定的文化语境中，这些看来属于逻辑缺陷的情形都变成了优势。正是分割的能动性而非其不可分割性，起到了将逻辑法则的规范与政治主权缝合在一起

1　George Abbot（1562—1633），坎特伯雷大主教，加尔文宗信徒。

的作用：不过，要想确定"能动性"属于哪类谓项，绝不比确定"分割"属于哪类主语或语词来得更容易。

能动性，或流放中的逻辑

罗伯特·珀森斯神父，这位我们在上文遇见过的人物、1585年《基督徒导引：通往拯救之路》的作者，一些年后匿名发表了题为《西班牙与荷兰的消息》(Newes from Spayne and Holland) 的报告，其中包括"西班牙的英国[宗教]事务以及随后在荷兰阿姆斯特丹召开的会议的消息"。这篇报告（珀森斯流亡时期作品之一）回应的是1588年西班牙无敌舰队覆灭之后英国对于国内天主教徒新的限制。它发表于1593年，几乎与《理查三世》修订版同时出版。《西班牙与荷兰的消息》写在无敌舰队灭亡以后，它关注这一事件的后果。英国的耶稣会教士团曾支持西班牙无敌舰队对英国的征伐，而珀森斯并没有向西班牙国王菲利普二世传达这种支持。这篇文献在对待历史、遗忘以及主权的不可分割性方面与《基督徒导引：通往拯救之路》完全不同。在《消息》中，珀森斯向一位并未透露其姓名的通信人详细讲述了自己最近从英格兰到荷兰、从荷兰南部到里斯本，随后穿越西班牙的旅途经历。他抓住这个机会描述了西班牙的英国[耶稣会]学院状况，并以富有魅力的偏袒态度谈到英国囚徒是如何开始支持天主教的。此外，珀森斯还传达出一种奇怪的、颠倒的圣母崇拜（Mariolatry），在他讨论伊丽莎白一世所颁布的英国及欧陆天主教政策的过程中，就充斥着这种崇拜。

《西班牙与荷兰的消息》是一篇极为奇怪的文献，其奇怪程度有点像鹰头马身兽——它是一篇旅行见闻讲演录、一次布道、一本政治和宗教小册子、一本老生常谈的书，一份学院督查的年鉴或报告。在它所涵盖的众多杂录（varia）中，《消息》还包含了以下两份文档的抄本：一是作者在大特克（Grand Turk）[1]写给伊丽莎白一世的信，二是作者在阿姆斯特丹会议上与"各位绅士、军官、学者等（他们来自英格兰、苏格兰、爱尔兰和法国，其中甚至有意大利人和丹麦人）"的争论，涉及"某些对于先前国家关系的考虑"。[25]我们可以在《消息》的核心部分看到一段不同寻常的讲述：珀森斯拜访塞维利亚新成立的耶稣会学院。为了使此种学院遍及欧洲，他曾出力甚多，这所便是其中之一。从里斯本出发、抵达塞维利亚之后，珀森斯告诉他想象中的通信人，他发现"最近出现了一个很好的英国神学院"。[26]当然，珀森斯说"发现"这一学院，是不真诚的——那是他承受了巨大痛苦才见证它的成立以及接受资助的。这所神学院——圣格雷戈里奥学院——被称为"de los ingleses"[英国式]，迄今为止，它是最少得到研究的西班牙耶稣会学院（瓦拉多利德[Valladolid]和马德里的耶稣会学院吸引了大部分人的注意力，这部分是因为它们的文献更完整地保存了下来，部分是因为"英国式学院"只存在了相当短的时间）。珀森斯的来访似乎是一次相当普通的拜访。他告诉他的读者，这所学院与以下事情相称，即"年轻人们定期在塞维利亚众多名流面前（既包括罗德里格的红衣主教、城市的首脑和贵族，也包括整所大学和当地神职人员面前），庆祝宗教节日和操练学问。"[27]在《消息》中，珀森斯曾描述了"坎特伯雷的圣托马斯"节，这一庆典在1592年12月29日举行（关于圣托马斯生平的拉丁语布道，随后还有英文布道以及对于圣托马斯殉难的说明，接着是第二次布道，用的是西班牙语，后一次布道没有被

---

1 大特克是特克斯和凯科斯群岛（Turks and Caicos Islands）的首府，曾是英国殖民地，加勒比海的一个岛屿。

记录下来，但是珀森斯告知读者，正是它"告诉人们如此多的英国人在那些日子里走出英格兰的理由"），在讲到某一点的时候，珀森斯停了下来，在他的读者面前宣布自己的忏悔，忏悔自己（几乎）忘记记录下这份"诚实的报告"（fayre paper），"它将把这一天置于英国学院，和众多诗歌以及博学的图案（divises）放在一起"。[28]这份"诚实的报告"再现了"英格兰的两位亨利王相互对立的行为[1]，它让我们看到了，国王亨利二世……处决了坎特伯雷的圣托马斯，而后悔改……以及国王亨利八世在圣托马斯去世百年之后重新来声讨后者，并且捣毁了他的埋葬之所"。[29]

这份"报告"到底是什么样子的——是大幅印张？其实并不十分清楚。它是另一首诗歌或另一种图案设计？还是带有相应文本的戏剧背景？但无论如何，这份报告是一个重要的时机，珀森斯在这里令人瞩目地展开了他关于政治主权起源的说明。它非同寻常地结合了描写绘画之诗（ecphrasis）[2]与论辩文、戏剧与建筑、布道与训诫——在《消息》这个类型异样的躯体内部，它也算得上是个怪物。珀森斯细致地描述了这份"诚实的报告"。他说自己相信"两位英格兰亨利王对于坎伯雷特的圣托马斯的迫害的表象"最近已经被"雕刻并印刷了出来"；或许为了加入一种轶闻性的写实色彩，珀森斯提请读者注意这一图案的颜色，注意这"一大幅画得极好"的、一大张对开纸上的

---

1 托马斯·贝克特是英王亨利二世的好友，英王曾任命他为坎特伯雷大主教，原本是指望他推动宗教团体归顺王室。但贝克特却声称他不再是国王的奴仆，而只听命于罗马教皇。亨利二世对此难以容忍，派人将他暗杀。贝克特殉难后，1173年被封为圣，称作圣托马斯，立即吸引大批教徒前来朝拜。亨利二世不得不于1174年到此忏悔，接受鞭挞和斥责后被赦免。1533年，亨利八世宣布与罗马教廷脱离，独树英国国教，其他教派深受打压。1539年3月，坎特伯雷大教堂被迫屈服于亨利八世。

2 诗歌中描写图画的技法或描绘图画的诗歌（ekphrasis、ecphrasis）这一术语源于希腊词根"ek"（out）和"phrasis"（speak）字面意思即"说出来"（speaking out）或"充分诉说"（telling in full）。在西方传统中，ekphrasis主要指一种描写绘画、雕塑或静物的诗歌体裁。

图像和文字的"排列"。在相关标题之下,这一图像展示了一种"对立",整个小册子都遵照这种对立:

> 右手边是全副武装的国王亨利二世,他愤怒地、有些吃惊地看着他面前的圣托马斯画像,画中的圣托马斯飞出来落到国王膝前。国王的头上写着"英格兰王亨利二世"(*Henricus Secundus Angliae Rex*),而在国王和圣托马斯之间写着"稍纵即逝的追随者"(*Persequitur vivum & fugientem*),亨利二世在有生之年追寻着从他手边飞走的圣托马斯。左边画的是国王亨利八世,肥胖的他显得恼怒异常,而圣托马斯就躺在他面前,后者带着荣耀的徽记。亨利八世的头上写着"英格兰亨利八世"(*Henricus octavus Angliae Rex*),而在国王和圣徒之间写着"死了的统治的追随者"(*Persequitur mortuum & regnantem*)。亨利八世追逐着的是死了的圣徒,那个在天堂释放光芒的圣托马斯。[30]

在诸圣徒节或其他节日上,假面戏剧和"事迹再现"(representation)以及神学院剧院不定期上演的节庆作品,对于整个西班牙乃至欧洲的神学院(绝非仅仅是耶稣会学院)来说——当然塞维利亚的学院并不例外——都是稀松平常的事儿。[31]比如,现存最有名的西班牙神学院剧院作品是*Tragoedia Divi Ermenegildi Regis*(《埃尔梅内希尔多王的双重悲剧》),或*Tragedia de San Hermenegildo*(《圣埃尔梅内希尔多的悲剧》)。"两次迫害"这出戏上演前两年,前者就在塞维利亚主要的耶稣会学院里演出过。"两次迫害"则被确立为或仅仅被设置为更广泛的节庆活动的组成部分——宣告圣格雷戈里奥学院(Colegio de San Gregorio)的开张。[32]画出的情节或"设计"作为背景、舞台设置,用以装饰演出大厅,大量庆典性的布道和辩论就在这里进行。《圣埃尔梅内希尔多的悲剧》这出戏就有这样的图画设计。据说,这出戏极为宏大漫长,色彩斑驳、夸饰招摇，带有壮观的三维布景装置。有些人会猜测，对于不那么富有的圣格雷戈奥学院开张庆典（它显得更加谦逊）来说，这些安排既是榜样，但也有些令人不快。

那份"报告"再现了"两次迫害"，珀森斯对它的说明在细节处显得一丝不苟，[哪怕]在运用曾经的空间语汇和公认的教育语汇时也十分精确。他告诉读者，"图案设计"依循一系列"层级"组织起来，这些等级表现了"事迹再现"开头所展现的小寓言。我们可以想象一种规模很大的图示性小说（graphic novel），由一系列依次组织起来的画片组成。

Ranck（层级）这个珀森斯用以说明"图案"构造的术语，在这儿显然意在唤起透视性的深度意味，同时期的舞台设置都在追求这一深度，众所周知，《圣埃尔梅内希尔多的悲剧》实现了这种深度。不过，这个词似乎碰到了一些麻烦，即在不破坏等级（ranks）这一点上碰到了麻烦——[不过]在一个如此类型混杂的文本出现这样的混杂[完全是情理之中]。同一时期的逻辑学论著也使用*Ranck*这个词，它是"种类""类"或"集合"的同义词，也用它来指明——在某些时候用以测绘——三段论的各个部分以及这些部分之间的关系和作用。拉尔夫·利弗（Ralph Lever）在1573年写了《论据的技艺，确切地说，智慧术》(*The Arte of Reason, Rightly Termed, Witcraft*)，我们在这本书里可以看到许多"新发明的奇怪的项"以及对之充满个性的语词表述（我们看到了以下新词的发明：*backset*指"谓项"、*saywhat*指"定义"、*storehouse*指"属性"、*seate*指"模态"[*modus*]），其中，*ranke*代替了*figura*，后者是经院哲学根据三段论的前提和结论来对三段论进行分类的术语。[33]因此，"外来的论据"（a reason in Barbara），经院逻辑图示（figure）的第一种（或用利弗的术语来说，"第一层级的第一模态中的一项论据"），"决定了第一项一般可以来判定第三项"。这种论据就是以此种方式得到再现的（在这里，字母"*a*"[一项]按照习惯用法代表一项普遍性肯定特质）。

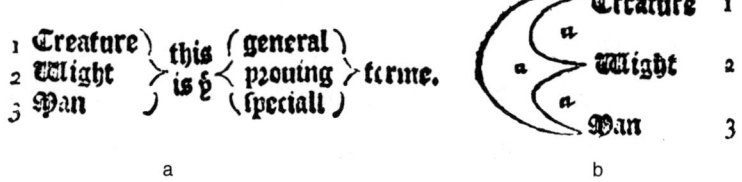

图4a—c　拉尔夫·利弗：《前提的技艺，确切地说，智慧术》（伦敦：1573），第114—115页。

利弗设想了三种"rankes"，它们以一般项（general）、校验项（proving）和特殊项（speical）的变换为基础；他的《智慧术》由此比经院哲学极为详尽的图示表要简明得多。这个图式的拓扑结构显然比这个图式的细节部分更为有趣。珀森斯对于"两次迫害"中事迹再现（representation）的"层级"说明也具有这一拓扑结构的怪异特征：由另两个半圆规定了基础的半圆，指明了包含（inclusion）或内在于（interiority）的空间关系。或许可以说，"生物"（Wights）包含在"所有造物"（creatures）的圆圈或集合之中，而人类包含在"生物"的集合中，因此，人也就包含在所有造物的集合之中。逻辑形式的空间表象的界限与利弗的前人——拉米斯逻辑学和亚里士多德逻辑学，以及英国的和欧陆的逻辑学——的界限一样明显。[34] 谓述的方向——"智慧术"的运动——及其性质（即它是何种谓述：a[一项、一个]，[意味着]"人类"或"生物"或"所有造物"一类中的所有成员），受到一种增补性的数字命理学（numerology）（1，2，3）控制，也受到词素的控制（"一项"代表"普遍性肯定特征"），这种数字命理学和词素并不来自图式本身，而是要求一种附加性、主权性的"层级"，这就仿佛是一种截然不同的秩序层级。

因此，如何视觉化这一附加的"层级"以及如何理解这一"层级"与控制它的图示之间的关系，不仅是逻辑报告的论辩主题——诸如雅克·勒斐弗尔（Jacques Lefevre）的《语法图表》（*Grammatographia*）或托马斯·穆尔纳（Thomas Murner）的《记忆术逻辑》（*Mnemonic Logic*）。这些问题还潜入了珀森斯反思的语言之中。他反思的是寓言性的"事迹再现"、戏剧中次要的视觉性描述的教育价值，以及他自己关于前两者的说明所具有的教育价值——他还反思了某种形式，即主权的再现在三个相关联的空间中所具有的形式："事迹再现"的空间、"一大幅画得极好"的图像的空间（戏剧就在这幅图像前上演），以及珀森斯自己的《消息》所构造的表层空间。"两次迫害"的第三种"层级"以此种方式继续推进："中间画的是伊丽莎白女王，她悲哀地看着这两个榜样，而她的头上写着 *Elizabetha Henricorum filia*（亨利的后裔伊丽莎白），因为她是两位亨利王的后裔。写在她下方的句子是 *E duobus elige*：从两者中间选择你所愿的一方。"[35]

这则小小的寓言的宗教—政治意义已经足够清晰。英国耶稣会学院的学者请求伊丽莎白选择自己的榜样，在她的父亲或她的直系先辈中作出选择（他们都与一段创伤性的历史相联系）——他们领会了伊丽莎白对于主权的正当要求，即逃脱这一抉择，这一决断。进言之，女王所面临的抉择不仅仅是两种处置国内天主教信徒的政策，也是两种处理历史的方式。一个为这一或那一过往的事件（比如说，处死圣托马斯）承担责任，为之悔改，并纪念它；另一个则重复已犯下的伤害，它想要抹除这种纪念。亨利八世那种骇人形象（即用"镐"挖掘托马斯骨头并且将之挫骨扬灰）代表了英国将这位圣徒从神圣地位上拉下来的努力，即抹除圣徒殉难和埋葬的历史——却同时也证明了某种掌控的存在，**即以坟墓现身**的过去对于当下的掌控。就像那些神学院的学者一样，我们也以为，珀森斯希望这份印刷出来的"报告"（涉及那一"再现"）或许将会产生一种效果，即向伊丽莎白所统治的英国社会传达"消息",或许他带有这种企图:使女王选择一个亨利而拒绝另一个,选择一种纪念形式而拒绝另一种,让她成为正当的主权者而非僭主。

然而,珀森斯的描偏离了这第三种"层级"。伊丽莎白如何看待"这两个榜样"?她是否在同一时间审视两个先辈?如何用"一大幅画得极好"的图像来再现这种场景?她是否依次审视了她的先辈?报告又是如何来再现这一点的呢?在1590年代早期,珀森斯的读者和圣格雷戈里奥学院的听众被引向了何种视景(vision)?在舞台上或在纸面上,任何一种**现实主义的**再现形式都不可能捕获这种分裂的视景以及分割了的决断;也没有一种常规逻辑,没有一种拓扑结构可以增补它。正如在利弗的《智慧术》中,一种增补性的词语和数字命理学被用来翻译难以再现的拓扑结构或语法图表(grammatography),用利弗绝妙的术语来说,即将之转译为一种模棱两可的现象学,从而逃离"对立",或如《消息》所言,选择"你所意愿的[一方]"。为了这一目的,珀森斯为这则寓言增加了第四个、结论性的"层级",仿佛他已意识到以下一点:无论那些将亨利八世拽入地狱并将亨利二世抬上天堂的群魔在视觉上具有多么沉重的分量,无论相关诠释如何在符号层面许诺了前者的受罚、后者的救赎,提供给伊丽莎白的决断还是会与天主教阵营作对——珀森斯还意识到,他所嵌入的"事迹再现"具有的论辩形态正在从自己的指尖滑落,脱离自己的掌控。在这第四个"层级"中,珀森斯为我们呈现了两个"穿着神学院袍子的英国学者,他们各自站在报告一边,将报告高高举起",每个人都在向伊丽莎白"诵读"(ottring)拉丁诗行,意在"解释它们在这一事迹再现中的意义"。总而言之,他们力劝伊丽莎白"跟从亨利二世这个榜样,同时为死去的亨利八世的罪孽进行忏悔"。这是常规做法,并不让人吃惊。这最后一个"层级"所提供的"解释"仿佛被用于划分、诠释或阐释珀森斯刚刚呈现给我们的那则寓言,它有助于读者和听众逃脱这个僵局——可怕的分裂（dire division）、国内冲突——纯粹"对立"的僵局，这一僵局指向神恩的结果（providential outcome）：决断（对于主权的正当要求可以建立在决断之上）、选择正确的谱系。这是如此寻常，以至于"再现"的结构（诠释随之而来）会被看做是同样应用于《消息》自身，即《消息》的第一部分、在分类上属于幻想性的部分后面紧跟着评论和阐释。然而，为了达成上述目的，珀森斯最后的层级完全走出了常规的空间：场景似乎突然间折入自身（fold in upon itself），分割自身，两个学者被描绘成站立在报告之中同时又外在于报告，他们紧紧抓着"那份报告"，不仅念着诗行而且意在"解释它们在这一事迹再现中的意义"——在这里，"它们的意义"隐晦地指向诗行本身（为何需要去解释、诠释或"划分"它们在事迹再现中[报告中]的意义？这些诗行当然意在解释这种再现，正如布伦戴维的《逻辑学》所表达的那样，划分词语——抑或是这些学者对于他们关于再现的解释没有把握，因此他们必须解释他们自己的解释？划分已有的划分？），也指向学者（如果这些学者既外在又内在于再现，他们在事迹再现中的"意义"当然需要解释——但是他们的意义根本不可能由这样一种解释来廓清：解释的对象自身是不清晰的），最后还极为隐晦地指向两位亨利的形象（到这个时候，他们已经无需过多解释）。

　　凭借这最后的奇怪形象——学者既内在又外在于他们所解释的文本，如果这就是他们的诗行所做的事，那么他们同时也是既内在又外在于自己的历史，这些学者在行动[即用拉丁诗行来解释]与举起关乎他们行动的再现[即报告]之间作出了划分——凭借这一最后的"层级"，珀森斯完成了许多事情。举例来说，他为那一奇怪的情境——"如此多的英国人在那些日子里走出英格兰"——为耶稣会学院的学者和自己提供了一种移动性的类比：流放，即不是全然外在于英国本身（他们依旧是"英国人"）但是无法回到英格兰，全然外在于主权——外在于"国家"这一官方概念。珀森斯几乎忘记告诉我们的小故事，也是一个关于记忆形式的故事——回忆那片土地（自己就是从那儿被放逐的），当然，也是为一种回忆（亨利）压过另一种回忆（亨利）来辩护。不过，这也是一个关于记忆之难度的故事，这是一种双重的困难：一方面是不可能同时关注两种回忆，仿佛两位亨利间的"对立"要求两种不同的意识；另一方面是"解释"的增补，这种解释意在证明一种记忆相对于另一种的优越性，它会将这种优越性视为一种宰制，一种控制，一种主权性的比喻，一种适合模仿的模型。珀森斯还为关于再现的解释提供了同一种复杂的逻辑位置：既内在又外在，既是元话语的一部分同时又是"事迹再现"的对象话语的一部分。

珀森斯传达出了一种历史悖论，这一悖论随同主权理论出现，而主权理论是以例外性的决断、决断的理想时刻为基础的。他的《消息》正如里奇蒙德复杂的闭合性言语行为一样，试图表明主权是一种派生性的概念；表明这一在逻辑上可分类的主权许可一种可分割性的形式，这一可分割形式不会回归等级（它不会嵌入一种非派生的瞬间：它是或者说可以是，彻底的共和式的瞬间）；这篇文章也试图勾勒这一可分割的主权的问题性（aporetics）。《理查三世》必胜主义的结论将这一主权的彻底历史化嵌入在此种分割之中，里奇蒙德的词汇在谈及理查的例子时就动用了这种分割，珀森斯则将主权的派生性嵌入关于悖论性时间拓扑结构的说明之中，这种拓扑结构联结了再现与解释（如果在再现与解释之间不存在类属的划分，那么解释又是如何绝对优先于父亲的重现或对于父亲的回忆的呢？），联结了例子与典范（exemplum），事迹再现的内部与外部。《消息》在概念上和时间上都无法认可一方相对于另一方的特权。对于珀森斯来说，当伊丽莎白悲痛地、以一种不可能的方式被动地凝视着自己的父辈、自己的历史时——这种凝视既是同时性的又是相继性的，她的主权真正得到了施展。在1592年，她所拥有的主权是无法选择的主权，指向无法选择的支配权，它栖居在可怕的分裂之中。主权的徽记是双头君主的图案，在两位父亲之间进行划分，每一方企图从他的孩子那里求得爱、求得她的义务，求得自己幻想性的但却是必要的整一性。双面双首的主权者面对着一种可分割的但却是可分享的形象，这一形象的整一性在君主独一的躯体中重生了。《消息》提出了流放者的替代方案：取代了伊丽莎白的结构性被动，它是分割的激化，是主权的彻底划分。珀森斯告诉自己的读者，主权的划分不能仅仅看成是完整的属性或实体的分割，即在项或主体的构成性种类中来划分属性或实体：用布伦戴维的话说，主权的"可分享的不可分割性"不是同一逻辑"层级"之中、"自我相似性"的项所构成的类之中的谓项、不可分割性的分割。珀森斯的《消息》的第四个"层级"，这个外在于同时又内在于他所给出的表象的层级，分割了它所再现的分割，这种等级（rank）给出了可分割的主权的法勒斯徽记：折入并且贯穿了层级的层级，制约主体的属性以及这种阐释——阐释的对象、增补性的词汇、历史以及控制思维运动的数字命理学使这些阐释嵌入同时又将之逐出思维的"自我相似性"。简言之，世俗化的、移动的、不完整的，同时又是激进共和主义的主权想象出现了。

注释

[1] Nancy Fraser, "Distorted Beyond All Recognition", in Nancy Fraser and Alex Honneth, *Redistribution or Recognition?* 202.

[2] 尤其见Carl Schmitt, *Political Theology: Four Chapters on the Concept of Sovereignty*, trans. George Schwab (Cambridge: MIT Press, 1985), 36, 亦见Schmitt, *The Concept of the Political*, trans. George Schwab (Chicago: University of

Chicago Press, 1996), 66—67及以下, 施米特在这里讨论了启蒙运动后期对马基雅维里的复兴, 尤其是克伦威尔对西班牙的厌恶, 被施米特看做是"政治性核心"的标志性例证, 即"具体明确地将敌人辨识为敌人"。(67)

[3] Jean Bodin, *The Six Books of a Commonweale*, trans. Richard Knolles (London：G. Bishop, 1606), 85. 法文本可参考Jean Bodin, *Les six livres de la ré publique de I Bodin*（Lyon：Jean de Tournes, 1579）.

[4] Ibid., 71.博丹对该问题的详细讨论见于第一卷第九章。

[5] Ibid., 89.

[6] Jacques Derrida, *Rogues*：*Two Essays on Reason*, trans. Pascale-Anne Brault and Michael Naas（Stanford：Stanford University Press, 2005）, 101.我对英译文稍微作了些调整：Naas将"Une souveraineté pure est indivisible ou elle n'est pas"译为"一个纯粹的主权是不可分割的, 或者它什么也不是", 而我保留了德里达更浓缩的句法, 显示他反唯名论的表述*est/n'est pas*（是/不是）。

[7] 德里达整部《无赖》都在与南希的《自由经验》（*The Experience of Freedom*, trans. Bridget MacDonald [Stanford：Stanford University Press, 1994]）对话, 其论辩更加针对南希的《非功效的共同体》（ed. Peter Connor, trans. Peter Connor et al. [Minneapolis：University of Minnesota Press, 1991]）。南希的译者多少有些奇怪地提到"inoperative"的译法不太妥当, 但又认为它比"unworking"和"uneventful"更好, 理由见p.156。

[8] Boethius, *Interpretatio Posteriorum analyticorum Aristotelis*, PL 64, I.4, 716C to 717D.16世纪晚期的牛津逻辑学家（如Griffith Powell等学者）步步紧跟波爱修斯对于《后解释篇》的阐释。比较Griffith Powell的*Analysis Analyticorum Posteriorum*（Oxford：Joseph Barnes, 1594), 36—37, 以及对于*de omni*, *per se*, 和*universale*这些不同谓项的经院哲学讨论, 39—40.

[9] Thomas Blundeville, *The Art of Logike*（London：John Windet, 1599), 11.

[10] 我用的是Antony Hammond的版本：William Shakespeare, *King Richard III*（London：Arden, 1981）。在必要的时候, 我区分了对开本和四开本的不同。

最重要的差别是以下几行：对开本中是"O now let *Richmond* and *Elizabeth*,/The true succeeders of each royal House, /By God's fair ordinance conjoin together,/And let thy Heires（God if thy will be so）/Enrich the time to come"，这几句话在四开本中是"And let their heires（God if thy will be so）/Enrich the time to come with smooth-faste peace."Hammond和大多数编者很合理地遵照四开本的行文，不过这种读法可能太过迅速地解决了里奇蒙德的对话者的问题。参考J. Dover Wilson版的*Richard III*（Cambridge：Cambridge University Press，1954），在第258页提到了对开本编者的粗心大意。

[11] William Shakespeare，*The Tragedy of Richard the Third*，in *The Norton Shakespeare*，ed. Stephen Greenblatt，Walter Cohen，Jean E. Howard，and Katharine Eisaman Maus（New York：Norton，1997），595.

[12] Robert Weimann的观点值得关注，他认为里奇蒙德"尾声式的演说惊人地将'红白玫瑰'的最终统一调置为伊丽莎白在这一结合中得到的成果。这番演讲预示着'年兆丰登，昌盛无已'，毅然决然地将'使得约克和兰开斯特两王族彼此分裂/重新在可怕的分裂中结合'（27—28）的内战抛入历史尘埃——吸取未来的教训"。（"Thresholds to Memory and Commodity in Shakespeare's Endings"，*Representations* 53 [Winter，1996]：8—9.）

[13] "分割"的政治含义和音乐含义之间的联系不算太夸张。埃德蒙在《李尔王》中有很多处涉及分割观念的变调，其中一处就涉及了这一联系："一说起他，他就来了，正像旧式喜剧里的大团圆一样；我现在必须装出一副忧愁煞人的样子，像疯子一般长吁短叹。唉！这些日蚀月蚀果然预兆着人世的纷争！法——索——拉——咪。"（1.2）可能最著名的是《罗密欧与朱丽叶》中朱丽叶的台词（3.5.27—30）："那唱得这样刺耳、嘶着粗涩的噪声和讨厌的锐音的，/正是天际的云雀。/有人说云雀会发出千变万化的甜蜜的歌声，/这句话一点不对，因为它只使我们彼此分离……"（*William Shakespeare：The Complete Works*，ed. StanleyWells and Gary Taylor [Oxford：Oxford University Press，1988]，356.）

[14]《亨利四世》中的莫提梅（Mortimer）如是说（3.1.203—6）："你的妙舌／使威尔士语仿佛就像一位美貌的女王／在夏日的园亭里弹弄丝弦，／用抑扬婉转的音调，歌唱着辞藻雅丽的小曲一般美妙动听。"(*The History of Henry the Fourth [1 Henry IV]*, in *William Shakespeare：The Complete Works*, ed. Wells and Taylor, 469.)

[15] 对于伊丽莎白时期的文化研究不可避免地要关注继承权问题，而这一问题又处于对当时性别焦虑之研究的交叉点上，都是严格意义上的政治问题，并且涉及伊丽莎白本人的代表（以及可代表性）问题。这么说或许不算太离题：新历史主义在1980年代出现并成型，某种程度上是因为既有的历史学显然未能处理有关继承权和分裂威胁的英国文化焦虑问题。众所周知，培根曾宣称"伊丽莎白女王……打一开始就定下了不准谈论继承权的基本原则。这不仅是国家秘密，而且受到严格的法律限制，没人能对此妄加议论。"这可能就是为什么（举一个例子）英国耶稣会使命的集大成者威廉·阿伦（William Allen）在其1595年的《论下一次继承》(A Conference about the Next Succession) 开篇给出了一个英国以外的"论辩"："不久以前（我说的是93年四月和五月的时候）在荷兰阿姆斯特丹，我遇到了一些各国贤良之士，品质和性情各不相同……那时每天从英国传来的告示给了人们议论英国国事的机会，他们对同一件事各自持不同看法；但最为人广泛而热烈地讨论的问题，还数王位的继承和竞争。"(Antwerp, 1595, n.p.)

[16]《理查二世》(1.2.37—41)："冈特：这一场血案应该由上帝解决，因为促成他的死亡的祸首是上帝的代理人，一个受到圣恩膏沐的君主；要是他死非其罪，让上天平反他的冤屈吧，我是不能向上帝的使者举起愤怒的手臂来的。"(*The Tragedy of King Richard the Second*, in *William Shakespeare：The Complete Works*, ed.Wells and Taylor, 371.)

[17] Francis Edwards, *The Biography of Robert Persons, Elizabethan Jesuit, 1546—1610* (St. Louis, Mo.：The Institute for Jesuit Studies, 1995), 114.

[18] Robert Persons, *A Christian Directorie Guiding Men to Their Saluation* (Robert Persons's *First Booke of the Christian Exercise*的第二版) (Rouen：printed at Fr.

Persons's press, 1585), 129—130. 当时对但以理书最完整的解释是 Andrew Willet 的巨作 *Hexapla in Danielem, That Is, a Six-fold Commentarie vpon the Most Diuine Prophesie of Daniel* (Cambridge: printed for Leonard Greene, 1610)。Willet 对"法勒斯"的讨论以命题方式出现:"虽然写在墙上的字是 *pharsin*, 以复数出现, 但它们却是分裂的, 在这里以单数出现, [意味着]他已经是分裂的了, 因而单复数无甚差别, 都表达了使一方从属于另一方的诸种原因。""这一观察的道德运用或道德引申"总结如下:"分裂意味着地狱的惩罚, 恶人和堕落者在那里将永世遭受从上帝之在场中分离出去之苦——Perer。"(161) 詹姆士钦定本经文如下:

> Then was the part of the hand sent from him; and this writing was written. And this *is* the writing that was written, mene, mene, tekel, uphar'sin. This *is* the interpretation of the thing: mene; God hath numbered thy kingdom, and finished it. tekel; Thou art weighed in the balances, and art found wanting. peres; Thy kingdom is divided, and given to the Medes and Persians. Then commanded Belshaz'zar, and they clothed Daniel with scarlet, and *put* a chain of gold about his neck, and made a proclamation concerning him, that he should be the third ruler in the kingdom. In that night was Belshaz'zar the king of the Chaldeans slain. And Darius the Median took the kingdom, *being* about threescore and two years old. (Daniel, 5:24—531)
>
> [因此从神那里显出指头来写这文字。所写的文字是, 弥尼, 提客勒, 乌法珥新。讲解是这样, 弥尼, 就是神已经数算你国的年日到此完毕。提客勒, 就是你被称在天平里, 显出你的亏欠。毗勒斯(与乌法珥新同义), 就是你的国分裂, 归与玛代人和波斯人。伯沙撒下令, 人就把紫袍给但以理穿上, 把金链给他戴在颈项上, 又传令使他在国中位列第三。当夜, 迦勒底王伯沙撒被杀。玛代人大利乌年六十二岁, 取了迦勒底国。(中译根据和合本译文——译注)]

可以理解，对于莎士比亚笔下的但以理形象的讨论多集中于《威尼斯商人》。最近的研究可见Thomas H. Luxon, "A Second Daniel: The Jew and the 'True Jew' in *The Merchant of Venice*", *Early Modern Literary Studies* 4, no. 3 (January 1999): 3, 1—37。Luxon简要梳理了研究文献，指出"这出剧通过呈现出伪装伯沙撒的鲍西娅，削弱或修正了夏洛克对但以理的呼召"，并挑衅性地认为"这出剧告诉我们，真正的犹太人、**与以色列人相对峙的犹太人**，乃是基督徒"——对于莎士比亚来说，这些"真正的"基督教犹太人与但以理的形象休戚相关。

[19] 最近有关这一时期圣餐仪式的象征价值的综述性讨论，见Lee PalmerWandel, *The Eucharist in the Reformation: Incarnation and Liturgy* (Cambridge: Cambridge University Press, 2006)。

[20] Thomas Bilson, *The True Difference Betweene Christian Subiection and Unchristian Rebellion* (Oxford: printed by Ioseph Barnes, printer to the Vniuersitie, 1585), 27.

[21] Isidore of Seville, *Etymologiarum sive Originum*, bk. 7, 40:

Phares divisio, ab eo quod diviserit membranula secundarum, divisoris, id est phares, sortitus est nomen. Unde et Pharisaei, qui se quasi iustos a populo separabant, divisi appellabantur.
[中译文见译者脚注。——译注]

"你的国分裂，归与玛代人和波斯人"，或不如说你的国已经崩塌了，因为"法勒斯"意指碎片。(Petrus Comestor, *Historia scholastica*; PL 198)

拉康在讨论"艾玛注射之梦"时说道："在言语的骚动背后以粗体印现的字，如圣经中的弥尼、提客勒、乌法珥新，就是三甲胺的表达式。"(*The Seminar of Jacques Lacan, Book II: The Ego in Freud's Theory*, ed. Jacques-Alain Miller, trans. Sylvana Tomaselli [New York: Norton, 1991], 158)

[22] George Abbot, *An Exposition vpon the Prophet Ionah* (Oxford, 1600), 251.

[23] Ibid., 314.

[24] Thomas Blundeville, *The Art of Logike*, 51 and 54. 布伦戴维所举的分裂名字的例子值得注意。他继续说道："要是一个人被冠以狼这个名字，一种四

足野兽被冠以这个名字、一种肉食动物被冠以这个名字、某种鱼被冠以这个名字，要是都叫做狼：为避免那屡次导致重大错误的言语混淆，何种区分或分割是必须的呢？"

[25] Robert Persons, *News from Spayne and Holland Conteyning An Information of Inglish Afffayres in Spayne with a Conference Made Thereupon in Amsterdame of Holland. Written by a gentleman trauelour borne in the low countries, and brought vp from a child in Ingland, voto a gentleman his friend and oste in Lond*（Antwep：A. Conincx, 1593），21[]．

[26] Ibid., 3.

[27] Ibid., 4.

[28] Ibid., 11^{r}—11^{v}．

[29] Ibid., 11^{v}．

[30] Ibid., 12^{r}．

[31] 在圣格雷戈里奥学院里，有些上演的戏剧作品涉及英国主题（诸如"两次迫害"或1595年的*Anglia lapsa resurgens*），有些则无。1596年以来*Annuae Litterae Societatis lesu*记录了1595年的圣格雷戈里奥学院圣诞节庆活动：倾听圣诞颂歌，随后是开放日。"他们用不同的歌曲来庆祝基督诞辰，还做了一个主在伯利恒的诞生之所——马槽——的类似物：人们蜂拥而至，为的就是一睹其貌。"（476）在1595年的*Annuae Litterae Societatis lesu*里可以看到关于*Anglia lapsa resurgens*这出戏的描述（见Martin Murphy, *St. Gregory's College, Seville,1592—1767*, The Catholic Record Society, vol.73[Southampton:Hobbs, 1992], 123）。

[32] 特别参看Jesus Menendez Pelaez, *Los Jesuitas y el teatro en el Siglo de Org*（Giljon：Universidad de Ovidedo, 1997）。关于该悲剧第一次上演的日期，没有什么争议。因为有1590—1591的记录来确认。Julio Alonso Asenjo编辑的版本十分出色，它汇集了大量文献档案足以来呈现那些年在塞维利亚所上演的更广泛的*teatro escolar*（学院剧）。参看其*La 'Tragedia de San Hermenegilod' y otras obras del teatro espanol de colegio*（Valencia：Universidad de Valencia, 1995）。

[33] Ralph Lever, *The Arte of Reason, Rightly Termed, Witcraft*（London：H.

Bynneman，1573），105—107. Lever将"依据规则的论据形式"描述如下：

> 现在，至于安排项的位置，要根据这些层级……因此，层级告诉我们，项被设置在每一是非句中。
>
> 8.层级（ranke）是一列位置，告诉我们在每一论据的是非句中三项的位置是什么……
>
> 11.第一个层级是一个列——如果那些位置将验证项放置在一般项和特殊项中间，如此一来，它就在一般项之下，在特殊项之上。
>
> 12.第二个层级将验证项放置在一般项和特殊项之上，因此它可以判定后两者。
>
> 13.第三个层级将验证项放置在两者之下，因此后者可以一起来判定前者。

[34] 经典性的考察是Walter J. Ong权威性的 *Ramus*, *Method and the Decay of Dialogue*（Cambridge：Havard University Press，1958），特别是第四章"The Distant Background：Scholasticism and the Quantification of Thought"。

[35] Persons, *News*, 12^v.

[第三章]
主权的逻辑

> 然后堂吉诃德近前去说:"你是能回答问题的,请问,我在蒙德西诺斯地洞里那段故事,是真的还是做梦?我侍从桑丘答应的那些鞭子,靠得住吗?杜尔西内娅能摆脱魔缠吗?"回答说:"地洞里的事很难说,也有真,也有梦。"
>
> ——米盖尔·德·塞万提斯:《堂吉诃德》,卷二,62章[1]

> 倘使你想预测你朋友钱袋中的硬币数量,你必须运用这项技艺。
>
> ——Juan Martínez Silíceo, Arithmetica Ioannis Martini, Scilicei, in theoricen et praxim scissa(1519)

---

[1] 引文根据杨绛译文(人民文学出版社1987年版);作者原文误引为72章,兹据引文出处改正。

一群人进入了一个禁止入内的著名洞穴，它位于山上某个城市的某座塔楼（或是一座教堂？一个楼房？）的地下室内。时间：1546年某个时候。新的统治者派了探险者前去寻找什么——大概是财宝。他们被告知"在洞穴里你们会找到些什么的"。他们过了很久回到地面，恐惧不已而又两手空空，对于在地下看到的东西，众人给出的解释光怪陆离、彼此矛盾：巨大的洞穴、活的雕像、河流、神秘的狂风。他们中的很多人不久就死了。洞穴被那个派他们前往勘探的强大统治者封锁起来，永远不再打开。这个统治者而后以其残暴和慷慨闻名于世。

毫无疑问，一堆神话。甚至由此引发的问题看起来也很陈旧：他们根据何种权力而被派遣？他们发现了承诺的（或仅仅是提及的）财宝没有——他们被告知去寻找，还是被告诫说他们是找不到的？何种承诺（或威胁，命令）带他们走下洞穴？他们在那里看到了什么？就我在这一章呈现给你们看的版本而言，这则故事还为一种相当有影响力的现代性论述奠定了基础——根据这种论述，世俗的政治概念微妙地发端于早期现代，就它们的历史基础而言，它们是在神学的意义上被想象的，而且与一种新的对于恐怖经验的概念化方式休戚相关。主权，尤其是主权时代或主权诸时代，是我在这一章中的主题；我将要作的论辩和将要讲述的故事，关心的不只是现代主权得以奠定的逻辑基础——其分割性或不可分割性、拓扑学和地形学——而且包括如下问题：历史地说，现代主权何时出现，我们何时（在什么时刻）可以指出"那个时刻"。我把主权逻辑、一种我们将试着称之为"恐怖"的经验、主权的世间条件和视野（temporal conditions and horizons），和我们的认识条件或规定条件都联系起来，以便在此——在这一点上——定位、定义或描述现代主权观念。

就像我在思考罗伯特·皮尔逊关于"可分割性主权"的奇怪观念时那样，我将把相当的论述分量放在一个词上，即**现代**这个具有历史分期作用的术语。显然我再次呼应了施米特的简练观察："现代国家理论的所有重要概念，都是世俗化了的神学概念。"[1]但有一点不同。我们某种意义上都是施米特主义者——某种意义上我们都生活在他所描述的现代性中（对于他所描述的现代性，人们聚讼纷纭）——由此可以说，在涉及主权和现代性的时间和边界的问题上，我们都是唯名论者：我们认为现代性的所有重要概念都是广义上的世俗化神学概念，是涤荡在现代化、启蒙、偶然性之"散文气"冲刷下的神话的和神圣的、启示的或普遍历史的遗留物：胡塞尔会说"除魅"（disenchanted）。由此引申出三个推论：第一，代表、标示或规制"神学"边界的种种概念——例如，涉及各个有着不同历史、真理主张、实践的邻近学科——同样也是现代国家理论的边界概念（limit-concepts）。第二，反之亦然，表征或标示现代国家理论的种种概念——例如涉及经济学、社会学、人类学等相关学科——同样也是神学的边界概念。最后，当我们的现代性搜寻其历史先驱，或试图在历史中（这个"历史"也是由现代性形成的，或是它为自己找到的）、并且通过这一历史，来辨认自身的时候，这些自返性的（reflexive）边界概念便至关重要。

我们要讲述的故事关系到一个"交互边界"，神学、现代国家理论和世俗化历史撰写在一个特别复杂的逻辑问题和与其相关的结果中，找到了这个边界。从由那位我想象出来的主权者口中说出来的话出发（告诉他的侍从"在这个洞穴中你们会发现一些东西，要么是财宝，要么是没有财宝"），显然我谈论的是"未来偶然性"问题。这个拗口的名字涉及一个棘手问题，类似于迈克尔·伍德最近在《通往德尔菲之路》(*Road to Delphi*) [2] 中研究的神谕或预言。但我不想冒险定义什么是未来偶然性命题。不过要指出的是，主权者不是一位先知或神使：当他说"在这个洞穴中你们会发现一些东西"时，他所做的事情和皮提娅在德尔菲神庙中所做的完全不同——在后一个场景中，另一位旅人会听到"在十字路口你将杀死一个人"之类的话。同样，这位主权者所做的和逻辑学家或哲学家所做的也完全不同，后者说出相同的话或许是为了拿它当某类麻烦的中立性（truth-neutral）命题的例证："在这个洞穴中你们会发现一些东西"或"明天将有一场海战"。这位主权者所做的不同于猜测或预言，譬如本章题记中的学生说的那样："邻居的钱袋里有多少硬币。"最后，他的行为也不同于基督告诉彼得："你要三次不认我。"

那么确切地说，差别在哪里？可能这位主权者不需要承诺或给出例证。他也不需要某种方法、一整套算数理论来进行认知或预测。（毕竟方法能被广泛教授。）当他说"去洞穴"，他不需要解释原因（"我想要你们将会发现的财宝"或"我想要证伪那个关于财宝的传说"），也不需要告诉他的臣民自己如何知道地下——大地的"钱袋"里——藏着什么。使他成为主权者的恰恰是他守卫着、并且由这一守卫而被视作拥有（就像人们拥有财宝那样）一种让解释变得不必要的东西。人们或许可以说，李尔王通过公开分割而挥霍掉的正是**这个**财富：他的命令背后蕴含着想要对需求作出理性论述（2.2.439）的品性，而这一品性在其女儿们那里、乃至在他的王国内广泛滋长，由戏剧开始时的效忠仪式行为所翻耕的大地为其提供土壤，而这些仪式行为也揭示了其主权决断——"表达[他的]更黑暗的目的"（1.1.36）[3]——的公开逻辑。莎士比亚似乎表明，疯狂便存在于这些举止中——对于国家的疯狂和对于王位的疯狂。主权者珍视自己的"更黑暗的目的"，并且不允许也不需要其动机的幽暗洞穴被人窥探。在我的故事里，疯狂存在于楼房、塔楼、教堂或山丘底下的洞穴内——或者说，无论如何，疯狂的种种原因看起来存在于那里。在有关那次倒霉的探险的种种谵语连篇、莫衷一是的说法和主权者的承诺、命令、命题之间，存在着什么样的关系？

在这个事件中有一些论断有待证明。未来偶然性问题构成了哲学、神学，以及政治话语之间的边界——或者我应该说，**一个**边界。在施米特认定为对于神学概念世俗化至关重要的时期：早期现代性的时期，这一边界相当明显地、决定性地发生了扭转。

我这个关于洞穴和财宝的故事，其当下形式可以在阿甘本所给出的有关主权权力的定义中找到。眼下值得注意的有两点：第一，这一"定义"的作用是界定施米特意义上的现代性时期，欧洲公法时期，它大致开始于早期现代，而**如今**——在施米特和阿甘本的时代划分上，这个"如今"大致始于第一次世界大战结束——这个时期正让位于一种新的大地法。第二，阿甘本的定义和我的洞穴和财宝故事一样，形式诡异——两者都关注一种不确定的拓扑学。阿甘本的定义如下：

> 自然状态和例外状态只是一种单一地形学过程的两面，在这个过程中，过去被认定是外在的东西（自然状态）如今（作为例外状态）重新出现[*ricompare ora*]于内部，像在莫比乌斯带或莱顿瓶中那样，主权权力就是这一[*questa*]不可能性：不可能区分内在与外在、自然与例外、**自然**（*physis*）与**法**（*nomos*）。由此，例外状态与其说是时间和空间上的悬置，不如说是一种复杂的拓扑学构形，不仅例外和常规在其中彼此穿越，自然状态和法[*diritto*]、外在和内在，也是如此。[4]

我会回到这个"复杂的拓扑学构形"或"单一地形学过程"或"无区分的拓扑学地带[*zona topologica di indistinzione*]"上来；但眼下我们要

记住的是下述尚未证明的论断：阿甘本的这个地带是从"未来偶然性"的经典问题上继承而来的。

阿甘本试图为主权权力下定义的姿态在我看来并不太令人满意，而在他的近作中所能找到的充分发展的定义（无论添加了多少细节和历史的精确性），仍然保持着相同的语词和结构。[5]《牲人》[1]成为一部有关治理术和经济（取其非常特殊的意思）之间关系的著作，但它最初探讨的是定义问题，即定义我们继承自希腊而来的生命——并且它的出发点是下述两者的关系问题：一方面是两种表示"生命"的术语（*bios*和*zoe*[2]），另一方面是每个术语在某些时期和为了某些目的而指涉的意义范围和用法。由此，人们可以正当地问，阿甘本是否对"主权权力"有个一贯的定义？一旦这样追问，就会发现在他那里不但有很多不同的定义，而且更重要的是，定义的语词和哲学过程（lexical-philosophic process）和主权权力概念之间的关系也是很犹疑的。这不是新鲜事。众所周知，作为阿甘本在权力问题上的主要对话者，福柯拒绝为"权力"作出明晰的定义；他称之为"权力分析"（与诸如权力"理论"之类的相对）的是针对某个特定时刻的权力运用事例作出说明，根据某些条件且出于某些目的而将这些事例在语词和谱系学的

---

1 Homo Sacer一书的中文译名争议很大，众所周知阿甘本用它指涉一种具有神圣性而又能够被不触犯任何法律地杀死的身份，所以有主张译为《神圣人》的。暂取《牲人》这一更常见的译法。

2 "*zoe*指的是一切生命存在（动物、人或神）共同拥有'存活'这一简单事实，而*bios*指的是特属于某一个体或群体的生活方式或形式。当柏拉图在《斐勒布》中谈到三类生命，当亚里士多德在《尼各马可伦理学》里将哲人的沉思生活区别于享乐生活和政治生活时，他们都不会使用*zoe*一词（很重要的是，该词在希腊文中没有复数形式）。这是因为，对柏拉图和亚里士多德来说，重要的根本不是单纯的自然生命，而是一种经过限定的特殊生命或生活方式。诚然，亚里士多德谈到过上帝的'高贵而永恒的生命（*zoe*）'，但他这么说仅仅是为了强调一个关键真理：上帝也是一个活的生命（类似的，亚里士多德在相同语境中——出于同样有意义的方式——使用*zoe*一词来定义思考行为）。但如若说雅典公民的政治*zoe*，就毫无意义。"参见阿甘本：《牲人》，第1页。

意义上进行归类。经过修正的唯名论使福柯得以运用"**权力**"一词而不必暗示"权力"作为一种现存实体或实质性事物的存在（不论是在超历史的意义上、普遍性的意义上，还是在理念的意义上）。比较一下这类出现于《性经验史》中的著名论断：权力是"人们给予特殊社会中的特殊策略情境的名称"；[6] 又或是："权力意味着诸关系，一簇或多或少经过组织的、等级性的、协调的关系"；权力是"一个开放的、或多或少经过协调的（当然，归根结底是协调得很糟糕的）关系簇"。[7] 这类表述与其说是定义，不如说是在描述或定位（即"给予"或"指涉"的行为）一个由某人在某些条件下、位于某些时刻（在某个特殊社会中）、根据不同的策略情境所恰当实施的行为。[8]

然而，阿甘本确实为权力下了定义——而且是一个逻辑上相当奇特的、维特根斯坦或许会说是"**古怪**（*queer*）[1]"的定义。阿甘本说："主权权力就是这一不可能性：不可能区分[*discernere*]内在与外在、自然与例外、**自然**与**法**。"即便考虑到区分（distinguishing）和洞察（discerning）等词的差别[2]，在多数情况下这也是个含混的定义，一种含混的定义方式。（我这里使用"含混"一词作为描述而不是评判。）这个定义的含混之处有两点。第一，它将一个抽象名词或名词性短语"**主权权力**"与一个动名词短语"**区分**"（distinguishing，或意大利文中的 *discernere*——"洞察"）联系在一起。不管怎样，这类动名词短语保留了动词所指的行为或事件的痕迹，并由此使得抽象名词的定义染上一层特殊的"时空悬置"色彩：染上规范性场景的色彩，**法**在这个

---

1 例如见《哲学研究》第一卷94："'句子，好奇特（queer）的东西！'这里已含有把全体表达[形式]拔高的倾向；在句子符号和事实之间假定纯粹中介者的倾向；甚至要纯化、拔高符号本身的倾向。——因为，我们的表达形式把我们送上了猎取奇兽的道路，多方多面地妨碍了我们看清句子符号是在和寻常的东西打交道。"陈嘉映译文，上海人民出版社2001年版。

2 意大利语"*discernere*"意谓"洞察"，而英语中"discern"一词源出拉丁词 *discernere*，后者的意思为分割。

意义上也"穿越"了**自然**。

我们或许能从下面这些伪定义中发现阿甘本之含混性的原始表达:"爱意味着永远不说抱歉";"快乐就是吃个马德琳蛋糕";或者,就像科拉莱斯·利斯佩克托尔(Clarice Lispector)[1]对两者的惊人结合:"爱就是不被吃掉。"[9]在此,"吃块马德琳蛋糕"当然是个物质性的事例或一个享乐的例子,而不是对抽象名词的定义(如果这当真是个定义而非例子,那么其他供人享乐的东西要么就不能给人享乐,要么只是在类比于"吃块马德琳蛋糕"或"不说抱歉"的意义上才有意义);"永远不说抱歉",一个对于任何定义的令人抱歉的借口,是"爱"或"被迫的高贵"(*noblesse obligée*)的一种特殊病症(或特殊的优势),它盛开在校园内四方的红砖墙上。最后,利斯佩克托尔的神秘叙事者告诉我们,"不被吃掉"是一种"不加提炼"的爱的形式,适合于"丛林的潮湿",在那里,更为"文明"的种种定义所带来的"粗暴提炼"均不适用。**自然**——"丛林的潮湿"或波士顿名流圈子的红砖墙,甚或是一块马德琳蛋糕的味道——使每个定义都带上了"特殊"事例的色彩。当阿甘本把主权权力定义为"这一不可能性:不可能区分[*discernere*]内在与外在、自然与例外、**自然**与法"的时候,"规范"就被笼罩上了一层特殊场景的阴影——**这一**作出区分的努力(而不是别的,或仅仅在类比的意义上谈论别的努力),**这一**失败的洞察行为(而不是别的)。

可以理解,阿甘本并不是无缘无故地含混,而是以这种难以捉摸的方式将定义所描述的拓扑学应用于定义本身。或许可以认为,定义是命题的基本形式。定义构成了维恩图(Venn diagram)的轮廓或边界。我们或许可以以"'主权权力'是……"开头来定义"主权权力",而"是"后面则是一个完成的、封闭的、有限的、内在相互联

---

1 Clarice Lispector(1924—1977),巴西女作家,善于描写日常琐事。

系的性质特征集合，它作为集合便是"主权权力"的等价物。与这个性质特征集合相对应的是第二个集合，由实施主权权力的种种事例组成——"主权权力"在**行动**中、在**自然**中是什么：在当下确认、在此处想象的种种历史事例。当然，这第二个集合也是封闭的，但却是在不同的意义上。

集合理论的语汇虽然有用，但归根结底相当具有误导性。比如，我们或可说"主权权力"之施展的事例集合是无限的但也是可数的，并且和自然数集合（我们可以用它来计算）一样有着相同的基数 [$\aleph_0$]，而人类"历史"在原则上是无限的，无穷无尽地在我们以前和以后不断延伸，没有起源也没有启示性的终点。这个事例集合中的从属关系恰恰取决于运用第一个集合所设定的条件，它们决定了哪些事例或事件可被认为属于"主权权力"施展的历史。

建构一个封闭却无限、因此是可数的集合，其范围又是由另一个集合**支配**，这就是对于一个"平面"的极简拓扑学描述或定义。需要注意的是，通过引入"治理术"一词，我就已经指向了一个方位——两个方位中的一个；我将会简要提及另一个方位——在那里，投射的逻辑（logic of projections）和阿甘本所谓"现代国家理论"合而为一。事实上，决定将某个事例、某个事件、某个例证包含或排除于一个平面—集合的位格（或作用）的，就是那个平面—集合的"主权者"，即便这个主权位格或作用的身份（通过分析或归纳的方式）源于这个平面—集合。

然而，当问题涉及主权权力（某种程度上，对于被定义的事物而言，它是包容或排除其确定性[defining]特征和事例的权力）的时候，拓扑学语汇就显出症候性困难。阿甘本告诉我们："主权权力是……"这话后面的"什么"既处在主权权力施展的事例范围之内、又处于其范围之外；既处在（作为集合而）与主权权力等价的特征集合之内、又处于这集合之外。就其所定义的事例来说，主权权力的定义是规范性定义，但它也是从属于"规范"的一个"事例"；它可以被算进两个集合中的任何一个；并且它无法被计算在内。说主权权力是（或不是）主权权力之施展的一个规范或一个事例，这既不对也不错。我们在这儿几乎可以认出罗素悖论的影子：譬如拿主权权力的决定性特征来说——意即，倘若主权权力不显示这一必然属性的话，主权权力就不是主权权力，它就不是它本身——施展主权权力的事例的范围取决于"规范性特征"的集合，而这个集合中的必然因素之一（**自然**、事件性集合或主权权力的表达[articulation]、它的历史平面），既在那个规范性特征的集合之外（仅仅是主权决断的一个事例），同时在它之内。

看上去颇有成效的拓扑学反思同样类似于同语反复。"主权权力**是**……"这一说法既支配着事例集合和定义，同时也位于这个集合和定义内部并受其支配：主权权力从属于主权权力"所是"的东西之一（因此它仅仅就这样存在：主权权力要么是主权权力，要么什么也不是）；主权权力是主权权力的一个事例或例证（主权权力在其中得到施展的场合[仅仅]是实施主权权力的　个事例）。莫比乌斯带的结构不仅对于主权权力来说很贴切，至少在"定义"的问题上，它对于主权权力的定义来说也很贴切。但在定义问题上，人们无法当真认为主权权力位于那个单向的连续平面内部或外部。它是一个具有极端包容性的、连续的平面—集合，一个由于逻辑上不自洽而不完整的平面—集合。

这个问题也可以这样理解。我们记得，《牲人》借用了施米特对主权的定义——或不如说是施米特对主权者个体的定义，即主权权力所寓居的形象：主权者是有权力决断例外的人。"主权权力**是**……"决断例外的权力。这个权力——主权者决断、行动、切断、区分、洞察的权力——从城邦边界内外得到施展，取决于一个不稳定的"内部—外部"（它是一个"拓扑学**过程**"），一个根植于主权决断、却也在转喻的意义上赋予主权决断以正当性的"内部—外部"。在某个具体事例上辨别内部和外部或许很困难，但区区这一点无关紧要。施米特和其后的阿甘本所关心的真正重要问题是，想要洞察或区分一个空间与另一个空间的不同，这在结构上是必定不可能的——或者更确切地说，他们所关心的是下述"结构上的不可能性"：不可能对这类在决断意义上（decidably）正确或错误的空间的范围作出陈述——人们无法说"某事物在或不在例外空间内部或外部"是对的还是错的。另外，指出这一点也不是多余：正是支配性的决断本身——[也即]（包含主权权力的）必然属性之集合的规定性特征、发挥定义作用的主权权力——悬而未决，[这个决断]同时是**自然和法**，同时位于平面的两边，位于城邦边界的两边。

为了防止阿甘本（以及施米特）关于主权定义颇有成效的反思陷入单纯的同语反复，最简单的方式是重新引入时间、顺序、承继的问题。首先就施米特来说，由于例外仅仅在法制规范的背景下才算例外（才能被定义为例外），人们或许会倾向于以时间或逻辑为基础区分两种状态。我们首先可以说，存在着有关"定义"或"数学作用"的立法和构成集合（set-constituting）的主权——譬如"杀人是错的"或"逻辑命题集合要么为真要么为假"（经典的亚里士多德二值原则）；或者我自己的自返性论断也是这类："代表神学边界的概念也是现代国家理论的边界概念。"由此我们发现了主权个体有权力确立例外：运用强力是不正当的，**除非**由国家、主权者或行刑人来实施（它便是正当的）。"杀人是错的，**除非**得到许可。""严刑是错的，**除非**得到许可。"或者更挑衅的说法："严刑（或杀人）是错的，但它得到了许可。"一个命题必定是要么正确要么错误，**除非**它指涉一个尚不可知的结果。

在规范性基础和由此而来的例外决断之间的这类时间性区分是一项弱区分。或许更该把我所描述的含混关系设想为一种同时发生的相互建构：法规和例外彼此相关地或自返性地联系在一起。但施米特却将其主权权力的定义维系于这一根本弱点上，而阿甘本随后也是如此

（尽管作了有生产性的改动）。人们应该还记得阿甘本坚持认为主权权力所**不是**的东西：它不是一种时间和空间上的悬置，而是空间性的一种特殊运用或一个特殊角度，一个被表达为（或映射为）某一空间或**形象**（*figure*）的过程。每个点以颠倒（价值和意义上的颠倒：无论人们多么希望分析解释这个最终将两个面合成一个面的平面）的方式带回到起源，然后通过再次的重复而将之再度带回到出发点：完成上述过程的方式不是通过截断或悬置时间序列在直线或欧几里得平面上的（经过协调的）投射，也不是通过承继的逻辑时间（"例外"假定了"规范"的存在），而是通过一个"折叠—颠倒—循环"的过程。

莫比乌斯带、莱顿瓶或克莱因瓶确实复杂地表达了内在—外在隐喻（前现代主权和主权权力取决于此）的边界，但它们所绘制的时间性经验从根本上说几乎是精神错乱地（psychotically）封闭的。阿甘本在《牲人》中描述的"复杂拓扑学形象"不仅仅在数学上和逻辑上表现为递归，而且也表现为种种重复模式——或更好地说，**节奏**（*rhythm*）模式。[但是]这一绘制力同样不自洽；它的节奏交替也归于失败。阿甘本试图以"无区分的拓扑学地带"这一概念掩盖这种不自洽。"无区分的拓扑学地带"的概念试图描述一个清晰的（distinct）、有边界的地带，简言之，在这个概念中"无区分"可以得到清晰的定位。在我们造访了这个地带并回来以后，会发生什么？它的边界果真如阿甘本的论述所需要的那样封闭吗？让我们重新思考一下那个位于阿甘本描述核心的城邦：何种城邦法律或**律法**（*nomos*），守卫着这个地带的边界、这个地段或贫民窟、这个洞穴？

当然了，我将我自己的故事（情节）隐匿在一个颇类似阿甘本所述故事的形象内，所以让我重新开始。我在本章开头讲了一个单调而陈旧的故事，然后提出在我看来是其最重要的现代重述版本之一：《牲人》——它复杂而有节奏地重复了一个[情节]不同但一样陈旧的故事。我的小故事和阿甘本的故事都是关于逻辑领域内出现的

"不确定性"的故事。或许可以说，两者都告诉我们，逻辑主权（the sovereignty of logic）之界限的最初闪现，同样标志着"不可分割的主权"概念的边界。对于我们的时代而言，正如对于早期现代性而言，故事确乎开始于亚里士多德《解释篇》中的一个段落（如果说一个如我所描述的那样的故事，一个自我缠绕而又投射到连续平面上的故事，真的有所谓"开端"的话）。起码从表面上看，《解释篇》和主权权力问题毫无关系；我接下来希望考察的是，在有节奏地往复于《解释篇》和《牲人》之际，在这一没有表面的平面上，该故事如何变成一个有关神学政治的故事（或者说，如何变成神学政治本身）。

长期以来，亚里士多德的这个段落都被认为对于有着更长历史的哲学和神学的互动至关重要。亚里士多德逻辑学的最初原理包括后来所谓的"二值原则"——一项由非矛盾律和排中律推出的原则：一切命题要么为真要么为假，或者如亚里士多德《形而上学》所说，根据这项原则"矛盾项之间没有中间项，而对于一个主语，我们必须要么肯定要么否定它的任何一个谓述"。[10] 比如"阿甘本是《牲人》的作者""洞穴中有财宝""在关塔那摩建立X光集中营是一个实施主权权力的事例"，这些命题看起来都是要么为真要么为假。亚里士多德在论述解释时指出，在涉及未来偶然性的谓项中可以找到例外——诸如"雅克的汽车明天不会启动""你们将会在洞穴中发现财宝""一场海战将于明天发生"一类的陈述。亚里士多德说：

> 每件事物必定或者存在或者不存在，不论是在现在或在将来；但并不是常常可能加以分清，并确定地说出存在和不存在这两者中何者是必然的。让我举例说明。一场海战必定或将于明天发生或不发生，但并不是必然它将于明天发生，也不是必然它将不发生，可是它却必然或将于明天发生或不发生。既然命题是符合于事实的，所以显然，当在未来的事件中是有选择的余地和一种相反的方向的可

能性时，则相应的肯定命题和否定命题也有同样的性质。[11]

对于亚里士多德来说，这类陈述并不（或不仅仅）遵循二值原则：我的汽车不会在明天发动或会在明天发动，冒险旅程会发现洞穴里的财宝或不会发现财宝，一场海战将于明天发生或不会发生——这些都既不为真**也不**为假。简言之：未来偶然性命题不能够**确定性地**为真或为假，或者说不是**必然**为真或为假，或（对我们来说）**尚未**为真或为假，虽然某种结果会证明自己为真或成真，并可能造成回溯性地表明，诸多可能性中的某一个（似乎是）已然**注定**为真。或许可以说，如亚里士多德表明的那样，"我的汽车将会发动或者不会发动"必然为真，"明天将会有一场海战或不会有"必然为真，也即，"两项中的一项为真"是必然正确的，只要必然性适用于选言命题而不是分配至构成该命题的两项陈述中的每一项——也就是说，只要每项选言命题既不为真也不为假。我对冒险者说："你们将会在洞穴中发现财宝。"我这一陈述的真假会在事件中呈现。从逻辑的角度而非劝说的角度来看，我恰恰仿佛在告诉他们："你们可能会在洞穴中发现财宝，但也可能不会。"可以说正如伊壁鸠鲁派所言，这类陈述或命题在真假上是中立的或不确定的。无论何种情况，我们都从二值逻辑转向了至少是三值逻辑（一个命题可以是真的、假的、中立的或不确定的）；对亚里士多德的这个简短例子所作的上述分析，在极其广泛的意义上产生了各种非确定性逻辑，诸如卢卡西维茨（Jan Lukasiewicz）[1]的逻辑、多值逻辑、模态逻辑、模糊逻辑等（我的"可能"一词便是一个模态逻辑的最简标记）。

在阐释亚里士多德的海战例子的广大文献中——其中包括阿奎

1　Jan Lukasiewicz（1878—1956），波兰逻辑学家、哲学家，"多值逻辑"的先驱，其三值命题运算是首个公理化的非古典逻辑运算。

那、波爱修斯（Boethius）、奥卡姆（Ockham）、布吕丹（Buridan）和很多其他人的影响深远的著作——主权问题仅仅在亚里士多德例子的内容上若隐若现地向我们示意：一场海战似乎暗示着军队的突击、政策问题、荷马笔下的英雄、将军或海军司令、涉及不止一个城邦、一个决断——简言之，它联系着这样一套文化语汇："海战"在其中是一个可确认的事件，并且可以确认为是一个事件。但确乎就没什么别的了。——还有一处，即结构上的类似：[像这个关于海战的陈述一样，]主权行为（这是主权问题和逻辑学领域的第二次接触）总是前瞻性的：它是一个对未来有效的行为或决断（创建一个例外状态、主张集合内某个事例的包容—排除），这个行为的有效性（以及由此而来：它与"主权权力的种种事例"的历史**平面**的归属关系）取决于结果。

所有主权行为——例如命令我们乘船参与明天的海战，或显然根据二值原则而断言这个命令是实施主权权力的一个事例（**断言**遵循二值原则：它或是一个断言，或不是一个断言），或断言明天将有一场海战，或断言在某个洞穴内你们将会发现一些什么——所有这些，我要断言说，在不同的意义上都是前瞻行为的**事例**。称它们为命令、描述、承诺；将它们定位于一个单一的、决定性的意志中（如马基雅维利、尼采或施米特那样），或（如马克思和阿伦特那样）将它们定位于阿伦特所谓"许多人彼此由种种承诺维系在一起的场景"中，或将它们定位于阶级共同利益的观念中[12]——如此种种，都产生了一种对于未来的部署（disposition），或一种必然地指向未来的威胁："乘船去……（或不然）"；"找出财宝（或不然）"。

一个主权决断（例如，一个定义）既是施事行为或施事话语（也就是说，一个完全存在于当下的行为），也是一个在真值上（对目前和对我们而言）为中立的、遵循"证实性"（veridification）的不确定行为或话语。再次借用阿伦特的说法，此类行为"对待未来的方式就好像它是当下……[并且]延伸了……权力发生效力的维度"。[13]在

逻辑结构上，此类行为均是未来偶然性命题。由于这种双重性的存在——施事行为被其可证实性所纠缠、**法被自然**所纠缠——有效权力的"新"维度便受到"不恰当"（infelicities）和"不可预测性"的威胁。除非我（或者我所属的群体）拥有天启式的洞察力——除非我从本体—神学论（onto-theology）那里获得处事的基础，并且我们的行为、定义或"品性/部署"都是事实上在话语中得到证实的——简言之，除非政治同时且必然是一种神学，不然的话，事情的结果就有可能与我（或我所属的群体）决定、描述或部署的情况相悖。要么有可能遭到抵抗，要么发生偶然情况：天气状况延迟了我（或我们）为明天海战所下的命令；我们或许会像马基雅维利的君主那样，向他人或我们自己虚情假意地许下承诺。同样，洞穴中有可能发生什么事情，以至于我们无法告诉人们到底我们找到了什么没有。

让我们把亚里士多德故事的现代重述版本设定在1465年，设定在当时刚成立的鲁汶大学。在这一时期（甚或在这一时刻），未来偶然性问题与主权问题以一种相当**现代**的方式**联系**在一起。我出于三个理由选择考察这个时刻：首先，它属于主权权力施展的一个事例；其次，在主权权力方面它具有规范性（规范性的意思是，该故事关系到试图为主权权力的实施创造"规范"）；再次，它的历史内容和它的典范性的、确定性的作用，在逻辑上相互冲突。正是这种冲突开启了神学政治的世俗化；正是在这种冲突中，未来偶然性问题从古典逻辑学史的"技术性旁注"位置转到了远为猛烈的战场上。如果要保留人的自由的话，上帝能否知道某个未来偶然性问题的结果？在西班牙舰队战败后，"上帝是否知道海战的结果？"便是摆在佩德罗·德·里巴德内拉（Pedro de Ribadeneira）等天主教神学家眼前的问题。如果从永恒性的角度出发，从超越时间流逝的"永恒现时"角度出发，上帝已经知道海战是否会发生——如果他确乎已然知晓结果，比如说，一场风暴将会把西班牙舰队吹得七零八落——那么我的种种自由就被勾销了——决定是否指挥海军的自由、是否参与海战的自由、以这种或那种方式进行这种或那种部署的自由，等等。当然，更进一步地说，这是关于那场有时被称为"新教之风"的摧毁西班牙舰队的风暴背后是否有上帝支持的问题。伊丽莎白在1588年庆祝英国胜利时，刻写在纪念勋章上的文字便是：雅威吹阵风，他们就毁灭（*Flavit Jehovah et Dissipati Sunt*）。简言之，如果我（或我们）将人的主权/自主性的基础奠定在天启式的本体—神学论上，那么主权决断就没有未来。例如，决定以某种方式定义主权权力，从而建立起一整套规范性特征，由它们支配主权权力施展之事例，这一决定或决断[本身]之所以已然是、仅仅是主权性的，是因为它是已经得到建构的（constituted）主权权力得到施展的一个事例。总是如此并且已经如此。

　　回到鲁汶。我们要考察的是人文学院的修辞学教授皮埃尔·德·利沃在一场纯理论辩论中的观点，该辩论涉及的问题是"在基督告诉彼得'你要三次不认我'之后，'否认基督'是否属于彼得的能力（power）？"德利沃对于未来偶然性问题的回答是："偶然性属于'[自我]彰显'的事情，既不受到有关未来偶然性命题之真伪的阻碍（因为其中没有[一项为]真），也不受到命定的品性或自然本能的阻碍（因为它们都不可能被阻碍），也不受到神圣预知（divine foreknowledge）的阻碍（因为它们是直接当下的事情，而不是对未来之事的预期）。"[14]这一经过修正的亚里士多德立场——在未然偶然性的问题上"没有真理"——源于方济各会神学家和逻辑学家彼得·奥利尔（Peter Auriol）的著作，14世纪初的时候他正在巴黎大学教书写作。奥利尔的论题（德利沃对它们作了解释和引申）在不止一个地方接近异教。比如他对上述理论辩论问题的解答：他关于"不受阻碍的""[自我]彰显的"偶然性的说法区分了两种启示或预知：一种是上帝对于结果拥有的神圣的、非预期的和直接当下的知识，或许正是这种知识使得基督对彼得说的话成为对于事态的描述而不是预言、承诺,或任何其他受结果摆布的主权行为;另一种是取决于所证实的结果的预期性预知,即人的决断或部属能期望达到的天启式知识。预期性预知的内容不必已然为真(它是真正的未来偶然性)。当然,这并不意味着它是错的或不存在的,而是说,它听起来似乎可真可假,由此在相当程度上超越了二值原则。但根本的困难是,在第一种情况下("直接当下"的预知形式),主权者丧失了自由,丧失了意志的前瞻能力。问题不在于一旦基督预言了彼得的背叛,彼得就不可能做出有别于他已经做出之事的其他事情;问题在于,基督本人不可能改变结果——当时不能也永远不能;他甚至不可能意愿别的结果。从这个角度看,基督祈求说"苦杯必从他那里传递"是没有意义的。[15]

德利沃激怒了鲁汶大学神学院的教授们,尤其是因为他在结束自己的辩论时谈到了"非受造的(uncreated)真理"——信经或对未来偶然性的神圣预知都有赖于此,因为它们不可能是"必然"真理。(信经也是逻辑命题或假设,但其中很多都是涉及未来的,例如"死人要复活成为不朽坏的";"敌基督要出生"也是一例,如德利沃所述。[16])在这些漂亮的句子中,德利沃试图以隐喻的方式表明,预期性预知如何不同于与之相应的本能的、直接的神圣知识。最令人惊讶的是,这一早期的自我反思、自我包含的单向平面(single-sided surface)周围,萦绕着一层从根本上说是机械式的措辞风格:

> 因为一切处于时间过程中的事物,过去、现在和未来的事物,在其真正的存在方面,对上帝来说都是直接当下的事物,所以神圣本质似乎就是它们的一个形象。因为正如事物在镜中的形象都是直接的,它们在上帝那里也是一样。所以,可以说,神圣的眼光——朝着它的本质、也朝着它的首要对象,注视着这个对象并将其视作一切既有存在的一个例子——意识到一切事物,甚至那些在实践过程中属于未来的事物,但它凭靠的不是预期性认

知,因为在上帝这里没有什么东西是"未来的",也无所谓预期将会发生什么。事实上,这类认知毋宁说是本能的,但它不直接存在于事物那里,而存在于上帝本身的本质,这种本质反映着(exemplifying)那个事物。因此,上帝要被理解为某种镜子,一切事物都在其中相继找到在整个时间进程中回照来的形象,一面确乎直接观照自身和一切存在于其中之形象的镜子。[17]

这场鲁汶大学的辩论双方赌注都很高:辩论的内容正是一种双重冲突,一方面是彼得的自由和基督的知识或预知之间的冲突,另一方面是基督的预知和他[自己]的自由之间的冲突。简言之,这场辩论预示着五十年后点燃的宗教改革论争:先知语言的逻辑和神学地位受到问难;大学内的权力分配和系科正当性是辩论的直接实际背景;事实上,逻辑学(神学院和人文学院共有的一个术语)的地位和所属权也是双方争辩的对象,另外还有修辞学家能有什么权利介入神学问题,等等。简言之,辩论中的关键问题是彼得的力量所依赖的基石——基督教堂的石头底下的基石。大致在接下来的十年里,各种谴责、澄清、抨击之声此起彼伏。德利沃的首要论敌,神学家亨利·德·泽梅伦,遭到大学开除,而后求助于新选举上任的教皇西斯廷四世(Pope Sixtus IV)谴责德利沃,接着又恢复了自己在鲁汶大学的职位。在神学上,当1472年德利沃因泽梅伦的谴责而被召至教廷,并被迫在回到鲁汶大学任教前撤回他的论题,这次事件便告一段落了。撤回一事似乎颇费周折:四年后的1476年,德利沃被迫签署了另一个撤回令——尽管这是在冲突从鲁汶扩散至巴黎之前。在巴黎,一干实在论神学家为了回应教皇对于德利沃在未来偶然性问题上的粗鲁谴责,成功说服国王路易十一谴责所谓的唯名论群体,后者支持泽梅伦的立场而反对德利沃。简言之,一个高度技术性的学理分歧凝聚和点燃了存在于教会和国家之间和两者内部的诸多已有矛盾。

当然，此类故事都不会有真正的结局，也当然不会在人们料想的地方结尾。例如，这个故事一直延续到早期现代性及其后的时期，跨越学科、民族、时代的种种边界，从未局限在法国，也从未局现在神学与哲学之争、修辞与逻辑之争等争论中。我们不妨设想一下"鲁汶争论"的下一次重演，以了解主权权力界限之不确定性的"节奏性"表述。设想一下我在本章开头提到的哥特式故事，这回要落到实处：仍然是一个施展主权权力的事例，其内容是主权决断的正当性和时间。这是1671年某个克里斯托巴尔·德·罗扎诺讲述的骇人故事。这个故事叙述的事件据说发生在1546年，当时新上任的托莱多主教组织了一次前往所谓"赫克勒斯洞穴"的征程。这个神秘的洞穴位于托莱多的圣西内斯（San Ginés）教堂地下室底下，或在"赫克勒斯塔楼"的地下室，或在"赫克勒斯楼"的地底，总之是在托莱多。赫克勒斯以其作为西班牙奠基者（或之一）而闻名。（据编年史记载，赫克勒斯打败了海利安[Helion]，他是伊斯班[Espan]的最后一个后裔以及西班牙的发现者和首位定居者。）而他的塔楼或楼房（可能圣西内斯教堂就是以此为基础建造的）藏纳了相当数量的神秘物品——所罗门的桌子、一个神秘的会说话的头颅、机械的金雕塑、河流、巨大的深洞、狂风。

前往该洞穴的征程早已在托莱多广为人知。像之前的很多次尝试一样，1546年的这次以彻底的失败告终，虽然主教本人也参与其中（或罗扎诺相信这样）"以纠正民众的看法，并通过真相来消除一切关于这个洞穴道听途说的故事和传言"，并且不是"出于类似国王罗德里克（Roderick）的借口，后者曾打开洞穴查看是否有财宝——毋宁说是把它[这个洞穴或洞穴里的财宝]当做财宝，就像其臣民[国王的人民还是主教的人民？]中的穷人对这个洞穴的态度一样。"[18]在拓扑学和地形学的层面上，罗扎诺的文辞关于财宝的确切位置（如果是"一处"财宝的话）及其历史位置写得含混不清。究竟是国王罗德里克的人还是主教的人"珍视"这个洞穴，抑或是"珍视"那里的财宝？这种诡异的不确定性——语法上的不确定性以及位置和地形上的不确定性——充斥着整个故事和整个传统。洞穴的位置（高处，位于塔楼内；低处，位于地下室内；处于内部，但拥有巨大的深洞、巨大的河流、狂风；空的，却充满财宝和危险），以及有关这个洞穴的**故事**的位置（位于主权者内部、位于他派遣的探险队内部）似乎很不稳定，阿甘本或许会说这是一个无区分的拓扑学地带：主权者命题中的财宝既在主题之内、也在主题之外；譬如主权权力命令我们探索什么（比如财宝），其权力来自（但也试图确证）藏在别处——藏在一个巨大的、未经论证的文化价值宝库内、城邦地表下的文化摆设贮藏室内——的某个财宝的存在或不存在。

罗扎诺继续他的叙述。当探险者发现下面这幅景象的时候，这次旅程已严重偏离预期了：

> 一些青铜塑像放置在仿佛是祭坛的桌子上；当[他们]开始要察看其中一个从底座上探头凝视的塑像时，这个塑像掉了下来并造成巨大声响，令探险者们惊恐万分。情况或许是只存在这个塑像，而他们感到的恐惧令他们觉得似乎有很多塑像。国王罗德里克和他的侍从发现的东西肯定就是这个。

虽然感到恐怖，但探险者们继续前进。他们来到了一条巨大的地下河流处，"这令他们惊骇不已，不敢正视。"他们从洞穴里逃出来，精神错乱，"迷茫…恐惧，…面如死灰"，吓到了等待他们的人群。罗扎诺最后写道："他们被恐怖摧垮，以至于很多人都死了。"这决不是原先预期想要借以平息洞穴的流言飞语的结果，因此主教将洞穴关闭并用砖封上了。

他们看到的是什么？是谁下的命令？采取这次行动的主教不是别人，正是古伊哈罗，后来的西里赛罗大主教（Cardinal Silíceo），未来国王菲利普二世的导师，并且1496年至1505年左右在巴黎大学学习逻辑学和神学。[19]西里赛罗属于巴黎的唯名论群体——二十多年前，这个群体在有关"未来偶然性"的问题上曾支持泽梅伦而反对德利沃——并在唯名论逻辑学家和数学自然哲学家让·杜拉埃特（Jean Dullaert，又称让·德·雅尔顿[Jean de Jaldun]）门下研习哲学。西里赛罗回到西班牙后，在萨拉曼卡编辑了带有杜拉埃特注疏的亚里士多德《解释篇》。[20]西里赛罗此前曾出版过许多其他重要著作，尤其是在算数方面（他在1514年出版的《算术技艺的理论与实践分析》[*Ars Arithmetica in Theoricen et Praxim Scissa*]仍是学校标准教材），而他长期以来被人们记住，则归功于这样一桩事情：他是1547年著名的"洁净法规"（Estatuto de Limpieza）的作者，这一刻在托莱多教堂上的法规要求所有在教堂内供职的人有清白的血统。在当时，自1449年托莱多首次颁布"洁净"教条以来（虽然直到1495年才获得教皇承认）[21]，这是最为激进的一次表达。西里赛罗的法规在人文主义和改革派的圈子里立即引起不满，但这不算什么：西里赛罗对于皇帝的影响，以及其后对于其继任者、西里赛罗以前的学生菲利普二世的影响，才是决定性的。到1559年，西里赛罗的法规已经传至西班牙许多地区。[22]

西里赛罗远征赫克勒斯洞穴的故事可以将我零零散散涉及的一些线索都组织起来。但为了使我论述的核心关切再显豁一些（我讲述的故事的诡异循环结构就不提了），我还需要再宕开一笔：这次是对两次重复提到的某个"国王罗德里克"做个注解，他曾经打开过这同一个洞穴以搜寻财宝，并显然招致灾难性后果。罗扎诺提到的一系列传说，从文学史记录来看，都源于最早阿拉伯人入侵西班牙的编年记载，早已见于据称是10世纪历史学家艾哈迈德·阿拉齐（Ahmed Ar-Razi）所撰的《编年史》中（该编年史更为人熟知的名字是1344年版本的标题"*el moro Rasis*"）。到了1499年，这些传说便成为佩德罗·德·克拉尔（Pedro de Corral）影响巨大的《国王罗德里克编年史》。[23]这些故事作为当时流行的传奇文化的一部分而广泛流传，同时也在剧场上传播。它们几乎未加修改地出现在《堂吉诃德》中，也在华盛顿·欧文（Washington Irving）的《西班牙征服传说》（*Legends of the Conquest of Spain*）、朱安·格尔蒂瑟罗（Juan Goytisolo）的小说以及卡洛斯·绍拉（Carlos Saura）2001年的电影《布努艾尔和所罗门王的圆桌》（*Buñuel y la mesa del rey Salomón*）等作品中，以奇特的方式获得了"来世"。就像在卡拉尔的《编年史》中那样，在种种传说故事里国王罗德里克背弃了他的先行者曾严格遵循的传统（如这些传说故事中的一个所说："他[该]像前人做的那样，为古老的赫克勒斯房屋挂上扣锁。"）；而且，非但没有关闭托莱多的赫克勒斯洞穴入口（或者是赫克勒斯塔楼，其地下室是一个封闭的洞穴——一种奇妙而独特的"高低"对立混合），他打破了之前历代国王设在那里的所有门锁，进入了洞穴，并且像西里赛罗的一众人那样，发现的不是财宝而是灾难——这次是非常特别的灾难。对此，传奇故事（就其**总体**而言）叙述如下：

> 西班牙国王罗德里克下令在托莱多举行一场比武，聚集了六万骑士参加。当比武大会一切就绪时，托莱多的居民前去恳请国王锁上古老的赫克勒斯房屋，就像他的前人过去做的那样。国王没有挂上扣锁，反倒打破了那里的所有门锁，认为赫克勒斯必定留下了巨大的财宝。当他进入房屋时，他除了一些书卷外什么都没找到，上面写着："你做国王要倒霉了，因为打开这个房屋的人将要毁了西班牙。"他在一个柱子里找到了一个装满东西的箱子，里面有画着骇人形象的新旗帜；马背上不能前进的阿拉伯人；他们的颈上是刀剑和瞄准目标的弓弩。[24]

在另一则传奇故事那里，我们可以找到第二个更为简洁的预言版本：

在里面发现了一张布，上面用罗马文字写着卡斯蒂利亚语："当那些锁上的密室被人打开，写在这块布上的文字被人看见，西班牙就将沦陷，它的一切都将毁于一旦。异族人会赢得西班牙，如此处所示：他们的脸幽暗，他们的臂膀裸露，衣着颜色各异，包裹着头巾。他们将高举旗帜策马纵横，手持长枪，身佩刀剑。他们将被称为[或'他们将自称']阿拉伯人，那些大地上的异族人：西班牙的一切都将陷落。"

西班牙的一切都将陷落。这正是西里赛罗写信给查理五世和菲利普二世以为"洁净法规"辩护的要点：如果洁净法规不执行，那么西班牙的一切都将丧失给"异族人"。罗扎诺讲述的远征、传奇故事的传统、与这一传统呼应的编年史——所有[这些]文化材料产生了一个得到回溯性确认的预言，一个事关"西班牙的一切"都丧失给"幽暗"面庞的"异族人"的预言。西班牙陷落于阿拉伯侵略者的传说故事在侵略发生后开始兴盛，这些故事都把西班牙的失利归于佘禁的个人动机和决断。于是，该情境（侵略情境）的历史真理就被进一步转喻性地投射到对于其原因的解释上：历史真理被分配到（绕回到）对于原因的解释上。简言之，海战的发生被用于确认"明天将有一场海战"这个偶然性命题中一项陈述为真，或者，就眼下的事例来说，其中一项命题得到确认的偶然性命题是："当那些锁上的密室被人打开，写在这块布上的文字被人看见，西班牙就将沦陷"。

在此，传奇故事的措辞惊人地准确："西班牙将沦陷"的预言或则指向某个未来时刻（在那时，西班牙的沦陷是洞穴里的事物被人看见的结果），或则——用一种在现代早期的西班牙同样被人接受的表述来说——指向当下时刻：在洞穴被打开的一瞬间，在那张布被看见并且"呈现"在布上的"异族人"被认出是"阿拉伯人"的一瞬间，西班牙将（已经）被攻陷。当然，未来时间和当下时间的汇合对应于预言性措辞的诡异回溯——这一回溯过程由结果、由它所谈及的"当下"追溯性地发起和确认：我们或许可以说，预言性措辞是由一个时间上不确定的声音说出的。

然而，对于西里赛罗而言，上述"不确定性"带有的另一层重要性，既不同于他作为坚定的唯名论者而在巴黎学习期间认定的"不确定性"，而且在神学上也无法与之吻合。他前往洞穴的征程读来就如一次重复或回返，仿佛踏上国王罗德里克父亲的道路（最早的编年史记载了这位不幸的国王去往赫克勒斯洞穴—塔楼的探险经历），恰如西里赛罗本人的命运，这位父亲也曾是托莱多主教，而他的告诫被年轻的国王当做耳边风——罗德里克或菲利普二世。在打消迷信的幌子下，这次诡异的重复试图解释国王那次灾难性的探险，试图将最初的主权决断变得悬而未决（to undecide）——也就是说，试图回溯性地表明，那个转喻性地得到确证的预言是错的。西里赛罗的征程所表达的幻想是，一次意志行为可以（回到阿伦特的说法）"延伸……权力发生效力的维度"，或者说，主权者确乎可以拥有统御过去的权力。在罗扎诺的论述中，主教的幻想以仁慈的启蒙措辞表达出来：希望将托莱多人民从纯粹的迷信中摆脱出来，或从纯属神秘的对历史的依附中摆脱出来；希望他的主教管辖区一劳永逸地从有害的不断重复的历史中摆脱出来——确切地说，这个历史便是伴随着"未能重复习俗"（在此，[习俗]是指仪式上将赫克勒斯洞穴锁上的"主权习俗"）而来的恐怖后果的历史。[25] 同时，这种对过去的洗涤也有一个与之相伴的前瞻性角度：前瞻性地试图确保教会保有关于未来偶然性真理的所属权；通过显示最初那则预言是错的（或者相反，通过显示最初那则预言根本就不是预言，而是一个追溯的表达，可以被具体分析：它是需要被疗治的重复病症），教会就能够控制未来——这样一个教会就能站在君主肩膀上介入干涉主权位置，能够取回大众想象曾追溯性地赋予国王罗德里克的权力，即便是以否定的方式。

主权的逻辑无法作为一种"未来偶然性"而存在于其结构中，无法作为一个施事行为而存在——这种施事行为[被认为是]外在于主权逻辑所努力获得（并以此塑造自身）的本体—神学论视野，而且总是听命于证实性、不恰当性、偶然性。似乎在其另一个平面上，主权逻辑要求我们如今所谓的"过去偶然性"：将事实陈述或描述写入可被修改的命题的能力，诸如"西班牙被阿拉伯人侵略了"或"彼得将背叛基督"（从阿奎那保留给上帝的本体—神学论上的"永恒现时"[1]来看，或者从德利沃在西里赛罗之前两个世代确立于鲁汶的"直接的"非预期性预知来看，"彼得将背叛基督"这句话具有"彼得总是已经背叛了基督"的形式）；由于事情本可以是另一种情况，我（或我所属的群体）所采取的行为或决断便可以使事情变成[已经发生了的]另一种情况。[因此]时态便是不可能的，概念便是不可思的（unthinkable）。不过，西里赛罗的远征试图实现的正是这一极端的"不可思考"。在其世俗化的时刻、在主权的种种断言与它需要的本体—神学论开始分离的时刻，对于主权逻辑的单一平面进行思考，就是邀请疯狂、互相冲突的故事、文化叙事的过度决定和不充分决定（underdetermination）、纯粹的（mere）文学；就是邀请、召唤、甚或**创造**出关于"恐怖"的现代经验。

1　阿奎那区分了"*nunc stans*"（永恒现时）和"*nunc temporis*"（时间的现时），前者指在时间的运动之流中保持不变的"基础"或"现时"本身的主体，它在"现时"的流动中始终与自身保持一致；与此相对，"*nunc temporis*"是在时间流动中得到确立和表达的内容。例如，他在《神学大全》I.10.2中说："时间的'现时'在整个时间过程中有着相同的主体，但却在面向上发生变化；因为就时间与运动的对应来说，其'现时'对应于运动的事物；而运动的事物在所有时间都有同一个主体，但却在面向上一会儿是这个、一会儿是那个；这种变化就是运动。……但'永恒'不管在面向上还是主体上都保持同一，因此'永恒'就和时间的'现时'不同。"（http://www.ccel.org/ccel/aquinas/summa.FP_Q10_A4.html）

注释

[1] Schmitt：*Political Theology*，36.

[2] Michael Wood，*The Road to Delphi：The Life and Afterlife of Oracles*（New York：Farrar，Straus and Giroux，2003）.

[3] William Shakespeare，*The Tragedy of King Lear*，in *The Complete Works of William Shakespeare*，ed. Stanley Wells and Gary Taylor（Oxford：Oxford University Press，1988）.

[4] Giorgio Agamben，*Homo Sacer：Sovereign Power and Bare Life*，trans. Daniel Heller-Roazen（Stanford：Stanford University Press，1998），37.

[5] 例如，见其*Il Regno e la Gloria：Per una genealogia teologica dell'economia e del governo*（Milan：Neri Pozza Editore，2007）。阿甘本精彩地指出，现代治理术的两种范式的发展——神学政治的范式和经济范式——要求发展出一种"天启—宿命机制"以解决一个甚至比解决人的自由和神圣预知问题更为急迫的问题：神对人类事务的治理。一般和特殊的天启必须加以平衡，或无论如何要维持一种动态关系——因此就形成这个"机制"。阿甘本描述如下——毫无疑问，它保留了我们在《牲人》中发现的界定性拓扑学特征：

> 也就是说，天启—宿命机制的特征是作为二极体系发挥作用，最终在第一和第二、一般和特殊、最终因和诸结果之间**生产一个无差别地带**。尽管普鲁塔克和亚历山大一样都没考虑过治理范式，源于[在其历史叙述中发挥效力的该机制的]"效果主义"本体论，以某种方式包含了治理的可能性条件——归根结底意味着这样一种行为，它既不指向一般也不指向特殊，既不指向最初者也不指向后继者，既不指向目的也不指向手段，而是指向它们的功能性相互关系。（138）

[6] Michel Foucault，*The History of Sexuality：An Introduction*，trans. Robert

Hurley (Harmondsworth: Penguin, 1993), 93.

[7] Michel Foucault, "Confession of the Flesh", in *Power-Knowledge: Selected Interviews and Other Writings*, ed. Colin Gordon (New York: Pantheon Books, 1980), 198—199; Hubert L. Dreyfus and Paul Rabinow, *Michel Foucault: Beyond Structuralism and Hermeneutics*, 2nd ed. (Chicago: University of Chicago Press, 1983), 184.

[8] 一旦进入早期现代，关于该词就有一大堆讨论。拿塞巴斯蒂安·德·科瓦鲁比亚（Sebastian de Covarrubia）于1611年的定义来说——*Tesoro de la lengua castellana o española*。一方面，他把*poder*作为*potentia*和*potestas*的同义词。自从古尔罗特（Gueroult）以来，人们通常把斯宾诺莎的唯物主义定位于上述两个词之间，大致可译为"力量"（force）和"权力"（power），或建构性力量（constituting force）和体制性权力（constituted power）："权力来自拉丁语动词*possu potes*。权力……[如代理权]，一个人赋予另一个人的力量，让那个人在他或她的位置上行动。权力与'行动的能力'[*poderio*]相同，拉丁文是*potestas*。两军相护攻打对方，一切人都在战斗，我们说他们在战争中'权力对权力'。强有力的，拉丁文是*potens*。"另一方面，科瓦鲁比亚在此使用*facultad*的概念表达一个人如何代替另一个人行动：这被称作代替，作为代表的权力。（代理权不同于固有的权力概念，后者不能被分配。）科瓦鲁比亚不是斯宾诺莎，所说的也不系统。但重要的是，这一时期试图定义权力语汇的努力，在力量和权力之间不断变动。

[9] Clarice Lispector, "The Smallest Woman in the World", in *Family Ties* (Austin: University of Texas Press, 1972), 94—95. The original is "A menor mulher do mundo", in Clarice Lispector, *Laços de família* (Sao Paulo: Livraria Francisco Alves, 1961), 51.

[10] Aristotle, *Metaphysics*, trans. W. D. Ross, in *The Basic Works of Aristotle*, ed. Richard McKeon (New York: Random House, 1941), 1011b.

[11] Aristotle, *De Interpretatione*, trans. E.M. Edghill, in *The Basic Works of*

Aristotle, ed. Richard McKeon (New York: Random House, 1941), 19a.

[12] Hannah Arendt, *The Human Condition* (1958; Chicago: University of Chicago Press, 1998), 245.

[13] Ibid.

[14] Leon Baudry, *Quarrel over Future Contingents: Louvain 1465—1475*, trans. R. Guerlac (New York: Springer, 1989), 42.

[15] See Chris Schabel, *Theology at Paris, 1316—31345: Peter Auriol and the Problem of Divine Foreknowledge and Future Contingents* (Aldershot: Ashgate, 2000), 尤其是 Schabel 的后记, "The Quarrel at Louvain", 315—336. See also Schabel's articles on the same topic: "Peter Aureol on Divine Knowledge and Future Contingents: *Scriptum in Primum Librum Sententiarum*, distinctions 38—39", *Cahiers de l' Institut du Moyen-Age Grec et Latin* 65 (1995): 63—212; "Peter de Rivo and the Quarrel over Future Contingents at Louvain: New Evidence and New Perspectives (Part I)", *Documenti e studi sulla tradizione filosofica medievale* 6 (1995): 363—473; and "Peter de Rivo and the Quarrel over Future Contingents at Louvain: New Evidence and New Perspectives (Part II)", *Documenti e studi sulla tradizione filosofica medievale* 7 (1996): 369—435.

[16] 德利沃遵循的是利米尼的格列高里 (Gregory of Rimini), *Sentences* I.38.1.1 (III 2 39:8—9)。在 Mark Thakkar 的出色翻译中, 亚里士多德"就此而言提出了两个结论。第一个是, 并不是每个单一绝对的、带有简单谓述的事实性未来命题 (不论肯定或否定) 都是或真或假的, 因此并不是每对关于未来的矛盾陈述都有某一部分为真; 类似的, 也不是某一部分[肯定]为假。因为在一个涉及两方面的偶然未来的矛盾中, 譬如'敌基督会来, 敌基督不会来', '敌基督会来'这一部分既不为真也不为假, 而'敌基督不会来'这一部分也既不为真也不为假。" (Mark Thakkar, "Gregory of Rimini and the Logic of the Future", M.A. thesis, Warburg Institute, 2004, p. 30; available online at http://users.ox.ac.uk/!ball2227/)

[17] Ibid., 40.

[18] Cristobal de Lozano, *De los reyes nuevos toledanos* (Madrid, 1674), 13—14. 罗扎诺对许多神话的讲述都与洞穴相关, 譬如见pp.7—15。以下是他对西里赛罗派命运的完整论述：

> 表明他们看到并真的遇到了上述迹象的证据来自大主教西里赛罗细致而勤勉的考察, 他出身卑微, 却凭借自己的德性和学识晋升上了托莱多大主教的位置。从他关于这个洞穴的所有报道来看, 他曾希望检查一下这个洞穴, 看看其中到底有什么东西。当然, 他依据的理由和国王罗德里克下令打开洞穴的理由截然不同, 后者是为了挥霍那里或许能找到的财宝。与此相反, 西里赛罗的目的是好好珍惜它, 正如他珍惜他在穷人那里的财富那样。然而, 他的主要目的却是使大众醒悟, 并用真相来打消一切有关那个洞穴的流言飞语。因此, 他让人清扫了那扇大门——我说过, 这扇位于圣西内斯教堂的大门被砖墙封闭起来了。他找出并集结起最勇敢的人, 和那些吹嘘自己无所畏惧的人, 命令他们带一些食物、提灯、火炬、绳索和其他黑暗里能用上的照明工具。这些勇敢的伙计进入了洞穴, 大概走了半里格（我怀疑还要更短, 因为我们都知道, 恐惧会使行路显得更漫长）, 他们看到一些青铜塑像放置在仿佛是祭坛的桌子上; 当他们开始要察看其中一个从底座上探头凝视的塑像时, 这个塑像掉了下来并造成巨大声响, 令探险者们惊恐万分。或许实际上只有这一个塑像, 但他们感到的恐惧令他们觉得似乎有很多塑像。国王罗德里克和他的侍从发现的东西肯定就是这个。尽管至此他们已经怕得要命, 但他们仍继续前行, 直到发现一条巨大的河道, 这条发出轰鸣声响的河流最终使他们惊骇不已。如果所有的暗示都吻合的话, 那这里的描述就与另一个灵异洞穴相一致了：行路距离、雕像及其倒塌、声响、河流。最后, 惊恐而迷惑的所谓探险者决定不再往前, 而是返回离开洞穴。于是他们在夜幕降临时离开了, 如此惊恐, 如此恐惧, 脸上失魂落魄,

以至于等候他们并期待着他们能满载而归接受荣耀的人们,也因此感到惊恐和困惑。他们出现的时候不仅感到惊恐,而且感到刺骨地寒冷——当时是夏天——以致所有人都病了,很多人不久就死了。

关于洞穴的进一步描述可见Blas Ortiz, *Descriptio temple toletani*, in *Collectio S.S. Patrum Ecclesiae Toletana*, vol. 3, appendix 2 (Madrid, 1793), 376; in Pedro de Alcocer, *Hystoria ó descripción de la Imperial cibdad de Toledo* (1544; rpt. Toledo: Instituto Provincial de Investigaciones y Estudios Toledanos, 1973), f. xij; 还有著名的 *Historia Ecclesiástica de la civdad de Toledo* of "el falsario e invencionero" Jerónimo Roma´n de la Higuera (这是Marcelino Menéndez Pelayo对他的说法, in *Historia de los heterodoxos españoles*, vol. 3 [Madrid: F. Maroto and Sons, 1881], 297). *Historia Ecclesiastica* 更为简洁的论述很可能是罗扎诺故事的来源之一。在Roman de la Higuera有关那队人深入洞穴的情形的描述中,罗德里克没有被提到:

他们说,在1546年,有关这个洞穴的新闻传到了托莱多主教西里赛罗的耳朵里,他刚刚上任,于是下令清扫这个洞穴,并且下令派一些人带着提灯和绳索(方便他们返回)进入洞穴。走了不到半里格,他们看到了一些放在柜子上的青铜雕像,当他们试图察看一个身体侧向基座的雕像时,雕像突然掉了下来并发出巨大声响,令这群探险新手吓破了魂。他们继续前进,碰到了一条极深的河道,深到他们无法跨过去,而他们也没有桥或木头可以利用。这条河早先已经因其巨大声响令他们感到害怕了,或许如果他们走另一条路就不会遇到这个障碍。由于上述种种,在夜幕降临时他们沿路返回并离开了洞穴。洞穴里空气的变化对他们有所影响,而由于正值夏天,洞穴内外的温度差异也很大,导致有些人就此病倒并死去。一些忠实可信的人复述了这则故事。(引自Jerónimo López de Ayala Cedillo, *Toledo en el siglo XVI, después del vencimiento de las comunidades: Discursos leídos ante la Real Academia de la historia en la recepción publica* . . . [Madrid：Hernández，1901]，106。）

[19] 西里赛罗的传记者，就像他那个时代最著名的人物那样，搜集了关于他们传主未来之伟大的种种迹象，这一常规性做法在这里奇特地提升了（在人物生平的层面上）他在预言性反事实话语或未来偶然性话语的逻辑学方面的历史地位。这里是一则从西里赛罗最早的传记者Diego de Castejón y Fonseca那里摘来的典型例子。年幼的朱安（大概两岁左右）掉入了一口井，人们把他拉起来时，他显然已经没有生命迹象了。他被带到一个教堂，放在一个维吉尔画像的脚边。然后这孩子苏醒了过来，传记者叫喊道：

> 上帝已经选择了朱安作为其神圣在场的祭司。他的种种青睐是预见性的：这个孩子会经历它们，因为，注意到他这次事故的困难和危险……他让人知道，主权者和女神已经在井中救了他。上帝用奇迹来彰显伟大人物的诞生（*Primacia de la Santa Iglesia de Toledo* [Madrid，1645]，986）。

[20] Jean Dullaert，*Questiones super duos libros Peri hermeneias Aristotelis*（Paris，1509），讨论亚里士多德的"海战"例子见ff. 97r—107r。我引用的是稀见的萨拉曼卡版（Salamanca：Juan de Porras，1517），由西里赛罗编辑印刷，页码是一样的。我用的本子见于Richard Ramer藏本。杜拉埃特注意到，未来偶然性问题尤其棘手，因为它涉及很多学科："这些困难不仅是逻辑学或哲学难题，也是神学难题。从这里他开始[触及]一些不仅由人文学科提出过，也由神学家提出过的问题。"（98ᵛ）杜拉埃特大致遵照波爱修斯对于亚里士多德文本的注疏；他的主要贡献似乎是区分下面两者：一是关于过去或现在的陈述所包含的矛盾，另一方面是关于未来的陈述所包含的矛盾。然而，在以此讨论未来偶然性问题时，他仅仅关注了"现在矛盾与未来矛盾之间"（*inter contradictorias de presenti et contradictorias de futuro*）的差别，典型地、或许是必然地舍弃了任何关于过去的矛盾，他说亚里士多德**没有**处理这种矛盾。（99ʳ）西里赛罗对杜拉埃

特和巴黎的老师们的感激,按[当时的]惯例,见于其*Arithmetica Ioannis Martini, Scilicei, in theoricen et praxim scissa*(Paris,1519)的"结语"部分:

> 赞美无所不能的上帝,还有他圣洁的母亲,以及整个天堂。祈祷我的三位老师幸福平安,他们是Ludovico Romano、Roberto Caubraith和杜拉埃特,后者是一位我必当永远崇敬的老师,因为他的灵魂有着天赐的才能。当然,Romano在语法方面、Caubraith在辩证法方面、杜拉埃特在哲学方面都视我为他们的学生。因此,对于这些人、对于他们的博学和刻苦劳作,我要给予的报酬相当于著名的泰勒斯向其学生曼塔库斯(Mantaicus)索要的酬劳:曼塔库斯宣称他从泰勒斯那里学来的东西属于泰勒斯,而泰勒斯本人则是它们的揭示者。所以,我要宣布,Ludovico是我所习得的语法的揭示者;一切关于辩证法的知识,Roberto是其作者;一切关于哲学的知识,要归功于杜拉埃特。(63v)

[21] Albert A. Sicroff, *Les controverses des statuts de "puretéde sang" en Espagne du XVe au XVIIe siècle*(Paris:Didier,1960). Sicroff讨论西里赛罗法规,参pp. 102—39。对这场争论的大致描述可见于Sebastián de Horozco的*Relaciones históricas toledanas*,写于1581年前(BNM Ms. 9175),出版时题为*Relaciones históricas toledanas*, ed. JackWeiner(Toledo:Instituto Provincial de Investigaciones y Estudios Toledanos,1981)。

[22] 这是研究西班牙宗教裁判所的伟大历史学家亨利·查尔斯·李(Henry Charles Lea)对于西里赛罗行为的描述:"为了阻止……玷污未来,西里赛罗起草了一个法令,禁止任何非'旧基督徒'在教堂内任职,甚至下至唱诗班孩童也包括在内;所有有志向任职者都要展现他们的血统,并交付一定数额的调查费用。1547年7月,他带着一批侍从来到托莱多,秘密征得了大多数教士的同意,后者发誓遵守这个法令;接着召开了一次全体教士大会,违抗这条法令的惩罚措施也确定下来——如其坦言,要是预先公布并开展讨

论，这条法规不可能得到通过，因为改宗者会竭力反对。赞成它的投票数是 25∶10……此举在城内引起巨大反响，以至于御前会议派了一名治安官，后者报告说，为了和平考虑，这条法规最好不要执行。结果君主菲利普（当时掌管蒙宗之庭[Cortes of Monzón]）下令搁置这条法规，直至了解到国王对它的青睐。于是，斗争转移到了皇室和罗马……查理将问题推回给御前会议，双方都递上各自奏章……如果查理没有批准该法规，前景似乎将是改宗者统治托莱多教会。这一切或许在我们看来有些离谱，但它提供了一个很有价值的洞见，以发现西班牙在处理国内异族人问题上的推动力。不太光彩地说，他们确实被视作拥有更高思想和能力的人，由于几代人的错误使他们变成了不可调和的敌人，变成了混杂着憎恶与畏惧的对象；由于无法在智力上和他们匹敌，仅有的政策便是粗暴镇压和消灭。当然，西里赛罗占得了上风。"(Henry Charles Lea, *A History of the Inquisition of Spain*[New York：The Macmillan Company, 1922], 2：291—292.)

[23] Pedro de Corral, *Crónica Sarracina*, in *Floresta de leyendas heroicas españolas*, vol. 1, *Rodrigo, el último godo*, ed. Ramón Menéndez Pidal（Madrid, 1925）.

[24] Ibid., 83. 另一个预言版本是：

国王将命令把洞穴打开，将会在里面找到一块布，上面用罗马文字写着卡斯蒂利亚语："当门锁锁住的密室被打开，这块布上写的内容被看到，西班牙就会陷落，它的一切都将遭到毁灭。如此处所示，异族人将赢得西班牙，他们有着幽暗的面庞，赤裸的臂膀，颜色各异的服饰，裹着头巾。他们将高举旗帜策马纵横，手持长枪，身佩刀剑。他们将被称为[他们将自称]阿拉伯人，那些大地上的异族人；西班牙的一切都将陷落。无一能幸免。"(Lorenzo de Sepúlveda, *Romances nvevamente sacados de historias antiguas de la cronica de España compuestos por Lorenc̜o de Sepulueda* [Anvers, 1580], 400—401）

比较如下版本：Miguel de Luna, *La verdadera historia del Rey Don Rodrigo, en la qual se trata la causa principal de la perdida de España y de la conquista que de ella hizo Miramamolin Almanç̧or Rey que fue del Africa, y de las Arabias*,原文作者是Alcayde Abulcacim Tarif Abentarique（Granada, 1592 and 1600；facs. rpt., Miguel de Luna. *La verdadera historia del rey Don Rodrigo*, ed. Luis F. Bernabé Pons [Granada：Editorial Universidad de Granada, 2001]）. 卡拉尔的预言不那么具体。赫克勒斯手上的书卷（罗德里克打开的事实上是赫克勒斯之墓）一部分写着："你胆敢到此阅读我写下的东西。你要为此付出代价，你要造成巨大的灾祸：就像我征服了西班牙并使其日益繁盛，它将在你的手里遭到颠覆和荒芜。"（190）

[25] 西里赛罗颁布法规的历史理据，见于"Libro de las causas que el Rmo. Arc̦obispo de Toledo y su cabildo movieron a hazer el estatuto quel año pasado hizieron"（Hispanic Society Ms. 798 n.p.），包括下面这个令人瞩目的条款：

> 进一步：我们相信，如果这个神圣的教会接受拥有犹太教血统的人，那么（除了已经讲到的恶以外的）恶可能会降临教会；原因是，考虑到那些已经发生的事情——正如有用的哲学所证明的那样，我们可以从已经发生之事中推出有关即将发生之事的论辩——考虑到过去那些事情，我们在西班牙历史中读到，在西班牙大毁灭的年代，当托莱多被摩尔人征服的时候，这座托莱多城在棕枝主日被居住在其中的犹太人出卖了，而旧基督徒还在从城外的圣列奥卡迪亚（St. Leocadia）教堂返回的路上。由于犹太人通敌背叛，这些旧基督徒被摩尔人绞死，托莱多城陷落——就这座城池的自然力量和方位来说，若不是有人背叛，它是不可能被攻陷的。由此，教会阶层留了许多鲜血。

第四章
自律性批判中的物质（Mareria）

阿尔都塞的事业……自始至终都烙刻着马克思主义知识分子的忧虑，身陷政治之中的知识分子忧虑：不要搞"文学"，不要寄出没有地址的信；不要做堂吉诃德——那个对抗风车的美好灵魂（fine soul）；拒绝孤独，拒绝一个人在旷野中呼号，在字面意义上和比喻意义上，这都是一种丧失头脑的活动。

——雅克·朗西埃（Jacques Rancière）："阿尔都塞、堂吉诃德和文本的舞台"

[菲利普二世]仅仅是恐怖，就能绑住叛乱者的双手；要有怜悯，就是发疯。

——弗里德里希·席勒：《唐·卡洛斯》

区别主权的恐怖与弱概念或有缺陷的概念——后者包含着结合之恐怖（terror of association），并且为批判恐怖主义提供基础；[或者,]想象并提出这些弱概念或有缺陷概念的概念，想象并提出实现它们的方式——上述任务意味着让思维超越同想象以及幻想之间愚蠢的对立。当诗人但丁要求他的读者不要专注于酷刑的形式，而是思考其神学后果以及证成——最后的审判（*la gran sentenza*）——的时候，就是在叮嘱我们超越这一对立。然而，到底是什么构成了弱概念，依旧是不清楚的。弱概念的拓扑结构正如主权一般，是悖论性的。"恐怖"是这些概念所包含的内容，其形式上的弱点使这种内容表现得明明白白。闭合的原则既不内在于又不外在于这些概念。使弱概念成为概念的东西与之紧密联系在一起，却又外在于弱概念——用拉康的术语来说，[这种关系]即外密性（extimate）。[1]但是有没有"强概念"这回事？

此外，弱概念是如何被生产出来的，也不甚明了。我是在所谓生产商品的意义上谈论"生产"吗？还是说从帽子里变出兔子，或是拍摄电影的意义上来谈"生产"？的确，这一表达不是存在一点点的矛盾。一般来说，**生产**这一术语是留给物质对象以及概念的——弱的、强的，或不弱不强的[概念]——大部分人认为概念就是非物质性的、精神性的（numinous）、抽象的。比方说，物质的概念自身不是物质性的，或者说它必须表现为非物质性的。

1　关于"外密性"概念，参考第一章译注。

最后，弱概念可以具备何种规范性价值（normative value），也是不清楚的。弱概念与三类情形有关。首先，弱概念可以应用在古典意义上的自律的伦理主体之上，比如，这一主体命令自己"不准偷窃"，"不准杀人"等。那么，是否存在一种符合"不准做这或做那"的命令的弱概念？其次，它们与一系列结合法则相关。一个关于"社会"的弱概念可以拥有何种身份——比如，一个建立在非同一性（nonidentitarian）、非承认的范式之上的社会概念？它的规范性力量何在？最后，弱概念可以应用在"自律性"与"结合"的关系上——这一自律性指的是伦理主体对于规则的承认与服从（rule granting and rule following）。

我准备从一个独特的视角来切入服从规则的问题，即在传统的伦理—政治思想的边缘处来探讨这一问题——这条路线由我所发展出来的怪异的概念理解所规定。我将涉及、毋宁说驳斥两类反对意见——它们都反对"何为弱的或有缺陷的结合概念"这一问题。首先，我不会认为，结合的弱概念是契约的代理者或是作为契约被结构起来的，也不认为某人服从自己所设定的规则或服从更广泛的结合原则，应该被视为一种契约性的同意。这是一条显豁的、令人肃然起敬的、具有吸引力的道路，但却是不充分的。之所以是显豁的，是因为在某种意义上，契约论正是以后果为基础的——我在这个领域用我的自由来交换安全，理由是，比方说，只因这一契约有回报，我才履行承诺。一旦我的安全不再得到保证，我关于限制自身自由的承诺就会成为一纸空文。而这一情况始终可能发生（不管我们的周遭环境如何彻底地得到勘察与监控，安全也无法永远得到保证），我对于契约的认可就总是临时性的，总是由一种可能的空无所标记。此种临时性——后果的偶然性为规范蒙上了一层阴影——似乎非常适合用来解释弱的或缺陷性的结合概念。

第二种反对意见，粗略地说，即维特根斯坦式的论点

(Wittgensteinian)。以此观之,一般的概念以及特殊的结合概念或伦理行为的概念不管是强是弱,这一先决条件本身毫无意义——如果"强"意味着"区别明显""界定清晰""普遍得到承认的"东西,或是任何内在性或超验性的同类标记,而"弱"则表示与之相反的东西的话。按照强弱来区分概念并不合适,因为所有概念都有缺陷,也可以说都是完美的(nondefective);所有强或不强的概念也都一样。这是因为,所有概念在根本上都是交际性的(transactional),它们在特定环境中服从语用的规则,服从特殊的目的,它们也可以说是由这些规则生产出来的,同时也作为这些语用规则被生产出来。而且,在[这第二种]思路中,"服从规则"这一概念——不管是被设想为与自己或国家签下契约,或是一种设定的责任(因为服从规则是一种德行),再或是服从某种超验的律令——并不比任何其他的概念更强或更弱。某人服从某条规则,为的是实现某个目的,如果发现规则是不充分的,规则就该改变,换另一条。这就好比放下一把螺丝刀,拿起另一把。在我看来,这种思路似乎能补充我前面所描述的契约论思维。关于服从规则的伦理或政治性观点——它们建立在契约论模式基础之上——必然在这一方面或那一方面包含着违背契约的空白点;而一种建基于交际性的语言论的服从观,必然包含着误用、滥用和无意义的可能性,也包含着实践性的要求——即规则必须以后果来测定。两者都在某种程度上剥去了概念的古老尊严(它的自主性/主权性的荣光),提供了一种普特南所谓的没有本体—神学论的政治。

在**某种程度上**而言是这样。但是两者加起来也并不是想象结合概念的正确路径。一方面,那种摆脱"概念"的古老荣耀的冲动导向了理性自律性的古典原则。这一原则正是我决定参与或违背这一或那一契约的基础,不管这是与我自己签订的契约,或是与另一方,或是国家,再或是市民社会的理念所订立的契约。另一方面,交际论处理概念问题的方式以及处理以之为依据的"服从规则"这一概念的方式，会悖论性地偏离交际论，并且（正如维特根斯坦早期著作所表明的那样）会将一种全然外在的、个人的、甚至是私密的经验——"世界实存的奇迹"、一种"在语言中表达"那一奇迹的"语言实存"经验[1]——作为判断任何一种交际的标准。契约论原则变成了理性选择哲学，而维特根斯坦关于伦理学的看法（至少是《逻辑哲学论》和《伦理学讲座》里的相关看法）变成了伦理和宗教表达的"无意义性"（nonsensicality）的实体化（面对这些无意义性时，必然要坚持"绝对判断"）；变成"悖论""完全的、绝对的绝望"，变成"关系"，以及相伴随的表达——它们通过让我们意识到语言的实存，从而传递出世界实存的奇迹。[2]

因而还有另一种思考路径，它考虑到了[上述提到的]契约论和维特根斯坦式思路对于概念哲学的批判，但却试图免于陷入语言本体化的陷阱和再度肯认经典的自律性的陷阱。这将证明是一条穿越巴利巴尔（Etienne Balibar）所谓马克思著作所表现出来的"关系的本体论"的道路——[我们可以]在路易·阿尔都塞的著作看到，这一关系的本体论以一种相当不同的方式呈现出来。[3]

《读〈资本论〉》的核心议题如下："从[《资本论》]内部……来阐明涉及元素的结构功效（cffectivity）……的概念的缺席——这是[马克思的]全部著作中可见/不可见、在场/缺席的要旨，我们需将此种概念的缺席视为一种确凿的尺度，用以评判令人不安的然而又是不可避免的缺场。"[4] "结构"在这里可以指阶级、城市以及任何集体认同形式；而"元素"可以指个人、工人、市民等。《读〈资本论〉》认为，《资本论》未能说明（例如）某人的经济身份（[作为]某阶级的成员）如何对之造成影响，使之成为这一阶级中的一员；他如何从个人转变为某个阶级的一部分，以及如何再从阶级成员转变为社会的一部分。"个人"变为"阶级成员"，再归属于"社会"，这一轨迹显然是一种意识形态的后效（after-effect）或（这个弗洛伊德的语汇对于《读

《资本论》》来说极为关键）一种次级修正（secondary revision）——同时，它又是一种手段，遮掩了更加无法预料的走势（上述概念之间的流动即发生在这些走势中），也遮掩了由此而来的概念自身的不稳定。无疑，交互影响——或许表述为"交互规定"（reciprocal determinations）、"缺乏充分的规定"及"多元决定"（under-and overdetermination）[1] 更好一些——在马克思的著作或是《读〈资本论〉》的作者们的著作中是存在的，而且到处可见。[5] 不确定性源于两个方面。首先，源自效果（effectivity）这一相当糟糕的说法，特别是一般用它来联系"结构"的概念与本·布鲁斯特（Ben Brewster）译为"元素"的东西。L'efficace是阿尔都塞表述所谓"效果"的法文词，它其实是更为寻常的名词efficacité更为文学化的说法；质言之，即"对……起作用"或"效力"（effectiveness），或德语中的Wirkung（效用）。阿尔都塞的措辞明显包含一种症候性的含混；而布鲁斯特对于《读〈资本论〉》的翻译却显得确定无疑，他两次将阿尔都塞的"concept de l'efficace d'une structure sur ses effets"译为"涉及元素的结构功效的……概念"——这不是一处微不足道的错误，因为在阿尔都塞对于马克思的阅读中，结构的"效果"不必成为那一结构的元素。如果结构具有生产及再生产其元素的特点（这将成为交互定义的一个组成部分），那么，结构可以被想象成某种自身具有目的的东西。这种结构对其元素施加构成性影响，而结构的元素据此定义成了

---

1 "determinate/Bestimmen"（德文）是一个植根于德国观念论脉络的术语。马克思、恩格斯以及后来的阿尔都塞都使用了这个术语。一般来说，"determinate"指阐明、分辨、特殊化、具体化。简单说，"determinate"有"赋形"的意思。一个determinate的对象具有形式。其反面是：indeterminate、无形式。在这个意义脉络上，这个术语可以译为"规定"，而这也是贺麟先生所译黑格尔《精神现象学》的译法。当然，鉴于已有中文译本（尤其是马恩著作）将"overdetermination"多译为"多元决定"以及将"determination in the last instance"译为"归根结底的决定作用"，本译文酌情将之译为"规定"或"决定"。

受到结构影响、受到其作用,由其询唤的东西(在这个意义上,**结构、元素和构成性影响**可以被转译为**集合、集合的一员以及从属于某个集合的条件**这样的术语)。然而,正如法语词汇所表明得那样,结构会生产出外在于结构的效果。我们或许可以说,这样的效果并不服从它的概念,或并不必然服从它的规则——或者说,更令人感到麻烦的是,正因为它们服从规则,它们才外在于结构(虽然它们是效果,但不是元素)。

《读〈资本论〉》的文本预见了上述两个方向,虽然只有第一种——即布鲁斯特的译文所强调的那种——似乎有了明确的发展。正是这些论点中的第一种,构成所谓阿尔都塞自身发展的"宗教性神话"——这是阿尔都塞自己在阅读经典的实践中(他试图使这些经典"退位")所用的语汇。自从阿尔都塞探讨"偶遇的唯物主义"(aleatory materialism)的著作出版后,这一"神话"在很大程度上已被人们放弃了。这种"神话"强调的是拉克劳和墨菲所谓"[阿尔都塞思想里]不断生长的闭合,这一闭合导致了本质主义新变体的到来。这一过程……在《读〈资本论〉》里达到了顶峰"。[6]功能主义、"本质主义",或斯蒂文·史密斯(Steven Smith)和格雷戈里·埃利奥特(Gregory Elliott)所谓"结构性的"马克思主义,是布鲁斯特的译文引出的问题——这是特别不错的译文,鉴于其症候性的错误抓住了《读〈资本论〉》的关键性动力,即试图根据规范性的概念、被规范性地生产出来的概念(它自身是一种元素,且是结构的效果)来接合/表达(articulate)结构和元素。[7]当然,从《读〈资本论〉》论述的大方向来看,布鲁斯特的译文就错得离谱了,因为他的"元素"[译法]排斥了阿尔都塞正在一致然而却是隐秘地发展的一切,即所谓"遭遇的哲学"(以斯宾诺莎的方式阅读马克思,以马基雅维里的方式……)。结构的效果可以不是该结构的元素,或无法根据该结构的元素来加以理解,而且对于该结构的元素,这些效果确乎甚至可以根本不表现为"效果"——这意味着结构与元素、结构与效果之间有着一种"偶遇"的关联。(这一"偶遇"关联的另一个名字可以是转喻性的因果性[metonymic causality]，下文会更详细地讨论这一点。)这导致了一种拓扑性的悖论——产生非元素的元素的可能性，因此也是产生既封闭又不封闭的结构（或集合）的可能性，以及产生某些规则的可能性：既是封闭此种结构的规则又是使之未完成的规则。

阿尔都塞的措辞所带有的症候性含糊与以下情况相符：《读〈资本论〉》对于《资本论》中富有争议性的盲点的诊断。此盲点即，涉及[元素的结构]效果的概念"令人不安的、然而又是不可避免的缺席"。这一缺席使我们可以概念性地、系统性地追问"集体性的概念在《资本论》中是如何出现的"之类的问题，同时，在那一层面上系统性地、概念性地评估结构如何施加作用于（规约、规定、建立）效果或元素（正是这些元素构造了效果），也有了可能。我们在阿尔都塞及其学派那里看到的对于规定性的敏锐探究，在很大程度上源于此缺席及其所包含的认知性僵局。[8]令人困惑的**概念的**概念之于阿尔都塞的著作，正如"涉及元素"或效果的"结构效果"的"概念"之于马克思的著作：一种既脆弱又坚固的要旨，一种闭合和开口、建构与解构的要点。[9]

更重要的是，最令人困扰的东西——齐泽克用"创伤性的"一词来描述它——同时是《读〈资本论〉》的方案中最有用的东西。它有助于廓清：共同的（communal）概念（主权、城邦）和结合的概念（公民权[citizenship]）是如何被生产出来的；有助于在概念方面指明仍然在运作的"弱性"的特质。它源自《读〈资本论〉》的这一努力：去表达概念的**历史性**中所包含的某种深刻的犹豫。通过"历史性"，我部分地意指这样一种环境——它规定了生产、循环、占有、使用、吸纳以及消亡；概念的**生态学**，对于宏大的神话叙事来说总是很好的主题。但我也意指某些不同的东西：表达概念的历史性意味着关注这些概念出现的偶然性、其流动、效果，意味着关注包含于文本的超—可读性和难以解读的特性（over-and underlegibility）之中的偶然性元素——这些文本标记了这些概念的出现。概念的双重历史性引出了概念之"弱"，或者在一个迥然不同的争议性层面来表达同一个要点，即概念之"弱"既在历史意义上也在逻辑意义上产生自这一事实：结构的效果越出了结构的元素，而概念既是结构的元素，又是（在拓扑学的悖论意义上）结构的非元素效果。[10]

"置身于家园之中"的概念（Begriff）为何物？

我首先想勾勒一下阿尔都塞及其学派的《读〈资本论〉》背后的哲学地貌。这是一处崎岖、古老、丰饶的却断断续续的地形，而我会强调其中某一个元素。哲学史、生产与构成哲学概念的历史正是向"概念"本身开战的历史，这一点毋庸争辩。在战后哲学论争中，这一术语[哲学的**概念**]是一个交锋频繁的场所——在社会科学领域里，该场所越来越被**结构**与**功能**这类术语所占据；的确，每一学科的危机可以在这三个术语变化不定的命运和不快的结合中得到描绘。[11]这一竞争由来已久（合理的概念谱系学会考虑到**理念**、**形式**、**实体**、**本质**，等等，并测绘它们之间的差异、联系、亲缘关系、冲突），然而思考概念的现代纪元恐怕肇始于康德的著名论述——在《纯粹理性批判》即将论述"先验分析论"的部分，他提出了这一看法。康德描绘了一种先天基础，这是抽象或综合——我们的知识、人类判断——必须依赖的基础[12]：

没有概念，无谈知识……概念总是与概念的形式相关，与某些一般的东西、某些作为规则[Regel]的东西相关。因此，根据身体的概念[vom Körper]来思考多样性的统一，这一概念就是我们获得外在现象的知识的规则。它只能是这样一种直观的规则，因为在任何特定现象中，它表象了杂多元素的必然的再生产，或者说，在我们关于这些元素的意识中，表象了综合起来的统一体。[daβ er bei gegebennen Erscheinungen die notwendige Reproduktion des Mannigfaltigen derselben, mithin die synthetische Einheit in inrem Bewuβtsein, vorstellt][13]

表象（Vostellung）在这里意义明确。比如说，一个概念，身体或城市的概念，"表象"了杂多现象中的共同元素，但是仔细考察后会发现，这一概念并非某种共同的外表，并非源自现象自身向我的感官进行呈现的方式。（我看到一组事物，我比较它们，找到共同的元素——比如说，它们的"化身"[embodiment]——随后表象这一化身，使之成为我思考的对象。）相反，概念表象的是一种条件，由此我才能够赋予现象以可呈现性（presentability）。（除非各个现象之间建立起联系，否则我们无法思考或理解现象；在具体的关系中出现的东西，正是其呈现的**规则**，就此而言，它就是持存的[subsistent]概念。）概念作为现象可以向思维呈现的条件，必然总是拥有这样一种形式：它起着规则的作用（*zur Regel dient*），[即]统一具体的内容，而且它也像一位独特的仆人或侍女（*Diener*，*Dienerin*），在抽象的意义上，它自己就是它所创制的具体规则。

总的来说，规则的功能令人困惑。（如康德的"第一批判"在另一处有力地说明的那样：规则是一个谜语[*Rätsel*]。）涉及人类活动领域的某些概念，可以说是规约性的——诸如结合、自由、责任或城邦福利这样的概念。尽管如此，在以上所论及的、或多或少具有康德哲学特征的描绘中，所有概念在形式意义上都是规约性的——这是因为它们是某种条件，杂多的现象只有在此条件之下才能相互产生关联。因此，我们或许可以作出这样一种区分：首先是关于某些概念（而非全部）的规约性面向的"经验性"说明，其次是关于概念本身、关于所有概念的规约性面向的"先验"说明。在这一边，某些概念（而非全部）代表着某些事实的规范，并起着规范的作用——"事实"在这里要理解为实际存在的事态；然而在那一边，正是概念之概念的固有的、必然的面向，正是一种**分析性的**要求[1]（再一次地，在康德严格使用这一术语的意义上），[规定了：]概念如果是规约性的，就不能涉及事实或实际存在的事态，而是先天地关乎事实或事态呈现的可能性本身。黑格尔关于概念的各类定义接受了康德的这一区分，但他强调去揭示分析性的或先验的规约与经验性规约之间的联系。于是，黑格尔从康德的区分中推导出的问题，就是如何理解概念的两种规约面向之间的运动（如果说两者其实是一回事的话）——从而确立这一运动在意识史和人类制度史中可能拥有什么样的化身。比如，就以《小逻辑》（《哲学全书·逻辑学》）里确定无疑的段落为例。这里说的是众所周知的黑格尔关于概念的定义，它声称"概念是自由的原则，是自我实现的实体的力量"。这一格言式的表述既是一种定义，也发挥着另一种作用，它以某种方式预先展示了《法哲学》里关于本质逻辑的伦理—政治说明。[14]这一"自由的原则"的属性首先就包括：该原则区别于纯粹的表象，也区别于事物的理念，它是"正在展开的运动"，或是从实体向实体的真理的发展。

---

1 所谓康德式的"分析"是与"综合"相对应的。参看《纯粹理性批判》："分析的判断是这样的判断，在其中谓词和主词的连结是通过同一性来思考的，而在其中这一连结不借同一性而被思考的那些判断，则应叫作综合的判断。前者也可称为说明性的判断，后者则可以称为扩展性的判断。"康德：《纯粹理性批判》，邓晓芒译，杨祖陶校，北京：人民出版社，2004年版，第8页。

不过，最有影响力也最麻烦的问题，事实上是概念所固有的自我实现的面向（*die für sie seiende substantielle Macht*）。《逻辑学》将概念的自为存在描述为"虽然自我相斥为不同的独立的元素，然而这种处于相斥状态中的独立性依旧是自我同一的，在交互性的运动中，它依然感到置身家园之中，只是与自身亲近"。自为存在通过这一运动勾勒出属性与本质之间、具体（*concretum*）与一般（*generalia*）之间复杂的辩证摇摆，而此种运动正是判断和个别性（individuality）的可能性条件。[15]黑格尔认为，这一运动建构了一种总体性的形式，"其中每一种构成性的功能就是真正的总体，而概念就是这一总体。"[16]个别性的环节具现为判断（*Urteil*）的形式，它连接了主体与述谓部分，这一环节依赖与概念之间中介化的同一性关系，个别性本身就是概念的一个环节。

不确定的规定性（缝合与"效果的总体性"）

我们可以看到，此种关于概念的说法对于青年时代的马克思很有吸引力。因此也可以看到，为何马克思著作中效果概念的缺席会成为一种双重意义上的谜团——因为它是论断的基石，也因为它是运动中的一个环节，它是这样一个部分：一方面仅仅作为一个部分而缺席，另一方面，由于在诸环节的运动这种语境之中，任何部分、任何单一概念——以及更进一步，[尤其是整个]论述的概念基石——都同样是"总体性本身"，因此它的缺席同样是总体性本身的缺席。由于个别判断与概念之间有着一种经过中介的同一性关系（比如与阶级概念、政党概念，或历史环节的概念之间的中介关系），我们就有可能将具体情境（既是历史情境也是哲学情境）描述为与该情境的抽象规定性之间有着或多或少的同一性。黑格尔坚称这一矛盾的同一性可以由意识来评估，而且由意识构成；阿尔都塞认为，卢卡奇式的结果是一种"穷人的黑格尔主义"，某类斯大林主义。阿尔都塞自己的解决方式——在最初的表述中显得有些晦涩，而现在经过了重重过度使用和误读，已经难以重建其最初的允诺、挑战和作用了——则是主张具体情境与其抽象规定的矛盾同一性只能在最后关头得以确定。然而，特别是在这一图示化的版本中——即使我们承认，"最后关头"仅仅是某个虚拟点或规约性的视域——阿尔都塞的解决方式透露出一种神话历史编纂，它太容易套上辩证唯物主义的目的论历史性了。[17]但是，如果最后关头并不是意识历史的某个**元素**呢？（根据我以上讨论的内容，最后关头或许是、也或许不是一种效果。）我们或许可以将最后关头唤作一种发生规定作用的幻想（determining fantasy），或某个缝合点。原因是，正是在与幻想的联结中，**规定/决定**这一术语不再为那些批判性的文学书写、宗教神话或批判性活动提供他们迫切想要的东西——意识形态闭合的规定性含义。那么，幻想和缝合又是如何在各种规定性形式挫败的时候一步步潜进来的呢？

让我回到阿尔都塞生活和著作的宗教性神话之中——直至1990年代中期，此种神话还相当流行，这也是切入这个问题的另一种方式。我们看到，拉克劳和墨菲细致地叙述了这一轨迹，而格雷戈里·埃利奥特对之进行了重述。拉克劳和墨菲在所谓"宗教性神话"和阿尔都塞对于马克思发展轨迹的说明（这一说明始终在变化）之间描绘出一种平行关系。就其清晰地体现出预言性而言，这一轨迹依然是扎眼的，且十分精妙。[18]在拉克劳和墨菲看来（当时是1985年），阿尔都塞对社会关系的思考轨迹表现为：不断从多元决定概念所打开的可能性中抽身而出。这个故事对于他们（以及其他许多受益于阿尔都塞的学者）来说尤为重要，原因在于，阿尔都塞在这个故事里成了更为普遍的马克思主义思想的隐喻——或许唯一的例外是葛兰西——当然也包括拉克劳与墨菲自己写在《领导权与社会主义策略》之前的著作。据说，由于分析上的严格性，阿尔都塞的思想能够设定总体性范畴的不可规定性，但是出于实用以及理论上的原因，它必须从这一不可规定性中撤退下来。但我想在他们下述极为精简的表述上稍微停留一下：

> 阿尔都塞的论点（即每一社会事物都是受到多元决定的）最为深刻的**潜在**意义是声称社会将自身构造为象征秩序。因此，社会关系的象征的——即受到多元决定的——特征表明，社会关系缺乏根本上的字面性（literality），因而无法将其还原为内在法则的必然环节。……这一分析似乎打开了建构新的"接合/表达"（articulation）概念的可能性，这一可能性源自社会关系的多元决定特征。但是这并没有发生。多元决定的概念开始从阿尔都塞的话语里消失，相反，一种不断生长的闭合导致了本质主义新变体的到来。这个过程……在《读〈资本论〉》里达到了顶峰。[19]

无论如何，这是一种说法。[20]

这一描述中有两点相当令人吃惊。首先，强调多元决定具有"象征"的特征，违背了阿尔都塞对与此相伴的"不充分决定"（underdetermination）概念的说明——尤其参考他在《在哲学中成为马克思主义者容易吗？》的相关论述。[21]其次，[两位作者]将象征领域同化为"缺乏根本上的字面性"，认为这样可以摆脱向内在法则的还原。这些策略重要地、也颇具特色地将"字面性"概念同化为"本质"概念，所依托的则是**规定/决定**这一术语——它被看成一系列平行性的规定性要素的凝缩：由字面义（the literal）来对比喻义（the figurative）作出语义上的规定；用概念、最终是用指涉物来规定表象；严格地用"接合/表达主体"——阿尔都塞似乎将这一主体排除了出去——来规定"接合/表达"（拉克劳和墨菲）。

虽说符号的字面性当然与其本质不一样,但"象征"缺失根本上的字面性本身无法保证另一种不同的字面性秩序不会带有其他的本质主义变体(比如,喻象[figure]的本质主义)。如果社会关系"缺乏根本上的字面性",这就意味着,把这些关系用于代替其他事物——另一些社会关系、权力关系、结构的效果[effectivity]等——将总是一个无休无止的过程。因此,"建构新的接合/表达概念"的方案也总会是无休无止的——除非对于这种新概念的阐述[能够]独立于(即不能在以下基础上得到规定)社会关系的符号性面向。拉克劳和墨菲继续说道:

> 如果多元决定的概念无法在马克思的话语内部生产出具有解构效用的总体性,这是因为,从一开始,阿尔都塞就试图使"多元决定"的概念与其话语中的另一个核心环节相兼容,但严格来说,后者与前者却是无法兼容的:即经济作为最后的决定要素。

正是在这一点上,拉克劳和墨菲的方案的原创性表现得十分明显,也与巴里·海因兹(Barry Hindess)及保罗·赫斯特(Paul Hirts)截然区别了开来。在《领导权与社会主义策略》中,始终与封闭性的**规定**意义有联系的总体性作为一种可能性重新被引入进来——"具有解构效用的总体性"。可以推测,为了生产这一悖论性的效果总体性,就不能使"象征"的多元决定与最终的规定性秩序相兼容,同时也不能将阐述[活动]的不可确定性理解为黑格尔所说的"坏的无限性",即不容任何理智化和总体化,而是将之视为一种"好的无限性":将差异或矛盾的最单纯的形式包容在同一性内部,在《精神现象学》里,此种"单纯的无限性"也被称为"绝对的[大写]概念"。[22]或许,此种努力所提出的困难也太明显了:如果"最后关头"可以被视为任何判断行为的视域,那么分配给它一种具体的可能性条件(由经济决定)似乎就要求我们服从于那些我们将其经验为、理解为当下社会关系格局的条件。从判断的视点来看，这些关系的多元决定相对于其预先决定（predetermination）来说是次要的。然而，从经验的视点来看（即，从主体的现象学视点来看），社会关系的预先决定永远是种假设，预先决定的次要地位是说，它本身相对于现实存在的社会关系的经验而言是次要的。判断的可能性条件与经验的可能性条件之间发生了严重的脱节，而意识形态填充了进去，在原理上、在最后关头中使两者兼容。

在这个意义上，"不兼容性"有别于拉克劳、墨菲所归纳的、更具生产性的断裂或偶然性判断；可是，任何对于概念的依赖将会重新引入那些或许已完全被放弃的范畴。因此，不兼容性——它在必要的意识形态的生产和再生产中仅仅是最初环节——同诸如卢卡奇的《历史与阶级意识》这类著作体现出的有机性决定论之间，有着一种让人不适的相似性。因为，如果《领导权与社会主义策略》试图"阐述一种新的接合概念"而不使该阐述过程成为某种规定形式或意识形态形式，它就必须保留不兼容性的分裂性力量，而且不使之从属于生产或再生产论的有机主义或从属于无休止性——无休止性最终依靠的是好的无限性，后者与拉克劳和墨菲极力避免的坏的总体性学说不可分割地联系在一起。它必须保留不可兼容性，同时也不切断判断和经验的关联——即不放弃概念生产的可能性。

拉克劳和墨菲在阿尔都塞认识论中发现了一块由"意识形态"观念占据的地盘，他们就在这个地方引入了缝补或缝合（quilting or suturing）的精神分析过程。"缝合"是雅克—阿兰·米勒在阐述拉康的著作时提出的概念（见他的《缝合（能指的逻辑要素）》一文）。[23] 关于缝合的论述必然有着句法上的紧张（syntactical strain）（巴迪乌所谓的"尴尬、困境"[*embarrass*]），因为这一概念阐述[之所以成立，只能在]"未来"和"完美的过去"之间悖论性的结合中、同时作为这一结合[而出现]；同时也因为缝合是一个关系术语，正如巴迪乌在分析阿尔都塞著作中的缝合功能时所说,"使所缝合的两条边界变得可读,却让人觉得不适"——在阿尔都塞那里也即"哲学"和"特权性的条件"[这两条"边界"]。[24]米勒这样说道:"如果说拉康没有明确命名缝合,它也始终存在于他的体系之中。"因此,在拉康著作中,缝合所占据的位置,相当于阿尔都塞所谓"涉及元素的结构功效……的概念"在[马克思的]全部著作中[作为那]可见/不可见、在场/不在场的基石"。缝合似乎不是一种规定形式。它不是"一种使"结构与其元素或效果"相兼容的[主体]活动",而是一种幻想的节点,此种节点生产了主体位置。而且它还不是一种"知识对象"——即不是概念。毋宁说,它必须被看成是不恰当地设想出来的基础,发生误认的(méconnu)主体在这一基础上得以建立并展开行动,得以在一种偶然性的而非决定性的视域中确证自身。因此,缝合的标记并没有制造出象征性社会关系的多元决定的场域并由此得到确定的总体性。在文化或社会能指的层面而非"根本的字面性"层面上被加以阐述的幻想或症候(symptoms)——后一层面会"将幻想还原为内在法则的必然环节"——标记了无法预知的场所。致力于描述社会关系场域(女性主义、文化唯物主义、美学、认识论的语言)的话语在这些场所中相互不同而且相互竞争,它们会突然呈现出已经彼此接合起来[的样子]。[25]

米勒关于缝合的充分讨论早已在精神分析语汇竞技场里可以看到,而["缝合"]也正是一个出自精神分析的语汇。我们也可以在"电影手册"(Cahier du cinema)团队和"银幕"(Screen)组织中见证其展开。[26]这一概念似乎提供了一种相当好的方式来理解我为伦理—政治主体勾勒出的立场(该主体同时处于社会关系的内和外):一方面是[社会]关系总体性的闭合原则,另一方面是其敞开性的偶然形态;既是自律的又是他律的;从某个位置出发赋予自身思想与行动的规则——这一位置是那些规则以一种有缺陷的方式后天(a posteriori)塑造的。[27]缝合,这个伴生性的概念(para-concept)对于思考总体性的可能性来说是根本性的，它依靠一种省略（elision），此种省略在总体性最初的表达中明白可见。在那篇很有影响的论文一开头，米勒把围绕弗雷格的讨论同对象、概念和决定过程之间的关系联系在了一起。事实上，康德对于概念的讨论在米勒的看法中正是要点所在：

> 只是因为对象依从于某个概念，它才具有实存，在其逻辑实存中，再也没有另外的决定要素了。因此，对象从其与完整的事物之区别中获得自身的意义，也可以说是通过它与实在界（the real）之间的时空定位来获得意义。那个你可以看到事物消失的地方（事物必须受到影响，才可以作为对象出现）——**那就是作为[完整的]"一"而存在的事物**。概念在系统里运作，只是凭借归类这一决定因素得以成形，显然，概念就是一种加倍了的概念："**与某个概念相同一**"的概念。[28]

米勒继而将此种加倍了的概念与弗雷格数值系统中的零等同了起来——空缺的位置，以及作为缝合点的空缺（主体或所谓主体效果在这一点上得以出现）。这里与黑格尔的鸿沟似乎无法填补：由于事物是[完整的]"一"，事物（*chose*）的消失就不是直接的自为的对象的消失，也就无法用一个中介性的意识对象（object-for-consciousness）对此加以归类；进一步，事物那涉及对象的"离—中心性"（ex-centricity），对于主体来说也就更无法确定、无法思考。[29]然而，米勒所描述的"归类的确定性"确乎与黑格尔有相似之处：黑格尔表面地解答了由概念不可认知的形式性（formality）所提出的问题。在现象层面将事物整合进实在界，会将事物抹除并生产出[另]一个整体（integer），不过这只是在如下意义上说的，即此种[事物的]消失既是一种保留（作为"意义"的生产：对象从其与事物的差异中获取意义），也是一种抹除（对象"与概念相同一"要求：一旦对象取代了事物，[事物就]决不能呈现出[自己还有着]该"对象"未能归类的特性或表象）。而且，如同[康德]维也纳逻辑学对于概念的定义那样，米勒位置的复杂性与成功源于"对象"的易变性质："依从于某个概念"的具体对象所遵从的规则，不同于"与概念同一"的对象所遵从的规则。在此，后者只有凭借抹除事物与对象之间的差异才能是事物。对于米勒的分析而言，"与概念同一"不得不既是事物又是对象，既是现象化的（"局部化"），又"依从于概念"，即被抽象。在这里，抽象和现象化都被省略了，尤其是为了保留下述功能：即从一个同时被保留和抹除的差异当中攫取意义。这里所实现的施加于能指的省略——能指覆盖了两种概念，分裂了"对象"的概念（**对象**一词指的就是"对象"的概念）——具体表现为压缩的逻辑（后文将继续详细讨论这一问题）；不过，在此之前我想说清楚的是："与某个概念相同一的概念"在"系统"中运作时，它恰恰是一个绝不与自身相同一的概念——即，在形式意义上，（与某个概念的）同一性虽然发生了，但从来没有存在过。

转移/移情

米勒在描述概念加倍时遭遇到了困难，进言之，当这一加倍[过程]延伸进政治中介（agency）的语言时，这种困难尖锐地浮现了出来。如果缝合、幻想以及未被缝合的东西并不是规定性的形式，它们就依然或明或暗地与效果总体性的概念、与社会领域中并作为社会领域本身的效果的（言辞意义上的）完善性联系在一起。完善性的承诺，即便是有缺陷的或弱势形态的完善性——闭合原则所给出的完善性（这一原则也是敞开或未完成的原则，不完善的原则）——在很大程度上源于概念肉身化的过程与象征或社会物质化进程（社会组织或体制之中的物质化或组织、制度本身的物质化）之间的类比，即源于意志和律法之间的关系。

当然还不止这些。从黑格尔一直到阿尔都塞，概念化身与体制化之间产生出类比关系，这种类比的范围及含义由它与一个僵局的联系所决定，而这一僵局可以回溯到卢梭：集体意志的概念究竟是自发地产生于个别意志之集合的定义，抑或是存在于这一定义之前。[30]众所周知而且非常具有症候意义的是，这个问题曾困扰着恩格斯，而阿尔都塞早在其《矛盾与多元决定》一文中就回到了这一问题。在那里，阿尔都塞的问题相当强烈地呼应了《读〈资本论〉》中对"施加于其部分的结构的效果"的关注——他问道："为什么在个别意志的层面上一切都显得如此清晰与和谐，而在这一层面之下或超越了这一层面，所有东西都变得既空洞又同义反复？"问题的透明性恰恰成了其意识形态要点的指引。阿尔都塞下结论说，恩格斯不得不被由此产生的种种障碍推向虚构领域：

> 资产阶级经济学的这个乐观主义的虚构，离洛克和卢梭较近而离马克思较远的虚构，……[主张]个别意志的合力，即这些合力的合力，确实具有普遍的内容，并真正体现着经济归根到底的决定作用[determination in the last instance by the economic]。（这里我不禁想到卢梭，他最深切的渴望是：通过一次公平的选举，使互相脱离的特殊意志共同组成和产生公意这一神奇的密涅瓦女神！）[31]

正如强调"现实的"以及"真实的"的反讽性措辞所表明的那样，此种表述标记了这样一个时刻：阿尔都塞开始形塑与之对照的论题，即意识形态、"这些合力的合力"是[社会关系]想象性的具象。社会体（the social）复杂的几何学生产出不同于具体内容的东西，或者说，无法对生产出来的内容进行具象。恩格斯天真乐观的虚构是从马克思立场的严格精确性倒退到以下观念：经济在"最后关头的决定作用"事实上作为具体内容而体现于个别意志的合力中。这个论点将富有教育意义的"影响"观念与历史具象或历史认同的形式作了关键性的联结，将卢梭和恩格斯（他并没有从其导师那里吸取教训），与马克思和阿尔都塞（他吸取了教训）对立了起来。对于阿尔都塞以及马克思来说——正如对于黑格尔来说（在《逻辑学》的一条重要"附释"中，他认为卢梭无法"自始至终"区分概念[即**公意**｛*volonté générale*｝]与概念的特殊的、具体的条款[即掌控**众意**｛*volonté de tous*｝的法则]）——这一错误与具象的现象学（phenomenology of embodiment）有关：概念具象化为具体内容，即概念从物质并在物质之中生产出来，这种生产与物质——具体之物——从概念中生产出来不一样。在《社会契约论》的语言之中，解决"生产"难题（aporias）方式（即有关概念的具象化与体制化的难题），呈现为一种自发出现的奇迹——也就是呈现为幻想、错觉或文学著作。[32]

然而，从这一观察中所得出的教训远非清晰。阿尔都塞在此将卢梭视为这样一类思想者的典范：在他们那里，概念的具象在根本上是神秘的。阿尔都塞同时也赞许地指出，卢梭在"18世纪的理论家"（ideologues）里是个例外，因为他希望自己的愿望具有"生产性"——即拥有物质性的效果。阿尔都塞的插入语描绘的是"神奇的密涅瓦女神"的生成或诞生，即全副武装的战争智慧女神从朱庇特的前额中升腾而起，她像曾经保卫雅典民主那样保卫着日内瓦共和国，因此，"生产"自身以其特殊的简洁具体化了富有策略性的虚构价值：虚构既是一种具象化或形象，又是对于具象化的批判。虽然它不能被解释为《社会契约论》的物质性效果，然而，决定作用或**共同表象**（*repraesentationes communes*）的集合似乎是一种意识形态效果，具有鲜明的物质性后果（法国大革命就是一种读法）。此种不确定一方面标志着对于卢梭的理解发生了变化（作为意识形态机器的法律和神学语言所具有的模棱两可性，就反映了这一点）；另一方面，它标志着对于物质、效果和身体概念的理解发生了变化。当阿尔都塞再次着手处理卢梭"最深切的渴望"具有的形式时，他采取的方式是回到"必然的虚构"，并且再次考虑其与物质效果之间可能产生的关联。

在对于《社会契约论》的分析中（《论"社会契约"（错位种种）》，1966），阿尔都塞认为卢梭构造了"错位"链条的理论论辩——对于置换、中断或僵局的解决反过来进一步产生出更为普遍的僵局。（本·布鲁斯特将**错位**[*décalage*]译为"偏差[discrepancy]"。[33]）这些僵局中的每一个都对普遍化的社会概念的可能性造成真正威胁：因此，奴隶的"总体异化"（total alienation）和进入社会契约所要求的全部转让之间的**错位**以如下方式得到解决，即错位被转化为契约相关的两部分——个人与社会肌体——之间的差异与同一；从而，这一位置揭示出转让/异化与有利交换之间的**错位**，这一错位反过来成了公意与特殊意志之间关系的难题，即法律问题的难题。阿尔都塞认为，卢梭既解决又置换了后一种矛盾（正如他先前所做的那样），采用的方式则是文字游戏（wordplay）。"我们有一个总的矛盾"，阿尔都塞写道："特殊利益是普遍利益的本质，但也是它的障碍；现在，这个矛盾的全部秘密就潜伏在一个文字'游戏'里，那就是卢梭用**同一个名称**既称呼每个独立的个人的**特殊**利益，又称呼社会集团的**特殊**利益。"[34]但是，这种解决遵从一条重要的律令，这是因为，如果这些问题未得到解决，**错位**就会成为冲突，成为对于僵局的描述，如此一来，命名行为回到了《论语言的起源》核心的创生时刻，即生产其所命名之物的行为。

在这一点上，《矛盾与多元决定》对于卢梭的虚构方式的反驳，本质上发生了改变；虽说阿尔都塞论述的结构依然有着深刻的辩证特征，同时，对于物质效果的"神奇的密涅瓦女神"的渴望虽然面貌已经不同，但也依旧存在（阿尔都塞和卢梭都怀有这种渴望）。朝向**错**

位的运动以及从**错位**中回退——**逃逸与回退**（*fuite et regression*）——依旧在理论与现实的中断中运作。[35]当最终的中断呈现出抵抗理论解决的时候，阿尔都塞打开了探讨小说家卢梭的可能性，他视之为政治或理论失败的寓言：

> 如果说没有进一步产生错位的可能性了——因为它们对那个理论秩序已不再有用；因为那个理论秩序一致靠着这些错位才得以维持，而这些错位却先于理论秩序，已经把其中那些难题和解决办法统统赶到了该理论秩序触及一个现实的、无法解决的难题的地方——那么，还有一条出路可走，不过这是一条不同的出路：一次转移，这次转移是把在理论上不可能的解决办法换成了理论的替代形式，文学。史无前例的写作[écriture]获得了令人钦佩的"小说的凯旋"：《新爱洛漪丝》、《爱弥儿》和《忏悔论》。它们是史无前例的，这恐怕跟一个史无前例的理论——社会契约——那令人钦佩的"失败"并非无关。[36]

从卢梭的理论转到他的小说——在诊疗意义上完成整个方案，并让理论与文学相互规定——这正是以叙事形态出现的转移/移情：一个胜利的叙事，一个关于确定性的确定性叙事（表现为一个易辨识的虚构）。在这个意义上，阿尔都塞想要将虚构写作或文学把握为一个双重的、悖论性的具体化的地带。完全可以将始终麻烦不断的、"理论上"无法解决的因果难题（"生产"）表达为虚构[写作]，而要抵达这一虚构写作，所采用的方式不是概念运动而是文学运动。出于这一理由，虚构或文学（美学）是概念的劳动，是从理论失败转向文学成功的转移/移情活动所具有的形式与走向。不过，这篇文章里**错位**从中诞生的具体手段也在要求另一种介入。**逃逸**、**回退**、**文字游戏**以及最终向理论的**他者**的**转移/移情**，这些术语表明阿尔都塞试图用精神分析的语汇来说明逃逸，说明某种置换——即将**错位**的理论领域置换为具有可辨识的、可分析的运动结构的文学领域；这是外化—投射（经由此种活动，具有治疗作用的幻想得以再现）；同时，依旧处于无意识状态的东西或转移的动力获得了"真实的化身"。

这种明确朝向精神分析语言的转向本身并不让人感到惊异——毕竟，《论"社会契约"（错位种种）》首先在《分析笔记》（*Cahier pour l'analyse*）上发表，那个时候，阿尔都塞正与拉康打得火热。然而，其中所透露的某些关于阿尔都塞的理论及生平或文字的发展轨迹，却很值得玩味。[37]第一，《矛盾与多元决定》里相当重要的教育式的历史影响模式，凭借那貌似开放的**转移**（*transfers*）序列（sequence），在此重新表现为同一性问题：首先是"史无前例的写作获得了令人钦佩的'小说的凯旋'"，与"史无前例的令人钦佩的理论的'失败'"之间难题性的同一或增补关系；其次，写作《社会契约论》的卢梭与写作《新爱洛漪丝》、特别是《忏悔录》的卢梭之间同样是难题性的同一或增补关系；最后还有《矛盾与多元决定》中的阿尔都塞与卢梭的诸种形象之间的复杂认同。我们不能无视《论"社会契约"》结论部分的情绪（pathos）。从理性——**理论**（*theoria*）——向"一条出路，不过这是一条不同的出路"逃遁的传统主题（topos），不仅是虚构或文学诞生的叙事（文学必然具有治疗作用），不仅是所有纯粹理论立场失败的叙事——这些失败的效果必须过渡或转移到理论实践的物质性领域，才能实现自身或增补自身（马克思："哲学家们只是用不同的方式解释世界；问题在于改变世界"）。这一传统主题植根于浪漫派，这一点提醒我们，它也是向疯癫逃逸的叙事。[阿尔都塞]为卢梭所勾勒出的向虚构的逃逸或回退——从理论僵局中逃逸出来——也可被读解为阿尔都塞与卢梭之间产生认同的根本瞬间；求助疯癫在理论上源自这种努力：克服内在于概念谱系的**错位**；在传记意义上则源于[阿尔都塞]自传所描绘的状况，这一状况浓缩着某种严酷的否认。阿尔都塞在

《来日方长》开头几页这样写道：

> 唉……我不是卢梭。但是计划着去书写我自己、书写我所经历过并正在经历的戏剧性事件时，我常常想到卢梭前所未有的坦诚。倒不是说，我得永远像他在《忏悔录》一开头时宣称的那样："我正在做的事情是史无前例的。"当然不是这样。不过，我可以真诚地认同卢梭下述宣言："我应该开诚布公地说出我所做的，我所想的以及我是何种人。"[38]

但第二，与此形成鲜明对照的是，由于具有描述性力量及其对于同一性问题的启发，转移/移情的动力也恰因此透露出一些根本问题。出于重要的理论原因，《论"社会契约"》中的**转移/移情**（transfert）轻易地横跨了意向性行动领域与非意向性行动的领域：在卢梭那里，解决最终的、最顽固的**错位**[依靠的]不是卢梭自己的"恰当"行动或决断，也并非服从于某种结构必然性——好似这一必然性立马从理论的失败中生产出文学的援助。相反，正如《论"社会契约"》最后几句话所传递出的惊人的去人格化（depersonalization）语法所表明的，从失败向胜利的**转移/移情**（虚构写作赋予理论的诊疗性增补），遵从着一种非人的困难（impersonal difficulty）：即无论如何都要区分意向性行为与事件。需要注意的是，对于描述[精神]分析意义上的移情来说，情况同样如此：分析师或另一个人为病人着想，**碰巧**从被分析者记忆的神庙里获得了人物的特征——此种移情的意向形式依旧有待分析手段来产生。[39]

此种去人格化面向的"具象"现象学带来的后果颇为混杂。如果我们在[阿尔都塞]与卢梭的遭遇中来搜寻向理论领域的回移，即从精神分析以及文学向概念的（神奇的密涅瓦女神——既是哲学的、文学的又是政治的）理论领域转移，那么，我们也需要说明某种偶然的运动：即精神分析的语言始终与每一叙事联系在一起。因此，虽然卢梭从**错位**转向理论解决方案的策略表现为一种压缩过程——某个词语的两个或两个以上的概念或意义浓缩于一个能指之中——却没有理由认为，从失败向胜利、从理论竞争场向虚构写作竞争场的封闭式转移依从同一种模式。在此，向他者求助似乎是必然的，[也就是说]采取一种走向可预料的、确定性的封闭叙事——然而，在此，阿尔都塞与卢梭的结合[其实]与分析情境中的移情对象一样偶然。换句话说，只有从已经被放弃的视角——理论视角——出发，从理论向文学或向疯癫的**转移/移情**才可能被描述为具有诊疗性质，被视为可以生产认同或人格化（personification）——如果说还不是身份/同一性（identity）的话。从文学或精神分析的视角出发，甚至从疯癫的视角（如果可以这么说的话）出发，**转移/移情**的动力总是"一条不同的出路"，这与理论用来描述它的术语不同，与理论转移到它身上的术语不同。而且，从文学或精神分析的视角出发，甚至（例如）从《忏悔录》的视角出发，转移/移情（比如罪或责任的转移/移情）并不必然发生在从理论向理论的他者或是从一个人向另一个人的转移的过程中。[转移/移情]将自身联系于近在手边的事物，以转喻的方式向某个他者逃逸，并由此产生出该他者与理论的关联。[40]转移/移情不再横跨（也就是说参与以及连接）两个不同的竞技场；它不再是一个自由运动（孕育[phorein]）的比喻：不再是从一个词转向另一个词、从理论转向文学，或是从卢梭转向阿尔都塞；它不再是用一个术语浓缩两个概念的文字游戏——[这种文字游戏曾]为我们保留并描绘"'与某个概念相同一'的概念"的统合意识。

相反，我们不如称之为一条（悖论性的）规则：转移/移情由于具有动名词形式，它就不可能——回到康德最初的表述——"作为规则起作用[*zur Regel dient*]"——如果作为规则起作用的话，那么它就会预言任何具体的内容或事例的运动方向（从理论到文学，或是从理论到实践，从理论到物质），包括各种具体规则。规则就是：转移/移情[一直在]发生；它是一个事件（event）[1]。然而，由于此种规则的出现，转移/移情自身没有规约性的内容。这一议题立刻就比《社会契约论》的失败所生发出的文学这一局部问题宽广多了。现在我们可以理解，阿尔都塞在《论"社会契约论"》和《读〈资本论〉》中所呈现的两种因果性模式都靠不住中：一是"转喻因果性"；另一种是这样的假设：在帕斯卡传统的隐藏的神（deus absconditus）[2]模式中，赋予"不一致然而却是必要的缺席，概念的缺席"以结构。我们也可以将这种不可决定性（undecidability）表述为两种模式的互相干扰，一种是先验论的模式，另一种是唯物主义模式，第一种说明了意向性行为，第二种说明了非意向性事件，两者复杂的历史包括（在马克思的核心文本之中以及之间的）种种偶遇和失败的综合：神学与唯物主义之间、天启式的修辞学与经验修辞学之间，以及《共产党宣言》的修辞学与列宁《唯物主义和经验主义批判》之间。但最为重要的是，转移/移情的规则将此种不可决定性记录为一种根本性的断裂，这个断裂是无法缝合的，无法遗忘的，也无法被另一种转移——转向虚构性写作或实践——所扬

---

1 作为概念的"事件"在法国哲学家巴迪乌（Alain Badiou）的《存在与事件》等著作中有详细讨论。简单来说，在本体论意义上，"事件"是一种悖论性的存在。一方面，为了确认事件是否呈现在"情境"（指有确定规定的集合），首先事件得作为情境的一个元素得到呈现；但另一方面，只有解释性的介入（命名），才能宣布事件呈现于情境之中：事件是作为非存在的存在到来，作为不可预见的可见到来。事件即坚持情境内在的不一致性及其过剩性。事件是情境的真理。在《伦理学》中，巴迪乌进一步修正了自己关于"事件"的看法，他认为：效果上，存在着两种事件而不是一种（事件—事件和事件—名字）。同样，存在两种主体而不是一种（命名事件的主体和忠贞于这一命名的主体）。事件打开了一个主体性空间，其中不仅有进步和真理性的忠贞的主体形象，其中也有革新性的，但却是否定性的形象——诸如反动形象。
2 法国哲学家帕斯卡提到过，由于神是隐藏的，任何不肯定神是隐藏的宗教是不真实的；任何不解释为何神是隐藏的宗教，是没有教导性的。"隐藏的神"在基督教传统中有着漫长传统，托马斯·阿奎那曾提到过这一概念，指神有意识地退出了这个世界，隐藏了起来。

弃。这并不仅仅因为"'与某个概念相同一'的概念"在"系统"中作为某个恰恰与自身不相同一的概念一样运作，而且因为鉴于在形式意义上它是一个产物，因而它虽然发生了，却并不存在。作为一种介于下述两者之间无法化约的差异：一方面是属于**所有人**（*de tous*）的东西、由每一个人具体占有的东西，另一方面是**普遍性**、分析性地构成的概念（如卢梭那里的"公意"）——作为这种无法化约的差异，所谓的事件就出现在"文字'游戏'"中，而且无法避免地带有文学性。

神圣物质与野性唯物主义

不过，这是一个古老的故事，哲学核心处（即在哲学的**概念**中——自康德以后，也可以说是一种概念的哲学）出现了"文学"的杂音——正如对于事件的强调所暗示的，在某种奇特的意义上说，这是一个卢克莱修式的故事、斯宾诺莎式的故事、马克思式的故事（阿尔都塞仅在自己晚年承认了这一点）。要理解这个故事，需要我们从这些偶发的（occurent）文学效果的高度出发，重新开启并且重读马克思与黑格尔之间决定性的相遇。这一宏大的比较从来不是什么秘密。比如，看一下青年马克思对于黑格尔《法哲学》的关键分析：他发现黑格尔论述形态一点也不陌生——论证的各个阶段在黑格尔《哲学全书》（*Encyclopedia*）的整个方案里已被勾画了出来——但是，在《法哲学》中（"伦理生活"部分第279至287节），黑格尔的论述却有力地、持久地与主权概念以及对于各种主权形式的批判（那些并不将具象化的君主作为具体的形式，也不将君主的神圣权利作为其概念的主权形式）联系在一起。[41]马克思指出，《法哲学》想要说明思维中相互促动、相互激活的转型：一方面是德拉·沃尔佩（Galvano Della Volpe）所谓"谓项[概念]、共相或抽象的东西转变为主语、基质（substrate）或具体的东西；继而将真正的主语转变为谓项"。另一方面，在"伦理生活"[Stitlichkeit]领域，对于纯粹家庭以及社会（市民社会[bürgerliche]）关系的转化，既是这些关系的完成和成果，同时也将这些关系扬弃为仅仅是一些环节——[这一转化形式就是]国家："概念的诸环节在这一总体性[国家]中获得了与其独特的真理相一致的现实性"，这种总体性的主权权威的化身即君主。[42]

马克思以理论及寓言的方式仔细处理了黑格尔的论证。在《黑格尔法哲学批判》里，马克思认为黑格尔的如下描述——从"概念的逻辑形式"过渡到"现实世界的活生生的精神[lebendige Geist]"——包含了一个对称性的混淆：虽然黑格尔相信自己能够从国家的理念中引出并发展国家有机体的得到规定的、具体的现实，然而事实上他却从预设的概念中引出了国家的具体形态："他不是从对象中[aus dem Gegenstand]发展自己的思想，而是按照自身已经形成了的思想（其根源在于抽象的逻辑领域）来发展自己的对象。"[43]黑格尔似乎从"抽象领域"中得出了朝向"具体普遍性"运动的必然性，如此一来，这种必然性自身就没有被"批判性地证明"是真正内在于有机国家的各种权力。关于这种从"外在"原则引出内在运动之必然性的过程，马克思是这样来描述的：

> 同样，必然性也不是从它们自己的本质中汲取的，更不必说得到批判性地证明了。相反，各种不同的权力的命运[译按：英译为"实现"(realization)]是由"概念的本性"预先规定好并封存在圣宫[1]（逻辑学）的神圣记录中[Ihr Schicksal ist vielmehr

---

1　圣宫（Santa Casa）是人们对马德里的宗教裁判所的建筑物的称呼。见席勒《唐·卡洛斯》第5幕第10场。

pradestiniert durch die "Natur des Begriffs", versiegelt in der Santa Casa(der Logik) heiligen Registern]。对象——这里指国家——的灵魂是现成的，它在对象的躯体产生以前就预先规定好了，其实这种躯体只不过是一种假象（appearance）。概念是观念的即圣父的圣子；它是动因，是决定性的和有辨别力的原则（the determining, differentiating principle）。[44]

马克思的这个段落以各种方式探讨了同一个问题，它寓言式地呈现了《黑格尔法哲学批判》分析性地指出的循环：如果概念不像灵魂或理念那样持存和永恒，如果概念不是超验的（即便不是柏拉图式的），相反却是派生的、被生产出来的表象，那么概念的起源和呈现就必定外在于概念：它[起源于]劳动。而且，如果必然性同样不是超验的（"由概念的本性预先规定"），那么对象及逻辑形式的实现也必定是派生的——哪怕[派生于]叙事或起源的神话形式。在这里，马克思征用了传统的基督学（Christological）问题——黑格尔同样也征用了[这一来源]（而且不止这一处）：当灵魂相对于躯体的优先性被移入三位一体结构时，某种坚决的本体论的俗世等级（灵魂优先于躯体）便和某种神学需求产生了冲突，后者要求以三位一体形象呈现的神性诸方面之间具有相互的内在性。天主教异端的宏大浪潮在这一冲突中抵达顶峰，因为圣父成了圣子的动因（agens），而圣子要么是圣父的灵魂，要么是圣父的纯粹现象；圣子要么先于圣父，要么就是圣父的纯粹外在化。至于那个属神的第三项，那个总是伴随圣子与圣父的存在——在此种描述中即"圣灵"——它掌握的是构成性关系[Verhältnis]的崇高剩余物而非实体，它是天使传报（annunciation）的工具而非通报的消息[本身]，它既非躯体也非灵魂，既非圣子亦非圣父，既非"决定性的、有辨别力的原则"，亦非带有差异性或规定性痕迹的物质。

当然，基督教教义的微妙之处并不是马克思的主要关注对象。

（黑格尔是另一桩事情。）尽管如此，马克思考察黑格尔逻辑学症候性的三位一体论仍然极具启发意义，而对于眼下我们的考察来说，[考察]该逻辑学如何得到分析也很重要——[为此，我们必须]在相当程度上打乱黑格尔和马克思的论证所使用的规范性语境与他们试图生产的规范概念之间的关系。或许可以说，在哲学层面上《黑格尔法哲学批判》想要通过生产非三位一体式的第三项，生产某个具体的、决定性的姿态或语汇来拗直《法哲学》谨慎推进的关于源起的循环现象学——[这样一个]姿态或语汇将控制以下两者之间的关系，一方面是根据"由客观对象的性质所派生的必然性"，并结合"传报"和"预选"的超验模式，对"具体普遍性"[如何]诞生作出内在说明，而另一方面则是关于具体普遍性[如何]诞生的辩证阐述，它来自对象与其首次在《逻辑学》中作为概念加以形式化之间的差异。在政治层面上，马克思试图建立一种国家模型，它并不次于预先存在的"灵魂""概念""理念"或神学的活动原则，也不来自这一原则，正如巴利巴尔在《马克思的哲学》中所说，这种国家模型关注的是关系的"超个体"本体论，它取代了个体/总体的对子。马克思认为，黑格尔无法在哲学上和政治上确切地解释[怎么一来]国家就奇怪地萎缩成这么一个身体：起初是一个对象，然后又成了纯粹表象一个占据首要位置的"诸对象之……完整而预先决定的灵魂"。表达这一过程的联结语言来自另一套语汇：神学。"概念是'理念'即圣父的'圣子'；它是动因，是决定性的和有辨别力的原则"，马克思告诉我们，这一系列神学的嵌入与替换反过来嵌进并封存在黑格尔的《逻辑学》里，就如同封存在圣宫（Santa Casa）中一样。

这里发生的事情是（这不是偶然事件，或者说不是庸常意义上的偶然事件），为说明黑格尔如何奇怪地逃避哲学与政治准确性，马克思使用的意象具有令人惊讶的多元决定性。正如"Santa Casa"这个名字所表明的那样，它是圣母崇拜（Marian worship）的元素之一，甚或是重要的元素，它无疑具有神学根基：马克思所谓的"圣宫"（*la casa santa*），正如某个19世纪的日记作者马蒂森（Friedrich von Matthison）所说，"是玛利亚在拿撒勒的居所，据传天使从加利利夺走了圣宫，他们在空中携带着它跨越高山深海，在1295年，天使将它运送到了如今坐落的场所——圣宫着陆于两个极长的支撑物之上。"[45]由于圣宫在13世纪奇迹般地被搬运到洛雷托（Loreto），它是向玛利亚传报的场所。一直到文艺复兴时期，位于洛雷托的这一圣地已经成为最重要的朝圣场所，在欧洲仅次于孔波斯特拉的圣地亚哥，它也成为浓缩了大量（文学以及神学）比喻的文化肖像：圣宫的转移呼应了从拿撒勒向意大利以及随后向神圣罗马帝国的**皇权转移**（*translatio imperii*）；它也是治疗疾病的奇迹之地，到了16世纪，圣宫有了第二个屋舍（casa）、一个避难所，圣宫在那儿被封存和保护。一直到17世纪早期，因为这个避难所，圣宫成了一个神圣记录的徽记，那些被治愈者的遗迹，支架、拐杖以及其他朝圣者丢下的东西所造出的大架子从建筑上界定了这一神圣徽记。这些东西成了圣宫整体外观的一部分。[46]在马克思草拟自己的黑格尔批判时，圣宫在欧洲正令人称奇地得到赞美：其中包括游记文学（马蒂森）；教会史和圣母崇拜（如约翰·马蒂亚斯·施勒克[Johann Matthias Schröckh]出版于1799年的《基督教会史》和约翰·克里斯蒂安·威廉·奥古斯蒂[Johann Christian Wilhelm Augusti]出版于1829年的《基督谱系学中的纪念或回忆》），以及诸如施莱尔马赫出版于1840年的极为著名、影响极大的《基督教会史》；此外还有通俗歌谣，如卡尔·洛维（Carl Loewe）出版于1834年的《路德维希·特奥多尔·吉斯布雷希特的歌谱》。[47]到这个时候，嵌在教堂之中的圣宫炫耀着纪念物组成的盔甲——奇迹所治愈的朝圣者丢下了这些纪念物，炫耀着躯体的幻影——这种幻影反过来隐藏、装饰或者说具象化了这个封存在避难所里的屋子。

凭借接连不断的、空洞的具象化来表现缺席的原因，很难再有比这种深不可测的在场（abyssal presentation）更为完备的表现方式了：马克思文本中的括号插入（"各种不同的权力的命运是由概念的本性预先规定好并封存在圣宫[《逻辑学》]的神圣记录中"）在句子的层面上将转喻替换的逻辑物质化/具体化——用内部替换外部，用容器替换被容纳物，用形式替换内容或物质。《法哲学》似乎就是依靠这种逻辑，而圣宫奇特的建筑形态也生动地捕捉了这一逻辑：劳雷亚纳之屋（*domus laureana*）再现和遮蔽了天使传报这一缺席的事件，教堂环绕着这一事件，而朝圣者的肢体修复术所表现的幻觉性记录则保护同时又宣传着、显示着天使传报那奇迹般的效果。代表圣母玛利亚躯体的圣宫——概念和道/言说（圣子）在这里物质化/具体化——为马克思"封存"了《逻辑学》的形式：[这就是]躯体、外壳或建筑和由它生产和服侍的概念之间的关系（正如玛利亚怀有并孕育"上帝的侍女[*ancilla Dei*]这一概念一样）。

无论马克思与黑格尔之间的相遇熏染着何种幽默，我们都不该忽视封存于这次相遇中的关键点。哲学语言与法哲学的决定性幻想是：新的概念（主权、国家、权利/法）既是自发产生的，又是命中注定的（"概念的本性"预先决定了它们如何出现）。概念是被"生"出来的，关于其诞生和庇护所的故事是奇迹诞生的叙事。这一"诞生"的悖论给思维带来的困难，特别是给黑格尔所谓"知性反思方法"（*Rasonnement* 或 *die reflektierende Verstandes betrachung*）带来的困难，根本上与《法哲学》在探讨"君主"概念本身时遇到的困难完全相同：不仅要从某个"孤立的规定"[*vereinzelte Bestimmung*]的视角出发，而且要从概念的视角出发思考[君主]："[反思的知性]相应地将君主的尊严呈现为派生性的[*Abgeleitet*]，不仅在形式上而且是决定性的派生性。相反，真正的君主制的概念是这样的：它不是从另外一些东西中推演出来的，而**完全是自我创生的**（self-originating）。因此，'君主权利建立在神圣权威之上'的理念与这一概念最为接近。"[48]因而这是奇迹般的诞生，因为这种诞生既是自发的（也就是突然的），又是被规定的；既是孕育"概念"的客观对象的劳动，又是针对对象的反思的劳动。奇迹性还源于这一诞生过程古怪地混合着各种出身：罗马与希腊，天主教与新教，人类与超验的力量：黑格尔关于概念的说法既表达了非物质性的概念的幻想——母亲仅仅[起到]孕育（*trägt*）[作用，而被孕育之物则]与差异性的、决定性的动因（即父亲）紧密相连；这一说法又不可分离于"母性"父亲的幻想，像朱庇特那样孕育出哲学和武装的智慧女神，神奇的密涅瓦女神——[火与锻造之神]沃尔坎（Vulcan）是其接生婆。

换一种不那么带有寓言色彩的说法：知识对象从对象中生产出来（反之亦然），这个故事总是具体化为一种幻想，即概念的自身同一性的自发的再生产，新概念就从这一再生产过程中诞生——哪怕这新概念正是一般意义上的概念与自身的非同一性标记。（新概念既是旧概念的效果又是其元素。）"思维"并非"源自客观对象"[*aus dem Gegenstand*]，甚至当那客观对象本身已是符号的时候亦如此。思维并不是客观对象的治愈或完成（从虚构到虚构的理论，或从理论到理论的虚构），而是客观对象的残余，或可以说是客观对象丢弃的拐杖：它们堆积在一个被转化或转移了的容器（*Träger*）周围，它们是受伤、毁损或饱受折磨的躯体的幽灵，也是奇迹般自发重生的完整躯体的幽灵。不恰当地凝聚完整与残缺，凝聚与自身的同一性和非同一性：这就是"概念"学说的形态特征。概念"来自"一种劳动，这种劳动既抹除又生产了它所孕育之物[即概念]的所有权；概念"来自"一种劳动，这种劳动奋力去抹除自身，抹除与概念自身非同一的概念的生产过程。这的确是神奇的密涅瓦女神！

为了解释这一双重奇迹般的诞生，而且，凭借批判黑格尔对具体之物与概念之物的颠倒，马克思试图使特殊的对象或情境重新能够抵制它们在概念中的重生，恢复这种基本抵制也就是恢复思维的痛苦所具有的具体形式。这些也在马克思的意象中出现，不过是以相反的方式、以令人反感的方式出现。马克思的圣宫不仅指向天使传报的建筑形态，指向那个将黑格尔的逻辑学与神学再生产联系在一起的原初场景，而且指向这一联系似乎必然会带来的生理性痛苦（**圣宫**是福音派[1]在美洲和印度扩张时赋予建筑物的名字，它们是传教士阶层建立的医院、旅馆、福利社团场所）以及这一联系所包含和倚靠的神学—政治恐怖：宗教法庭。

最后一种指向有着具体的文学来源。在《黑格尔法哲学批判》的这个段落里，马克思想到的是弗里德里希·席勒写于1786至1787年间的戏剧《唐·卡洛斯——西班牙储君》。相关场景是国王菲利普二世召见宗教法庭大法官，他们正在讨论根据国王的命令暗杀王子卡洛斯最好的朋友和对话者马尔克斯·德·波萨。波萨在戏里是启蒙理性主义的代表，而在这倒数第二幕中，宗教大法官揭示了宗教法庭的古老密谋——处决波萨；在"炫耀理性"的舞台上，这个恐怖之举不过就是一例。宗教大法官对于国王夺走他手中的牺牲品感到十分不满；而菲利普则心烦意乱，因为他发现波萨和卡洛斯图谋叛变、颠覆忏悔式和宗教法庭式的哈布斯堡王朝——更不用说波萨和卡洛斯想要建立某类自由的、甚或共和性质的政府了（归根结底这是席勒的想法）。在这场戏的最后，国王把自己的审判权给了宗教大法官，并同意将王子卡洛斯移交宗教法庭。恐怖的功能得到了重建；在波萨简短地开始他的所言所为之后，反叛再次得到控制。（"仅仅是恐怖，就能绑住叛乱者的双手；要有怜悯，就是发疯"[*Und Schrecken bändight die Empörung/ Erbarmung hieße Wahnsinn*]，国王警告卡洛斯道。）这场戏开篇如下：

---

[1] 福音派（Evangelicalism）是新教基督教运动的一支，发端于17世纪。在1730年左右，随着卫理公会派（Methodists）在英国出现以及路德信徒中的虔信派（Pietist）在德国和斯堪的纳维亚半岛出现，福音派渐渐组织化。这一派别贬低宗教仪式，强调个体的虔信。

第四章 自律性批判中的物质 (Mareria)

宗教大法官：您为什么进行谋杀？

国王：有个

　　欺骗，一个从无先例的欺骗——

宗教法庭大法官：我知道这事。

国王：您知道什么！通过谁？知道了多久？

宗教法庭大法官：您在日落时

　　才知道的事，我已知道多年。

国王（困惑地）：您对

　　此人早已有所了解？

宗教法庭大法官：他的生活事迹

　　从头到尾都记载在

　　桑塔·卡萨神圣的记录本里。

国王：而他一直逍遥法外。

宗教法庭大法官：他扑腾在绳子一端，

　　这根绳子很长，可是撕扯不断。

国王：他曾跑到我的王国的国境之外。

宗教法庭大法官：无论它在哪里，我也在那里。

国王（愤怒地/不耐烦地走来走去）：你们当时知道，

　　我在谁的手里——为什

　　么你们不及时

　　提醒我？

宗教法庭大法官：这个问题

　　我要向您反问——当您投入此人怀抱之时，

　　为什么不来向我询问？

König: Ein Betrug, der ohne Beispiel ist——

Grossinquistor: Ich weiβ ihn.

> König: Was wisest ihr? Durch wen? Seit wann?
>
> Grossinquistor: Seit Jahren,
> Was Sie seit Sonnenuntergang.
>
> König(mit Befremdung): Ihr habt
> Von diesem Menschen schon gewuβt?
>
> Grossinquistor: Sein Leben
> Liegt angefangen und beschlossen in
> Der Santa Casa heiligen Registern.
>
> König: Und er ging frei herum?
>
> Grossinquistor: Das Seil, an dem
> Er flatterte, war lang, doch unzerreiβbar.
>
> König: Er war schon auβer meines Reiches Grenzen.
>
> Grossinquistor: Wo er sein mochte, war ich auch.
>
> König(geht unwilling auf und nieder): Man wuβte,
> In wessen Hand ich war——
> Warum versäumte man.
> Mich zu erinnern?
>
> Grossinquistor: Diese Frage geb ich
> Zurücke——Warum fragten Sie nicht an,
> Da Sie in dieses Menschen Arm sich warfen? [49]

当然，如果仔细研究席勒的这场戏，肯定会有所回报，《唐·卡洛斯》不仅最接近于马克思笔下典故的文学来源，它几乎也肯定是（下文会更多谈到）弗洛伊德最为著名的说法的来源：当启蒙理性的原则越过了忏悔领域的疆界，它也依然处在监控之下，依然根据各种力量安排给它的方式行事，而这些力量则为它着想，意愿着它所意愿的地方："Id[本我]在哪里，Ego[自我]就应该在哪里[*Wo Es war, soll Ich* werden]",或如宗教大法官所说:"无论它在哪里,我也在那里。"[*Wo Er sein mochte, war Ich auch*]在席勒的著作中,Santa Casa是马德里宗教法庭的总部——它是"黑暗传说"所具有的蒙昧、恐怖和秘密的核心范例,西班牙因为这一点而遭到指控,在席勒戏剧和马克思所用的典故背后,无论是此处还是别处,我们都能见到"黑暗传说"的影子。[50]国王与宗教大法官之间围绕王子的命运所展开的斗争微不足道——这是抵制现代化和启蒙的古老力量内部的分歧,而不是主权的概念化过程中的重要矛盾。到头来结果也没什么真正的争议——这是因为这幕戏重复了国王与王子早先的相遇,国王在那次碰头中提醒儿子,除了恐怖,任何方法都是"发疯"[*Wahnsinn*]:因为国王已经破坏了宗教大法官的计划,所以大法官一定得找到某个替代者。国王向宗教大法官承认"我在这些事情上还是个新手。请您对我耐心一点"[*Ich bin/In diesen Dingen noch ein Neuling. Habe/Geduld mit mir*],从这里就可以看出两幕戏之间的类比关系。王子被他的父亲放在了这个"空位"上,这个被献祭者、典范性的受难者的空位。

因此,在对于"圣宫"的互文阅读中,马克思就把黑格尔变成了代表下述传统的宗教大法官:它封印了作为祭品的儿子,即将启蒙理性的原则或"概念的本性"封存在《逻辑学》的躯体之中(将它存档,囚禁它,为它赋形,给它外观,折磨它)。而在第二个环节中,概念既是卑污的囚徒,又是这一躯体最根本的、最具特色的面向,它优先于自身的经验外观,它囚禁了自己的监狱,仿佛将这个牢笼封存在自身内部。德拉·沃尔佩正确地强调了他所谓马克思的发现:马克思在黑格尔的论说中发现了"由真正的基质或主语所获得的**普遍性纯粹是寓言性的**。"虽然就马克思的分析而言,更正确的说法或许应该是:在他的解读中,黑格尔那里的"寓言化"发生在两个方面——"普遍性"也成了"真正的基质"的"纯粹寓言",两者都"封存"在对方之中。[51]席勒的观众和读者(包括马克思)面临着最古老的戏剧性反讽：宗教大法官希望呈现于波萨躯体上的典型恐怖，反过来指向了主权者：不但弄伤了他，而且揭示出主权的"概念的本性"——正如黑格尔所说，[主权者]仅仅是主权的一个"规定性"[*Bestimmung*]。席勒的戏剧描绘出的献祭循环不仅是一种神奇的双重寓言；它也将"派生性"（*abgeleitet*）概念和"完全自我创生"[*aus sich Anfangende*]的概念（不仅是主权概念，而且是"概念本性"本身）相互遭遇的代价转移到思维、家庭和国家上面。受到"疯狂"（源自"仁慈"或"怜悯"，来自*Erbarmung*——一种结合的原则）威胁的神学—政治恐怖既作为一种工具得到了拯救，同时也像席勒的戏剧所表明的那样，作为宗教裁判式国家的目的得到了拯救。席勒没有提出一种世俗的替代方案，他所构想的是另一种神学—政治构型：这出戏剧用怜悯或仁慈的概念来反对西班牙的恐怖，而这一概念与新教对天主教的批判联系在一起，正如菲利普·弗里德里希·希勒（Philipp Friedrich Hiller）作于1767年的极为有名的赞美诗所言："*Mir ist Erbarmung widerfahren, / Erbarmung, deren ich nicht wert*"（"我看到了仁慈，/我不值得这一仁慈"）。

　　认为马克思在偶尔提到"圣宫"的段落中已经（按照一般理解）意识到了上文提到的该典故背后的巨大语义内涵，甚或认为马克思有意动用这一典故的丰富资源，这种说法可能毫无说服力，或起码失之轻率。但也不能说，"圣宫"及其典故在席勒写作的年代或马克思引用席勒戏剧的年代有着单一的或无可争辩的意义。比如以伏尔泰为例。马克思很熟悉他的著作，伏尔泰的《哲学辞典》令人信服地针对圣宫展开了具体反思，令人想到马克思的典故征引中首要的两个领域：一是圣母崇拜及相伴的建筑和神学上的复杂性，二是神学—政治的恐怖。天使传报及其体制和意识形态的具体化。"封印"在宗教法庭恐怖"领域"内的圣子。在伏尔泰看来，崇拜"圣母玛利亚的房屋"相当可笑——"这座屋子在空中旅行，来到Dalmatia，两三次变换了坐落场所，最后终于在洛雷托安顿下来"；一方面是这可笑的仪式，另一方面是"狂热"而自私地运用反异端的律法所带来的任意性暴力。[52] 毋宁说，马克思进入黑格尔概念哲学的路径之所以具有特色，是因为语义的剩余，而此种剩余不可能通过应用某种规范来消除其歧义，无论如何解释这一规范（比如，采用一种狭隘的"意图"概念，从马克思的生平入手——他读过席勒吗？他是否熟知圣母崇拜？——而另一种同样狭隘的关于影射的理解也建立在传记问题之上：《黑格尔法哲学批判》明显涉及席勒的这个那个段落，还涉及施勒克的《基督教会史》和伏尔泰《哲学辞典》里关于圣宫的故事）。或者我们可以说，马克思在这一阶段的看法，在症候的意义上既是多元规定的，也是不充分决定的。或者，最后我们也可以回到阿尔都塞的术语上，谈论圣宫的形象与生产这种形象的文化之间的关系，如何表现一种特殊的因果形式——《读〈资本论〉》或许会把这一因果形式称为"转喻"的因果性，它同时又是（用晚期阿尔都塞的术语来说）"偶遇的"因果性，此外，它又是得到规定的或结构性的因果性。现在我们能够看到，这种三重因果性形式（毕竟，阿尔都塞自己的三位一体论也值得我们注意）是多种历史性形式之间的区别与矛盾的扩展形式——我们可以在阿尔都塞对于概念的说明中辨识出这一形式。这种历史性关注生态学，关注概念诞生的偶然性。这种三重因果形式结构了阿尔都塞的重读活动（特别是对于马克思与黑格尔相遇的重读），结构了他的反思——关于"效果"的"概念生产"的反思：在这一[生产]场所，一方面是对于概念自主性/主权的谱系学解释，另一方面是对于自主性/主权概念的解释，两者在历史上发生了相当复杂、相当剧烈的冲突：一方面是"派生性的"，另一方面是"自我创生的"。

阿尔都塞自传里关于《读〈资本论〉》源起的反思清晰表明了上文描述的元素与效果在文学上的不一致。这些反思可以从一个笑话故事里看出端倪——这个故事总体而言心胸狭隘、处处设防，[显得]很焦虑。阿尔都塞的奇怪故事涉及偷窃和欲望——虽然它在名义上是关于《资本论》研讨班的：

> [雅克—阿兰]米勒曾[是研讨班成员，他]对主题有着最坚定的看法，不过在那一年的课后，他彻底退出了。那个时候，他和一个"女孩"一起住在朗布依埃（Rambouillet）的猎人小屋，据他说，"这个女孩每周至少生产出一个概念。"……在[朗西埃的]介入之后，一切变得容易了，因为他有效地展开了讨论，并且使讨论进入到我们已经有所思考的领域之中。这一切发生在我某次关于拉康的讲课之后。当时米勒突然插进来宣布自己有个"概念发明"："转喻的因果性"（另一个称呼是缺席的原因），这引起了不小的震动……当米勒回来之后……读了人们给他的论文复印稿，他发现朗西埃"偷"了自己的"转喻的因果性"概念[son concept personnel]。听到这一指控时，朗西埃感到十分痛苦。这个案例不正表明了概念属于每一个人吗？……我提到这桩愚蠢的偶然事件并非想要羞辱米勒。毕竟，年轻人总会做出些莽撞的举动。此外，他似乎在这一年开始了自己讨论拉康的课程——显得盛气凌人；他这样庄重地宣布："**我们不是在研究拉康，而是在被拉康研究**。"这证明他也承认别人在他之前就发明并拥有概念……尽管如此，此种"盗窃概念"的荒谬想法依旧触碰到了我极为关心、并给我带来极大焦虑的原则：**匿名**问题。[53]

关于这个关键时刻，更早些时候的《事实》（1976）的两个段落里有着不太一样的表述："一些巴黎高师的学生对拉康印象深刻，其中之一便是雅克—阿兰·米勒，他最著名的概念被人抄袭了，而他那个时候正在追求朱迪丝·拉康。"精确的表述是："a qui on avait volé le fameux concept de sa vie"，这句话富有意味地将"生命的概念"——概念层面上的相关物——与"终其一生的概念"联结了起来，也就是最好的、最重要的概念。

> 我们[巴利巴尔、马歇雷、埃斯塔布勒（Establet）和朗西埃]在1964—1965学年组织了一个关于《资本论》的研讨班。朗西埃发动了这次研讨班并使我们渡过了最初的难关，因为这一点他理应赢得大家的感谢，因为还没有其他人准备开这个头。……[朗西埃的工作]是极为精巧的讲解……有一点形式主义的味道，也有一点拉康的特征（"缺席的原因"不断被提出来），但却表现出了真实的能力……雅克-阿兰·米勒，这个几乎已经跟随朱迪丝·拉康走出这个圈子的人，在1964年10月表现出极大的主动性与创造力，这使他取得了支配地位，但他随后又完全消失了（他和一个女孩去了枫丹白露[Fontainebleau]森林中，教她如何生产理论概念）。1965年6月，他不作任何预告地再次出现了，而且出乎所有人预料，他揭露有人"偷了他许多概念中的一个"。……实际上，[这个事件]完全是例外。概念自由地流通，它们的发展不受任何施加其上的控制。[54]

为何这桩轶事对于阿尔都塞来说如此重要，以至于要一再回到这件事上来？且不论那一遍遍讲述该场景的幼稚语调。需要注意的是，阿尔都塞反复试图从传记领域转移到理论领域，从一般意义上的分析性的概念描述角度来看，这次意外就成了"例外"："这个案例不正表明了概念属于每一个人吗？""概念自由地流通，它们的发展不受任何施加其上的控制。"我们应该记得，米勒提出的转喻的因果性概念（或是朗西埃？拉康？谁对它**负责**？）是结构因果性概念以及缝合概念的发展或生产的直接先驱（拉克劳和墨菲以及跟从《领导权与社会主义策略》路线的后马克思主义批评家都非常倚仗"缝合"概念）。因此，针对这一场景不断重现的问题，一个直接回答就是：它触及了阿尔都塞感到最属于**自身**的东西，"我极为关心并给我带来极大焦虑的原则",这极为明显地影响了他自己的表征以及他与自己的工作、与自己所"生产"的概念的关系。它触及的"这个原则"既是名称问题又是匿名的问题,而且以问题的形式出现:复数的概念——而不是指任何单一概念,因为转喻因果性的观念使我们能够讨论"结构对其元素的效果",或使我们能够首先应用"多元决定"观念——如何能够被说成是**个人的**,又如何能够被说成是**所有人的**(*de tous*)?概念如何能够被"发现",如何能够是运动的、非专属的?在什么意义上概念不能被偷窃?一句话,概念的**非物质性特征**到底是什么?(我所说的"非物质性",是在理想的、不能分割的意义上指概念具有的某个面向,超越概念具体的内容;它是这样一种决定性的或无法割裂的属性,即一个概念的这一属性如果被移除、被偷窃,那么它就不是一个概念。)在重重设防下,阿尔都塞的逸事提供了如下答案:概念的非物质性特征是概念的流通自由,或更确切地说,是概念自发的循环流通,**作为**自发循环的流通(currency)。

如果以此种相当奇怪的、甚至悖论性的概念定义来重读《读〈资本论〉》,那么,如何解释"结构对其元素的效果"这一概念的生产,就会变得大不一样。一方面,概念的非物质源自概念在构成上就有循环或者流通的自由,这一观念与另一个观念相冲突:概念是劳动的产物——而《读〈资本论〉》和《论"社会契约论"》都致力于捍卫后一个观念。[55]理想的流通自由成为概念各种物质化身(作为**表象**)的根基,这一命题只需重新用权利语言表述,就可以与我们在古典人文主义学说那里期待的表述相符(譬如权利不可转让的学说)。当在阿尔都塞自传中叙述的故事内部(并为了这个故事而)出现一种"与此不同"(not identical to)的意义时——恰恰在这个时候——阿尔都塞对于概念的理想化也就发生了:"这桩愚蠢的偶然事件"所"固有的"概念内容超越了这个故事纯粹的逸闻特征,成了一个富有教育意义的寓言,其寓意是:概念本身的理想性排除了它成为个人财产的可能。

一旦这则轶事显示出自身所不是的样子（一旦它开始在其他地方流通，而非仅仅在自传希望限定的有限语义场中流通），我们会发现其他"封存在这一领域"的各种决定性语境的踪迹，它们和概念的自我同一性问题连在一起，这些事物或进程时常溢出主观自由的理想边界。首先可以注意到，这些段落始终有着充满忌妒倾向的幼稚："追求朱迪丝·拉康"不断地被想象成枫丹白露森林中的欲望—政治"教学"，"理论概念的生产"在这里被编码为一种情色行为，一种交媾或教学的形式：米勒这个"自己生命的概念"的"所有者"在这里成了一种消失与重现的原则；甚至这一场景的位置也在这一语境里获得了"伪乡村式"的谱系——它一方面联系着牧歌式回退与沉思的传统文学主题（枫丹白露），另一方面联结着性爱的策略、追求与暴力。（"朗布依埃的猎人小屋"）。另外一些涉及身份与匿名性的小叙事很快就从这些问题背后浮现了出来，有时带有肥皂剧情节中那粗俗的孜孜不倦，有时则具有浪漫犯罪片（*roman policier*）中公开的微妙意味：谁"生产了"那个被宣布"发现"了的概念，究竟米勒还是那个"每周至少生产一个理论概念"的"女孩"？雅克·朗西埃？朱迪丝·拉康和"一个女孩"或"那个女孩"是同一个人吗？如果"教"人如何生产理论概念是一种欲望或情色行为（但这是谁的行为？），那么"学习"或另一个人"学习"这种行为又意味着什么？拉康这个名字在阿尔都塞的描述中扮演了何种角色？在这里被屏蔽掉的其他名字又是哪些？

现在，让我们稍稍扩展这个故事。我在阿尔都塞自传及其讨论卢梭著作里已指出一些俏皮话、一些犹豫不决和无法估量的东西，[现在]设想它们反映了一种焦虑：对于精神分析运用的概念感到焦虑，也对于更广义的精神分析语言的魅惑性和暴力感到焦虑——这一方面是因为精神分析使米勒这个"对主题有着最坚定看法"的学生离开了阿尔都塞，走向了拉康和拉康的女儿，也因为它诱惑、追击着阿尔都塞自己，并对其施加暴力。鲁迪内斯科（Elizabeth Roudinesco）指出，可以认为米勒的著作指向了阿尔都塞和拉康**之间**的关节，这是一个由《分析笔记》（论"缝合"的文章就发表在这份杂志上）体制化并且有争议地命名的场所。[56]可以很清晰地将上述环节与论卢梭的论文中提到的**转移/移情**联系起来，同时也将它们与精神分析语汇受到多元决定的现象联系起来：米勒所"拥有"、所欲求，或者说他所生产的东西应该属于每一个人——[包括]转喻因果性的概念、那个每周都在生产理论概念的女孩，以及最后，朱迪丝·拉康（并且经由她以及她的名字，还包括她的父亲的语言和概念）。在此，赋予概念以具体形象的过程，使概念在比喻的意义上专属于某个身体（朱迪丝·拉康、米勒或阿尔都塞，正是在他关于拉康的授课场合下，米勒宣布了自己的"发现"），而也恰恰是在这个身体上，财产的意义遭到了猛烈质疑。[阿尔都塞]明确提出了这一争议性僵局："这个案例不正表明了概念属于每一个人吗？"这段引自《来日方长》的话修辞性地问道。对此的回答不仅是米勒"也承认别人在他之前就发明并拥有概念"，而且是说，这样一种财产观念很"荒谬"。

上述解释并不是要在矛盾中捕获阿尔都塞，责备他的故事纵容了多少修饰，或是因为这个**笑话**（*boutade*）的幼稚语调而责骂他；也不是为了给这些矛盾、故事或笑话找到一种心理传记式的意图或动机。仅仅就部分意义上来说，上述解释是为了展现精神分析的语言以及其中的缝合概念或准概念如何缝合阿尔都塞关于概念谱系的阐述：精神分析的语汇，特别是缝合的概念是某条伤口的标记，是[阿尔都塞]整体著作"可见/不可见、缺席/在场的基石"，它再次呼应了阿尔都塞论及马克思的"效果概念"时所使用的语词。"自传"详细叙述了阿尔都塞的概念哲学的原初场景（如果你愿意这样说的话）——学科场景、家庭场景、俄狄浦斯化的场景、暴力的场景。它们在各个方面呼应着马克思重述黑格尔概念哲学诞生的场景——伴随着嵌入其中的脆弱的、同时受到多元决定的和不充分决定的指涉：洛雷托的圣宫。

阿尔都塞的自传和马克思的《黑格尔法哲学批判》都产生了三种各自独立的观察，涉及"修辞性装饰"、无法决定和多元决定的典故和"小叙事"，以及"笑话"——也就是说，涉及**移情**的动力或如拉克劳和墨菲所说，在"生命"与"概念"似乎相遇的场合发挥作用的"解构效果"。首先，就我依然称之为论证形式的东西而言，"概念的生产"被建构为一种概念和一种具体的、甚至可以说是幽默的**表象**（*repaesentatio*），一般的概念的形式理想性被设置在流通自由或是黑格尔的运动原则之中；正是在这里，阿尔都塞的"生命"和马克思的文本产生了并非属于概念的、不同于自身的文学效果，它们自由地流通，取消了在"每个人"各自拥有并对之负责的东西与"其他人"发明并拥有的东西之间作出区分的可能性。我们可以说，这些效果既是又不是作为其原因的结构的元素。比如，它们以典故或神话指涉的形态出现：阿尔都塞的故事幻想性地运用了两个熟悉的比喻来描述概念的自发生产——一个是"神奇的密涅瓦女神"或由男人孕育的概念，另一个是**上帝的侍女**，即作为圣灵之侍女的玛利亚或概念的承载者。虽然这些文学效果可以自由地流通，它们不自由的地方——即无法孤立于这些效果之处——在于，它们是作为事件发生的：当然可以说这是阅读事件，同时又是写作事件，它们在阿尔都塞自传里不断复归，又表现为马克思著作里不可化约的多元决定性。文学效果的发生所具有的实践后果，没有比在以下地方表现得更为剧烈、更具威胁性了："每个人拥有的东西"和"其他人"发明的东西是**共同表象**（*repaesentationes communes*）的集合，或是如下结构：我们称我们的生命、阿尔都塞的生命或自传、他人的生命或自传为"生命的概念"。我引自阿尔都塞自传的场景寓言性地讲述了阿尔都塞的"生命"的生产，也讲述了**生命**的概念的生产，这一"生命"和"生命的概念"既不专属于一个所有者，也不专属于一个共同体。由此我们可以理解为何这个故事不断地被讲述。

或许有人会提出反对意见：如果这些文学效果同时发生，那么它们就没有资格成为规则；或者有人会说，如阿尔都塞对于《社会契约论》的解读所示，在某个概念的边界和同一性已然得到确立的地方，文学效果可以作为规则发生，但任何将[这一]发生过程形式化的规则都不可能**仅仅**是该概念的一个元素。同样，这些规则也不是该概念的元素；它们既不是**固有的**或**个人的**，也不是**所有人的**。这类效果解除了概念领域的封印，在双重决定性意义上打开了圣宫的大门。如果事情确实是这样的话，那么，当转喻的因果性在"生命"中成为讨论的议题时所发生的欲望寓言和过度**移情**寓言，无论在原则上还是作为规则来说，都无法被预言或重复。在此情形下，"诞生""概念""偷窃"和"欲望"的主题与文学效果自发的多元决定之间有着巧合的关系，这一巧合自身是转喻因果性的一个例证，是一个真正的事件：它总是在过去**已经发生**了，它作为事件而"发生"的当下在场总是一种有待事后"测度"或重建的缺席。这相当于以另一种方式说："规定性"这一概念的"解构效果……的总体性"或许永远无法达到；从来就没有解构效果的"总体性"，因为当某个结构或某个概念（例如某种"生命"）的某些元素同时又**不是**该结构（概念、生命等）的元素时，总体性的观念不可能明确无误地被提出。元素的集合总是不完整的，不是因为还有没发现的元素，而是因为每一元素或一些不确定数目的元素，总是会落在集合之外，它们的基础或遵循的规则本身既内在又外在于该集合、结构、概念——"生命的概念"（concept de sa vie）有可能到头来是其他人的概念。关于此种描述，如果采用康德的语汇，那么我们可以说，移情的发生规则或文学效果的发生规则是综合性的而非分析性的。这种规则建立在不同种类的偶然性之上。在或多或少有些琐碎的学科意义上，我们注意到了拉克劳和墨菲、齐泽克、斯洛伊迪耶克（Sloerdijk）以及其他人（包括阿尔都塞自己）著作试图用如下标准来衡量阿尔都塞的著作：阿尔都塞朝向"最后关头的决定性"的概念的发展，让人想起从理论向虚构或疯狂的叙事性转移/移情，这种开放和解开了的转移/移情就是概念生产的叙事。生命成为概念和概念获得生命，两者不具有同一性；事实上两者与自身都不具有同一性。最后，将两者缝合起来的工程，以及将两者封存在各自边界之内的工程，都留下了适合症候性阅读的踪迹。

但事情还没有完。马上就有一种从发挥解除封印作用的**转移/移情**——**固有的**和**所有的**之间、一个人的生命和其他人的生命之间、理论与虚构之间、**众意**和**公意**之间的转移/移情——中抽身而回的重要方式。这种回退的运作是，先授予某一类术语以优先性，然后撤回这一优先性；这两个步骤将巴利巴尔所谓马克思的不稳定的"关系本体论"转变为一种神学，尤其是一种**政治**神学。可以这么说：我已经勾勒出的相遇——马克思和黑格尔经由席勒的相遇，阿尔都塞和马克思经由黑格尔的相遇——提供了可以称之为"一个术语优先于另一个术语"的寓言，这也是"另一个术语如何跟从第一个术语"的寓言：某个术语（不妨称之为主体"专有"之物）是起源；而另一个，即所有人拥有之物，是终点；一个是原因，另一个是效果；一个是内部，另一个是外部；一个是道，另一个则是道所要求的肉身。这一寓言形象的悖论性功能在于将最初表现为线性的过程、关系变成循环：概念被封存在女性那隐藏的或被占用的身体的表象内部（比如圣宫，即将来临的母爱将在这里向她传报），这个女人生出（"生产理论概念"）那个反过来孕育她、并作为**动因**承载/生育她的东西。"女人"是黑格尔、马克思和阿尔都塞在文化上（物质上、偶然性意义上）易于利用的形象，用来表征概念的诞生，因为"女性"（不是指某个[特定]女性；玛利亚在这里是"女性"的原型）体现了赤裸裸的、生物性的优先性，这一优先性在文化领域却成了次等的东西，它揭示出自己纯粹是符号。概念哲学中的"女性"在她出现的原初场景中，既是单一的又是双重的，单一是因为她是完美的（她生产了自己的概念），双重是因为她是母性的或易变的（她服务于她孕育的概念），她是自我同一的，然而又总是非整一的。[57]女性服务于她作为母亲或易变的躯体所孕育的概念，她通过成为她孕育的系统或概念的一部分来为它服务——她再现了该系统或概念极端的外部性，她通过进入元素的系统或是证明自己总已经是系统的一部分来为它服务。"女性"在教学意义上变得有用：她教导自己孕育/承担的概念如何生产（其他）理论概念，如何遗忘（正如有人遗忘"纯粹"表象）该生产的劳动过程（如何遗忘这一点：这些概念在成为某个概念结构中的元素之前，它们已是结构效果）。

当然，在上述种种相遇过程中还有一种不同的逻辑在起作用，[也]牵涉到这一物质化过程或母性化过程。作为两种不同取向而被一起包含（sealed）在哲学女性主义语言中的方案，无疑都很理想化。"女性"是不是一个外在于概念哲学所依赖的概念体系的形象？与之相反，完全从圣宫中被抹去——正如从概念学说的历史中被抹去——的女性，本身就是从**动因**（*agens*）的脑门上蹦出来的概念。她已经是概念或概念体系的一个元素，事实上还是基础元素之一，是物质的实体（hypostasis），是神庙里的另一个概念或另一个神，玛利亚或物质（*Materia*），她就像密涅瓦女神一样神奇，为了承担承载者、女仆等的教育功能而被生产和塑造出来。她的身体并不处在哲学语言的元素集合之外，[因此也无法]作为一个非哲学的关联物或形象被哲学用来表征哲学起源（作为概念或概念系统）的循环特征。因此，以下说法是极端错误的：她作为诊疗性物质的哲学和文化角色，便是将女性身体塑造为"非整一"的主要原因。同样，下述看法也是错的：其诊疗性角色以一种单纯的方式先在于或者说外在于其所致力于解决的哲学需要或僵局（错位）。塑形以及生产的条件、对于塑形与生产动机的测定，既是多元决定的又是不充分决定的：塑形与生产的经济、文化话语和文化压力的耐心和暴力的劳动、物质的自发抵抗，这些作为思维对象，本身就是它们所塑形的产物。

从概念核心处的文学效果的揭示性转移/移情中回撤的第二种重要方式，我已经对之有所暗示：缝合概念的使用。这一论断容易招致许多误解。最严重的误解大概会这么说：在"发明"或生产概念或类概念（para-concepts）——诸如转喻性因果性、结构因果性、缺席的原因、缝合（拉康的术语）——的总体语境里，阿尔都塞碰上了马克思，到此还算清楚；但是，说马克思在与黑格尔相遇时"使用"了缝合的概念，这是什么意思？这当然是个糟糕的年代误置——毕竟拉康1960年代早期的著作并没有发现或生产这些概念，反而是朗西埃塑造了它们（或是米勒？）。认为马克思使用了缝合的概念当然是有悖于历史或编年，但鉴于我所给出的描述，仍然可以正确地说，缝合是关于马克思和黑格尔相遇"可见/不可见、缺席/在场"的概念基石。"缝合"概念指的是文学（尤其是文学典故）在马克思与黑格尔的相遇中所具有的功能；正是在这一点上，"赋予规则和服从规则的主体"这一具有拓扑学悖论色彩的观念，以揭开文学效果的面貌诞生了。

然而，上述说法容易导致进一步的误解，因为文学典故的形象绝非一种稳固的装置，也不是能起到稳固作用的装置，而其缝合的功能则在马克思的文本及其后的阿尔都塞的文本那里引起了许多难题。就在《黑格尔法哲学批判》与其伟大的来源和对手对话（遭遇）的地方，马克思为概念生产了一种双重谱系和双重结构。他的要点不仅是哲学的，也是神学—政治的，同时因为提到了席勒的戏剧，又是戏剧和文学的。宗教大法官和国王菲利普之间被遮掩起来的交易是献祭性的又是规范性的；通过用卡洛斯替换死去的德·波萨侯爵，这幕戏重建了政治和神学领域之间真正的结构和等级。因此，这一典故本身的规范性价值——这个决定和启发了马克思与黑格尔之对话的文学—文化先在文本的规范性价值——极其不稳定，而且打乱稳定性。或毋宁说，它在明确的文学意义上不稳定和破坏稳定，这种意义取决于它所涉及的各种复杂多变的认同。是否马克思接近黑格尔的方式，恰如唐·卡洛斯和德·波萨侯爵这些共和主义启蒙精神的化身们接近那位昏聩而压抑的国王？表面上看是这样，其实不然。宗教大法官的形象——国王都要服从他的规范——是谁？我们该如何解释王子被宣告死亡——当遭遇正统时，马克思是否在思索其思想的失败？马克思是否再现了黑格尔所受到的政治神学的奴役，再现了一种既古老又非常现代的良知和生命政治的监视形象？答案也是肯定的，但也不尽然。这次相遇是从什么角度加以再现的？舞台上的这出戏无法设想任何一个角色能够见证并理解这一私密的相遇——外在于如今已具神圣性的共和主义人文主义化身（哈布斯堡王朝有效地牺牲了这一人文主义）。而将人物置换为理念或起着看守及护卫功能的概念，虽然在席勒那里很典型，但也只是再现了向概念领域的置换，而马克思批评黑格尔的地方正是这种置换。或许设想这一相遇的更好方式是：指明其不稳定的规范性功能恰恰依赖于两种逻辑的结合或相遇：一方面是文学和文学史的认同逻辑，它总是规定性的，同时又是多元决定的和不充分决定的，在这一特殊意义上可以说是反讽性的；另一方面是暗指/典故的逻辑，因为这一逻辑嵌入了一种不可化约的历史断裂，另一个时间和跨度。现代政治神学的原初场景，这一相遇，被密封在圣宫中并且被解封了的相遇（马克思和黑格尔之间的相遇）同时是：一个安于其位的结构元素；[结构的]掌控性概念和规范；该结构的一个完全外在的效果；以及同样外在的、该结构的原因。对于概念哲学中的政治与神学的相遇而言，它在舞台上的再现既外在于这一哲学又内在于它。这是一种悖论性结构，戏剧中献祭的主题正表达了这一结构：王子作为启蒙共和主义的代表，与波萨侯爵没有区别——一个是另一个的替代者，一个可以用来交换另一个，他们具有同等的价值。然而，王子在该剧的家庭和戏剧结构中具有不同的价值——作为国王

第四章　自律性批判中的物质（Mareria）　　245

的儿子，国王的继承人，他的血统与波萨的是绝不相同的。在这个意义上，一个决不能替代另一个。没有一种单一的概念可为两者的可交易性提供规范：这就是席勒带到观众面前的悲剧。只有神学—政治暴力的圣宫，只有神学—政治恐怖主义的圣宫，才提供了此种缝合功能——而这一概念在戏剧情节中遭到了责备。由此导致的僵局拆开（unsuture）或揭开了戏剧的逻辑，并使观念论传统越出了对于神学—政治概念暴力的工具性概念化——使之越出了恐怖主义。我们发现自己回到了一开始那晦暗的、正在消失的概念，即"涉及元素的结构功效"或效果的概念（"*concept de l'efficace d'une structure sur ses effets*"），[绕了一圈]仅仅发现，这一表达式同时是可逆的：那一方面正在消失、另一方面却在概念的谱系中到处在场的东西，那马克思提到席勒的戏剧时呈现给我们的东西，同样和同时也是涉及其结构的元素功效/效果的概念。绝对外在的先在性和规范性元素的内在性的并存，正是"概念的诞生"这一概念的最私密的恐怖之处。

[注释

章首引文摘自Jacques Rancière，*The Flesh of Words*，trans. Charlotte Mandell （Stanford：Stanford University Press，2004），137；以及Friedrich Schiller，*Don Carlos*，trans. A. Leslie and Jeanne R. Willson，in *Friedrich Schiller*：*Plays*，ed. Walter Hinderer（New York：Continuum，1983）。本章的早期版本题为"Spontaneous Labor"，见Jacques Lezra编：*Depositions*：*Althusser, Balibar, Macherey, and the Labor of Reading*，*Yale French Studies* 88（1995）：78—117。

[1] 维特根斯坦在《伦理学讲座》结论处著名的说法（我在上文中已简单谈及）对我而言具有某种诊断意义。他告诉Friedrich Waismann："在我伦理学

讲座的最后部分,我以第一人称发言。我觉得这是非常根本的东西。在这里,再没有什么可说的了;所有我所能做的就是作为个体向前挺进,用第一人称来说话。……和语言的极限较劲?说到底,语言不是牢笼!我所能说的是:我并不嘲笑人身上的这一倾向;我尊敬它。在此最重要的事情是:这不是对于社会学的描述,而是在说我自己。"(*Wittgenstein and the Vienna Circle*:*Conversations Recorded by Friedrich Waismann*,ed. Brian McGuinness,trans. Joachim Schulte and Brian McGuinness [New York:Barnes & Noble Books,1979],117。)注意这种重复的、卑谦的、几乎有些自轻自贱的姿态:牺牲、悯怅(pathos),"作为个体向前"挺进——这是维特根斯坦所谓《伦理学讲座》里"根本的"东西。但是,如果伦理姿态不仅是偶然地,而且从构成上说必然地具有非社会学的特征,甚至是反社会的特征,那么《讲座》的规范性价值,甚至可以说教育价值,就很成问题了。就如《哲学研究》里的著名说法所言,"向苍蝇指明飞出瓶子的道路"或许是哲学家的目标,但是在这里,哲学家走到了更为棘手的地基之上,他发现自己在写自传。

[2] Ludwig Wittgenstein,"Lecture on Ethics",*The Philosophical Review* 74(1965):3—12.

[3] Étienne Balibar,*The Philosophy of Marx*,trans. Chris Turner(New York:Verso,2007),32—33.巴利巴尔坚持认为,马克思为个人主义以及有机论或一元论所开出的替代方案具有"超个人"的特征。对他来说,马克思在这里勾勒出一种"构成关系"的概念(concept of a constitutive relation):

> 我们必须承认,这里隐约有某种"本体论"。然而,对于围绕个人与类属(genus)之间关系的讨论来说,它替换了那种探究关系多样性的方案——这些多样性包括转向、移情或转换,其中,个人与共同体之间的纽带得以形成或瓦解,同时此种纽带也反过来构成这些关系的多样性。在此种视角中最令人吃惊的是,它在这两极[个人与共同体]之间建立了完全的交互性,两者不能离开对方而存在,因此它本身仅仅是抽象,虽说

对于思考关系或关联（*Verhältnis*）来说，它们是必要的抽象物[*qui sont l'un et l'autre nécessaire à la pensée du rapport ou de la relation*]。

[4] Louis Althusser and Étienne Balibar, *Reading 'Capital,'* trans. Ben Brewster (London：New Left Books，1970），29.

[5] 关于阿尔都塞笔下的规定性[或决定因素]（包括"多元决定"[overdetermination]、"不充分决定"[underdetermination]以及"归根结底的决定作用"或"最终的决定因素"[determination in the last instance]），可以看到两种清晰的却有局限的处理方式。一是William S. Lewis的《路易·阿尔都塞与法国马克思主义传统》一书（*Louis Althusser and the Traditions of French Marxism*, Lanham, Md：Lexington Books，2005），第172—177页。说它是有局限的，原因在于此书并未考虑到规定性的精神分析含义。另一种是Luke Ferretter的《路易·阿尔都塞》一书（*Louis Althusser*, London:Routledge,2006），第40—46页。此书在眼界上有局限，因为Ferretter的著作只是想对于阿尔都塞的思想作一些通俗性的介绍。

[6] Ernesto Laclau and Chantal Mouffe, *Hegemony and Socialist Strategy*, 2d ed.（New York：Verso，2001），98.

[7] 英语世界中，以此种方式来讨论阿尔都塞思想特征的开创性著作之一是Steven Smith的*Reading Althusser*：*An Essay on Structural Marxism*, (Ithaca, N.Y.:Cornell University，1984）。而关于此一主题最具影响力的著作依旧是Gregory Elliott的*Althusser*：*The Detour of Theory*（London：Verso，1987）。亦可参看Ted Benton *The Rise and Fall of Structural Marxism*：*Althusser and His Influence*（London：Macmillan，1984）。

[8] 最近试图将"规定性"概念（多元决定以及不充分决定）与阿尔都塞晚期讨论偶然的唯物主义（aleatory materialism）联系起来的做法，可以在Djuna Larise的"Der aleatorische Materialismus：Ein theoretisches Projekt des spaten Althusser"一文中看到（*Synthesis Philosophica*41，2006，1：115—137）。特别是参

看第123—124页。在这几页里,就晚期阿尔都塞对于结构和元素的拓扑结构的重新概念化,Larise的评论如下:"根据阿尔都塞的定义,马克思所探讨的生产方式是元素的特殊组合。这些元素包括金融[资本]积累、技术生产资料的积累以及生产原料和生产者的积累。而阿尔都塞问的是(他后来直接给出了答案),如果不混淆生产与再生产之间的根本差异,一种结构的构成要素如何同时是这同一种结构的产物?"

[9] 请对比巴利巴尔敏锐地为阿尔都塞的方案所重新设定的框架:"阿尔都塞开始清楚地意识到他所做的工作是哲学,在特定的意义上,他也是在生产'哲学对象'(类似'我思'[cogito]或'社会契约')。他意识到'认识论断裂'并不是**关于对象的概念**(如果是这样的话,它将是一种普遍的理论生产过程,即从意识形态转向其对立面——科学)而是**作为对象的概念**的呈现,即抽象的想象空间之中的塑形(figuration)(这种想象对于哲学家来说是固有的东西),也是概念最显著的特征的呈现,或概念知识、特别是概念与意识形态之间冲突性关系的呈现。"(Étienne Balibar, "L'objet d'Althusser", in *Politique et philosophie dans l'oeuvre de Louis Althusser*, ed. Sylvain Lazarus [Paris: Presses Universitaires de France, 1993], 112.)

[10] 若我们像Jason Read那样考虑到马克思著作中始终存在着的关于资本主义兴起的历史论述,这一论断的关键点就凸显了出来。参看Read, "Primitive Accumulation: The Aleatory Foundation of Capitalism", in *Rethinking Marxism: A Journal of Economics, Culture, and Society* 14, 2002, 2: 24—49。

[11] Gregory Elliott关于阿尔都塞"结构因果性"概念"有害结果"的评论特别切中这一论争。参见*Althusser: The Detour of Theory*, 179。

[12] Immanuel Kant, "The Vienna Logic", in *Lectures on Logic*, trans. J. Michael Young (Cambridge: Cambridge University Press, 1992), 348.

[13] Immanuel Kant, *Critique of Pure Reason*, trans. F. Max Müller (New York: Anchor, 1966), 104 (A106). 德语原文引自*Kritik der reinen Vernunft* (Frankfurt am Main: Suhrkamp, 1982), 1:167.此演绎已经提出了(至少从黑格尔对它的

讨论开始）"外在现象""概念"及两者在"意识中的综合统一体"之间关系的经典表述——或如《逻辑学》所论："构成概念的本性的统一体被看做是**统觉的创生性的综合统一体**，看做是我思或自我意识的统一体，正是《纯粹理性批判》里最深刻、最具真理性的洞见。"(*Hegel's Science of Logic*，584) 可比照康德"维也纳逻辑学"中更具图式特征的论断。关于"概念"(*Begriff*)，康德写道："**概念**(*conceptus*) 是**共同的表象** (*raepraesentatio communis*)，即对于许多事物来说是共同的东西"——这是从杂多进行抽象的常规描述，但这一描述尚未规定**概念**在何种基础上可以区别于"事物"，也未规定**表象** (*raepraesentatio*) 是否可以被吸纳到这一或那一古典意义之中（表象往往是与此种意义相关）：仅仅作为表象或现象（*Erscheinung*），或是作为杂多之中的共同本质的呈现。

[14] 我所理解的这一轨迹与Lucio Colletti的*Marxism and Hegel* (London：New Left Books，1973) 里的看法迥异。

[15] *Hegel's 'Logic,'* trans. WilliamWallace (Oxford：Oxford University Press，1975)，220. 本文中，我将Wallace的译法"notion"改为了"concept"。参看G. W. F. Hegel，*Enzyklopädie der philosophischen Wissenschaften im Grundrisse*，ed. F. Nicolin and O. Pöggeler (1830；Hamburg：Felix Meiner Verlag，1959)，151ff.

[16] *Hegel's 'Logic,'* 223.

[17] 如David Macey所说，对于阿尔都塞以及拉康而言，关于概念的观念 (the notion of the concept) 确实与战后思想史上的某个时刻联系在一起——特别是与Georges Canguilhem的著作有关。Macey认为，阿尔都塞选择从《分析笔记》团体那种不断强化的概念化语言中抽身而出，转向"幻想"的王国。在这一点上，他的看法尤为有趣。因为在很大程度上，它表明了一种同拉克劳、墨菲所指明的运动相反的运动：朝向一种并非在"最后关头"得到规定的领域，某个时间性仍然未得到规定的领域。参见David Macey，"Thinking with Borrowed Concepts：Althusser and Lacan"，in *Althusser：A Critical Reader*，ed. Gregory Elliott (Oxford：Basil Blackwell，1994)，142—158，特别是151页及其后。与齐泽克及其他人一样，Rastko Mocnik赞成 ("Ideology and Fantasy"，

in *The Althusserian Legacy*, ed. E. Ann Kaplan and Michael Sprinker [London: Verso, 1993], 139—156) 将阿尔都塞的意识形态视为"'从事于'幻想的东西……幻想作为一个缝合点,准确地连接了意识形态主要面向与其具体的外部:所谓社会现实。"(第151—152页)

[18] 参看Gregory Elliott的讨论,首先是"Analysis Terminated, Analysis Interminable", in *Althusser: A Critical Reader*, ed. Elliott, 177—1202;其次是"The Necessity of Contingency: Some Notes", *Rethinking Marxism* 10, no. 3 (1998): 74—79。

[19] Ernesto Laclau and Chantal Mouffe, *Hegemony and Socialist Strategy* (London: Verso, 1985), 98.

[20] 齐泽克曾用稍微不同的术语讲述过一个十分有力、令人信服的故事:"皮埃尔·马歇雷在《黑格尔还是斯宾诺莎?》中提出,斯宾诺莎的哲学必须被读解为对于黑格尔哲学的批判——仿佛斯宾诺莎已经读过了黑格尔,因此能够回应后者对于'斯宾诺莎主义'的批判。同样,这也可以用来说明黑格尔与阿尔都塞的关系:黑格尔事先勾勒了阿尔都塞对于'黑格尔主义'的批判(阿尔都塞所呈现的'黑格尔主义')。更进一步,黑格尔发展出了阿尔都塞所丧失的元素(这种元素使阿尔都塞无法将多元决定概念想透彻);即不能还原为想象性认同(或误认)——此种认同/误认是询唤的效果——的主体性元素,也就是作为S的主体;'空洞的',被打上横杆的主体"(Slavoj Zizek, "Identity and Its Vicissitudes: Hegel's 'Logic of Essence' as a Theory of Ideology", in Ernesto Laclau ed. *The Making of Political Identity* [London: Verso, 1994, 第53页])。关于齐泽克与阿尔都塞的相遇,可以在Franck Fischbach的"'Les sujets marchent tout seul…': Althusser et l'interpellation"中找到十分仔细的解读。见Jean-Claude Bourdin ed. *Althusser: Une lecture de Marx* (Paris: Presses Universitaires de France, 2008), 113—145。

[21] Louis Althusser, "Is It Simple to Be a Marxist in Philosophy?" in *Philosophy and the Spontaneous Philosophy of the Scientists, and Other Essays*, ed. Gregory Elliot

(London: Verso, 1990), 203—240.

[22] 特别参考米勒（A.V. Miller）《精神现象学》译本第162节："单纯的无限性或绝对的概念可以叫做生命的单纯本质，世界的灵魂……它是**自我—同一**的，因为差异是循环往复的；它们是差别，但是又没有差别。因此这种自我同一只和自身相关联；'与自身相关'表明了与'他者'的关系，与**自身相关联**就是**自我分离**；或者换句话说，真正的自我同一性是一种内在的差异。"
(G. W. F. Hegel, *Hegel's Phenomenology of Spirit*, trans. A. V. Miller [Oxford: Oxford University Press, 1977], 100.)

[23] Jacques-Alain Miller, "Suture (Elements of the Logic of the Signifier)", *Cahiers pour l'analyse* 1, no. 1 (Winter 1966): 37—49；英译者为Jacqueline Rose, appeared in *Screen* 18, no. 4 (Winter 1977—1978): 24—34.

[24] Alain Badiou, "Qu'est-ce que Louis Althusser entend par 'philosophie'?" in *Politique et philosophie dans l'oeuvre de Louis Althusser*, ed. Lazarus, 29—45. 此句引自第42页；巴迪乌关于缝合的讨论一直延续到第44页。

[25] 葛兰西在这个故事里是关键人物，尤其是他追随恩格斯而摒弃了那些"口袋天才"所看重的历史决定因素的机械意义（那些天才将"历史的无限多样性"化约为经济图式）。葛兰西式的"语文学"（philology）可以视为"在独特的、不可重复的个别性中确认特殊的事实，并在方法论上表达出上述做法的重要性"；出于实践而非理论上的理由，这一语文学与"更一般化的""趋势规律"一同运作。对于这些图式实践性的"结合参与"的强调将葛兰西的著作同"将……还原为内在法则的必然环节"（拉克劳与墨菲正确指出了这一还原）明显地区别了开来。参见Antonio Gramsci, "Problems of Marxism", in *Selections from the Prison Notebooks*, ed. and trans. Quintin Hoare and Geoffrey Nowell Smith (New York: International Publishers, 1971), 428—429。

[26] 关于弗洛伊德曾努力阅读过黑格尔这一点，马歇雷有过讨论，可参"Le leurre he´ge´lien", *Le Bloc Note de la Psychanalyse* 5 (1985): 27—50。

[27] 拉克劳和扎克（Lilian Zac）最近廓清了使用"缝合"这一[术语]的

政治意义:"有一些能指在特殊的政治场域占据了缝合点。让我们以许多拉美独裁统治所实施的失踪[者]政策(policy of disappearance)为例。'失踪/消失'(desaparecidos)这个能指在政治场域中占据了一个核心位置,各种话语线索在这里扭结。一方面,权威试图否认任何失踪的存在:所有政府方面的逮捕都依照合法框架执行。因此,失踪作为一个范畴是被排除在对象领域之外的。另一方面,权威又承认了失踪的存在,却拒绝对于这些失踪负责。……这两种运作的结果就是,这些失踪者驻留在这样一个空间里,他们既不是死人也不是活人;他们可以重现,也可以被杀死。他们的生与死被悬置和延宕了。凭借此种运作,恐惧被纳入以下语境:失踪[者]指向另一个空间的存在,一个悬置的空间,它既是'社会'领域的一部分,又被逐出了社会领域。在这个意义上,界定[社会的]边界变得尤为必要。"("Minding the Gap:The Subject of Politics", in *The Making of Political Identities*,ed. Ernesto Laclau [London:Verso,1994],33—34.)

[28]Jacques-Alain Miller,"Suture(Elements of the Logic of the Signifier)",27. 参看拉克劳和墨菲从Stephen Heath的评述出发对于米勒的评论:"正如Stephen Heath所指出的那样,'缝合并不仅仅命名了缺乏的结构,它也命名了主体的可利用性(availability),命令了一种确定的闭合……要点很清楚:'我'是一种划分,但它同时也起到联结作用;替身是结构中的缺乏,但是同时又是形成一致性的可能性、填充的可能性。'在将缝合概念拓展到政治领域的过程中,我们试图强调的正是这一双重运动。"(*Hegemony and Socialist Strategy*,88.)在某种程度上,把源头追到弗雷格,有些模糊了先验维度:比如可参考《纯粹理性批判》(A106—107)关于先验统觉的讨论。

[29]当然,这一离—中心性的本性是拉康以下提问的主题:"与我作为所指的主体所占据的位置相比,我作为能指的主体所占据的位置是向心的还是离心的?"见其"The Agency of the Letter in the Unconscious",*Écrit*,trans. Alan Sheridan(New York:Norton,1977),165。

[30]从哈贝马斯到罗尔斯,这一僵局有不同的特性,却显然由类似的语汇

第四章 自律性批判中的物质（Mareria） 253

得到表达，它依旧是处理个别性概念时的争议点。《社会契约论》及其后果从一开始就是产生纷争的焦点。"公意"的"虚构"与"普遍内容的缺席"模式之间的区别，在《逻辑学》中得到了有力的推进——尤其是在黑格尔考虑个别性与普遍性之间的通道的时候。因此，上面所引的黑格尔《逻辑学》段落的"附释"[Zusatz]指出，如果"概念的逻辑形式真的是概念和思维僵死的、充满惰性的容器，那么关于它们的知识将只是一种毫无用处的好奇心，真理则将免于此种好奇心"，这一附释区分了"真正的普遍"与仅仅"共同地"掌握着的东西，它是这样说的："这一……仅仅是共同的东西与真正具有普遍性的东西之间的区分，在卢梭著名的《社会契约论》中得到了严格地表达，他认为，国家的律法必然源于**公意**，而无需是**众意**。如果卢梭始终坚持这一区分的话，他对于国家理论本可有更重要的贡献。公意是意志的概念：律法是这一意志具体的条款，它们的基础是意志的概念。"（《逻辑学》，第228页）

这一主题在黑格尔著作中经常出现："卢梭对于寻找这一概念[国家的理念]的贡献在于：凭借指明意志为国家的原则，他提出了一种既思考自身形式也思考自身内容的原则，即一种自身就是思维的原则，比如，它不像群居本能的原则或是神圣权威的原则，后者仅仅将思维视为形式。不幸的是，……他只是在一种规定的形式中将意志把握为个别意志，他不将普遍意志（universal will）视为意志中的绝对的理性要素，而是视为一种'公意'（一般意志），这一公意来自个别意志，正如它来自一个自觉的意志。结果，卢梭将个体在国家中的结合还原为契约，因此也是将之化约为某种以武断的意志为基础的东西……抽象的推论将得出逻辑推断，这些推断破坏了国家的绝对的神圣原则，也一并摧毁了其庄严性与绝对的权威。"（Hegel's 'Philosophy of Right', trans. T. M. Knox [Oxford：Oxford University Press，1952]，156—157，and 11—18。在这里，对于"社会"[the social]来说，自我实现的权力显示出重要的意义。）参看Pierre Methais对于黑格尔与卢梭笔下意志的普遍性问题颇具启发意义的分析："Contrat et volonte generale selon Hegel et Rousseau"，Jacques D'Hondt ed. Hegel et le siecle des lumieres（Paris：Presses Universitaire de France，1974），101—148。

[31] Althusser, "Contradiction and Overdetermination", in *For Marx*, trans. Ben Brewster (London: Verso, 1969), 125. Micheal Sprinker关于阿尔都塞与卢梭相遭遇的讨论对于我来说似乎特别有用：参看他的 *Imaginary Relations: Aesthetics and Ideology in the Theory of Historical Materialsim* (London: Verso, 1987)，在这本书里，个别意志与公意之间的错位（décalage）被类比于保罗·德·曼的文本概念。【译按】阿尔都塞：《保卫马克思》，顾良译，杜章智校，北京：商务印书馆，1984年版，第102—103页，译文有改动。】

[32] 阿尔都塞在《哲学和科学家的自发哲学》（trans. Warren Montag [London: Verso,1990]）里对于自发性的定义是有用的，虽然需要作一些补充：当确信或信仰"来自处在日常直接性之中的科学实践经验时"，它们就是自发的（第133页）。Ronald Maher批判了"自发的代理"（他将这一代理视为阿尔都塞功能主义的另一面向）并且代之以"思辨性"的领导权"概念"；参看其"Hegemony and Marxist Psychology"，*Theory and Psychology* 13, no. 4（2003）：469—487。

[33] 路易·阿尔都塞：《卢梭：社会契约（错位种种）》["Rousseau: The Social Contract (The Discrepancies)"]，见路易·阿尔都塞：*Politics and History: Montesquieu, Rousseau, Hegel, Marx*, trans. Ben Brewster (London: New Left Books, 1972), 113—160.【译按】中译见陈越译：《论"社会契约"（错位种种）》，长春：吉林人民出版社，2003年版，第269—319页。】

[34] Ibid., 151.【译按】中译为阿尔都塞：《哲学与政治：阿尔都塞读本》，第311页。】

[35] "Fuite en avant dans l'ideologie, ou regression dans l'economie'"（《在意识形态方面向前逃逸或在经济方面倒退》）是《论"社会契约"（错位种种）》最后一部分的标题。

[36] 路易·阿尔都塞：《卢梭：论"社会契约"》，第159—160页。【中译为《哲学与政治：阿尔都塞读本》，第319页。】请比较Alain Grosrichard的论文提出的更为乐观的结论（收在 *Cahier pour l'analyse* 里，阿尔都塞论卢梭的文章最

初就发表于这一刊物上)。Grosrichard的论文题为"Gravite de Rousseau",在文中他提出,"卢梭的'文学'就是一种置换,是将理论所招致的问题置换进书写。他的文学是理论的演出、理论的**戏剧化**……文学确证了理论,并使理论变得真实;理论则证成了文学,使之变得必要。这就是卢梭的'全部著作'呈现出文学与文学的理论、理论与理论的文学不可分割的状态"的原因。(第64页)

[37] 在这儿,我显然不同意David Macey的看法,后者认为"错位种种"这篇文章似乎在*Cahier pour l'analyse*所宣称的工程中"没有位置——如果还不能说是陈旧的话":这一工程即计划中的社会科学谱系学。阿尔都塞的文章《弗洛伊德与拉康》写于1964—1965年,不过,亦可参看他写在1966年的"话语理论三题"("Trois nots sur la theorie des discours"),此文收录在阿尔都塞的*Écrits sur la psychanalyse*中,Oliver Corpet和Francois Matheron编(Paris:STOCK/IMEC,1993),第111—170页,尤其是143—144页。以下引文是我自己的翻译,此书的英文版并未收入这篇文章;也请比较Louis Althusser,*Writings on Psychoanalysis: Freud and Lacan*, ed. Olivier Corpet and François Matheron, trans. Jeffrey Mehlman (New York: Columbia University Press, 1996);"或许有人会这样来说明,意识形态的构型——特定的无意识的构型可以说是'吸收'了它——构成了'物质',虽说是未得到塑形的'物质',而所谓的无意识的典型构型则'吸收'了这种物质。可以说正是凭借这些身处**另一些**意识形态构型中的构型,无意识在弗洛伊德所描述的现象中产生'沟通';也正是在这里,转移/移情现象发生了。显然,这一点有助于得出更为细致的定义,以及更为精确的阐述,因为没人能够止步于'物质'范畴。这一范畴在掩饰以下重要事实时极为不利:无意识的话语是经由意识形态且在意识形态之中被生产出来的,是在意识形态话语的片断之中被生产出来的,**当无意识的话语缺席于这一意识形态话语的时候,它恰恰'占据'了这里**。"

[38] Louis Althusser, *The Future Lasts Forever: A Memoir*, ed. Olivier Corpet and Yann Moulier Boutang, trans. Richard Veasey (New York: New Press, 1993), 29. 在拉克劳和墨菲的描述中,阿尔都塞关于规定性问题的论断反复出现,

他们好似在描述一种病理现象:"从一开始,就出现了一种努力:使之兼容于阿尔都塞话语中的另一个核心环节(严格来说,两者是无法兼容的)。"(*Hegemony and Socialist Strategy*,98)。在Peter Sloterdijk的*Critique of Cynical Reason*(Minneapolis:University of Minnesota Press,1988)评论阿尔都塞的部分,作者清晰地说明了从理论语言向传记语言的转移。关于阿尔都塞的思想同成对出现的问题(阅读与自我阅读、历史与自传)之间关系的评价,可以在Colin Davis的"Althusser on Reading and Self-Reading",*Textual Practice* 15,2(2002):299—316中找到。关于阿尔都塞将卢梭用作某种特定忏悔的掩饰物,参看Warren Montag:*Althusser*,(New York:Palgrave/Macmillan,2003),117—135。

[39] 参看Mladen Dolar关于阿尔都塞相当不同的看法,即将转移视为更加受到限制的移情和爱,见"Beyond Interpellation",*Qui Parle*? 6,2(1993):84—85:"病人对分析师的爱……在精神分析情境中有着一种令人震惊的、几乎是机械性的规律性,而与分析师这个人以及病人这个人无关。……最低程度的转移机制嵌入在谈话的基本功能之中,即作为向大他者(the Other)言说的谈话,而大他者是超越任何经验性对话者的东西。"Dolar相当谨慎地注意到,"移情的辩证法"要求另一个环节或者说方面:"当自由联想被打断的时候,当语词失败的时候,移情和爱表现为……重复的中断;它呈现为某种抵抗,或如拉康所言,呈现为无意识的闭合。"从此"辩证法"出发,Dolar发人深思地给出如下结论,残余物——爱——的出现提供了一种理解"超越询唤"的主体性之可能的方式,虽说我在这里所说明的移情更为广泛的意义在很大程度上改变了"出现"或者说"呈现"的本性及其伦理维度。

[40] 保罗·德·曼在其《致歉〈忏悔录〉》[Excuses(*Confessions*)]里——这是他*Allegories of Reading*(New Haven:Yale University Press,1979)一书中讨论卢梭与玛丽昂(Marion)的一章——就此点有着绝妙的探讨。参看*Allegories of Reading*,278—301,特别是288—289页。"因为卢梭欲求着玛丽昂,她在他的脑海里萦绕不去,她的名字几乎是无意识地被喊了出来,仿佛这是他者的话语的滑动与断片……然而,玛丽昂碰巧是跃入脑海的第一个事物;任何一个其

他的名字、其他的词语、其他的声响或噪音本来一样能够做到这一点。进入话语的玛丽昂是一种纯粹的机会的效果。她是一个自由的能指，转喻性地与某种角色相联系——这是她在交换与替代的连续性系统中所扮演的角色。"

[41] G. W. F. Hegel, *Philosophy of Right*, trans. S. W. Dyde（Amherst, N.Y.：Prometheus Press, 1996）, 286—298.

[42] Hegel, *Philosophy of Right*, §279, 286. 在我看来，正是意大利（而非有人所猜想的法国）战后传统最为细致地遵循了马克思与黑格尔在这一问题上错综复杂的相遇。特别是，德拉·沃尔佩（della Volpe）一度极具影响力的著作耐心地处理了马克思著作对于黑格尔语汇的改造——对于我来说，这种方式似乎也是阿尔都塞思考马克思与[黑格尔]辩证法相决裂的基础。尤其我想到的是沃尔佩晚年著作 *Logic as a Positive Science*（London：New Left Books, 1980），虽然沃尔佩早年讨论马克思的著作已经为晚期著作打下了基础。这里的引文取自德拉·沃尔佩的 *Logic as a Positive Science*，第202页。

[43] Marx, *Critique of Hegel's Philosophy of Right*, trans. Joseph O'Malley（Cambridge：Cambridge University Press, 1970）, 19.【[译按]相关的中译为："他不是从对象中发展自己的思想，而是按照自身已经形成了的并且是在抽象的逻辑领域中已经形成了的思想来发展自己的对象。"参看《马克思恩格斯全集第三卷》，中共中央马恩列斯著作编译局编译，北京：人民出版社2002年版，第18—19页。】

[44] Marx, *Critique of Hegel's Philosophy of Right*, 15.【中译《马克思恩格斯全集第三卷》，第19页】马克思在这里特别取笑了黑格尔逻辑学161节的附释："概念的运动所设定的他物，实际上并不是他物。在基督教的教义里这个道理是这样表述出来的：上帝不仅创造了一个世界，它作为他物存在于上帝的对立面，而且上帝也从永恒状态中产生了一个儿子，上帝作为精神在他的这个儿子身上也就是在他自身里。"(《哲学全书·逻辑学》，第225页【[译按]中译文根据黑格尔：《哲学全书·第一部分·逻辑学》，梁志学译，北京：人民出版社2002年版，第295页。】）马克思"批判"一文的德语显然

更为有力:"Eine andre Bestimmung ist, daß die »verschiedenen Gewalten« »durch die *Natur des Begriffs* bestimmt sind« und darum das Allgemeine sie »auf *notwendige Weise* hervorbringt«. Die verschiedenen Gewalten sind also nicht durch ihre »eigne Natur« bestimmt, sondern durch eine fremde. Ebenso ist die Notwendigkeit nicht aus ihrem eignen Wesen geschöpft, noch weniger kritisch bewiesen. Ihr Schicksal ist vielmehr prädestiniert durch die »Natur des Begriffs«, versiegelt in der Santa Casa (der Logik) heiligen Registern. Die Seele der Gegenstände, hier des Staats, ist fertig, prädestiniert vor ihrem Körper, der eigentlich nur Schein ist. Der »Begriff« ist der Sohn in der »Idee«, dem Gott Vater, das agens|die treibende Kraft|, das determinierende, unterscheidende Prinzip. »Idee« und »Begriff« sind hier verselbständigte Abstraktionen."(http://mlwerke.de/me/me01/me01_203.htm)

[45] "heilige Haus (la casa santa), welches Maria zu Nazareth bewohnote, wurde, nach der Legende, von den Engeln aus Galiläa, hoch über Land und Meer, durch den Luftraum entführt, und, nach zwey ziemlich langen Ruhepuncten, auf seinem jetzigen Grund und Boden, im Jahre 1295, festgemauert"(Friedrich Matthison, *Erinnerungen von Friedrich von Matthison*, Vienna, 1817).

[46] 塞万提斯对于Loreto的Santa Casa富有个性化的反讽式描述或许是最有名的:Tomás Rodaja,,这个将会成为发疯的主人阶级的人物,拜访了"Loreto的女士,在这位女士的圣殿外,他既没有看到墙也没有看到城垛,因为它们完全被拐杖、裹尸布、链条、手铐、金属环、假发、蜡做的半圆形的砝码(half-weights)、画作和画板覆盖了,这显示了从上帝手中送出的无数礼物,靠的则是圣母的求情。圣母丰富了、正当化了这一大摞奇迹所构成的神圣意象,使之成了对于崇敬者的奖赏。那些用这些礼物装饰她宫殿的人们体现出此种敬意。"(El Licenciado Vidriera", 见Miguel de Cervantes, *Novelas ejemplares* [Madrid: Castalia, 1986], 2:112—113.)

[47] 这是Johann Carl Gottfried Loewe创作的歌谣"Das heillige Haus in Loreto"("Loreto的圣宫", op.33,no.2, *Legende*, Vol.1[1834])的歌谱。

第四章　自律性批判中的物质 （Mareria）　　259

Wolke lichtweiβ in dem Blauen,

Reiner Schwan im Äthermeer!

Ach, wie glänzend anzuschauen!

Engel seh ich um dich her!

Hold erblüht ein Regenbogen!

Du, o Himmelskönigin,

Auf ihm thronend, blickst gewogen

Auf die Welt der Sünde hin!

Heil'ge Jungfrau, die Erscheinug

Überwältigt meinen Geits,

Lehre du mich ihre Meinung,

Was sie kündet, was verheiβt!

Und der Schimmer läβt, geteilet

Durch des Morgenhauches When,

Auf der Wolke, die enteilet,

Schilfbedeckt ein Hüttchen sehn.

Und der Wandrer höret sagen

Deutlich: "Das ist Christi Huas.

Wo in seinen Kindestagen

Gottes Sohn ging ein und aus.

"Vor den Heiden es zu Bergen.

Führen wire s schiffend fort,

Siehe, wir sind Christi Fergen

Und Loretoo unser Port."

Seid gesegnet, treue Wächter!

Aber weh um Christi Grab,

Das die Rotte der Verächter

Mit der Drachenhut umgab!

Und herab vom lichten ORte.

Von des Regenbogens Höh'n

Fliessen gnadenreiche Worte,

Helig säuselndes Getön:

"Dankt dem Herrn, der euch zu trösten.

Christi Haus euch heute gab,

Doch ein Kampf ziemt den Erlösten

Glaubensvoll um Christi Grab."

John H. Campbell 和 W.Krommer 的英译如下：

最鲜亮的云彩怀抱于蓝天，
纯洁的天鹅徜徉在闪光的海里！
哦，多么光辉的景象！
我看到天使们环绕着你！

明亮地绽放的，是一道彩虹！
你，哦，天堂的女王，

在彩虹上休息,你向下俯视着

这个罪孽深重的尘世!

圣洁的处女,这个景象

征服了我的灵魂,

教给我它的意义,

它所预言的是什么,它所许诺的又是什么!

这个发光的景象

在清晨柔和的风的呼吸中分离

在缓缓移动的云端,出现了

一个覆盖着芦苇的小屋,

徘徊者清晰地听到了这样的词语:

"这是基督的屋子,

在那里他曾是一个孩子,

上帝的孩子在那里进进出出

"不要让异教徒看到它,

我们夺取了它,

你看,我们是基督的仆人

而洛雷托是我们的避风港。"

祝福你们,忠诚的卫士!

但要小心基督坟墓周围,

许多背叛者已经和

毒蛇的跟从者包围了这里!

从这个光明的领域下降，

从彩虹的高度下降

仁慈的词语流出，

神圣的低语响起：

"赞美圣父，他安慰着你，

在今天给了你基督的圣殿，

无论如何，斗争换来救赎

他们信仰基督的坟墓。"

  这些抒情诗行引自Ludwig Giesebrecht（1792—1873）的诗，Loewe不断为他的作品配上音乐。取自http://www.recmusic.org/lieder/get_text/html?TextId·6169. Johann Matthias Schröckn, *Christliche Kirchengeschichte*（Leipzig：Engelhart Benjamin Schwickert,1799），28：260—266.

  [48] Hegel, *Philosophy of Right*, 318.

  [49] 英译根据*Friedrich Schiller*：'*Don Carlos*,' trans. Robert D. MacDonald (London：Oberon Books, 1995), 222.【译按】中译为张玉书编译：《席勒文集第三卷》，北京：人民文学出版社2005年版，第333—334页。】宗教法庭大法官的这句话"Wo er war……"各个英译本有所不同。Johann Gustav Fischer的译本译为："不管他走到哪里，我就在他身边。"（*Schiller's Works*, ed. J. G. Fischer [Philadelphia：Barrie, 1883], 90.）Charles Passage的译本译为："无论他在哪里，我也在那里。"（*Friedrich von Schiller*：'*Don Carlos, Infante of Spain*,' trans. Charles E. Passage [New York：Ungar Publishing, 1959], 208.）德文原文根据Friedrich Schiller：*Don Karlos, Infant von Spanien, Ein dramatisches Gedicht*（Letzte Ausgabe 1805），Helmut Nobis编（Frankfurt am Main:Suhrkamp,2007），第224—225页（II.5151—5165）。1787年版的这一场戏开头稍有改动。参看Paul Bockmann编辑的早期著作版，*Schillers Don Karlos：Edition der ursprünglichen Fassung*

und entstehungsgeschichlicher Kommentar，由Paul Bockmann编（StuttgartErnst Klett Verlag,1974），第329—331（II.6792—6816），亦请参看Paul Bockmann关于波萨早先反驳菲利普二世言论的来源的评论——即源自卢梭和孟德斯鸠（490—507）；关于最初版本的集注本，可参看Friedrich Schiller：*Dramen II*，Gerhard Kluge ed.（Frankfurt am Main：Deutscher Klassiker Verlag,1989）。

马克思常常引用席勒的著作（《强盗》[Die Räuber]是他最喜欢的剧作），他提及《唐·卡洛斯》里的这一场戏还不止一处——在《德意志意识形态》里也提到过。正是费尔巴哈被布鲁诺·鲍威尔和马克斯·施蒂纳传唤到了想象中的法庭之上——针对前者保留**原质**（hyle），即物质的罪行：

> 这两个神圣宗教法庭的大师传唤异端费尔巴哈——后者面对灵知派（gnosticism）这一严重指控，不得不进行自我辩护。圣鲍威尔"咆哮"道，异端费尔巴哈占有着**原质**、实体，却拒绝把它转交出来，以免自己的无限的自我意识会反映在原质里。自我意识不得不像鬼魂一样游荡，直到它将所有事物收回到自身，所有事物都是源自自我意识而且会涌向自我意识。它已经吞没了整个世界——但除了**原质**、实体，灵知派费尔巴哈掌管着它，并拒绝转交。
>
> 圣马克斯指控这个灵知派怀疑圣马克斯自己口里迸出的教义，即"每只鹅、每条狗、每匹马"都是"完美的，或者说，如果你偏好最高等级的话，最完美的是，人。"（Wigand，第187页："上述看法并不缺少人之为人的东西。的确，同样的东西也应用到了每只鹅、每条狗和每匹马身上。"）
>
> 除了这些重要的指控之外，这两个圣徒发起的审判还针对摩西·赫斯，圣鲍威尔还特别针对了《神圣家族》（*Die Heilige Familie*）的作者。不过，鉴于这些被指控者忙于"尘世的事务"，因此，无法在圣宫（Santa Casa）面前出现，他们就被作了缺席的审判：他们的自然生命永远被驱逐出了精神的王国。（卡尔·马克思和弗里德里希·恩格斯：《德意志意

识形态》[Amherst, N.Y.：Prometheus Books 1998]，第104—105页。）

无疑，席勒的美学著作（不包括那些戏剧）深刻影响了马克思。关于这一点进一步的探讨，可参看Philip J. Kain, Schiller, *Hegel, and Marx*：*State, Society, and the Aesthetic Ideal of Ancient Greece* (Montreal：McGill University Press, 1982)。

[50] 马克思在一篇题为"Bekenntnisse einer schönen Seele"的文章中再次提到席勒《唐·卡洛斯》里的这个环节，见《新莱茵报》(*Neue Rheinische Zeitung*)，第145号（1848年，11月17日），30："对一份官方报纸来说，《新普鲁士报》过于天真直白了。它明明白白地告诉各派政党何物封锁在Santa Casa的档案里面。"(*Collected Works of Karl Marx and Friedrich Engels*, 1848—49, Vol.8, *The Journalism and Speeches of the Revolutionary Years in Germany*[Moscow：International Publishers, 1980].)

[51] Della Volpe, *Logic as a Positive Science*, 118. 德拉·沃尔佩对于经验与思辨之间交互性的"实体化"（reciprocal "hypostatization"）作了仔细的剖析，他以下述观察作为结论："这种恢复和误断[一种对称性恢复：将经验恢复为思辨位置上的、理想化的'物质']正是黑格尔在本体论上的回避，它是一种否定性的**本体论循环**，这种**结果—报复**最终以其贫乏的特征呈现为经验（黑格尔的实体化所在）在哲学上的瓦解，呈现为**纯粹思维的辩证法**的瓦解，即同一与异质的三元辩证法。"（第119页）

[52] 伏尔泰在此拿来示众的并不是宗教裁判所，而是外省的宗教非正义。参看伏尔泰：《哲学辞典》，M.Beuchot编（Paris，1829），38:231—234，"Des Crimes de Temps et de Lieu qu'on doit ignorer"："'论应该忽视的从属于时间、地点的罪行。'我们深深地知道，身处Ancona的边境，必须崇敬Loreto的圣母。三个年轻人到了那里；他们对着圣母的宅子开恶劣的玩笑，这个宅子曾在空中飞行，到过Dalmatia，变换了二三次地点，最终落座Loreto。我们这三个头脑发昏的年轻人边吃边唱——唱一首由另一个时代的胡格诺教徒创作的歌曲，

这首歌猛烈抨击了圣宫从耶路撒冷至亚得里亚海海湾底部的**转移**。"关于这三个头脑发昏的年轻人灾难性的、却有些滑稽的传说继续着——他们与蒙昧的基督教会权威遭遇，武断的、总括性的正义成了伏尔泰所欣赏的反教论的鲜活素材。

[53] Althusser, *The Future Lasts Forever*, 208—210.

[54] Althusser, "The Facts", 见上书333. 请比较阿尔都塞自传中提及谋杀自己妻子Hélène的两个不同版本，Colin Davis对之有着详尽分析（"Althusser on Reading and Self-Reading", 310—313）。对于阿尔都塞自传更深入的探讨可以以萨特为中介，Davis的文章论及了这一点，参见"Historical Reason and Autobiographical Folly in Sartre and Althusser", *Sartre Studies International*, 10, 1 (2004): 1—13。

[55] 参看Wal Suchting的"Althusser's Late Thinking about Materialism", *Historical Materialism* 12, no. 1 (2004): 3—70。关于"偶遇"（aleatory）在阿尔都塞那里源起的背景以及（虽然他凭借概念构型的经验基础问题，即凭借个人与阶级之间关系的问题，构造了）其与"概念—构型的逻辑"的关系。（参看第46—50页）Suchting系统地将他关于阿尔都塞偶然唯物主义的讨论与这篇文章末尾所论及的概念的"开放性"联系在了一起："偶然唯物主义是一种意在反抗'闭合'的哲学'论题'，它意在提出可选择的'开放性'。就认知—理论领域而言，此种介入既反对教条主义又反对怀疑论的假设（关于什么是或什么必须是世界的现实）。特别是，偶然的唯物主义需被把握为对于反必然论的肯定——这不是本体论的而是方法论上的肯定。就实践—政治领域而言，其介入指向未经试验的——无法试验的——假设：关于解放的可能性、关于推进或是束缚解放的东西的假设。如此一来，偶然唯物主义可以同'因果/决定论'展开比较，它不能被解释为一条无所不包的断言：即世界是如何存在的（比如，'凡事有其因'）而是应被视为一种程序性的规则，此种规则提出了寻找某种条件的要求：为何有些事发生了而有些没有（诸如包含着目的论的事件）。"

（第66页）

[56] Serge Leclaire的确指出，米勒的著作与"无意识概念"的观念联系在一起，而这一概念源自弗洛伊德，它关注的是与自身的非同一性。(Serge Leclaire, "L'analyse a sa place?" *Cahiers pour l'analyse1*[1996], 51.)

[57] 这条颇具生产性的思考路线来自Luce Irigaray早期著作：将概念（史）的思辨同女人或女性与自身的非同一性对照，此种性别被理解为总是"非整一"。参见Luce Irigaray, *This Sex Which Is Not One*, trans. Catherine Porter（Ithaca, N.Y.：Cornell University Press，1985）。

[第五章]
萨德式的共同体

用多尔曼斯替换蒂俄提玛[1],我们从中什么也没得到。

——雅克·拉康:《康德与萨德》

---

1 Diotima见于柏拉图《会饮》,为苏格拉底言辞中教授他有关爱的技艺的女巫,认为爱的阶梯应由爱美的个别对象不断上升到爱美的理念本身;Dolmance是萨德《卧室里的哲学》中的人物,提倡一切犯罪和情欲都是自然的。

现在让我们思考一个"自作自受的时刻"(moment of boomerang)。语境如下：哈特和内格里在《帝国》中借用萨特为法农《全世界受苦的人》所写序言中的话说："欧洲的自我在相互摧毁——原因恰恰在于，欧洲社会及其价值的基础是驯服被殖民者，并否定性地将他们容纳进来。否定性环节被认作必要的第一步，以便朝着一个最终承认所有人的平等、自由和共同人性的无种族社会迈进。"[1]哈特和内格里指出，这一"自洽的辩证逻辑"必然失败，因为"现实和历史……都不是辩证的"。让我们暂且承认，这一"逻辑"——自洽的、有条理的、清晰的逻辑；成功或失败的逻辑；无论如何，这一"相互"的逻辑——的形成，回应的是现代性时期中"欧洲"同一性和"殖民"同一性的"相互"建构（"欧洲自我"的同一性，它超越了种种被人遭遇到、观察到、被克制、被转化、被吸收的"殖民自我"）。众所周知，以上是哈特和内格里展开论述的背景，而它也能挺好地将启蒙（或关于启蒙的一种特定阐述）在广义上具有的普遍性主张重新加以特殊化："欧洲自我"不再是一个透明的语词（它在物质上和概念上都依赖于一个被殖民的他者，这个他者始终处在卑贱和隐匿的位置）；[同样，]批判性规划的总图景在此显得[只有]地方性色彩，或无论如何，这些图景如今看来都是"有待"的；而"否定"和"容纳"的巨大形式机制其实是压迫者的工具。

这些都不算新鲜事，但由此却形成了一种脆弱甚至华而不实的论述，试图表明伦理—政治的普遍主义要采取何种形式来解释并克服早期现代性在恐怖逻辑和主权逻辑下的危机。

如何不去摧毁"欧洲自我"

首先让我们作一下初步诊断：法农本人没有像萨特那样对辩证思想与"现实"和"历史"之间的"虚假"认同熟视无睹。哈特和内格里认为，"否定性环节"这一自作自受的时刻在《全世界受苦的人》中有一个政治的、非辩证的附加维度，即"相互的反暴力"。因为相互的反暴力并不假想"任何辩证综合"或普遍承认的时刻，它就不是"政治本身；相反，[相互的反暴力]仅仅与殖民主义统治划清界限，并开启了政治的领域。"哈特和内格里总结说："真正的宪政进程必将在这一开放的力场中展开，它将遵循一种肯定的逻辑，与殖民主权的辩证法划清界限。"几乎不需要特别提醒的是，这个"开放领域"正是哈特和内格里的《帝国》结束的场景——圣方济各[1]行走的山丘、"诸众"[2]最终能走到一起而"后现代武装也会在此兴起"的田野。[2]

对于回荡于这些表述（以及哈特和内格里的一系列著作）中的天启式音调，可以作出很多讨论。对两位作者来说，正如对于其他许多受法农影响的激进民主派思想家和后殖民批评家来说，启蒙遗产中最棘手的问题仍然是：想象如何从地方性对抗的经验（[例如]我想戴

1　圣方济各（Francis of Assisi，1182—1226），天主教方济各会创始人，曾于欧洲各地布道。

2　"multitude"是哈特和内格里独创的概念；作为一种针对"帝国"的反抗力量，"诸众"并不遵循传统马克思主义对于无产阶级的设想，即无产阶级作为一个整体或总体可以在世界历史的意义上扬弃资本主义阶段。但这也并不意味着两位作者的观点就此走向纯粹的个人无政府主义，或将个人主观性和解放短路地等同起来。例如，哈特和内格里写道："三个'反作用力'要素（抵抗、骚乱、构成性力量）**共同**从每个独特性那里、从各种身体的每次运动那里，构成了'诸众'。抵抗行为、集体骚乱的举止、共同创建新的社会建制和政治建制，它们共同透过密密麻麻的微观政治通道——并由此在'诸众'的血肉里注入新的力量，新的反作用力，新的反帝国的生命。在此诞生的是新的野蛮人，新的野兽和美丽的巨人，它们不断从帝国权力的缝隙**内部**冒出来**反对**它。"见Michael Hardt and Antonio Negri："Globalization and Democracy"，in *Implicating Empire*，ed. Aronowitz and Gautney（New York: Basic Books, 2003），119。

面纱上学，你不让我戴）过渡到这样一种认识：集体利益决定且多元决定（overdetermine）了地方经验。你想戴面纱的欲望将你和其他持有这种欲望的人联系起来，这就是出自某个群体的道德生活或宗教生活的强烈共同利益的表达（或可以是一种表达）；当我不让你戴面纱的时候，我表达的是（或宣称要表达的是）公共领域世俗化范围内的一种宽泛的社会利益。如哈特和内格里所说，殖民主义的残余辩证法为我们当代后现代性提供了一种论述，以解释暴力如何能够发挥积极作用，以形成包含着多样的、竞争性的、不可调和的对抗利益的共同体。积极——仅仅是因为还很初步。当"武装"力量赢得了承认"所有人的平等、自由和共同人性"的目标时，也就是说，当我们认识到自己因某个地方性利益而产生的偶然联系具有"共同性"（而这源于我们认识到自己与他人共享的身份认同["人性"]）的时候，那么，实现这种"认识"或"承认"的暴力手段就会被舍弃，像"种族"观念那样被抛弃。

在我看来，哈特和内格里论述的每一步都值得商榷，但尤其是《帝国》表达的如下值得称道的欲望：我们应抛弃殖民经历的暴力。不仅哈特和内格里怀有这个目标，而且其他乌托邦人道主义作家——从拉克劳到阿甘本——都如此认为。基于消除暴力的欲望，并通过对于由该欲望产生的教学法的工具性理解，乌托邦人道主义者建立起了一种在《帝国》里得到充分表述的强迫性逻辑，其程度丝毫不亚于哈特和内格里归诸萨特的弱黑格尔主义逻辑。如果我们要探讨法农有关政治关系建构的论述中最激进的地方在哪里，我们就需要一种非常不同的方式来理解暴力与教导之间的关系——需要一种对于各种历史资源的不同理解，一种对于该关系的种种历史根源及其种种精神—现象学面向的不同理解；在法农写作《全世界受苦的人》的那些年里，对于该关系的处理还颇成问题。

现在让我们看一下哈特和内格里是如何提出其观点的。譬如我们知道，随着全球化的到来，再也不必根据相互摧毁的逻辑（或修辞）来描述欧洲自我与其殖民地他者的相遇了。哈特和内格里指出，虽然明显的暴力性相遇仍旧存在，但也出现了一个不同的故事——前政治的个人主义表达转变为构建性的、社群性的身份认同的表达（即便这一过程转瞬即逝而且十分脆弱）。辩证思维的旧有逻辑（充满假设性的、伪分析性的"必然性"）让位于这样一种历史逻辑，它将地方性和特殊性的经验包含在新兴的对于偶然结合的意识之中；冷酷的否定逻辑变成了新帝国的"相互的反暴力"。在这个论述中，**相互性**（reciprocity）扮演了重要的角色，虽然这个概念在相当程度上只是在被用于和辩证逻辑的虚假必然性对照时才发挥作用（就像在这里的情况）。说到底，"相互性"是黑格尔《逻辑学》的一个核心概念，指的是这样一个环节：偶然性被包含在"绝对关系"（Absolute Relation）中，因果关系（Causality）回到了它的绝对概念，"客观逻辑"达到了它的最高形式，思想最终可以变成为概念，即"主观性的领域，或自由的领域"。[3]1 不过，此处"相互性"概念的意义却相当不同。"反暴力"是"相互的"，这并不意味着（例如）你和我——或者殖民者和被殖民的主体——互相施加暴力，虽然这种情况可能在此类关系中发生。相反，"相互性"的意思是，你我承认我们的关系是一种暴力

---

1 黑格尔自己在《逻辑学》相关段落中有一个更容易理解的例子和说明，兹引述如下："在交互作用[正文中译为'相互（性）'——引按]关系的应用中……令人不能满足的地方，仔细地来看，在于这种关系不可能算是与概念等当的东西，倒不如说，它本身首先需要得到概念的理解，而这种理解是这样完成的，即交互作用关系的两个方面不可作为直接给定的东西原封不动地加以保持，而是应该……作为一个第三者的、更高东西的两个环节加以认识，而这个第三者在以后恰恰就是概念。例如，如果我们把斯巴达民族的礼俗视为这个民族的宪法的结果，并且反过来把斯巴达民族的宪法视为这个民族的礼俗的结果，那么……这种观点无论是对于斯巴达民族的宪法，还是对于这个民族的礼俗，实际上都没有作出概念的理解，而这种理解只能这样完成，即上述两个方面以及表示斯巴达民族的生活与历史的所有其他特殊方面都被认为是以斯巴达民族的概念为基础的。"参见黑格尔：《逻辑学》，梁志学译，人民出版社2002年版，284页。

关系，然后在另一个层面上承认，我们[各自]承认这种关系所采取的形式是[彼此]相同的。但是，如果上述"次级承认"要区别于黑格尔式的"概念之复归"，那么当你我承认我们的关系其实是一个暴力关系，并且，当我们都注意到我们以同样的形式承认这种关系的时候，我们相互承认的东西本身就不能成为思考的主题。我们只是承认它，而无法充分思考它。我们承认"相互暴力"是"建构性的权力"和"既成权力"之间的一种关系，譬如是一种对比关系——但是，这种承认却使我们无法正确而透彻地思考这一关系。"相互性"的这种形式既可以描述种种既成政治关系中的暴力，也可以描述建构性的暴力，而就此目的来说，"相互性"的肯定而"可思考的"（thinkable）内容便被掏空了。只有在形式上变得空洞[1]，"相互性"才成为诸众的自我主权的武装得以产生和前进的新基础。

在此没有任何令人惊异之处。《帝国》将黑格尔那里极其牢固的"否定环节"改写为名叫"相互性"的空洞作用词，这一做法恰恰是用霍克海默与阿多诺提出的著名解决办法（solvent）来对待启蒙的遗产：对于建构性的权力而言（在由"相互性反暴力"实施的、将肯定的逻辑与殖民统治相互分离的地方，建构性的权力得以突出和彰显），既成的共同体就相当于神话式的工具性技术，它使得"一切对于主权主体来说自然的东西"都遵从一种"将[自治的主体]从盲目统治的泥潭中解救出来的肯定的启蒙概念"。[4]事实上，不论对于阿多诺和霍克海默，还是对于哈特和内格里，提出一种"肯定的启蒙概念"都是尤其困难的——这不仅是因为，众所周知，《启蒙辩证法》中的工具理性批判几乎没有回应康德对于理性之目的所作的分析，更是因

---

1 也可以理解为是在"内容"上变得空洞，因为只有当"相互性"仅仅停留于对彼此之间达成某种特定关系的方式的"承认"之时，这种"承认"才能摆脱黑格尔式的"概念复归"，即作为相互性双方的"第三方"的"承认"方式不再具有概念的规定性，不再具有"可思考的"内容。

为《启蒙辩证法》及诸多后继著作都未能提供满意的说法以解释"盲目统治"及其失效的（unworking）既成权力所带有的种种快感，以及蕴含在权力内部的诸多裂隙或安排。[5]上述最后一点观察不算新鲜——至少，一般人们言谈中也会说到统治本身会令人盲目。阿多诺和霍克海默保留了法兰克福学派拘谨的一面；"快感"对两者来说都带有相当否定的色彩，不论是倾听的快感，抑或是对于某种文化形式的"大众"享乐。但凡以温和的辩证态度处理启蒙遗产，快感几乎总是马上落在"盲目统治"这一边。例如，在法西斯主义那里，快感的商品化通常是将启蒙拖入统治泥潭的手段。随后当然会有第二个环节，促使我们思考，由盲目统治的失效（unworking）而带给思想的种种快感，在什么意义上是暴力的（尽管是不自知的[blindingly so]）。

或者不管怎么说，看起来是这样。根本上说，是什么将我们从盲目统治的暴力快感引向那些我们从其关键的失效（critical unworking）中得到的相当不同的——在不同的意义上"盲目"——快感呢？是哪条道路、哪种工具、哪种必然性？我们记得，阿多诺和霍克海默确实在阐述《奥德赛》中的赛壬女妖（Sirens）故事时处理过暴力快感的问题——他们发现，诗句渗透着相互冲突的神话性的因素，充斥着快感、统治、无思想。对于阿多诺和霍克海默遇到的困境，最为简洁的表述出现在他们描述赛壬女妖故事中那矛盾的社会情境时："统治的工具[*Herrschaft*；例如，赛壬歌声所允诺的快感所再现的统治工具，奥德修斯的两个面朝死亡诱惑的系帆索所再现的统治工具；仅仅凭借外在的束缚就将他人维系于他的意志、维系于他自己]——语言、武器、最后还有机器——旨在将每个人掌控在手的统治工具，必然反过来被每个人掌控。"[6]这一逻辑需求让（在束缚性的快感诱惑和机器那里发现的）社会统治形式既能出现在"思考之中，即作为物质和思想的装置而巩固思考"，也能出现在"解放了的活生生的因素"之中，调和它们并将它们真正的、紧迫的、"真的主体"变成"社会本身"。[7]在此展现的是一种老套的辩证外化机制，但只有在《启蒙辩证法》处理萨德的作品时，这一调和过程所付出的代价才充分显现出来。最终对于霍克海默和阿多诺来说，《朱丽叶》(Juliette) 或《卧室里的哲学》寓言式地将社会统治表征为一个身体对另一个身体的私人统治。私人领域的爱欲暴力代替了社会暴力，而"社会本身"便可以在身体[的层面上]被思考和书写，这具身体可以被我们当做机器而使用（享乐、受苦）。在《启蒙辩证法》及其后继著作那里，萨德代表了以暴力的激进爱欲化形式呈现的抵抗，即抵抗那在快感和工具化统治之间作出先验区分的自返性基础。因此，毫不奇怪，霍克海默和阿多诺对《卧室里的哲学》的态度极其审慎。

同样毫不奇怪的是，甚至在相当晚近的黑格尔式乌托邦著作那里，"不朽侯爵"（divine Marquis）依然是挥之不去的形象。[8] 似乎他的著作不仅让我们知道启蒙的盲目统治所含的暴力仍然是一种难以克服的社会关系要素，而且还教导我们，此类统治所伴有的盲目的快感事实上就存在于现代社群主义想象的核心。霍克海默和阿多诺的读者要想获得一种"肯定的启蒙概念，以将启蒙从盲目统治的泥潭中解救出来"，他们就必须将社会本身视作一种既是自由的、又是结构化了的思考形式的对象。不过，我们记得《启蒙辩证法》对于这一"必须"几乎未置一词。两位作者的论述将它设想为仅仅是因"总体性"的特殊性质而产生的需要（用于把握或理解总体性的工具同时也是那总体性的一部分，它被包含在总体性之内，是总体性的诸多要素之一，正如我用来审视自己身体的眼睛也是我身体的一部分）。[9]

毫无疑问，这里的难题是要思考总体性（totality），同时又要不落入到极权主义（totalitarianism）的暴力中去。因此便有了《启蒙辩证法》中"统治的工具"之分析的古怪的拓扑学——该分析充满了施虐受虐狂式"理性"的自返性工具，"旨在将每个人掌控在手"但同时"必然反过来被每个人掌控"的"统治的工具"。对于霍克海默和阿多诺来说，以及对于其后位于黑格尔传统中的激进民主思想家来说，有两种脉络可以理顺这一繁复杂乱的思考：当启蒙神话表现为把他人的身体化约为工具或机器，以及，当我们对该机器的使用不再是盲目的，而是表达了一份与他人的契约的时候，这一他者就吊诡地同时成为：第一，他或她的欲望对象，能够在契约的层面上向我们代表他或她本人；第二，契约的对象，他或她根据这份契约而丧失自我，听命于我们的"使用"，他或她已然是一个机器，无法与我们构成任何法律关系。为了产生"肯定的概念"，《启蒙辩证法》必须在开始其奥德修斯式的辩证运动之前，区分快感和"统治的工具"，或区分赛壬的歌声和奥德修斯用于应对这一歌声的种种工具。水手们的蜡耳塞、捆绑奥德修斯的绳索、出场却又未实现的无限欲望的戏剧——我们知道，上述种种都是快感的暴力工具而不是快感本身。而且，我们恰恰是通过奥德修斯对于那禁止的致命歌声的经验而获知这一点的。在思想的史诗旅途的终点，启蒙的"肯定的概念"自返性地、教学式地确立了快感和工具性统治的区分，而整个思想旅途也以这一区分为基础。

注意，哪怕是那些没有什么"道貌岸然"毛病、也没有对盲目统治的快感习焉不察的著作，当它们试图解释"共同体作用"的出现时，也会诡异地变得很抽象。例如南希在《非功效的共同体》（*The Unwrought Community*）这本与巴塔耶的著作相映成趣[1]的书中写道："人并不生产[共同体]；人经验到共同体并被共同体建构为有限性经验。"[10]在此，以及《非功效的共同体》的很多段落中，南希都直接思考共同体如何生产和被生产，或如何给予我们经验或被经验到。在这样的段落，南希的论述往往偏离了"总体性"的规范性概念。如南希所想，"解构的"共同体不仅不应以总体性模型来理解，总体性甚至

---

1 指的是Bataille的三卷本 *The Accursed Share*, trans. Robert Hurley（New York: Zone Books, 1988；1991）。

无法在思想上作为一种能够通往"非功效的共同体"的分析工具。由此，达至利益共同体的手段——或者也可以说是掌握它的工具——就与那一共同体没有自返性的、必然的关联。

让我们再思考一下南希的一个建设性区分：人生产的共同体（例如，就像人生产或制造一件作品那样，就像人为了成品而"劳作"那样）有别于"人经验到……或者[人在其中]"被"作为有限性经验"而建构起来的共同体。建构性的"有限性经验"涉及两个层面。一个人和他人一道经验到有限性，并将其视为通往群体利益的品性（disposition）的基础，从他人脸上读出有限性，一如诗人但丁从人们的愁容中读出刻写在上面的必死性。[11]基于这一共同的有限性经验的种种判断（例如罗蒂式的判断：避免残暴应当成为总的社会目标）与众多有价值的人道主义关系词（relatives）混在一起。它们的有限的、受到约束的内容，反映了其运用时的特殊情境（正是**我在经验着我的有限性**），而它们的语法则反映了运用的概括性（因为我们每个人都部分地是他者的有限性、边界、他人的可能的死亡，所以我的有限性就从来不仅仅是我的，而同时也是你的和每个其他人的）。不过，如果我们能够将上述人格化[说法]与老旧的主语属格相挂钩，那么可以这么说：对于共同体的经验恰恰也是对于有限性的经验。[12]非功效的共同体是有限性"经验到"的事物——这个说法尤为含混，因为不论我们多么希望将有限性人格化，赋予一个概念以经验另一个概念的能力（特别是像"非功效的共同体"这样一个分裂的概念），这意味着完全改变"**经验**"一词的意思，以及改变"**判断**"的意思。在属格的这一侧，有关事态的判断并不基于我对于你我共同经验之事的理解（例如我们都是有限的存在，或我们每个人都是他者的有限性，因此我们共同持有在无法掌握我们的目的时那令人挫败的经验），这些判断也不是由"我"来表达的（仅仅是在我表达了某个概念的性质的意义上，**我**才经验到了它：例如，人们可以说"我作为某个阶级的成员而经验到有限性：作为工人经验到它，作为女人经验到它，作为[绝对精神经验到它]"）。事实上，从这个角度出发，我们就经验（不论是不是集体的经验，也不论是不是共享的经验）所能说的东西几乎不能算是判断，毋宁说是（遵循与某个语词相关联的既定规则）对于一个语词的表达或简单的展开。一旦"精神""工人"或"女人"的概念确定下来，经验的种种规则也就包含在上述概念之中了。

霍克海默和阿多诺为统治的自返性拓扑学建立了一种奇怪而空洞的伦理律令（我们记得，统治一切人的工具**必然**被人掌控和统治），而哈特和内格里则在相互性的空洞观念基础上确立了诸众的自我主权；与上述两者相对的是，南希和维特根斯坦给出了一种更加站不住脚的逻辑。在有关共同体效果的生产方面，《非功效的共同体》的大致论述涉及关于人的有限性的两类判断的关系问题（或者更恰当地说，是一个判断和该判断所引出的一个概念表述之间的关系问题）。我的涉及我们共同的有限性经验的判断处在非功效的共同体的核心，但我的判断同样也与一种截然不同的表达类型相应（**对于有限性**的经验：一组术语或一个概念赋予我声音、赋予我作出判断的语法）。一方面是我经验到的事物和我对它所表达的判断，另一方面是概念（"经验""共同体""关系"）中包含的既定表达，这两者之间的关系既是同一性关系（例如，我只能表达在"表达"概念中包含的既定内容），也是极端差异性关系（我只能表达概念中包含的既定内容，这标志着我的有限性范围；被表达在概念中的内容无法具有判断的形式，这标志着[该内容]的有限性范围）。以同一性和差异性在有限性经验中（在涉及该经验的判断中；在对于"有限性经验"概念的表述中）的共存为基础，南希提出了思考共同体的可能性，以及这一思考的首要对象和第一个教育成果。

我们或许可以用"**偶然性**"（contingency）一词来指称这种危险的共存——对于南希来说，以及对于许多处心积虑地处于辩证传统内部（并挑战该传统）的政治哲学家来说，正是通过这个词搭设的独木桥，统治的快感得以返回政治的建构性的领域。这一策略[是否有效]不太确定；令人怀疑的是，这个术语或许到头来和其他相关术语一样空洞——[比如]霍克海默和阿多诺笔下律令性的"必然"、《帝国》中借以重新思考"建构性的政治关系"和"既成政治关系"之关联的那些空洞的相互性。我们至少要注意，"偶然性"有着诸多危险和混淆之处。当被用于判断时，**偶然性**是某些必然性的反义词（比如三段论中必然地、分析性地由一项推出另一项）；一个偶然性命题将是综合命题和可修正命题，因为它取决于（contingent upon）经验。[13]

不过，[该词的]实际运用也显示了一种与此不同的、矛盾的意义。或许可以说，某个特定的可能性[的实现]（eventuality）说到底取决于能否达成某组特定的需要——而这意味着，若要实现该可能性，就必然要达成某些需要。这一必然性构成了"需要"和"可能性"之间的关系；我们不会说这种关系是可修正的。事实上，这种极端的含混正是大多数时候使用"**偶然性**"一词的特点。例如，在南希的论述中，"偶然性"不仅描述了一种无关紧要的联系，即我的关于有限性的经验判断如何与那已然在"有限性"观念中给定的句法结构（syntax）挂钩；同时，"偶然性"也用于描述所有这些共存的表达形式的方方面面。在南希的描述中，共同体是**作为既成的建构**而被人经验到的，并自返性地**将我们建构为**该经验的主体，而前提恰恰是要建构这样一种经验方式，在其中，下述两者之间的关系——一方面是以"我的经验"为基础的偶然性判断，另一方面是暗含在我所运用的语词（像"**共同体**""**经验**""**关系**"之类）中的种种表达——本身就是暂时性的、可修正的，不是给定的牢固关系，而是像康德那启迪性的用词所示，是一种偶然的（*zufällig*）关系。

在另一个不同层面上，对于意在完全跨越"总体性"观念的"非功效的共同体"的分析呈现出另一处值得玩味的含混：这回偶然性代替了社会对抗。例如，像查特尔·墨菲这样的激进民主政治哲学家会承认，若没有一种与共同体相伴随的肯定性阐述，共同体观念就无法解释也无法维持，而她把这种阐述说成是"内涵于种种社会关系中的暴力和敌意成分"。[14]社会关系**内部**的暴力成分和与之相伴的体制性暴力相匹配，而后面这种暴力指涉的是关系本身，因此也就是[将种种关系视作]社会协商的领域，或广义的政治。上面最后一种体制性暴力有别于社会关系内部的暴力形式（有别于种种能够被化约为一个人主宰另一个人、一种社会利益凌驾另一种、一个阶级宰制另一个阶级的统治形式），因为它与我所经验到的事物或我就该经验而表达的内容之间只有一种间接的、部分的联系，而它与概念中表达的内容（比如"统治"概念或"阶级"概念）之间的关系也是间接的、部分的。由此，体制性暴力在下述相关意义上是"偶然"的：将社会关系本身确立起来的事件或行为，同时定然是仅仅发生了的事件或行为（merely occurs）。这种奠基性的或建构性的行为可以在一系列领域内发生，而且发生的方式肯定也各异，比如在下述过程中：创造出作为其对象的思想（社会关系的对抗是思想的恰当对象），或创造出作为其手段的思想（解构共同体概念是暴力之举）。

墨菲在其早期与拉克劳合写的著作中对于"构成性对抗"（constitutive antagonism）进行了颇具影响力的重读，其中她提出了创造折中语词（compromise terms）以代替暴力观念的看法，可视作第一种策略的很好例子。她那本著名的《政治的回归》（*The Return of the Political*）以下述对于激进民主的"政治性"组织的定义作为结尾：

> 激进多元民主的规划必须应对政治性内部的冲突和对抗维度，也必须接受不可化约的价值多样性的种种后果……我们的任务不是回避社会关系内部的暴力和敌意成分，而是思考如何创造种种条件，以使这些攻击性的力量能够得以缓释和转移，从而创

造一个多元主义的民主秩序。[15]

在此墨菲的目标显得无可厚非。今天，激进民主思想放弃了阿多诺和霍克海默曾经提出的目的："社会本身"。这个曾经的目标如今看来带着压迫性和偏见色彩。为此，激进民主思想放弃了调和的批判性规划，取而代之的是应对"冲突和对抗"，应对"不可化约的多样性"，应对"包含在社会关系内部的暴力和敌意"。我们无需理解如何应对那些初听起来需要"应对"的领域；[如哲学寂静主义的表述，或大众自助手册的语言（它建议说要处理所有具有文化蕴涵的抱怨）。墨菲的论述仅仅指出了需要应对的领域/表述是各种不稳定的和暂时性的折中形式，甚或如拉克劳在别处所说，是倾向性地指向空洞的[领域/表述]。

不过，即便在面对这些明显的限制、空洞，以及肯定性语词"**表述**"（*term*）的失效时，我们或许仍然会合理地问道：墨菲的所谓"应对"或缓释和转移，何以在实际上有别于辩证曲折的"调和"观念，或有别于各种时常与折中形式的创造结合在一起的神秘思想。再一次需要注意的是，墨菲从哪个领域或多或少间接地借鉴了她的语词表述。要注意的是"缓释"和"转移"而不是"回避"：大体上三个词都用于翻译"次级修正"[1]的过程，用来在文化上以及创造性思考的意义上加固墨菲对于民主的理解。（思考一下"**移置**""**升华**"和"**压抑**"如何与墨菲的用词对应。）恰如精神领域保存着这些过程所"回避"的创伤性内核，"激进多元民主"也保存着"政治和⋯不可化约的

---

1 "Secondary revision"或译"润饰"，在弗洛伊德的阐述中次级修正或润饰属于梦的运作机制的一部分。对此弗洛伊德说："['润饰']目的在于将梦的工作的直接产物合成一个连贯的整体；在润饰时，梦的材料往往排成和隐念大相违背的次序，而为了达到这个目的，于是交错穿插就无所不至了。"参见弗洛伊德：《精神分析引论》，高觉敷译，商务印书馆1984年版，第138—139页。下文中"移置""升华""压抑"等词也是为人熟知的精神分析学术语。

价值多样性内部的冲突和对抗维度"。

但这个类比很糟糕。价值变得不可化约地多样，倒不是因为偶然的内容差异（譬如，两个人或许会在普选权问题上持有对抗性意见），而是因为这些价值**作为价值而言**彼此都晦暗不明（也就是，它们之间并没有共同的语法原则来建立"什么是价值"的共同定义）。思想的激进任务不仅是创造精神的折中形式，也不仅是创造各种社会调和，而且更重要的是要保存不可化约的价值之间相互的"不可译性"：不（仅仅）要缓释和转移，而（同时）要培养社会异识[1]并将它们极端化。使事情变得更麻烦的是，这一双重而缠杂的（unwrought）思想任务以相当不同的方式涉及两个不同层面。墨菲指出，放弃了"社会本身"[的目标]后，激进民主思想要处理"政治**内部**"各种关系的暴力；而政治在此被理解为一个既成的建构领域，或作为一个**作品**。例如，激进民主思想在治理的意义上区分价值表达的内容差异和那些表达构成性对抗的不可化约的差异，从而试图调和前面这种差异而极端化、保存、策略性地表征后面这种差异。与此同时，这种思想关心政治得以兴起——或得以被作为一种价值、一套相互关联的价值、一个领域、一件作品、一个名字而建立起来（哪怕是不连续的、一个同时包含偶然差异和不可化约的差异的领域，一个同时包含可协商差异和不可协商差异的领域，一个同时包含可协调差异和相互不可译的差异的领域）——的各种机制。在这个层面，激进民主思想便介入了关系中的建构性时刻，这一时刻无法被还原为可译的、可传达的或意向性的形式，而且由于该时刻被激进民主思想所保存和不断激活，它也不是古典形式的那种孤立的"时刻"。

墨菲的著作并不试图充分发展出能够完成这里所提到的双重性激进任务的思想形式。不过，拉克劳倒是提出了思想的恰当对象，即他

---

[1] 关于此概念的说明，参考第一章相关段落的译注。

简洁描述的所谓"共同体的伦理实质"。非常关键的是,他将共同体伦理实质投入(investment)[1]的诞生定位于一个规范性秩序之中(也即[能够根据规范或原则来区分可化约差异和不可化约差异的行政秩序]),而这规范性秩序则源于一个决断,虽然后者的基础在拉克劳看来是偶然性的,但这些基础却总是有可能通过他所谓的"决断"的"极端语境化"而得到规定。不是主权决断的自然化论述或神学论述,而是这类规定,确保了自律性所依赖的投入与规范性秩序之间的必要鸿沟。[16]

我们还记得罗蒂在1989年曾呼吁一种自由民主式的非本质主义政治想象。部分作为论辩、部分作为对里根时代经济衰退的愤怒回应,《偶然、反讽与团结》指出,某些描述形式应当培育"我们对于他人受苦和屈辱的特殊细节的敏感"。罗蒂用来描述这类描述性想象之情感后果和社会后果的语词是"团结",而"团结"要求我们不那么残忍,要求我们设法增进自己和他人的自律性,要求我们能将公共问题和私人问题区别开来(例如,罗蒂说,"你是否相信和意愿我们相信和意愿的东西?"的问题有别于"你在受苦吗?"的问题)。[17]表述该要求不是理论的任务,而是人种学、漫画书、"尤其是小说"的任务。叙事性虚构"让我们看到他人遭受的各种苦难的细节,对于这些受苦者我们之前未曾予以关注……[也让我们看到]我们自己可能犯下何种暴行,并因此让我们重新描述自己。"[18]对于下述问题——这一"重新描述"是否会带来社会改造,这类"重新描述"是否必然会相继于我们

---

1 关于"投入"与"伦理性实质"之间的关系,拉克劳有一段清晰的说明:"只有当我贯彻的某项行为体现了一种超越此行为本身的不可能的'完整性'时,投入才变成**伦理性**投入;但是,只有当'投入'所具有的物质性未被投入**行为**本身完全吸纳的时候——只有在存在物层面(ontic)和本体论层面(ontological)之间的距离永远不被弥合、(伦理性)投入和投入[行为背后的](规范性秩序)之间的距离永远不被弥合的前提下——我们才有领导权和政治(但我会说,还有伦理)。"参见 Ernesto Laclau, "Identity and Hegemony", in Ernesto Laclau, Judith Butler, and Slavoj Žižek, *Contingency, Hegemony, Universality* (London: Verso, 2000), 84。

更大的敏感而发生，我们对他人受苦的细节关注是否就能培养更大的敏感——《偶然、反讽与团结》给出的答案是悲观而非轻松的：叙事性虚构的细节"**让我们重新描述自己**"。

罗蒂在表达中的犹豫至少说明了四点。首先，我们收集的想象性、叙事性虚构能为我们提供一种语法，借此我们通过与他人、与想象出来的角色相认同，我们能将自己视为自己所不是的人。其次，罗蒂试探性的说法表明，此类想象性描述究竟能否实现上述目的其实是非常不确定的。由于叙事允许我们比较"描述和重新描述"，它们不仅说明没有任何单一的"描述"内在地具有某个根基，以使它不再用于某个特定目的；而且说明，某一"描述""仍然能控制行动，仍然能被认为值得为之牺牲"。[19]第三，强调该时刻的不确定性、偶然性是为了保护罗蒂那颇为明显的诉求，即一个修正版的康德式社会自律论：虽然有了重新描述的手段，但我们可能依然会选择不这么做，或我们可能会选择以不同于罗蒂或叙事性虚构所强调的方式来重新描述自我。最后，罗蒂那不确定的语法原则使"正义而自由的社会"的"目标"带上了不可化约的危险性（precariousness）[20]：由于"**目标**""**正义**""**自由**"，甚或"**社会**"，这些作用词都难逃"语言偶然性"的影响，我们也就永远无法确认是否真的实现了这一目标，唯一稳固的根基也只能是暂时的一致。

现在我们看到，当罗蒂认为我们应该放弃"要求一种能统一公共性和私人性的理论"，他对于与此不同的替代性[理论]的描述之所以奏效，是因为他用"偶然性"这一观念将公共性和私人性勾连起来。不过，一个观念并不构成理论。事实上，《偶然、反讽与团结》没有提供什么偶然性理论——甚至几乎没有为该词下过定义。相反，书中到处是各种例子，各种从不同的小说中抽取出来的范例。之所以如此，原因不仅仅出于坚实而实用的考虑——语词的意义就是它的使用，意义要从种种例子中得出而不应是理论建构，等等——而且似乎有种驱邪性质（apotropaic）。事实上，比起罗蒂在论述中的运用，"偶然性"一词远为危险。"偶然性"作为分析工具被用于摧毁各种形式的本质主义，就此而言它在《偶然、反讽与团结》的论述中占有和"**折磨**""**屈辱**""**残暴**"以及它们的最终形式——"**施虐狂**"——相同或非常相近的位置（或许可以说，"偶然性"取决于后面这些词）。

我们记得，罗蒂在提出他对于自由主义的理解时诉诸茱迪·史珂拉（Judith Shklar）的看法[1]："自由主义者认为残暴是我们所做的最糟糕的事。"[21]后来他以艾琳·丝卡里（Elaine Scarry）的著作[2]提醒我们，折磨、残暴、施虐狂"彻底改变了受害者的世界"。如今，这种使世界彻底改变的行为不易与罗蒂的本质主义批判试图做的事情区分开来：他令人敬佩地决定让哲学思考变得平易，试图教导我们直面"[我们]最根本信念和欲望的偶然性"，在此过程中罗蒂使自治的自我（sovereign self）这一观念论遗产的收获变得卑污而屈辱。[22]通过划清"世界就在那里"的实在论主张与"真理就在那里"的观念论主张之间的界限[23]，他彻底改变了启蒙运动留给我们的世界。偶然性一词是他用来实现这一目的的工具。为了将他自己对于世界的改变区别于另一种改变世界的行为——折磨行为或施虐狂在残暴行为中获得快感的行为——罗蒂抽空了意义的偶然性，意义仅仅成为偶然性事例的体现；与此同时，他将暴力观念与折磨和残暴联系在一起。换言之，他为描述与重新描述的游戏的残忍一面赋予了一种道德评价。这种策略遍布于《偶然、反讽与团结》中，但它的集中体现则见于罗蒂对奥威

1　Shklar在《恐惧的自由主义》中说："自由主义最深刻的基础从一开始就建立在最早的那些宽容的捍卫者的下述确信之上，即：残忍是一种绝对的恶，是一种对上帝或人类的冒犯，这一确信正源于对残酷的宗教战争的恐惧。自由主义产生于那种恐惧的政治自由主义所激起、且仍然在我们时代的恐怖中继续蔓延的传统之中。"参见茱迪·史珂拉：《政治思想与政治思想家》，左高山等译，上海人民出版社2009年版，6页。

2　Elaine Scarry著名的 *The Body in Pain*（Oxford University Press, 1985）一书对苦难进行了研究。

尔《1984》的讨论，在其中罗蒂将虐待者奥布莱恩（O'Brien）与这样一个瞬间联系起来：温斯顿（Winston）看到了一种他无法为之"编织故事"的非理性形式，这个瞬间、意象或自我认识彻底拆散了他的生活。[24]罗蒂将此称为"施虐狂"。

罗帝在对偶然性作出肯定性阐述时，将一个无法被"再叙事"（无法嵌入一个人对自己的描述之中）的瞬间或非理性形式包含进来，此举非常关键。但当他重新将这一过程编织进偶然性领域，编织进对于偶然性的阐述，编织进一种偶然性观念的时候，一个更基本的问题出现了。罗蒂反复试图将政治领域的意义从对于自由主义的两种批判中拯救出来：自由主义避免各种对抗的持续（它也无法解释这些对抗的持续）；自由主义作为政治探究的模型无法解释"政治性"需求的兴起（[它无法解释]关系观念的诞生）。从1980年代早期以来，对于自由主义的批判——一方面是受到撒切尔主义和里根政府的刺激，另一方面源于苏联社会主义阵营的瓦解——产生了对于"社会性"的如下解释：保存社会对抗、保存"政治性"诞生之可能性的思考，被认为与一种温和的、空洞化的偶然性模型有关。用极端的话说就是，罗蒂悲观主义的虚构故事之所以出现，部分是为了将一种非理性暴力的定义或时刻加以审美化（这些虚构故事编织了描述或重新描述）：政治关系的暴力；政治体制的暴力。[25]

盲目的偶然性：卧室（中）的共和主义

建构性的力量和既成政治关系的思想体制之间有着极端的异质性，这种异质性本身如何提供社群主义身份认同的形式？这种异质性暴力如何根据一种对于政治性的理解——它能偶然地和暂时地解释["政治性"]诞生的情境上的（circumstantial）自发性——而被收纳，甚至得到培育？很清楚，决不是根据相互性非暴力的观念。看起来我们需要一种对于极端偶然性之"共同体生成"（community-generating）效果的阐述（"极端"也就是非相互、非辩证，并且可能是不可教的）。当殖民主权的逻辑达到其边界的时候，各种情境[为我们提供了某种相当类似于这一社群主义偶然性阐述的东西——[其]形态则是病原学模型和快感的诸多结果。"快感"原则在上世纪中叶和《启蒙辩证法》出版以来屡遭批判的"启蒙"观念很相关；与这个原则密不可分的是对于极端卑污（utter abjection）[1]的表征，以及一种双重论述——后者将民族社会主义的兴起和性质与主权理由的过渡或匮乏联系起来。

因此，毫不奇怪，法农根据施虐狂的角度重新勾勒了殖民主义者的暴力。在论述阿尔及尔对于法国殖民统治的抵抗时，萨德的名字到处可见。（彭特克沃在《阿尔及尔之战》中利用了这一多元决定的关联，当马修将军回答有关酷刑使用的提问时，他肯定地说："我们既不是疯子也不是施虐狂。"）亨利·阿莱格（Henri Alleg）影响巨大的回忆录《问题》（*La question*）——他在其中描述了法国军队在阿尔及尔的酷刑——最初出版于1958年初，随即因巴黎军事法庭命令遭禁。阿莱格在1950年至1955年期间任《阿尔及尔共和》记者和编辑，1957年被捕，并被关押在阿尔及尔"巨大而拥挤的监狱"里，同时被关押的还有因支持民族解放阵线而被捕的贾米拉·布希莱德（Djamila Bouhired）。[26]阿莱格第一次假借他人的语言以描述他的刑讯者时就运

1　"Abjection"是法国女权主义者Julia Kristeva的术语。"卑污"是主体摆脱非客体非主体状态的必要方式，并举例说婴儿脱离与母亲主客体不分的状态并将自己确立为主体，就必须将母亲加以卑污化。"卑污"的空间既处在象征秩序之外，又是主体必须加以直面的创伤性体验。参见Julia Kristeva, *Powers of Horror: An Essay on Abjection* (New York: Columbia University Press, 1982)。

用了萨德。他写道:"在墙壁的另一侧的女囚室内关押着无人提到的年轻女性:贾米拉·布希莱德、伊利耶特·娄普(Elyette Loup)等;她们被施虐狂式的刑讯者撕破衣服、殴打、侮辱,她们也受到水刑和电刑的折磨。"[27]当然,我们肯定要从非技术性的角度思考彭特克沃和阿莱格对"施虐狂"一词的运用:该词在这里没有它作为精神分析语汇所具有的"矛盾性"(ambivalence)[1]。

但这不是说阿莱格、法农或彭特克沃未能看到施虐狂的矛盾特质。在这一时期,萨德的著作在公共场合被禁,被视作臭名昭著,其程度丝毫不亚于阿莱格的回忆录。值得提醒的是,法国战后刊登首批对于萨德作品的广泛讨论的期刊《现代》(Les temps modernes),同时也披露了法国在阿尔及利亚的殖民战争——这份刊物的编辑让—保罗·萨特同时也在彭特克沃的《阿尔及尔之战》中被反复提到,其中他的身份是"另一篇"哀叹阿尔及尔处境文章的作者。马修问道:"能否请您向我解释一下,为什么所有萨特式的人物都出生在敌人一边?"[28]针对Jean-Jacques Pauvert出版社出版萨德伤风败俗作品的控诉从1947年一直持续到1955年,法院终于作出裁决;在促使法国文化界发生巨大改变之后,申诉请求在1956年被驳回。许多知识分子出庭作证,说萨德的著作有独特的价值;对他的作品有浓厚兴趣的人包括谷克多(Cocteau)、巴塔耶、波澜(Paulhan)和布列东。[29]尤其是波澜,他十分关注萨德笔下最直白也是最有名的探究社会结构、教育与暴力之间的关系的文本——《卧室里的哲学,或不道德的教育者:有

---

1 "Ambivalence"或译"矛盾情感",弗洛伊德的术语,通俗地说指的是无意识中无法根除的爱和恨的情感,弗洛伊德说明"矛盾情感"的著名事例是他所构建的原始兄弟部落杀死原初父亲的神话式叙事,兄弟部落由这一弑父行为完成了他们对父亲的报复,后者禁止他们满足欲望;但出于矛盾情感,兄弟部落由此反而开始建立一系列禁欲式的规范,法律、伦理等制度都是此建立的。参见弗洛伊德:《图腾与禁忌》,赵立玮译,上海人民出版社2005年版。

关年轻女性教育的对话》。

问题在于,当相互性概念或自返性概念的自主性已经在集中营中被耗尽之时,[原本由这些概念构成的]关系如何在萨德式的快感中得到教益?[30]是去培养一批文化精英,让他们在殖民暴力的日常情境下设想后殖民逻辑?奥斯维辛之后,在阿尔及尔战争期间,卧室为哲学提供了哪些弱概念?请允许我用一个小例子来说明上面这些宏大问题。萨德的《卧室里的哲学》关注的是教育现象:作品中三位"不道德的教育者"之一的圣安吉女士(Mme. de Saint-Ange)以放荡理论及其实践谈到欧仁尼(Eugénie)说:"这是教育问题"——欧仁尼是一个十五岁的女孩,她"纯洁无瑕,比爱本身更美"。[31]尽管如此,但这部作品当然不仅仅是在教导放荡——而且是在下述话语领域里教导政治哲学和道德哲学:在那里,身体被当做由概括性概念(如"爱本身""共和国",甚或"教育")加以衡量的价值标准。因此,这些对话比萨德任何其他著作更加激起人们的焦虑,也就可以理解了。

圣安吉女士、她的弟弟慕维尔骑士(Chevalier de Mirvel)以及放荡的多曼斯——"几乎可以说他的头脑里装着很多哲学"——联手在思想形式和交往形式上教育欧仁尼。尤其是,多曼斯认为,启蒙道德家和哲学家为理性能力赋予的传统形式无论在理论还是实践上、无论在爱欲行为领域还是政治行为领域,都是骗人的把戏。因此,当欧仁尼请求他向她解释"道德原则是否真的对治理而言必不可少,这些原则是否真的对一个民族而言举足轻重"时,多曼斯的著名回答是他写的那本题为《法国人,如果你想成为共和派,就再努力一次》的小册子。这本小册子的开篇乍看之下有自我嘲讽的味道:"我要给人们各种宏大的思想:人们会听到它们,思索它们;如果不是所有思想都令人愉悦,至少有一些还算令人愉悦;我会用某种方式来促进启蒙的前进。"[32]当然,多曼斯(他自己声称这些小册子是他买来的,但其他人说他就是小册子的作者)是在反讽——尽管小册子余下部分清楚表明，萨德为所谓"启蒙的前进"提出的方法论不同于从三段论思想的自返性自我证成形式提出的方法论。反思起来令人愉悦的东西，而不是看起来自我证成的东西，依然未被顾及。

因此，在欧仁尼的教育过程中为了快感而自我展现的诸多身体，它们的作用既是工具也是半法律性的主体（quasi-legal subjects）：和欧仁尼本人一样，它们直接或间接地进入了与欧仁尼及其教育者的契约之中。仅仅作为工具的它们服务于私人目的；而作为奠立契约者而言，它们与更大的话语领域建立起关联。在下述意义上，身体的"工具性"的这一双重特征显得颇成问题：它表明在仅仅是实际的和经验的对于理性的运用（或仅仅是工具性的运用）和规范性的对于理性的运用（根据既定目的而运用理性，或依照一般性命题或"爱本身""共和国"之类的概念而运用理性）之间，或许不存在先验的差别。但在另一个意义上，这恰恰是萨德设计"启蒙的肯定性概念"的方式，也是多曼斯对于"启蒙的前进"的贡献。事实上，如果一个人付出额外的思想努力，以同时维持工具性的身体和主体的身体，同时维持作为契约客体和主体的身体，使身体的快感和痛苦既是他人的也是它们自己的——那么，这个人就能"成为共和派"。欧仁尼和她的教导者在卧室中建立的小型共同体可以成为真正的教育共和国，遵循一种同时管理私人快感和公共快感的原则：该原则就是，任何对于他人的工具性利用都同时是一种公共的利用。

但这一阐述在萨德对话的结尾处行不通了——萨德引入了一个[新]因素，以非常不同的方式将私人经验与公共经验联系起来。回想一下《卧室里的哲学》的结尾。出身良好而天真的欧仁尼在几位导师的调教下开始欣然接受放荡的快感和她对母亲米丝蒂瓦夫人（Mm. de Mistival）的憎恶，因为后者阻止她享受性快感。欧仁尼和她的导师们合谋将她母亲投入监狱，某种程度上靠的是欧仁尼父亲的一封信，允许他们对米丝蒂瓦夫人肆意妄为。欧仁尼的母亲一到场就开始遭受女儿及其导师们的折磨；最终，多曼斯安排了一个患有梅毒的仆人强暴米丝蒂瓦夫人。圣安吉女士认为他们整个团体要避免让受感染的精液——毒液——从米丝蒂瓦夫人体内流出，于是在她的建议下，欧仁尼缝合了她母亲的阴道，并让多曼斯缝合她的肛门（对话已充分表明了他对臀部的偏爱）。[33]此举代表了欧仁尼教育的完成：她在字面上和象征意义上都"隔绝"了她的母亲，侵犯她、让她绝育；同时，欧仁尼从圣安吉夫人那里学会了如何让那"像安托瓦内特（Antoinette）一样性交过"（222）的身体重新变得贞洁，如何让她母亲的身体重新变得骇人似的完整，如何在象征意义上恢复米丝蒂瓦夫人的处女膜，并使她再次变成被人撕扯和插入的对象。

　　上述令人痛苦的——确乎是骇人的——场景使得萨德整部对话的"启迪性"叙事所关注的对于公共—私人区分的协调进一步复杂化。在米丝蒂瓦夫人那里，下述主导性区分——为了快感而私下地或工具性地利用他人身体，有别于身体的公共利用——已经与她的意图没什么关系了。我们记得，米丝蒂瓦在信中允许教育者们和欧仁尼"严厉"惩罚米丝蒂瓦夫人，允许他们教给她米丝蒂瓦本人希望她学会的事情。他的信探讨的似乎是丈夫对于自己财产——其中包括阔妻子的身体——的处置"权利"。[34]米丝蒂瓦颁布了自己的许可，他写信给圣安吉夫人，希望他们能给他妻子上一课，让她了解自己的恐惧——当她设想圣安吉夫人的卧室里可能发生的事情时露出的那虔诚而虚伪的恐惧。丈夫的信件内容或许是这样的："'严厉'教育她，让她从肉体上知道她现在'想象中'惧怕的事情，然后让她知道你们是在我的许可下给她上这一课的，让她知道身体上遭受的暴力反映的是这封信与你们——她的教育者——建立的契约，只要她是我的妻子并因此是我意愿对象的一部分（不管她愿意不愿意），这份契约就与她有关。"

　　正是这一消极的言语行为——也基于多曼斯相应的需要，即将其行动和教诲奠定在法律文字的基础之上——成了拉康1963年理解整部对话之结论的基础。拉康写道：多曼斯"以'别碰母亲'的命令[1]结束了整件事。在遭到强暴和缝合后，母亲仍然是禁止的对象。萨德对法的臣服证实了我们的判断。"[35]多曼斯喊道："要知道，我们是受到准许的。"《卧室里的哲学》结尾处米丝蒂瓦女士亲身领教了对她的教育，而现在她仿佛是在写作中领受教育。萨德同样从她那里受到了教育，正如欧仁尼从多曼斯那里受到教育一样，也正如萨德的读者从萨德和他笔下的角色中受到教育一样。"不要碰母亲"这一俄狄浦斯—神学论禁令和米丝蒂瓦先生的信件一样发挥着作用：它表现并强加了一个契约，人们总是已经服从于它，却不知道自己一出生便是该契约的一部分。

拉康在阅读萨德时带入的列维纳斯式情境——遭受谴责或已经处于契约之中——事实上是"肯定性启蒙"的基础；在此，禁止我们实现对母亲的欲望的法，萨德"不要碰母亲"的命令，替代了所有普遍性原则（或毋宁说替代了普遍性的首要原则）。将施加在被强暴和被重塑的母亲身上的暴力移植到体现于"不要碰她"之禁令的抽象的暴力威胁上，这一过程既代表了将暴力纳入（父）法的领域之内，也代表了暴力转变为一个积极观念，一个思想的而非触摸的形象（例如，寓言性和概念性的"爱本身"的形象，或"共和国"形象）。为了**这种**启蒙，我们所有人都与萨德式的法结成契约：恰恰由于我们对于这一契约的遵从，我们才成为自由意向行为的主体，包括进入契约关系的自由（关于快感、受苦、教育等的契约）。上述处境可以很好地类比于理性的自返性自我证成，类比于萨德最终对法的臣服为整部对话

1　比较《约翰福音》20：16—17，耶稣向抹大拉的玛利亚显现：
　　耶稣对她说："玛利亚！"
　　她转过身，用希伯来语对耶稣说："拉波尼！"——这意思是"老师"。
　　耶稣说："不要碰我，因为我还没有上到父那里。你到我弟兄们那里去告诉他们：我要上到我的父那里，他也是你们的父；我要上到我的神那里，他也是你们的神。"

带来的结局，也可以类比于由米丝蒂瓦夫人缝合的阴道戏剧化地再现的禁令——禁止进入母亲的身体。

当然，整部对话结尾时呈现的难堪问题——用简·盖洛普（Jane Gallop）的话说就是"毛骨悚然的"问题——关系到我一直未明说但始终在强调的"集体性"或"共同体"的意义。到此为止，我们的教诲（整部对话向作为它题献对象的那些母亲传达的教诲，其中的小册子传达给作为其读者的法国人的教诲）在下述场景的戏剧布置中找到了空间表达——多曼斯熟练地在一个巨大的圆圈上安排每个人的位置，让每个人彼此分享苦难和快感。这一人为设置的共享经验依赖于另一种普遍主义形式或普遍性主张——依赖于它并试图自返性地将它呈现出来，为启迪米丝蒂瓦夫人和萨德的读者而将它呈现为整部对话最后一课的[决定]条件（信件被交给米丝蒂瓦夫人查看）。事实上，用多曼斯代替蒂俄提玛，我们走得不算太远。

但是，萨德有意走得更远些，他引入了两种相互关联的因素，使精心布置和设计的舞台场景发生了根本动摇，并暴力地揭开了多曼斯加在母亲身上的禁令，也揭开了卧室中的小型萨德式共同体的相互认同。不必惊讶，两者都与种种管理着触碰或接触的法则有关——[这些法则规定了，]一个行为、判断、概念或身体如何侵犯、界定或取决于另一个。

正如盖洛普所强调的，第一个因素涉及母亲身体本身。[36]欧仁尼表现出来的弑母愤怒以独特的方式成为一个悖论，或不如说一种牺牲、一种普遍性。建立在新的康德式律令——"敢于接触"（aude tangere）——之上的萨德式共同体在身体中、并且以身体的方式，辨识出自己的普遍性（它的公共性质、它的共和主义色彩），而这些身体[必定是]从外部进入卧室的身体，并且它们**只能是**碰触的客体而永远不可能是主体，就像米丝蒂瓦夫人的身体那样。对这些身体而言，"敢于接触"永远是句不恰当的话。我们还记得欧仁尼对母亲说的话——

"妈妈，别在意；我只是在测试我的针点。"这是惯例：经验性的"测试"自然出现在作品的最后，仿佛理论教育最终找到了其实践的出口似的。但欧仁尼的针也刺向了其他地方——在此，想象理论与实践的合拍变得相当困难：

> 欧仁尼不断刺穿[母亲]的阴唇，间或戳向其内侧，有时还用她的针扎母亲的子宫和阴阜。"妈妈，别在意；我只是在测试我的针点。"……欧仁尼非常愤怒："骑士，别骂我，否则我会刺你！好好地给我挠痒就行了。朋友，如果你愿意，稍稍帮我挠下屁股眼；你只有一只手吗？我看不见了，我的针脚跑得到处都是……看呐！你看到吗，我的针游走到……她的大腿、她的乳头……噢，妈的！多么快乐！"（364）

欧仁尼闭上眼睛，她的身体接触到她母亲的身体和骑士的身体。她盲目地任其针探向身体内部，游荡着穿过各个模糊的边界。当然，我们假定她的手在她母亲身体的其他部分游荡，戳戳这儿、缝缝那儿——但欧仁尼恰恰以"刺你"威胁骑士本人，严厉禁止他骂人，这声禁令将她游荡的针线与骑士的语言上的扎刺结合起来："别骂我，否则我会刺你！"（*Point d'invectives, chevalier, ou je vous pique!*）在这里，《卧室里的哲学》特别运用了法语的非人称形式而非其人称代词，从而将这一极其骇人的场景向最字面的、最物质性的偶然性形式敞开：欧仁尼的针"分心"（*égarement*）在大腿和乳头上，不停驻于任何一个特别的身体上，不依附于任何特殊的名称上，不联系于任何具体的称谓上。萨德要求我们想象的身体的翻腾与句法上前项（antecedents）的混淆相配，也与从针尖向（欧仁尼的和骑士的）舌尖的滑动相配。这些滑动再次发生游移：与其本人意志相反，正当欧仁尼缝上母亲的阴道时，她自己也闭上了眼睛；在她盲目的快感中，欧仁尼威胁要将骑士——这个给予她许多教诲的人——的身体、手掌、舌头缝合到她母亲的身上,或缝合到她自己的身上;欧仁尼的针尖以及骑士摆动的手掌和骂着脏话的舌头,都被缝合成一个寓言;欧仁尼盲目游荡的手赋予了针头以它本身的幽灵般性格;它在缝合过程中游荡着穿过各个身体,既作为非人格化的工具创造着维系上述三个身体的纽带,也是到处游荡的快感代理者的人格化象征。

萨德缝合进这一场景的第二个因素,从某一方面说,与欧仁尼的手展现的盲目的、生产共同体的"游荡"并不匹配。在最后的几段话中,《卧室里的哲学》描绘了一种奇怪的循环并回到它的出发点,它纯属偶然的路线也[表现为]早已注定,偶然性和必然性吊诡地被缝合在一起。或者毋宁说,在《卧室里的哲学》的结尾,萨德式共同体赖以建立的偶然性[基础]展开为我上文描述过的种种矛盾方面——一方面是事件的纯粹盲目性:一个缝合点只是接着另一个[而没什么前后联系],每个针点刺下去的部位与下一个部位之间的偶然联系仅仅由针后面拖着的针线的红色踪迹维持着;但另一方面,整个缝合模式取决于(盲目地遵循着)由"禁止碰触母亲"的禁令和想要碰触她的欲望设置在欧仁尼身上的模式。欧仁尼盲目地缝合着,不仅从她暴力而盲目的快感中创造出一个非功效的共同体,而且缝合了几代人,扮演米丝蒂瓦的角色并将自己变成母亲的女导师和母亲的拥有者,恢复米丝蒂瓦夫人的处女膜,在解剖的意义上将她闭合,但又在启迪教化的意义上将她打开。在此,被碰触、被缝合、带有梅毒病菌的母亲形象,意味着一个不再能生殖的身体,一个注定面向死亡而不是诞生的身体——但同时也是一个重新贞洁化和幼儿化的身体,它被带向了欧仁尼出生之前它所具有的形状。当米丝蒂瓦夫人离开卧室的时候,她身上带着其死亡的病菌,也带着她的新知识,《卧室里的哲学》的启迪过程的暴力踪迹缝合在她的身上和体内;但她身上也同样带着她女儿那无辜天真的反讽形象,那是欧仁尼自己在她母亲身上刻下的。作为新生的处女（虽然仅有最拙劣的、解剖学意义上的相似性），她重新回到（或者说被唤回）她的女儿欧仁尼在作品一开始所处的位置。因此欧仁尼从一开始就注定和她母亲的形象绑在一起，正如她母亲在对话结尾也遵循着欧仁尼的脚步。"比爱本身更美"——欧仁尼在《卧室里的哲学》一开场就已经带着后来她将使母亲（她会替代自己）染上的梅毒，这病毒也会感染给那些试图让她了解潜藏在自己的贞洁掩盖下的事情的教育者，也会感染给所有沿着她的步伐或针线（缝合点或刺戳点）而追踪她的教育进展（从幼稚或无辜发展到启蒙）的读者。

《卧室里的哲学》没有提供关于教育的寓言，或不仅仅是一个关于教育的寓言，因为在这个层面上我们并没有从天真状态发展到有经验的状态——或者说，我们也没有从有经验的状态过渡到天真状态。正如欧仁尼的针线在理论和实践之间、思想和经验之间找到了自己的盲目的快感——但同样是被决定的快感——萨德的对话也清楚表明，为什么角色也好，对话的读者也好，作者也好，都无法知道，真正的共和主义共同体的梅毒会落在哪些身体上面。因为萨德在对话结尾处展示的循环并不具有哈特和内格里在勾勒启蒙逻辑时指出的那种"自返性自我证成"形态。面对《卧室里的哲学》，人们已不再能指出哲学知识的病菌会朝哪个方向流动，因而也不再能指出"卧室共和国"兴起的原因是什么。在缝合进多曼斯的契约之后，盲目偶然性的红针线解开了神学论—俄狄浦斯的禁令，同时也让它回到原来的位置。

与此同时，在同样吊诡的意义上，作为盲目的导师和盲目的学生，作为这一双重盲目性的原因和结果，萨德式偶然性为共和主义共同体打开了另一种可能性。萨德式偶然性的快感处于"教化"（Bildung）意识形态的另一极——启蒙运动的"启迪性"残余，它让对象和身体的极端疏离和同样极端的亲密性从属于各种浓墨重彩的教育叙事，从无辜贞洁的神秘形象的故事到意识形象的故事。在理论与实践彼此盲目[彼此陌生]的中间地带，自返性思想（就像自返性暴力那样）产生了，并为政治性奠定了基础。然而，若不将多曼斯转化为蒂俄提玛，这一产生过程的暴力[本身]无法**转化为**政治性（回到罗蒂的说法就是，围绕它无法"编织故事"；这种暴力无法被重新叙事化，无法被转换成一个"启迪性"的故事）。解构共同体的建构，或后现代武装的建构，都取决于这一萨德式的抵抗。我们像欧仁尼和米丝蒂瓦夫人那样带着有限性的暴力踪迹，带着盲目的历史偶然性的病毒；在偶然发生的快感中，共同体效果得以产生，共和国——通过再一次的努力——可以被建立。

注释

[1] Michael Hardt and Antonio Negri, *Empire* (Cambridge：Harvard University Press，2000)，130—132.

[2] Ibid.，411.

[3] G. W. F. Hegel, *Hegel's Science of Logic*, trans. A. V. Miller (London：George Allen & Unwin，1969)，571 (bk. 2, para. 1276).

[4] Max Horkheimer and Theodor W. Adorno, *Dialectic of Enlightenment：Philosophical Fragments*, trans. Edmund Jephcott (Stanford：Stanford University Press，2002)，xviii.

[5] 例如，Susan Neiman认为霍克海默和阿多诺读错了康德——他们与其说提供了"论证"，不如说提供了一种"印象"或一堆暗示。在Neiman看来，这种印象出于康德阅读不够仔细，因为霍克海默和阿多诺认为康德的观点是一种薄弱的工具理性化约论。尽管如此，《启蒙辩证法》可采之处恰恰是作者批判了工具理性那自返式的、自我建制化的形式："哪怕对康德作出更准确的描述"，Neiman指出，"也必须承认阿多诺和霍克海默的如下论断：康德的道德法在现实结构中没有基础。毋宁说它建基于康德所谓的理性事实。这意味

着，理性是自我证成的。"(Susan Neiman, *Evil in Modern Thought*: *An Alternative History of Philosophy* [Princeton: Princeton University Press, 2002], 192—193.)

[6] Horkheimer and Adorno, *Dialectic of Enlightenment*, 29.

[7] Ibid.

[8] 萨德式的暴力在下述双重意义上既是康德的真相，也是受康德著作影响而产生的那些社群主义意识形态的真相：它对于我们思考"肯定的启蒙概念"的重要程度，相当于与它关系密切的"外在化环节"在黑格尔辩证法的运作中的重要性。已经有很多文献讨论过拉克劳对于康德和萨德所作的尚在发展中的著名论断：例如，见 *Le séminaire, Livre VII: L'éthique de la psychanalyse* (Paris: Seuil, 1986), chap. 6; in *Le séminaire*, Livre XX: *Encore* (Paris: Seuil, 1975), chap. 7; 以及"Kant avec Sade", in *La philosophie dans le boudoir, Oeuvres complètes du Marquis de Sade*, ed. Gilbert Lely (Paris: Au cercle du livre precieux, 1966), 2: 551—577. 《康德与萨德》一文最初的未修改版刊于 *Critique* 191 (1963): 291—313. 收在 *Oeuvres complètes du Marquis de Sade* 中的版本有实质性修改，这些修改没有被包括在刊于 *Écrits* (Paris: Seuil, 1966), 119—148的版本中。英译为"Kant with Sade", trans. James Swenson, *October*, no. 51 (Winter): 55—75. 如参：Slavoj Žižek, "Kant and Sade: The Ideal Couple", in *Lacanian Ink*, no. 13 (1998): 12—25. 讨论拉康与霍克海默和阿多诺之间的关系，可见Gilbert Chaitin, "Lacan with Adorno? The Question of Fascist Rationalism", in *Future Crossings: Literature between Philosophy and Cultural Studies*, ed. Krzysztof Ziarek and Seamus Deane (Evanston, Ill.: Northwestern University Press, 2000), 221—248。

[9] 黑格尔马克思主义思想中对于"总体性"的强调在欧洲和美国都饱受争议。卢卡奇下面的表述大概是最著名的："资产阶级历史学家……谴责历史唯物主义者冒犯了历史事件的独特性。他们的错误之处在于他们相信具体事物可以定位于历史的经验性个体身上……而且，恰恰在他们想象自己已经发现'社会作为一个具体的总体'这一最最具体的事物时，…他们事实上距离具体

第五章　萨德式的共同体　　299

性最远……因此，具体分析意味着与社会**总体**的关联。因为只有当该关联得以确立之后，人们在任何时代的生存所具有的意识才会浮现出来，展现它所有的核心特征。"（Gyorgy Luka´cs, *History and Class Consciousness*, trans. Rodney Livingstone [Cambridge：MIT Press，1972]，50.）关于马克思主义思想中"总体性"的作用，经典解释可见Martin Jay, *Marxism and Totality：The Adventures of a Concept from Lukacs to Habermas*（Berkeley：University of California Press，1984）。

[10] Jean-Luc Nancy, *The Inoperative Community*, ed. Peter Connor, trans. Peter Connor et al.（Minneapolis：University of Minnesota Press，1991），31；*La communauté de´soeuvre´e*（Paris：Christian Bourgeois，1986），78.

[11] Dante, *Purgatorio* 23:31, in *The Divine Comedy of Dante Alighieri*, trans. John D. Sinclair（1939；New York：Oxford University Press，1981）. Thomas Browne在其*Hydriotaphia*一书的一个注释里提到这个瞬间："诗人但丁在观看炼狱时发现了极其消瘦的贪吃者，他甚至将他们当成了耶路撒冷之围中的[受难者]；很容易在他们脸上发现'*Homo*'或'*Omo*'；他们从眉毛到鼻子的两道脸颊轮廓构成*M*，凹陷的眼睛构成'*Omo*'中的两个*O*形。"参见Thomas Browne, *Hydriotaphia, Urne-buriall, or, a Discourse of the Sepulchrall Urnes Lately Found in Norfolk*（London：printed for Hen. Brome at the signe of the Gun in Ivy-lane，1658）。

[12] 我们记得，南希通过这段话把"有限性经验"的双重建构同时视为"建构性的"和"既定的"："人并不生产[共同体]；人经验到共同体并被共同体建构为有限性经验。"

[13] 关于"偶然性"观念的文献不胜枚举，最突出也最有影响力的近作可见Jules Vuillemin, *Necessity or Contingency：The Master Argument*, trans. Thomas Morran（Stanford：CSLI，1996）。

[14] Chantal Mouffe, *The Return of the Political*（London：Verso，1993），153.

[15] Ibid.

[16] Ernesto Laclau, "Identity and Hegemony", in Ernesto Laclau, Judith Butler, and Slavoj Žižek, *Contingency, Hegemony, Universality*（London：Verso，

2000），84—85.

[17] Richard Rorty, *Contingency*, *Irony*, *Solidarity* (Cambridge：Cambridge University Press，1989），198.

[18] Ibid., xvi.

[19] Ibid., 174，188.

[20] Ibid., xiv.

[21] Ibid., xv.

[22] Ibid.

[23] Ibid., 5.

[24] Ibid., 187.

[25] 我的关于《偶然、反讽与团结》中的"偶然性"的论辩，对应于James Conant在"Freedom，Cruelty，and Truth：Rorty Versus Orwell"一文中针对罗蒂所作的长篇细致批判，见 *Rorty and His Critics*, ed. Robert B. Brandom (Oxford：Blackwell，2000），268—342。特别是："罗蒂渴望用一个替代性论题（'没有什么是有保证的：只有偶然事件'）来与一个非常可疑的论题（'我们文明的延续在形而上学上是有保证的'）对峙。就此而言，他往往从无可非议的诠释性论断——奥威尔相信历史的偶然性——滑向一些看起来无法令人信服的阐释。奥威尔相信没有什么能保证事情将会向某个特定方向发展——罗蒂从这一论断滑向了如下论断：奥威尔相信，历史的未来结果根本就**不在我们控制范围内**。罗蒂从没有明确鼓吹过这种对于奥威尔历史观的宿命论式解读……但他关于偶然性的修辞确实偏向于这样一种阐释，这使得他对奥威尔小说的阅读完全忽略了奥威尔本人在写作时带有的伦理和政治动机。"（287）

[26] 布希莱德和阿莱格的名字都出现于最早披露的臭名昭著的法军酷刑档案中，相关报道见Georges Arnaud and Jacques Vergés, *Pour Djamila Bouhired*, 1957年由午夜出版社在巴黎出版。关于印刷作品在阿尔及尔如何扮演积极角色以将这些处境公开化，Nils Andersson的探讨很出色，见"Le front éditorial/La censure en effet" in *Le 17 octobre 1961, un crime d' État à Paris*, ed. Olivier Le Cour

Grandmaison（Paris：La Dispute，2001），89—90。

[27] Henri Alleg, *La question*（Paris：Minuit，1961），17. 有关出版《问题》的背景和直接影响的讨论，见Alexis Berchadsky,'*La Question*,' *d' Henri Alleg: Un "livre-événement" dans la France en guerre d' Algérie*（Paris：De'couvrir，1994）。有关阿莱格在《问题》中对于当时处境的细致描写，近期讨论见Raphaëlle Branch, *La torture et l'arme'e pendant la guerre d'Alge'rie, 1954—1962*（Paris：Gallimard，2001）。

[28] Franco Solinas, *The Battle of Algiers*（screenplay），trans. PierNico Solinas and Linda Brunetto, in *Gillo Pontecorvo's 'The Battle of Algiers,'* ed. Pier-Nico Solinas（New York：Scribner's，1973），109. 有关法国知识分子阶层对于阿尔及尔事件的反应，详细论述可见J.-F. Sirinelli and J.-P. Rioux, eds., *La Guerre d'Algérie et les intellectuels français*（Paris：Complexe，1991）。

[29] 参见Jean-Jacques Pauvert, *Nouveaux (et moins nouveaux) visages de la censure*（Paris：Les Belles Lettres，1994），以及Jean-Jacques Pauvert and Pierre Beuchot, *Sade en proce`s*（Paris：Mille et Une Nuits，1999）。

[30] 关于萨德将哲学与男性形象结合起来、将学生与天真少女结合起来的问题，盖洛普已经作出了令人信服的探讨。我认为她的论述中尤其重要的是她——通过修正Angela Carter在1978年对于萨德的征用——解释了"那切割女性、让她们互相对立的破坏性方式——女性主义者对峙传统的妻子和母亲，坏女孩形象对峙好女孩形象的女性主义者"；通过将"哲学带入卧室，带入女性的私密空间，萨德表明了与母亲[形象]的暴力的、严格意义上的针锋相对，并由此建构了解放的女性"。(Jane Gallop, "The Liberated Woman", *Narrative* 13, no. 2 [2005]：97) 盖洛普在此想到的是Angela Carter, *The Sadeian Woman and the Ideology of Pornography*（New York：Pantheon Books，1978）。

[31] Sade, *La philosophie dans le boudoir*, in *Oeuvres complètes du Marquis de Sade*, ed. Gilbert Lely（Paris：Au cercle du livre précieux，1966），2:375. 标准英译本见 *The Marquis de Sade：Justine, Philosophy in the Bedroom, and Other Writings*, ed. and trans.

Richard Seaver and Austryn Wainhouse (New York: Grove Press, 1965), 190。文中该书引文后括号内的页码指的都是这个译本的页码,但我有时候会为了贴近原文而略作修改。若引文后没有标注页码,则该译文是我自己的。

[32] *La philosophie dans le boudoir*, in *Oeuvres complétes*, 2:478.

[33] Ibid., 2:546.

[34] Ibid., 548.

[35] Jacques Lacan, "Kant avec Sade", in *La philosophie dans le boudoir*, *Oeuvres compleétes*, 2:577.

[36] Jane Gallop, "The Liberated Woman", 97—100.

第六章

三个女人，三颗炸弹

为了我在法国的读者们，我必须把这些都说出来。他们一定要懂得，阿尔及利亚人民从伟大的法国人民那里学到了很多，也非常珍视法国人民的友谊，阿尔及利亚人民不会把法国人民与虐待者混为一谈。但是，法国人也一定要知晓那些借着他们的名义在这里做下的一切。

——亨利·阿莱格，《问题》

让我把话说清楚些。我们的命令里面没有"虐待"这个词。在我们针对未知敌人的行动中，审讯是唯一合法的手段……当叛乱刚爆发的时候，我们没有听到一丝一毫的异议，所有报纸，包括左翼报纸，都希望叛乱可以迅速平定。这正是我们被派到这里的理由。先生们，我们决不是疯子，更不是施虐狂。

——菲利普·马修上校，引自《阿尔及尔之战》[1]

---

[1] 《阿尔及尔之战》（1966）系根据1954—1957年间阿尔及利亚独立战争中真实事件改编而成，获威尼斯影展金狮奖。片中既有历史人物（如姆希迪），也有虚构人物（如马修上校）。

在1972年出版的一篇采访中，电影史学家琼·梅伦（Joan Mellen）请导演吉洛·彭特克沃（Gillo Pontecorvo）回顾由后者执导的《阿尔及尔之战》。[1]她开门见山地问道："毫无疑问你是站在争取独立的阿尔及利亚一边。但是片中所展示的暴力，那种法阿双方以牙还牙的关系，是不是某种程度上颠覆了你自己的主题？电影里面先是阿尔及利亚人杀人，然后法国人杀人报复，然后又是阿尔及利亚人杀人，如此这般，但是真实的历史情境中，法国人杀的人要多出成千上万，甚至还有妇女小孩。片中只有一个场景能让我们感受到这一点，其中本·姆希迪（Ben M'Hidi）说，'你们敢朝我们扔汽油弹，我们就要让你们尝尝我们姐妹们篮子的厉害。'"彭特克沃在表现法国伞兵部队的暴行和"民阵"[1]的炸弹的毁灭力量时，所借助的是法阿双方中间看似存在的一种相互性（reciprocity），或如梅伦所说的，"以牙还牙"的关系；而梅伦向彭特克沃提出的问题就反映出，坚定支持阿尔及利亚革命的人们对这种相互性有某种不安感。[2]

电影史学家的不安很难算是个别现象，而且相比起影片的主题或视觉隐喻，它也绝不显得更加陈旧。毕竟伊斯兰世界的反殖民恐怖主义已经带着"女人的篮子"（或各种对应物，诸如"箱子炸弹"或"鞋子炸弹"），遮上有形无形的纱罩，走进了西方国家的大政方针

1　Front de Libération Nationale，阿尔及利亚民族解放阵线，原书中坚持用简写FLN,此处相应用中文简称"民阵"。

里，走进了电视播出的虚构想象中。但是导演和采访者所谈及的影响模式乃是一个范围更广泛的话题，具有我们到现在已经很熟悉的一种逻辑形态。对于《阿尔及尔之战》的一名观众而言，对一种普世价值（比如说行为与行为之间形式上的，抽象的平等）的诉求可以使他用一条人命衡量另一条人命，用暴力行动衡量报复行动中的暴力，但是，梅伦似乎也在质疑这种诉求，因为它自有一套语境，一部历史，在不断地动用和屏蔽各种绝非抽象也不仅是形式的历史条件、物质基础和事实结果。对交战方武器、财富和文化资本之间的极端不对等的展现，总是可以被我们的偏见（parti pris）所轻易颠覆；反之亦然。更重要的是，政治"站队"（la prise de parti）并非出自我们的理智选择，也与自我认知或各种各样的利益无关。各种普遍性的偶然性所代表和激发出的不安也清楚地体现在媒体对近期各种冲突的报道中，从巴勒斯坦到巴斯克（在吵闹、老套的对"客观"，"公正"的义愤呼求下面，掩盖了各种各样的奸诈、罪愆和怨怼）。这种不安型塑了我们每一场关于共产社会理想及其代价的讨论，为乌托邦式的激进主义，为反抗的"现实主义"，以及最重要的，为两者关系的现代概念化阐释，提供了所需的基本原理。

在梅伦访谈的语境里，这种不安感其实是一种司空见惯的情绪，而采访者的自以为是轻易地将其遮掩。这种不安感或可被恰如其分地称为**恐怖**，但我现下还不想这么做。这样做会给本章背上负担，而它的本意是要另辟蹊径去通向萨德笔下的闺房，通向他的伦理—政治教诲的特别的模糊形式（opaque form）。在恐怖的逻辑与主权的逻辑的关键交汇点上，为必要性，否定，或矛盾等分析性语汇所清空的场所，又被自返性的思想与相互性的暴力所占据；正当此时，萨德的教诲登场——也就是欧仁妮教给读者的、事关建设新共和国的尝试的那残酷的一课。萨德式的共同体建立在偶然的、盲目的关联上，而它把这种关联想象成一种教育契约，或说教育被想象成一种存在于（某些）主体间的契约关系，而这些主体仿佛恰是在回溯的过程中逐渐承认彼此——这种契约有它自己的暴力特性，并服从于种种不可预知的"力比多化"（libidinizations）。当萨德的闺房在20世纪中期搬到了阿尔及尔的卡斯巴（casbah）区[1]，对时间的体验，也就是说，对存在于反思、判断、行动之间的时间性关联的再现，被赋予了一种令人讶异的全新形态，而契约的实现也正有赖于此。

需要注意的是，总体而言，欧洲人对启蒙政治遗产的批判，并非只是在奥斯维辛的阴影下展开；像我们在前两章所说的那样，这一批判也与欧洲去殖民化的最后一拨危机有关。它们发生在20世纪中期，起于1954年奠边府之战以及阿尔及利亚反抗运动的爆发，迄于1962年阿尔及利亚全民公投独立以及与法国脱离关系。说得更直白些，对于整整一代在话语上拆解了哈特与内格里所说的"殖民主权辩证法"的欧洲人而言，阿尔及利亚革命这个案例使得上文所说的伦理—政治教育真正成型。教育在此成为一个需要学习和反思的历史事件，成为一场为教育和反教育提供所需模式的革命。同样需要注意的是，为这一伦理—政治教育的凸现提供土壤的特殊环境，也见证了性别的想象建构的转型，特别是城市知识分子阶层面对一个前所未见的形象时，所产生的新的幻想与反幻想游戏。这个形象就是女性恐怖主义分子。最后需要注意的是我们此前已略窥一斑的历史环境：20年代中期的这些年，同样也见证了萨德作品的重新发现、重新编纂与重新评估，这一现象是全欧范围内的，但法国尤为显著。

这纷繁的线索，我们如何直抵其要害结点？彭特克沃对梅伦问题的回答为我们作好了铺垫。总的来说导演的回答非常值得玩味。他也提起梅伦所问及的那个瞬间，那个殖民者武力与爱国者反抗势力的不平衡得到体现的瞬间：

---

[1] 阿尔及尔的老城区，亦泛指其他伊斯兰国家的一些类似的城区。

那是一个极其紧张的场面……它不偏不倚地揭示了问题的两面，我想这就够了。姆希迪说话的场面达到了所有戏剧演出法都要求的效果……另外还有更重要的一点。我觉得我们说"这边杀了十个，那边杀了两个"其实无关紧要。问题就是杀人所发生的情景中，唯一的影响因素其实是压迫。压迫导致战争，而我不相信打仗的时候一边很卖力而另一边不卖力。阿尔及利亚人也阉割，也虐待别人，但是你得从历史的角度去鉴别哪些人该受谴责，而哪些人是对的。然后你的情感应该认同那些站在正义一方的人。[3]

彭特克沃的答案里有一种症候式（symptomatically）的混杂。一方面他像是在说："没错，我支持阿尔及利亚人，我觉得他们是对的，而我也想在感情上认同站在正义一边的人们。但与此同时，我之所以向着他们，不是因为数量上阿尔及利亚人比法国人伤亡惨重。压迫是唯一需要考虑的因素。压迫是殖民主义逻辑的产物，而很重要的一点是，既然法阿双方都被这个逻辑所控制、所推动，所以法阿双方一样是受压迫的。"彭特克沃得出的结论似乎是："我真正要谴责的是殖民主义的逻辑。我真正要认同的是反抗这个逻辑的战斗。在这场战斗中，法国人与阿尔及利亚人可以并肩作战，而非同室操戈；在这场战斗中，死亡人数孰多孰少只是第二位的考虑因素。"这并不是说阿尔及利亚恐怖主义者与法国殖民者、军队和刑讯者在道义上处于对等的地位，而是说双方的行动其实出自同一个源头。彭特克沃告诉我们，无论他自己与阿尔及利亚的骚乱人群或者法国的军队有多么不同，他和他们双方的身份都是因为与殖民主义的逻辑关联才产生意义。这种殖民逻辑可以不依靠外力而存在并自我正名，它不但支撑并引发了影片所描述的三种立场，而且它在片中始终是迫近的、内化的在场。彭特克沃认为，殖民主义逻辑的普遍直接性（immediacy）构筑了这种关系，后者把殖民者、阿尔及利亚本地人，以及作为旁观者的导演一起拉进了一个被迫屈服的共同体（subjected community）。正是且只是这种关系，为评价艺术再现的平衡与否、衡量武力的对等与否、审视伦理判断的恰当与否，提供了共同所需的参考指标。

另一方面，我们也不要忘记，彭特克沃对梅伦的回答中还有这么一句话："你得从历史的角度去鉴别哪些人该受谴责，而哪些人是对的。然后你的情感应该认同那些站在正义一方的人。"但是，相比起上一段中用平衡、对等、妥当等观念与殖民逻辑相互衡量的思路，这里的从"历史的"角度去判断问题，然后从情感上认同那些站在"正义一方"的人，似乎是一套大相径庭的流程——它更主观，更不确定，更具有偶然性。就算我们能描述殖民主义逻辑，谁又有权利判断说，某件事"从历史的角度"看是"正确的"？这当然不仅仅是一个修辞问题。"历史是属于我们的，书写历史的是人民，"（"La historia es nuestra y la hacen los pueblos"）阿连德（Salvador Allende）[1]临终时曾如是说；但对于"历史由胜利者书写"的论断而言，阿连德的回应虽则感人，却称不上定论。甚至是对于黑格尔而言——或者说，特别是对于黑格尔而言——所谓历史的判断本身就是模棱两可的。黑格尔把这类判断及其产生的知识和抉择统称为"概念的教训"，而它总是笼罩在一层层的灰雾中。因为历史的判断脱离了"事实的丰富性"，所以任何这种判断，无论是谴责殖民者，颂扬反抗者，或者相反，都恰恰因为停留在抽象和形式的层面上而变得片面。[4]这样看来，判断的形成、陈述与评估并不取决于某个逻辑或源头的迫近性和内在性，而是取决于一个不可思议的权威调解力量的介入，取决于一个存在于事实时间之上的时间，其中产生了作判断所依赖的标准。

彭特克沃并非伦理学家，所以硬要他前后一致，未免有失公允。

---

[1] 阿连德（1908—1973）智利总统，拉丁美洲的第一位民选左翼国家领导人，在1973年的军人政变中殉职。

我的兴趣则在细看他的这个自相矛盾，以及其中所引发的一系列问题。因为彭特克沃的回答不仅有助于我们理解《阿尔及尔之战》，而且也涉及了各种伦理判断的本质，涉及了它们在建设新共和国的尝试中，在那个"再努力一次"中所起的作用。无论你说彭特克沃"拍了一部声援阿尔及利亚人民的电影"，或者说"《阿尔及尔之战》自己颠覆了自己，因为它把暴力拍成了对等的东西"，为什么一当你作这些判断的时候，像殖民主义逻辑这样的衡量标准就不完全适用了呢？"从历史的角度看谁对谁错"这个补充性的要求，又是从何而来呢？

"**历史的**"这个修饰语究竟承担了多少重量呢？它看上去像是从前的辩证历史观"**客观**"修饰语的残余形式，但在彭特克沃的语境中则毫无旧意。换作德里达，他大概会说，对历史的判断来自未来。那么，"认同那些站在正义一方的人"这个任务，这个从彭特克沃的自相矛盾的答复中流溢出来的补充性、后续性的任务，究竟又被他赋予了怎样的地位呢？彭特克沃是怎样把一种恐怖的伦理呈现给观众，而又没有为恐怖主义声辩呢？

镜子/镜头：闺房中的恐怖

下面，我的着眼点要放在《阿尔及尔之战》中一个简短的系列场景上。我将把它放在三个语境中讨论，其中一个我们很熟悉，另外两个则可能不然。这组精彩绝伦、震撼人心的场景便是我们通常所说的"三个女人，三颗炸弹"。从大多数意义上讲，它构成了本片的高潮部分，也顺理成章地引起了评论界最多的注意。[5]它表现的是民族解放军（ALN, Armée de libération nationale, 即声名更响的"民阵"的武装力量）针对法国国家主义者在底比斯街（rue de Thebes）炸毁三所阿拉伯民宅这一事件而采取的报复行动。在反殖民起义的政治逻辑中，这一系列场景所展现的事件标志着"民阵"的明确转变，之前它把自己想象成打击法国军事基地的武装反抗力量，而现在它可以名正言顺地攻击住在阿尔及利亚的法国平民了。在这些场景中，传统意义上所谓的阿尔及利亚"恐怖主义"登场亮相；它出现的时刻也就是本·姆希迪所提起的，用来还击法军枪弹的"女人的篮子"公开露面的时刻。[6]彭特克沃和他的主要资料提供者亚谢夫·萨阿迪（Yacef Saadi）精心为"民阵"的策略转变提供了依据：萨阿迪在自己的回忆录《阿尔及尔之战的回忆》（*Souvenirs de la bataille d'Alger*）中，是这样解释他们向恐怖主义的转型的："反殖民恐怖主义的炸弹获得的成果，与之前阿尔及利亚的敌人们妄图取得的效果是针锋相对的。毫无疑问，它提升了'民阵'的威望。"[7]在他的第二本回忆录《阿尔及尔之战》（*La bataille d'Alger*）中，萨阿迪的陈述如下："'是时候想个别的法子了，'我对赫迪杜希（H'didouche）说，'想对付这些丧心病狂的殖民者，靠机关枪手枪刺刀什么的可不行。只有一招能让他们老实，那就是炸弹。'"[8]几颗炸弹的爆炸激出了马修上校领导的法军伞兵部队，也激出了法国人用虐待作为审讯手段。当然，按照马修上校和其他人的话，他们"不是虐待狂"，或者借用我们时代的版本，阿布格莱布监狱（Abu Ghraib）[1]的照片里不过是"几颗烂苹果"而已。其实这也是显然存在的教育时刻，虽则意义仍很微妙。

从电影美学的角度看，影片开头展示的是仅存的起义领袖，阿里·拉·波安（Ali La Pointe）与同志们藏匿在卡斯巴区民宅的一堵假墙后面，它是一个封闭、压抑的空间；然后是阿尔及尔新城区的开阔空间，繁忙喧嚣的都市景象，反叛者的炸弹将在这里开花。"三个

---

1 阿布格莱布监狱系美军设在伊拉克的监狱，以虐囚事件臭名昭著。

女人，三颗炸弹"这一场景在叙事意义上为这两者建起了桥梁。苏珊·斯莉奥莫维奇（Susan Slyomovics）对影片的这层逻辑有精当的把握："镜头追随着哈西芭（Hassiba Ben Bouali）的身影，跨越一道又一道边界，从家中的内部私人空间走到街上的外部公共空间；从阿拉伯老城走到法国新城，从'乡土空间'走到'殖民空间'。"[9]这一组场景就好像是在展示一个穿越的瞬间，在这时，本地的穆斯林社区摘下了自己的面纱，演起了殖民者期待与欲望中他们应扮演的角色；但是他们只有这样做，才能掩饰自己的愿望，从而摆脱殖民者的期待和欲望。从更广泛的意义上说，它也标志着影片性别范畴的重要转变，标志着"民阵"反抗策略的重要转变：妇女不再是旁观者，而加入了反叛行动中；她们不再是配角，而变成了反叛者最引人注目的武器。

最后一点，在影片的视觉语汇与当代讨论后殖民世界秩序的语汇中间，存在着许多连接点，其中之一就是伊曼纽尔·特雷（Emmanuel Terray）所谓的"头巾癔症"（headscarf hysteria）或者塞西尔·拉波（Cécile Laborde）所说的"面纱争端"（hijab controversy）；而"三个女人，三颗炸弹"的蒙太奇，正是以它开始并始终聚焦在它上面。[10] 当摄影机对准脱去面纱的三位女性时，在那短暂的一瞬间，移民政策、文化适应不均衡、传统化与现代化、民主化、原教旨主义的兴起、"宽容"，以及各种各样对"恐怖主义"的定义，所有这些紧迫的问题都聚集在了一个尖锐的焦点上。

哈西芭的镜中影像只是一种姿态的大概展现，但它统摄了整个场景，并且加入了很多微妙的内容。当然，这个双重作用本身就是折射镜头（mirror shot）的独到之处。彭特克沃要想参考一部反映阿尔及利亚战争和表现虐待的影片，只要看看让—吕克·戈达尔（Jean-Luc Godard）1963年的《小兵》（Le petit soldat）就可以了（该片事实上拍摄于1960年。对彭特克沃而言尤其重要的可能是该片中对暴力的展现。

它不但涉及了"民阵",也涉及了雇佣布鲁诺[1]来杀害"民阵"领导人的法国国家主义团体——或许这就是彭特克沃所言"不偏不倚揭示了问题的两面"的直接灵感?),而且彭特克沃还可以从中获取内景与外景之间镜头转换的启示。戈达尔影片的核心也是一个起居室,其中也有一个折射镜头。彭特克沃领会了这一幕中的一切元素,并且对它进行了改写和再加工。《小兵》中,看着镜中自己的是一位男子,而《阿尔及尔之战》中,自我端详的是一位女子;哈西芭的脸显现在镜中,看上去没有隐匿任何东西,而且向观众展现了她的一切化妆手法,她借此把自己打扮成一个法国化的女子,也就是她必须用以示人的形象。相比之下,戈达尔的镜头本身成为手枪的匿所,他的影片不是镜子也不是反射面,而是有深度的物品,电影本身即是面纱。当哈西芭的面纱从她脸上滑落时,彭特克沃的观众就能明白,这乃是一个特殊政治主体的标志;当布鲁诺穿毛衣时,毛衣遮住了他的脸,戈达尔的观众也能明白,穿衣既是掩饰,而布鲁诺可以以此藏住他的武器,走出室内的私密空间,闯到街上。

我们大可不必将彭特克沃所运用的人物形象、材料和潜在对话者仅仅局限在电影领域;毫无疑问,影片足够激起我们对不同的地方与价值意义的联想,让这一幕变成一场戏中戏,这得看我们究竟是会想起那喀索斯(Narcissus)的传说,还是关于入浴的维纳斯这一母题的、从提香到鲁本斯的一系列经典视觉形象,还是委拉斯开兹《宫娥》中克里斯蒂娜小公主(Infanta Cristina)房间中那面镜子所展示的神秘空间。

好比说,我们可以看看东方化的闺阁镜头的伟大原型,德拉克洛瓦(Eugene Delacroix)绘于1834年的《阿尔及尔的女人》。[2]在德拉克

---

1 布鲁诺·佛雷斯蒂埃(Bruno Forestier),《小兵》的男主人公,法国情报人员。

2 原画名 *Femmes d'Alger dans leur appartement*,即"寓所中的阿尔及尔妇女",今从通译。

图5a-e　折射镜头《阿尔及尔之战》

洛瓦的画布上,在阿尔及尔女人们的背后的一角,同样悬挂着一面居高临下的镜子,它空白的表面成为一整套视觉传递中的第三点。这个体系中,观者/画者完全处于画框之外,他们的位置隐约为那位行将走出画框,又在回望"阿尔及尔女人"的黑人女子所呼应,但又与她完全不同。这位黑人女子的头的倾斜角度,与那面镜子和墙的角度完全相等,仿佛观者的位置构成了一条中轴,而它们都在围着这个中轴旋转。它们都反射在镜中,但在画面上却又消隐,这就留下了一个奇诡的空洞/空间,既非完全在画内,也非全在画外。

关于德拉克洛瓦的视觉系统,以及那面镜子在其中的连缀作用,我们还有的可说。请注意在《阿尔及尔之战》的相应场景里,彭特克

第六章 三个女人，三颗炸弹 315

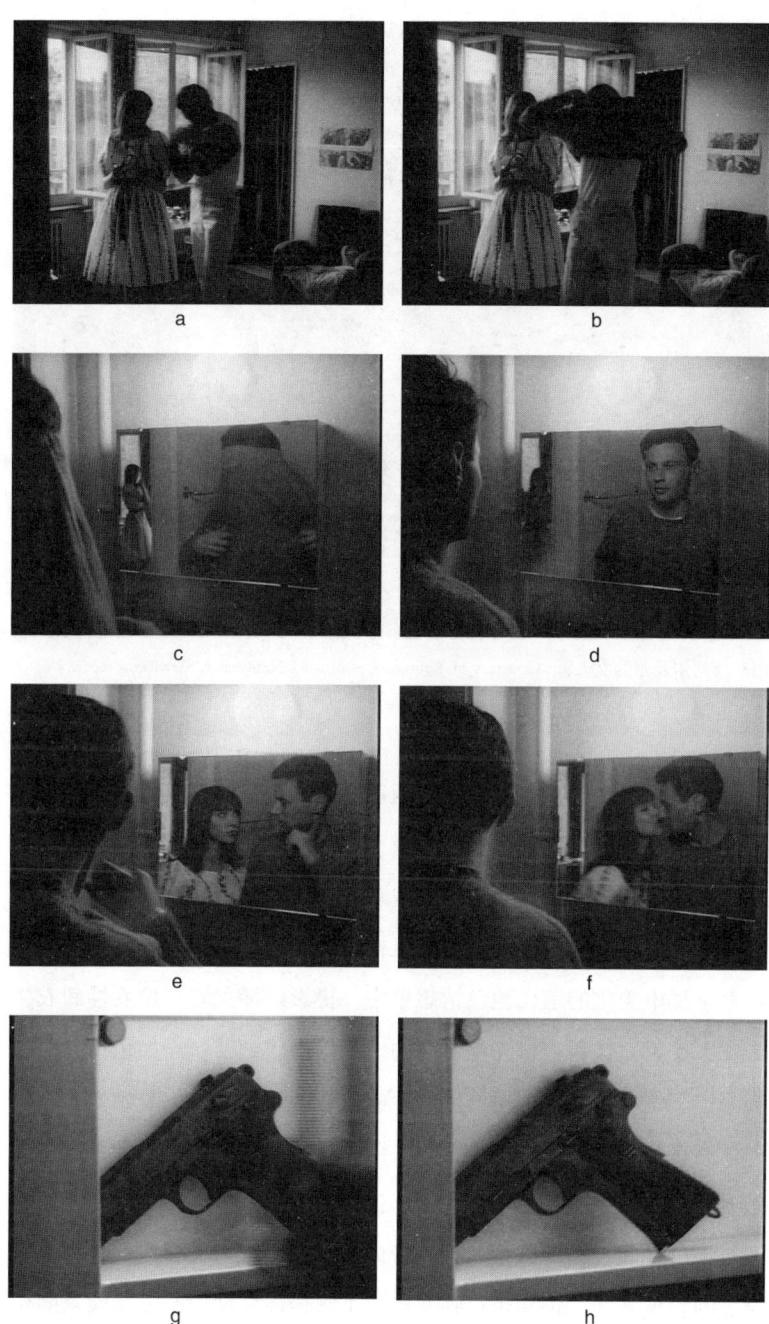

图6a-h 折射镜头《小兵》

图7 《阿尔及尔的女人》，Courtesy of Reunion des Musees Nationaux/ Art Resource，NY）

沃很常规地把摄影机直接摆在哈西芭的脸边，从而镜头可以打到镜子里她的视线。三位女性脱去纱罩换上衣服的那一幕有意要制造出震撼性的效果：它告诉或说希望提醒观众，传统穆斯林社会对女性身体的公众形象的种种约束；同时，它也把一种明确的政治内容，赋予到德拉克洛瓦审美化的殖民地色情想象中。摄影机捕捉着三位女性卸衣、染发、换装、操起一口完全不同的语言等温软细节，一如色情片似的狎昵；三位女性彼此妆扮好后的容颜照在镜子里，仿佛是她们的羞赧和惭意在与献身革命的决心互相映照，互相置换。摄影机的位置仿佛是要让我们看到两者的相互丈量，让我们去识别，去感同身受。在羞涩与果决之间，在对重重遮卫的身体的私我感觉与大庭广众之下毫无掩盖的脸庞之间，镜头也反映并彰显了它传译女性内心无尽纠葛的作用。最后，回想一下改头换面的三位女性用法语向萨阿迪问安的那一幕："先生，今天可好啊？"这么说吧，紧接着那让人别扭的暴露身体的一幕，这一句问安可以让人联想起足够多的情景样式，从招徕主顾到街头交易，再到演员更衣室里让人不太自在的元电影（metafilm）仪态。"先生，今天可好啊？"可以是街头妓女抛向街上走过的潜在顾客的问题，无论她是阿尔及利亚人还是法国人；也可以是用来自我掩护的调情用语，使三位女性可以安然穿越哨卡离开卡斯巴；还可以是演员对导演意见的征询："我可以上场了吗？""我的妆化得怎么样？""我演得好不好？"对于彭特克沃而言，这些问题大概尤其有趣，毕竟在《阿尔及尔之战》中，除了饰演马修上校的让·马丹（Jean Martin）以外，其余都是非职业演员。或者以上三种情况都是。[11]从始至终，彭特克沃要求观众从两种视角去体验和判断他的镜头调度，一个是摄影机的视角，另一个仿佛就是闺阁的视角——也就是说，观众要从哈西芭的背后，从她所凝视的镜面上，从她决心行动，卸去面纱，挽起炸弹的重负，策略性地戴上现代性的假面之前、之后与之间，从面纱与摄影机的一侧，然后，或不如说同时，从它们的另外一侧，去观看电影。那么为什么揭纱这一幕只有这么短？为什么不在上面多花些时间？

第一个答案（第一种情境）。影片想在镜头的快速切换与炸弹爆炸的瞬间性之间建立起一种类比。与此相应，影片决定采用概念性蒙太奇，也即采用传递革命信息的媒介，以此与炸弹和镜头联系在一起。同时，在卡斯巴的闺房里，电影在揭纱动作，也即是兰贾娜·罕娜（Ranjana Khanna）一针见血地指出的"作为媒介的剪切"，[12]和之前法国人在底比斯街扔的炸弹之间，建立起了一座桥梁。其结果就是三位妇女埋下的三颗炸弹。影片的教学式维度像是被压缩到了这一事件中：底比斯街的炸弹仿佛可以自我解释，同时招致了民族解放军一手策划的报复行动，后者的反思渠道就是相互性的"一弹还一弹"。在这里，快节奏的音乐代替了人的对话，恰与影片中的其他几幕形成对比。在那几个场景中，或是叙述者/评论者通过广播在讲话，或是马修上校在向同僚或向记者解释事件，或是本·姆希迪和阿里·拉·波安和萨阿迪之间在对谈，或是萨阿迪和三位行将去埋炸弹的"亚谢夫女郎"之间在对谈——达妮埃勒·马克斯—斯库拉（Danielle Marx-Scouras）的这个词很戏谑地颠覆了007系列的"邦女郎"。[13]在卡斯巴的重重闺阁的私密空间里，在三位女子揭去面纱，或用法农的话说，在阿尔及利亚揭去面纱的时候，框架、剪切与镜头置换了萨德笔下欧仁妮盲目却连续的针脚所代表的时间的延展。一种新的对观者的定义，甚或可能是一种新的对思考的定义，在此浮现出来。它是即时的，迫近的，它把前因后果直觉性地结合起来，就像人是先看到镜子中的脸，然后才意识到那是一个映像那样。

第二个答案（第二种情境）。彭特克沃的揭纱镜头之所以是短暂的，即时的，它之所以仅仅是一种姿态，一个转喻，一条速记，或者对一瞥的一瞥，那也恰是因为在1954年到1966年阿尔及尔的战争进行时，揭纱的主题是全欧洲讨论的热点问题。关于殖民者的凝望，法农如是写道："街车上，火车里，一缕头发，一角额头，或是一张'美若天仙的脸'的一闪。"[14]当然，揭纱镜头所包含的策略转变，要比简单的武器的渐渐升级意义深远，要比衣着的更替意义更深远，无论后者被赋予了多么丰富的语义。"民阵"靠妇女去埋炸弹的决定标志了一种社会性转变，或者还有更深刻的意义，因为它不但戏剧化地重构了女性在传统穆斯林文化中的地位，也以同样的方式强调了"民阵"所承担的、面对阿尔及利亚大众的教化者角色。

影片很费力地去强调"民阵"身上的这种经典的先行者作用，偶尔不免流于说教。影片的展示性镜头，比如卡德尔/贾法尔（Kader/Djafar）向阿里·拉·波安介绍"民阵"的历史，策略和现下的困难，或是之后本·姆希迪与阿里讨论法国人将如何回应"民阵"倡导的罢工，都谱写了一种某位评论家所言的"抒情性音乐……它表达的是一种彭特克沃希望我们能感受到的同情，一种对'民阵'草创阶段种种艰辛的同情"。[15] 萨阿迪的回忆录也是如此。在《阿尔及尔之战》中，他回忆起自己第一次与那三位自愿去埋炸弹的女子见面的场景：

> 三个年轻的女人都很紧张，在这种场面下，谁会不紧张呢？为了帮她们镇静下来，我说："我要对你们坦白承认，这是我们第一次在行动中使用炸弹来增强我们的打击力量。我希望你们在执行任务之前仔细考虑一下后果。我也没有必要再跟你们讲我在底比斯街看到的一切了。"就这样我一点点地说明了我们的抵抗运动所要历经的阶段。谈话很短，但却达到了教育效果 [Ce fut court mais assez édifant]。

萨阿迪的"教学式"故事不但象征性地转换了三个女人的身份，也转换了整个民族的身份。这体现在《回忆录》中的一个简短对话里：

> 琪涅布(Zineb)也确证说，街上没有军警设防。琪涅布是个十四岁的女孩，来自一个非常传统的虔诚的[maraboutique]家庭。当天之前她还不敢不靠家人陪伴一个人上街，但自从她的家长同意让我们留宿以后，这个可敬的家庭的灵魂中就发生了一场革命 [il s'est produit une révolution dans les spirits de cette vénérable famille]。妇女们原先一直是家中的次要成员[l'arrière plan]，现在也纷纷表示愿意参与到解放的斗争中。然后哈吉(Hadj)先生，琪涅布的父亲，高兴而充满信任地[avec joie et en toute confiance]把女儿托付给了我们，让她与"民族解放军"的战士们同生死共患难。就在两年前，谁能想象到这些呢？[16]

家庭的转变和阿尔及利亚人民的未来之间的对应，并非像乍一看上去的那么死板。"这个可敬的家庭的灵魂中"的革命确实呼应了"民阵"所寻求的,反对法国殖民者的革命斗争。"解放的斗争"的具体目标,虽然在萨阿迪的回忆录中含混得让人生气,但事实上是双重性的,同时指向法国的殖民主义和将女性置于次要地位的传统家庭。哈吉先生所表现出的信任,那种男女两性分享甘苦的动人景象,那种两年之内态度明显变化的感觉,都是解放话语的终末论(liberationist eschatology)[1]所能提供给我们的那一套美妙却又俗套的东西。但是在独立战争中,像琪涅布那样扮演了重要角色的女性,比如佐拉·德里芙(Zhora Drif)、萨米娅·拉赫达里(Samia Lakhdari)和贾米拉·布希雷德(Djamila Bouhired)等人,既是革命的象征,也是它的载体(vehicle),而说到"载体",那些支持"民阵"、为"民阵"服务的阿拉伯妇女,是通过熟练运用第二套(以及第三套)[2]象征性角色才成为革命的载体的。也就是说,她们要么象征性地、策略性地回归到日常生活中低人一等的女性角色,要么在视觉上放弃这个角色,转而以一种令人叹绝的方式,在事实和象征两个层面上模仿欧化的阿拉伯人的行为举止。[17]在革命的阿尔及利亚社会里,乃至在新生的后殖民国家中,阿尔及利亚女性的象征性角色被刻意地丰富化了,第一点,这表明了社会象征体系的灵活性的增加。在国家范畴的地质形态中,妇女的角色或者说"地层"可以有很多种,与此相应,阿尔及利亚男性"可敬的"社会政治角色也必须要有变化,而他们也开始"高兴而充满信任地"接受了这一点。

---

1 "终末论"本是宗教观念,见于世界很多宗教,大致均包括末日来临,旧世界毁灭,新世界诞生,善人将得到拯救等基本内容,有时亦强调这一事件的迫近性。此处将终末论与解放话语并置,意在说明后者所强调的内容,如打碎殖民枷锁,民族翻身解放,革命即将胜利等,沾染有终末论的色彩。

2 此处第二套、第三套象征性角色盖与上文三位女性换装埋放炸弹,成为革命主体(也即第一套象征角色)相对。

但是第二点，阿尔及利亚女性的工具性角色，原先在"民阵"/法国殖民势力的想象中相应的是抵抗/归化的象征，此刻却很难再被纳入一套固定的叙事形式中。这正是萨阿迪和彭特克沃展示给我们的，革命教育的批判性力量。影片的革命瞬间仿佛在告诉我们，要衡量某一特定社会角色、风习和客体所蕴含的价值，不应再依靠殖民者和殖民社会建立的标准，而应该依靠一套不同的标准。社会价值的赋予过程原先依赖于一套显而易见的制约性原则（比如说《帝国》一书中描述的所谓"传统"或者殖民逻辑），而在影片的教育与行动中，这些运动使价值赋予的过程与制约性原则相互分离。在这些运动的促使下，主体、社会风习和身体本身都颤抖着参与了一个新原则的显现；这个原则将成为社会价值分配与评估的依凭。

这个动态很复杂，也足够重要，它既是现象学意义上的，也是范畴和符号学意义上的，因为我们在谈论的问题涉及一个形象，一种社会角色，一个象征（面纱），以及社会转型期它们可能得到或失去的价值意义。[18]但是萨阿迪和彭特克沃都毫无保留地承认这个瞬间的深刻暴力性，无论是从方法上还是效果上而言，对于萨阿迪的叙述部分如此，对于彭特克沃的电影则尤然。工具本身即是教育，而它带来的效果是非物质的，认知的，这也还好；更惊人的是，这些改变了价值赋予所依赖的原则的工具，同时就是女性恐怖主义者随身携带的物件；它们所得到的效果，同时就是女性恐怖主义者的行动在物质层面的毁坏。恐怖主义将一件东西原本不具有的价值和意义赋予了它——这种价值是依照另一套原则想象的，是非功利性的。这在《阿尔及尔之战》的剧本中，在表现1956年8月10日清晨的事件的一幕里，得到了表述：

> 一位阿尔及利亚妇女走过人行道。她是一位上了年纪的胖女人，穿着传统服饰，遮着面纱。她慢慢走向一个酒吧……酒吧的旁边，一个阿尔及利亚人靠着墙站着。他们颇为热情地打过招

呼，好像久别重逢的母子。他们拥抱了，同时男人在女人的胸口长纱层叠的地方摸索着什么。他找到了一把左轮手枪……一个法国士兵坐在桌边喝咖啡，我们还看到冰激凌、羊角面包和一张打开的报纸。阿尔及利亚男人仍旧和女人拥抱，同时越过她的肩膀瞄准了那个士兵。只用了一枪；报纸撕裂了，士兵挣扎着想站起来，他的脸上都是鲜血。然后他趴在了桌子上。男人已经把手枪藏回女人的长纱中。他们分开了，脸上都是一副担惊受怕的样子。[19]

面纱，母亲的面纱，一次次藏匿了儿子的手枪。打开的报纸遮蔽了法国士兵的脸；他的心思都放在了别的世界里，别的情景中。因此，对于手枪的存在，士兵是双重地无意识；手枪对于他而言，则存在于双重的纱罩后，一层是亲切无邪的家庭场面，一层是报纸的超然的新闻体所隔开的，他与阿尔及利亚的现实间的距离。同样地，佐拉·德里芙普普通通的手提篮里，也有一颗炸弹藏在双重的纱罩后面；哈西芭的篮子里则是另外一个。当"民阵"的新策略由此曝光，新闻体的面纱由此被撕去后，不戴面纱的女人在阿尔及尔就不再意味着欧化的本地人，而意味着激进的民族主义者；救护车也可以冲撞路边的人。[1] 今天，客机即是导弹，而一只鞋或一个背包则足以致命。

当然，在想象中，这些血腥的重新语义化（resemanticizations）不过反映了历史大事在过渡阶段的状态。影片的结尾颂扬了爱国主义事业在1957年法军镇压以后的自发复苏，这个"诗意的，救赎性的"结尾（爱德华·萨义德语）看上去像是关闭了"民阵"和彭特克沃的革命教育所敞开的那些变幻动荡的不确定性。[20]（我说"看上去像是"是因为，下面我要提示对影片结尾的一种完全不同的解读方式）。在

---

1 这是影片中的另外一个场景。在这一幕中，两个阿尔及利亚青年在法国区开着救护车，以自杀式行为撞死了路边的一群法国人。

新生的社会里，购物篮可能会变回购物篮，手提袋也变回手提袋，戴面纱就意味着遵循某种仪礼，不戴就是不遵循。阿尔及利亚人或许会重新回到性别、阶级、宗教信条所分配的社会角色中。女性又回到受支配的地位，所以，在1961年的《阿尔及利亚社会》（*Sociologie de l' Algerie*，1958年初版）修订版中，当谈到革命在阿尔及利亚带来的"态度上翻天覆地的变化"时，皮埃尔·布尔迪厄评论了一些"明显的变化"，这些变化发生在"那些象征意义上非常重要的传统中，比如有关穿着的习俗"。他写道："一个新功能被加载到了面纱的传统功能之上"：

> 对于阿尔及利亚妇女而言，戴面纱也就是创造一种非相互性（non-reciprocity）。就像作弊的赌徒一样，她可以看见人而不被人看见，正是通过她，这个被支配的社会才可以象征性地拒绝与外界建立相互性的关系，看着外界而本身不为所见。面纱是这种自我封闭的最明显象征，正像欧洲人总是多少能感觉到的那样。这样，为何欧洲人把除去面纱当做同化过程中的头等大事，也就不难理解了。在1958年5月13日的公共集会上，几个阿尔及利亚妇女摘掉了面纱，并且"象征性地烧掉了它们"（援引报纸的报道），在场围观的欧洲人中间爆发出了掌声。这一事件无异于一场庄严的巫术仪礼，它表明整个阿尔及利亚社会将自己作为牺牲，赤裸而心甘情愿地奉献给了欧洲社会。面纱这个拒绝的象征……现在可以被丢弃了……而且，仿佛是1958年这个事件所导致的结果一样，去面纱运动的步伐放缓了，甚至是倒退了。这是因为面纱再一次展现出了自己作为否定的象征所具有的意义。[21]

这一段话中充满种种剧场效果，诸如"掌声""庄严的"和"象征性的"牺牲、占有被殖民身体的替代幻想，等等。暂时抛开这些不论，真正值得思考的是布尔迪厄呈现给读者的相互性。它就像一道闪光，把殖民者与被殖民者的目光交结在一起，双方都可以看得到它；它好像是某种更高级的视角，像是被揭示的游戏规则，像是摊在桌上的牌面。或者至少看上去如此。对布尔迪厄而言，这个观察着牌局，观察着社会互动的游戏的高级视角并不需要坐实，换句话说，社会互动的游戏规则没有必要每时每刻都能让游戏参与者知晓。因为只要有一位观察者（比如说，社会学家）在场，使游戏规则具有被制定和被提供的可能就够了。在阿尔及尔的大街上，阿尔及利亚妇女们脸上的面纱蒙住了另一层面纱，这第二层面纱遮挡住了欧洲人的视野，让他们看不清阿尔及利亚人的游戏规则。欧洲人错把这层面纱当做一种"象征"。他们也就不能明白，其实这层面纱对于阿尔及利亚人而言，是以另一种方式被象征化的。在两种社会风习之间，"象征"这个概念可能没有恰当的翻译。对于某一个社会集团而言，看似具有象征化意味的东西，看似象征了象征化本身的东西，比如说面纱这个寓言般的物品，对另一个社会集团而言可能恰是非象征性的。1961年，我们的社会学家重新研究了一下1958年时摊在桌上的牌面，才看清这恼人的第二层面纱。于是布尔迪厄把他曾经评论过的事件又写了一遍，皮里阳秋地批评了欧洲人改造阿尔及利亚社会，征服并同化"拒绝相互性"的阿尔及利亚人等的野心。以游戏或学科的名义，或说以一种有规则约束的政治情境的名义，布尔迪厄提出了他的批评。

这也算得上是新启蒙了。暴力性的革命教育或许沦为一种萎靡的状态，并重新回到革命的暴力抗暴诞生之前的社会环境，但是为防止这一幕出现的一应努力都成功了；换个角度说，社会转型时期的重新语义化在客体身上（也即在社会风习和象征身上）留下的伤痕，此时激化出了各种面目的、"巫术般的"原教旨主义。由彭特克沃的电影所美化的，由布尔迪厄的学术与萨阿迪的回忆录所提供的教育性历史，以一种道德寓言（exemplum）的形式，保护并保存了这道伤痕，这个暴力行为的见证。

但是，对于大量被彭特克沃和萨阿迪借用的政治学和人类学话语而言，这个暴力记录能否保存，可能就是很不确定的事了。而且，如果反殖民斗争以暴抗暴的相互性可以被保存，那它的警世和教育功用也是后殖民社会所塑造的。法农在自己早先写的《阿尔及利亚革命的第五个年头（L'an V de la revolution algérienne）》中，便是这样评论欧洲人对遮面纱的阿尔及利亚人的反应的：

> 首先，面纱遮蔽了美感……藏住了一张脸，就是藏住了一个秘密，就是站下了一个充满隐私和秘密的世界。困惑的欧洲人与阿尔及利亚妇女之间的关系可谓是极其微妙。他的愿望是，让她变得不再遥不可及，最终让她变成自己的所有物。
>
> 看人而不被人看的女人让殖民者非常挫败。他们之间没有相互性。她从不表达，从不屈服，从不献身……欧洲人面对着这个女人却看不见她。视力的局限，让他老羞成怒。[22]

不论欧洲人怎样想象面纱后面的女子会怎样反映和回馈他的目光，他其实明白，这种对相互性的想象对他而言是合情合理的，因为面纱象征了阿尔及利亚人的卑污。权力与幻想的显著差别区分了欧洲人的公开目光和阿尔及利亚人的隐匿目光，一方面为幻想相互性的欲望打下了基础，而另一方面又阻止了它成为可能。[23]法农说，欧洲人由此产生的挫败感，以攻击性的梦境和持久的强奸幻想等形式存在。但是仔细一看，这种动态在一个关键层面上却是相互性的。具体讲，面纱分隔开了两个对等地构建的影响模式，法农运用了他整本书所依赖的心理分析批评，将这两个模式称为两种互相面对面的施虐：一方是殖民者的施虐，是占有阿尔及利亚人的臆念；另一方面是阿尔及利亚妇女的施虐，对她们而言，挫败殖民者的幻想本身就是快感的源泉，更重要的是抵抗者身份的源泉。根据法农的理解，这两种施虐在法阿双方彼此的想象中占据着主体地位，它把自己的快感建立在它对幻想者施加的痛苦之上。这样，通过挫败对方的欲念，占有卑污的他者而获得的快感，同时也反映出了对方的施虐欲。如果我想要占有，羞辱，挫败其欲望的客体对我也有相互性的控制，我的快感就会相应增加。对于殖民者而言，阿尔及利亚的面纱使他无法最充分地享受阿尔及利亚女性可能提供给他的东西；他原本相信自己的欲望能在面纱背后找到对应物，如今这一想法却被这披上面纱的形象的卑污性所削弱。与此同时法农认为，对于阿尔及利亚女人而言，法国殖民者就是通过糟蹋她的文化，来获取经济的或社会的快感。对于殖民者和她自己而言，她代表了她的文化；她拒绝想象自己的卑污，从而创造了一个幻想性空间，其中对殖民践踏的最私密化的反抗，也就代表了更广义上的、公众的、文化层面上的反抗。从这个意义上讲，凝视的非相互性本质也就扩展并进入了限制、挫败、侵犯的范畴，而对于殖民者和被殖民者双方而言，快感都体现出了心理分析模式所独有的普遍性。在这个意义上，我们再假设法阿双方对彼此的欲望状况有所了解，那么没有什么面纱能阻挡彼此的视线；在心理分析的层面上，对掌握心理分析语汇的观察者而言，殖民者与被殖民者以一种全新的状态相遇了，他们彼此的欲望和幻想也向对方彰显了。对未来的后殖民社会的规划也必须在这种互惠的、自发的层面上进行。除去在赫伯特·马尔库塞和诺曼·布朗（Norman O. Brown）的著作中，我们很少见到过相互构建的施虐癖可以被赋予如此积极肯定的意义。心理分析的教诲也从未有过如此乌托邦色彩的脉络。

但要说到这种互惠性的施虐有什么政治含义，则法农与布尔迪厄两人都要悲观许多。在《去纱的阿尔及利亚》（"L'Algérie dévoilée"）一文中，在法农的笔下，施虐的第二层含义从1958年5月的公众集会中凸现出来。在上文中，法农的描述借用了他假定具有普遍性的心理分析语汇，从而得出了施虐的互惠性；而在此处，施虐的相互性特点减弱了。法农写道：

> 对阿尔及利亚人的各种新的行为方式，法国人表现得一无所知，或是故作周闻。于是，5月13日这天，原先的本地妇女西方化运动重新启动。被解雇所威胁的服务生，被强行拽出家门的妇女，还有妓女，都被带到了广场上，在"法属阿尔及利亚万岁"的呼喊声中，**象征性地**揭去了面纱。面对这一轮新的羞辱，原来的反抗也死灰复燃了。在没有任何命令的情况下[sans mot d'ordre]，阿尔及利亚妇女完全是自发地重新穿戴起了她们许久不用的长纱。从而告诉世人，所谓阿尔及利亚妇女在法国与戴高乐将军的鼓励下进行了自我解放，并非真实情况。[24]

这个微叙事（micro-narrative）从长纱的象征性废除讲到"原先反抗的死灰复燃"，再讲到被压抑的象征符号的自发性回归，最后在文化层面上强调了这个象征的剩余意义，它不但是一块面纱，而且还代表了一个集体性的意愿，也即是对"法国人鼓励的自我解放"的否定。在这个小故事里，面纱具有的自发性再一次履行了双重使命。这一次，没有哪个"民阵"领导人出面要求妇女重新戴上面纱；被法国人象征性去纱的阿尔及利亚妇女，也不是在"阿尔及利亚"和"民阵"的鼓励下才重新拿起它的。自发性的文化反抗超越了政治军事反抗的范畴；这是一种公开的表达方式，但却没有经过公众层面上的组织和商榷。从某种程度上讲，法农对自发性的强调，用一种故事教育的方式，容纳和保存了社会转型时期的重新语义化所带来的暴力。（这个故事性的教育，不但讲阿尔及利亚妇女在法国人的去纱和"解放"面前保持独立，还讲她们拒绝与其后原教旨主义的重新穿纱的命令妥协。）并且，从另外某种程度上讲，这一场景包含的自发性也呼应了布尔迪厄对同一事件的叙述中，那惊人的客观和冷淡："而且，仿佛是1958年这个事件所导致的结果一样，去面纱运动的步伐放缓了，甚至是倒退了。这是因为面纱再一次展现出了自己作为否定的象征所具有的意义。"在面纱重获象征性意义的背后，没有命令，也没有某种特殊的机制，阿尔及利亚女性行动的逻辑就蕴含在"穿戴"这个动作中，这无声的穿戴，成为面纱后来所获得的社会意义的源泉。

像彭特克沃一样，法农与布尔迪厄也明白，支配了象征的解构和象征的重新语义化这两者的逻辑，使他们付出了高昂的代价。如果在一边我们看到了自发性的施虐，在另一边我们也看到了在不可思（the unthought）的缄默中，行为所依据的逻辑。对观者和思考的新定义的浮现，依赖于反思性，迫近性的蒙太奇效果，而不是抽象的概念化或者调解性因素的积累。对上述两边而言，公众反殖民主义行动的死灰复燃依赖于一个混杂的、不可分析的语汇，它既不指向公共现象，也不指向私人现象，而是在两者之间架起桥梁；它使政治性话语成为可能，却又不受后者支配。命令的缺席、施虐行为的自发性，以及不可分析的社会行动的出现，都绝不是在提供某种机制，使我们来审视政治域界的暴力摆置与政治之思的关系。与此相比，我们倒不如说它们既挑战了法农所说的心理分析语汇的话语普遍性，也质疑了布尔迪厄笔下的、在明显的、公共性的规则支配下进行的社会学游戏。当阿尔及利亚妇女自发性地重新戴上面纱的时候，她们说明，虽然象征性重新语义化的建构使政治领域成为可能，但相比后者而言，它体现了极其突出的异质性。

对于《阿尔及尔之战》中面纱形象的功用问题和持续时间问题而言，上述的两种初步解读算是提供了暂时性的答案。影片中的揭纱镜头引出了下面的"三个女人，三颗炸弹"一幕，也总括了新生社会中的自我改造所负荷的、充满象征的重担。它之所以倏忽即逝，是因为它不过是一个转喻；它虽然承担着文化的重荷，却不过是一张快照。因为它所包含的观点,还有视觉隐喻的体系,对人们而言实在是太过熟悉了。但它之所以短暂,还因为它所承担的文化重荷是那么的模棱两可,那么的丰富和有力,在政治层面上又是那么不稳定,波动得让人不安。揭纱既是反抗,也是妥协;既是彰显,也是遮蔽,它对我们而言是一种识别的方法,而它本身却又最难识别。它既是影片的元电影成分中的构成元素,也是影片情节的一部分。这一幕同时落在它引起的窥私游戏之内和之外,同时落在影片之内和之外,恰如德拉克洛瓦的画作中,那面镜子里所映射出的奇诡空间。最后,从另一个层面上说,揭纱一幕被压缩,剪短后重新插入影片的思路中,此时它变成了一个转瞬即逝但又充满爆破力的标点;这不但是因为它附带的一系列问题质疑了影片自身的空间(揭纱是影片内在的叙事引导[diegesis],还是干扰影片叙事流的元电影因素?代表了最私密空间的闺房,在影片中不也是最开放的政治空间吗?),也因为它介入了反思的时刻,挑战了对观者、思考、判断、教育等的传统定义。这些传统定义所依赖的是协调和抽象概念化;它们就是梅伦向彭特克沃征询意见的思维,其中"一报还一报"的伦理的危险性已经预设在她的问题里;它们也是本章开头所引用的马修上校话中的思维,是他在《阿尔及尔之战》中答记者问时展示出来的那种笛卡尔式[1]的伦理—政治策略。在这里,揭纱所蕴含的逻辑遮掩在镜头的短暂性和片断性后面;揭纱的片断重演了注定要为揭纱之后的行动所终结的那一幕(男性殖民者的浪漫窥私目光;面纱后面一张美若天仙的脸一闪而过)。电影的形式,简短的镜头,都把它们意图颠覆的政治想象转移到了文

---

[1] 笛卡尔认为,对我们而言一切极清晰明了的事物都是正确的("…all the things which we conceive very clearly and very distinctly are true")引自 *The Philosophical Writings of Descartes*, Vol. 2, Trans. John Cottingham et.al. Cambridge: Cambridge University Press, 1984,见于24页正文及脚注2。与此相应,本章开头马修上校说,法军"平定叛乱"很明显是国内舆论一致支持的,所以法军的行动不容置疑。

化想象的领域里。通过臆想式重构，或至少也是戏谑性地运用殖民者的文化想象，支离的镜头产生了意义；而这个镜头也终结了对面纱后面的被殖民身体的支离的、臆想式的重构。

跟拍还是道德问题吗？

> 亚谢夫：没错，巴齐（Bazi）是个激进主义者，我和他共事过……过去制造炸弹的那些人里面也有他一个。我带他去意大利，想找到一个合适的导演。那时我压根不知道拍电影是怎么回事。我看了《罗马，不设防的城市》（Rome: Open City），知道了一丁点儿意大利新现实主义的东西。然后我就开始读各种各样的电影杂志，对各个导演开始有所了解。我看了彭特克沃拍的《零点地带》（Kapo）[1]，然后就决定，去联系他。
> ——萨阿迪·亚谢夫，"《阿尔及尔之战》中的恐怖主义与虐待：萨阿迪·亚谢夫访谈录"

上文中的悖论引领我们来到了第三个情境，第三种答案里；通过它们，我们可以理解揭纱镜头的意义，以及其中的伦理政治蕴涵。让我们先从一个有关影视摄影的话题讲起。这里的中心议题不仅是镜头、延续时间、判断之间关系的问题（如德勒兹所言，它不仅涉及技术，也涉及哲学），也是彭特克沃的电影与文化想象之间关系的问

---

[1] "Kapo"一词的原意是纳粹集中营里与纳粹合作的囚徒，其职责是看管其他囚徒并向纳粹打报告。中译名有《盖世太保》、《零点地带》等，此处暂从中译名《零点地带》。

题。《零点地带》由彭特克沃和弗兰科·索利纳斯（Franco Solinas）于1960年共同制作完成，作为彭特克沃的第二部剧情长片，《零点地带》讲述了一个女子集中营的故事，在取得成功的同时也很快招致了麻烦，让后作《阿尔及尔之战》的拍摄变得有些艰难。[25]《零点地带》分别在欧洲和南美拍摄完成，在1960年的奥斯卡颁奖典礼上力压费里尼（Federico Fellini）的《甜蜜生活》（*La dolce vita*），维斯康蒂（Lucino Visconti）的《罗科和他的兄弟们》（*Rocco and His Brothers*）还有安东尼奥尼（Michelangelo Antonioni）的《奇遇》（*L'avventura*）获得最佳外语片奖提名，但是直至1964年才在美国公映。

曾在1955年百老汇音乐剧中出演安妮·弗兰克（Anne Frank）[1]的苏珊·斯塔丝伯格（Susan Strasberg）凭借在《零点地带》中的表演，赢得了1961年马德普拉塔国际电影节最佳女演员奖。在此片中，她扮演集中营里一位叫伊迪丝（Edith）的年轻犹太钢琴师。在那里，伊迪丝在目睹了种种骇人的场景以后，隐匿了自己的犹太人身份，成了一名囚头（Kapo），也就是向纳粹告密的囚徒，让其他囚徒既恨又怕的狱友。因为不堪忍受卑污的处境，伊迪丝把自己出卖给了纳粹看守，从而换取一个"卡波"享受的较好的待遇，此后她把狱友们逼上绝境，甚至有人自杀，而她也被孤立了起来。终于，在影片的最后，当德军开始把囚徒赶尽杀绝，以销毁集中营证据的时候，伊迪丝甘冒一死，使囚徒们逃离了绝境——这就是本片的基本情节。像《阿尔及尔之战》一样，《零点地带》也是一部黑白电影，虽然在意大利无甚反响，它在法国却引起了轩然大波。争议的中心不在于影片的主题，也不在于造作的结尾——《纽约时报》的评论说，这个结尾是"恶心人的情节剧"级别的结尾，让全片"沦为二流"。[26]影片差劲倒还不

---

1 安妮·弗兰克（1929—1945）即记录纳粹暴行的《安妮日记》（*The Diary of a Young Girl*）作者。

是因为这个,而是因为它形式上的非道德性。特别是其中一个镜头,也就是通常所谓的"《零点地带》的跟拍镜头",被里维特和达内作为"集中营色情片"的范例而惨遭批判。在一篇直截了当地的起名为《论卑污》("On Abjection")的影评中,里维特针对这个镜头写下了几行影史留名的文字:

> 无论左派,还是右派,两边都曾经引用过,而且基本上是愚蠢地引用过,慕莱(Luc Moullet)[1]的一句话,也就是"道德是个跟拍问题"[la morale est affaire de travellings](或者按照戈达尔的版本,"跟拍是个道德问题")。那些想从这里面找到形式主义精华的人,倒不如回头跟着让·波朗(Jean Paulhan)[2]一起批一批这些夸张到"恐怖主义"的词句好了。看看《零点地带》吧,看看里面埃玛妞·丽娃(Emmanuelle Riva)[3]扑向电网自杀的那个镜头吧:居然能有人想在那么个场景里,用一个跟拍镜头从下往上框住演员,在最后一帧画面里,还舍得花心思去把她举起来的手正正好好地放到角落里去——能这么做的人,简直是要遭到鄙视中的鄙视。[27]

接下去,把这部影片和阿兰·雷奈(Alain Resnais)的《夜与雾》(*Night and Fog*)相比,就是合情合理的事了。毕竟《夜与雾》只比《零点地带》早五年,并且几乎被所有人在第一时间拿来与后者比较。雷奈的杰作没有让骇人听闻的集中营审美化;它并不追求让摄影机直面它意图展示的恐怖;简言之,这里面没有色情。用里维特的话说,

---

1 吕克·慕莱(1937—)法国电影批评家和导演,从18岁起即为《电影笔记》的合作影评人。
2 让·波朗(1884—1968)法国作家和文学批评家,后为法兰西文学院院士。
3 埃玛妞·丽娃(1927—)法国著名女演员,曾饰演影片《广岛之恋》(*Hiroshima mon a'mour*)女主人公。在《零点地带》一片中饰演特丽莎(Therese)。

> 《夜与雾》的力度，不是得自它参考的那些文献，而是得自它对蒙太奇的应用。这门学问使得那残忍的事实，那可悲地真实的事实，在运动中被呈现到了我们眼前[offert au regard]。这运动恰恰也是那清晰的、几乎非人化的意识的运动，对它而言，理解或者接受那些现象是不可能的……《夜与雾》不是一部让人舒服的电影，因为导演不但评判了他展示的一切，也被他展示它们的方式所评判。[28]

许多年后，接替里维特成为《电影手册》主笔的达内仍然记得他前任的这篇文章；他说，当他读完此文后，"《零点地带》的跟拍镜头"对他而言就变成了一个反面教材的典型。一旦拍片时遇到空间和构图的问题，"《零点地带》的跟拍镜头"就会在他耳边念起咒来："不要学彭特克沃的样子！"许多年后，达内在自己的回忆录中，简练地总结了他第一次读罢里维特的文章时的感觉："如果你没有别人的体验，就绝不要站在别人的位置上说话。"[29]

相比而言，《夜与雾》中对蒙太奇镜头和跟拍镜头的使用，用意乃是拒绝被理解的可能性。它们抵制了为死者代言，替死者判断的诱惑，也不愿穿过那道分隔了他人的痛楚与摄影机的窥私欲的电网。简言之，它们拒绝了相互性的诱惑，拒绝了指认的诱惑。在《夜与雾》中，无论是开篇时摄影机进入奥斯维辛的大门（整部《浩劫》（Shoah）[1]就像是这个镜头的加长版），还是结尾的那个著名场景，对跟拍镜头与蒙太奇的使用都起到了一种陌生化的效果。

再来看看《零点地带》的那个跟拍镜头。彭特克沃的摄影机没有大范围地移动，而仅仅是慢慢地上移，框住了特丽莎的身子。里维特和达内之所以认为这个镜头恶心和卑污，是因为它体现了一种将死者

---

1 《浩劫》，反映犹太人在"二战"时期悲惨命运的纪录片，1985年上映，整版长九个半小时。

图8a-d 《夜与雾》结束时的跟拍镜头

（或死尸的形象）审美化的冲动。摄影机的动作虽然很小，但其中的意识形态指向却要明显得多。它通过电影技巧，人为地站到了囚徒的位置上，使她的欲望在观者的欲望中显得可感知与可传译，从而生产出观众对囚徒的情感认同。[30]它身处樊篱之外，身处集中营的监管之外，却要用自己的自由为他人的不自由代言。摄影机以生者的身份代替了死尸，也占有了它的一切在视觉层面的价值。摄影机再现了死尸的沉默，再现了它缺乏内在的平面性；摄影机通过基于同情心的认同—替代机制，把死尸当做形象又消灭了一次。电影好像在说，"你们看啊，我正从自由的角度演特丽莎之死呢；既然自由是她向往的，那她的动力也就是你们的动力了。从她的位置之外占据她的位置吧，而她是没有位置的，因为她扑上了电网，死了。"在电影中，特丽莎是集中营里的传译，而这并不是一个巧合。彭特克沃杀死了她，是因为他觉得自己的传译更棒,至少里维特和达内是这么认为的。导演的跟拍镜头直接地、视觉化地把囚徒的欲望传译到了我们的欲望中,也暂时性地把我们传译到了囚徒的位置上,我们都了解这个暂时的时刻,它是电影的时刻,是我们自我想象成囚徒的时刻,是一个安全的时刻;其间,我们自我传译为囚徒,却又可以看到未被传译的真实自我。彭特克沃的镜头大致上把我们的经验与囚徒的经验等同起来,把观者的生命与被剥夺的生命等同起来,把生者的语词和死亡的事实等同起来。《零点地带》中的跟拍或者"穿越"的时空,也就是我们滑向他人的位置的轨迹;我们用自己的处境去衡量他人经历的恐怖,我们之所以了解,乃是为了判断。

相比之下,《夜与雾》让我们在一条陌生疏离的轨道上滑行,其间理解和传译的难度在不断地加大,而影片也把我们从我们所见之物面前抹去。虽然我们大体上能判断出,骇人听闻的事情发生了,但是无论是影片结尾那个固执地弯曲着的金属框,还是我们对它的恐惧,抑或是我们对隐藏在我们中间的囚头们的害怕,怕他或她会重新

图9a-c 《卡波》中的跟拍镜头

出现，所有这些都与我们的判断无关。相反的，雷奈告诉我们，如果牢狱里无尽的号哭能被我们听到，那其实我们对恐怖的感受也被阻碍了；换句话说，正如我们无法代替集中营里的死者那样，在"奥斯维辛之后"，物件与形象在它们不可思的发生中，也拒绝了我们对它们的位置的占有。

　　之前我一直在提及《零点地带》中这个追身镜头的短暂性，现在我要来专门讨论一下它。摄影机从下往上移过被电流击穿的身体，请注意这一过程的持续时间。一些囚徒沿着与摄影机的细微运动相反的方向走过去，也强调了时间的感觉。这里产生的效果是一种双重的、而且是翻倍加速的运动，它涉及了三方：摄影机，行进的囚徒，还有中间静止的那个点，也就是特丽莎身体的形象。这就好像囚徒们在按照电影中的囚头们的命令卡着时间运动，而与此同时，我们这些观众在按照电影本身的技术命令卡着时间运动。在各个时间点上，观众的眼睛会四下转向各个方向，但它们总是服从于对时间的迫近性，相互性的体验。这个体验固定在我们的视野中心，凝聚在那同一具喑哑的死尸上，并为它所衡量。这就是"《零点地带》的跟拍镜头"所要传递的信息：它用特丽莎的身体，来代表对死亡的沉默而迫近的体验（或是死亡的影像）；这一体验为观者与囚徒所共享，是我们与他们交流的直接手段，是一个不出声的传译瞬间。它形成并支配了电影屏幕的表面，或可用皮尔斯（Charles Sanders Peirce）的话说，它是这个表面的标指（index）[1]。历史经验的时间在它内里或在背后展开；观者的时间在它面前展开。悬挂在中间的是特丽莎的身体，她是一块沉

1　"Index"为美国哲学家，实用主义代表人物皮尔斯（1830—1914）的符号学术语，意为"一种表象，它与对象的关系在于事实上符合"（"An index is a sign fit to be used as such because it is in real reaction with the object denoted"），引自"New Elements"，*The Essential Peirce: Selected Philosophical Writings*, Vol.2. Ed. Nathan Hauser et al. Bloomington: Indiana University Press, 1998. 引文见307页。

默地意指的面纱，或是一面屏幕，构建着这两种时间以及它们彼此的关系。

那么，关于《阿尔及尔之战》闺房中的那一幕的功用、来源和意义等问题，我们现在有了第三个答案。这是一个教育性的答案——或者用一个更恰当的词，一个自动教学式（auto-pedagogical）的答案。彭特克沃吸取了《零点地带》的教训，在视觉上，这体现在《阿尔及尔之战》中那短暂的揭纱一幕里；在观念上，这体现在他对梅伦那个有关伦理立场的问题的精彩回答中。在《零点地带》里，彭特克沃想通过视觉手段生产出认同和相互性；通过悬挂着特丽莎的、同时也为她所代表的那面屏幕，影片封闭了连接电影中时空和观众所处时空的视觉回流（scopic circuit）。影片以这个联系作为评价它展示出的历史内容的基础依据，这不但极大地激怒了里维特和达内这样的电影人，也让日后的彭特克沃自己颇为懊恼。由此看，他确实充分吸取了教训。在《阿尔及尔之战》中，他将跟拍镜头重新语义化；就在他向我们展示被传译的面纱的形象时，他也创造出了一个僵局，不但遏制了生产认同的冲动，也遏制了生产历史的偶然性的判断的冲动——因为历史的判断总会是不完整的，而且必须是不完整的；它也是随时可能被改变的。他好像在说，"看见没，审美的冲动刚好被遏制在了我们脸前。"这样，从电影语汇的层面说，从阿尔及利亚女子脸上滑落的面纱就对应着《夜与雾》结尾那个不可思议地奇异的金属框架。为了暂时能安全通过法军的哨卡，三个女人扔掉了面纱；在一个更私人的体验中，这个"扔掉"其实也代表了彭特克沃的意愿，也即是扔掉《零点地带》中的、作为标指的屏幕的意愿。在闺阁这一幕中，当影片让人心悸地接近殖民者臆想的卧室之时，当影片本身最接近审美化的效果之时，影片的纪录片风格不但让观众辨识了镜中的形象，让他们想象它与他们的相互性关系，也在同时阻断了这种关系。[31]正像德拉克洛瓦画作中的镜子那样，彭特克沃在闺阁中的折射镜头同时接通和斩断了视觉回流:摄影机的位置既在电影之内,也在电影之外;它既是影片内在的叙事引导,也是干扰影片叙事流的元电影因素。那养眼的、基于相互性和认同之上的所谓伦理判断,那解决冲突、求同存异、调解利益纠纷的政治性公共空间,那被礼貌与和解的幻想同时支配与揭穿的所谓政治性公共空间,那在经典社会学中所谓"共同体"(Gemeinschaft)的东西,所有这些在《阿尔及尔之战》中,被彭特克沃坚决地弃之不顾。因为它们不但不适合一个反殖民主义的世界,也不适合"《零点地带》的跟拍镜头"之后的电影语言表达。

回到原先的话题。通过研究形式技巧的扬弃和电影接受史等谱系学问题,通过将《零点地带》与《阿尔及尔之战》对读,我们得到了解读揭纱镜头的第三个视角,它让彭特克沃本人的职业生涯变成了一部自我修正的历史。而他对梅伦提出的那个有关相互性的问题的回应,同样也适用于他自己的电影生涯。上面的谱系分析揭示了一种叙事层面上连贯一致的时间性;它是电影与伦理的改悔(conversio)故事,其中《零点地带》的跟拍镜头留下的创伤,在《阿尔及尔之战》中愈合了。彭特克沃从前作以及它所获的评论中吸取的教训,促使他在后作中把屏幕与镜头重新语义化:屏幕的标指作用,以及镜头所相应展现的、时间上的相互性,在《阿尔及尔之战》中都变成了闺阁中那不自然地残缺的折射镜头。这种回顾性的、自我审视的、反思性的改悔教育,反而在另一个层面上向这个折射镜头施加了压力——这个镜头和它引发的一系列场景之间惊人的相似性,通向了另外一种教育,我们或可称为"炸弹的教育"。它就是那一闪而过的瞬间,就是那延持在揭纱与爆炸之间的一触即发;像我们看到的那样,它通向纯粹的决定,通向思考的去时间化,通向旧的判断的摒弃和重新定义:新的判断在决定的一瞬就耗尽了自己,它没有过去,也不纠葛于未来。

而《阿尔及尔之战》所最终提倡的,既不是炸弹的教育,也不是改悔的、救赎式的自我重塑的教育;既不是恐怖主义(在影片中则是决断主义判断),也不是终末论;它的伦理既不是建立在认同之上,也不是建立在客观衡量之上;它的视觉回流既不封闭,也不一直开放。影片摇晃着,试探着,时而跌跌撞撞,时而风风火火地通向着一个更错综复杂的位置,而彭特克沃以一种小心翼翼和不确定的方式将它呈现了出来。电影所叙述的行动总是建构性地具有双重含义,而且总能激起各种判断,正像电影中的每个镜头那样。这些判断各自所依据的标准既是鲜明的,也是彼此对立的;既是形式的,也是时间性、伦理性、政治性的。电影镜头既是叙事导引,也是元电影因素;既是闪回,也是当下;相应的,影片中的行动是即时被决定的,同样的,它的劝谕意义既是反思性的,也是前瞻性的,而并不想要达成任何结果或策略。相互性与认同的框架,既构成了梅伦的问题的基础,也构成了"再现需预设道德立场"这一经典论述的基础;而在这里,它被语义化和拆解共同形成的、不确定的动态所取代。在《阿尔及尔之战》的世界里,行为只能以偶然的、神秘的、自发的乃至不可说的方式导致结果。就好比说影片的最后,影片表现的起义虽然失败,但自发的反殖民抵抗运动最终重燃并取得了胜利;虽然这个"重燃"一如卡斯巴区女人们的尖啸一样晦涩难解,但毕竟是一次"重燃"。此时,画外音对它的评论,所表达的尽是惊异。或者可以这么说:彭特克沃的电影不但记录了殖民者对本地人自发行动的惊异,也同时填充了反思、决定、行动与后果之间的空间,在这个意义上,整部影片其实就是一个长长的跟拍镜头。两种逻辑都在持久地、决定性地起着作用;两种观点都得到了涵盖。彭特克沃扬弃了"《零点地带》的跟拍镜头"的审美化逻辑,却使之成为《阿尔及尔之战》的内在形式。精心营造的矛盾性,影片创造的时间的、认识论的、自传性的各个维度,以及它所达到的,有别于国家恐怖主义或暴力叛乱的那种恐怖,都是《阿尔及尔之战》对当代伦理政治问题的陈述所作出的极其深刻的贡献。

[注释

[1] Joan Mellen, "An Interview with Gillo Pontecorvo", *Discourse* 26, no. 1 (1972): 2—10.

[2] 这种不安其实在亚谢夫自己的观点中就能感觉到。他以此来解释影片中"相互报复"镜头的来历。在2007年5月28日的访谈中，采访者尼古拉斯·哈里森（Nicholas Harrison）问道："我想更多地了解一下这部片子在阿尔及利亚的历史。我读到过说有些阿尔及利亚人在公映前一直积极参与影片制作，他们不愿留下那个在爆炸前吃冰激凌的小男孩的镜头。"亚谢夫回答说："那可不是'某些阿尔及利亚人'，那就是我自己。我跟彭特克沃说，阿尔及利亚观众看了那个镜头肯定会不舒服，那样我们就麻烦了，不如砍了吧。他说砍倒是可以砍，但其实留着有留着的用处，一方面它表现了虐待，表现了敌人的所有罪行，另外一方面它说明那个男孩免不了一死，因为这是在演打仗；这样一来观众会觉得我们很有胆量，因为我们把看到的东西都说了出来。就这样，他把我说服了。我跟朋友聊起过这个镜头，也劝过一位政府要员，他当时正好在场，倒不是为了监视我们，纯粹是为了好奇，我就跟他说，这些镜头不能砍掉。两边都动用了暴力，而片子本身要保持诚实。" Nicholas Harrison, "An interview with Saadi Yacef", *Interventions 9*, no. 3（2007）: 412. 有关对这个镜头的讨论可见 David Forgacs, "Italians in Algiers", *Interventions 9*, no. 3（2007）: 350—364, 尤其是358—359. 另见 Francesco Caviglia, "A Child Eating Ice-Cream before the Explosion: Notes on a Controversial Scene in *The Battle of Algiers*, "*Terrorism and Film*, p.o.v. no. 20（2005）: 4—20. 其中作者综述了《电影手册》（*Cahiers du Cinema*）2004期中对《阿尔及尔之战》重新发行版的评论。在有关此影片接受史的分析中，比较富有启发性的是 Patricia Caille, "The Illegitimate Legitimacy of *The Battle of Algiers* in French Film Culture", *Interventions 9*, no. 3（2007）: 371—388.

[3] Mellen, "An Interview with Gillo Pontecorvo", 3—4.

[4] G. W. F. Hegel, *Elements of the Philosophy of Right*, trans. H. B. Nisbet, ed. Allen

W.Wood（Cambridge: Cambridge University Press, 1991），21.

[5] 就在最近，在兰贾娜·罕娜（Ranjana Khannna）所著的 *Algeria Cuts: Women and Representation*，*1830 to the Present*（Stanford: Stanford University Press, 2008）中，她运用了费尔南多·索拉纳斯（Fernando Solanas）和奥克塔维奥·赫迪诺（Octavio Getino）的术语，将《阿尔及尔之战》考量为一部从"第三电影"向"第四电影"过渡的作品，也即是从把摄影机当武器的"游击队电影"，过渡到"第四电影……抽象地说……也就是女性的，是过量的，是表现形式上的一个意义深远的宣言，一次危机或断裂——它是一个忧郁的纪念，有时被称为愉悦（jouissance）。"参Solanas and Gettino's "Towards a Third Cinema"，*Afterimage* 3（1971）：16—35，及Algeria Cuts, 105—107.

罕娜的大部分讨论都很值得留意，尤其是她对闺房场景的重构。以下是她论辩的两步："当影片剪辑到那些女人时，她们如蚕一般裹在重重镜子做成的茧中。先是一个拉摄让观众看到镜子的镜框，然后第一个镜头才打出镜中女子的形象。这是一个影像（女演员）的影像（她的镜中形象）。当我们看到后一个影像时，某种意义上说，我们已经身在镜中了。"还有："在镜子这一幕中，武器为'茧镜'所置换，女性戏剧化地成为唯一的形象。她隐喻了阿尔及利亚，法国人想要揭去她的面纱，而与此同时，她也是'传统'的转喻……女性—子宫—蚕茧构成的黑屏容纳了戏剧化处理，也容纳了纪念与'游击队电影'所重新激起的创伤，而此刻这个黑屏正好反映到了她身上。作为演员，她目睹着强压向她的摄影机；作为真人，她也分享真实的历史体验，那么她自己的这些创伤，该如何体现呢？《阿尔及尔之战》的这个场景中，女性即是演员，在为演出化妆、排练，她反映的正是革命与拍片共有的戏剧性，她本身构成了一个空间（第三空间？），其中表现因为转向自身而瓦解。"（122—123）

另外一段非常让人受用的文字出现在林茜·莫尔（Lindsey Moore）的文章中"The Veil of Nationalism: Frantz Fanon's 'Algeria Unveiled' and Gillo Pontecorvo's 'The Battle of Algiers,'" *Kunapipi: Journal of Post-Colonial Writing* 25, no. 2（2003）：56—73，尤其是63—69. 她说："《阿尔及尔之战》诉诸一个多少引发

性欲望的观看角度,这一点很讽刺,因为事实上影片正是要嘲讽法国男性权威施加在阿尔及利亚女性身上的,镜子一样脆弱的权威。当几位女子改装成欧洲人时,对鸟瞰位置和特写镜头的运用清楚地说明,影片有能力调度出窦恩(Mary Ann Doane)所说的'凝望、局限,以及愉悦的越界'。因此,影片迫使观者打破更衣室的私密性,以一种窥私式的关系成为几位女子的同谋。"

瓦莱里·奥兰多(Valérie Orlando)有一个类似的讨论,虽然相形之下粗疏许多:"在最关键的一幕中,彭特克沃仔细地关照了几位女性向觉醒的转变,从前她们在异国风情的女眷室里对人言听计从,现在则转变成了坚决的革命者。这一幕中,三位参与'民阵'运动的阿尔及利亚女子穿上了欧式的衣服,把自己完全变了模样,从而可以穿过法国人设置的重重哨卡去安置炸弹。最醒目的转变发生在哈西芭身上(她恰巧也是萨阿迪的女朋友……)。这一幕的一开始,她还穿着传统的阿拉伯服饰,戴着面纱……这里非常重要的一点是彭特克沃创造出的客观性,以此来考验和说服欧洲观众,并最终赢得了他们对阿尔及利亚人民艰难处境的同情。虽然炸弹夺走了某些法国人的生命,但是我们仍然站在那几位女子一边,只因为我们处在她们的视角上。我们看到了她们中的每一位必须历经的考验。" Valérie Orlando, "Historiographic Metafiction in Gillo Pontecorvo's *La bataille d'Alger*: Remembering the 'Forgotten War,'" *Quarterly Review of Film and Video* 17, no. 3 [2000]: 268—269。

[6] 在阿卜杜尔瓦哈布·迈德布(Abdelwahab Meddeb)的一篇评论2004年电影重行版的文章中,他用激烈的言辞说道:"我们就活在彭特克沃帮我们营造的一种环境和一种心态当中。我不是要抨击电影本身,它有很多地方都可圈可点,我是说它在历史上的影响,尤其是在阿尔及利亚的影响。它为恐怖主义高唱赞歌,把它描绘的如同史诗,如同英雄传奇。这样一来恐怖主义就变成了一种可以诉诸的政治军事形式。正是在这个意义上我们看到,在1990年代,恐怖主义重新回到了阿尔及利亚。" "La Bataille d'Alger à présent", *Cahiers du cinéma*, September 2004, 66.

[7] Saadi Yacef, *Souvenirs de la bataille d'Alger* (Paris: René Julliard, 1962) ,19. 戴

维·福加斯（David Forgacs）精彩绝伦的文章"Italians in Algiers"中，对于萨阿迪走向与彭特克沃的合作过程有细致的研究和引人入胜的描述。

[8] Saadi Yacef and Hocine Mezali, *La Bataille d'Alger* (Paris: Editions du Temoignage Chré tien, 1982), 167.

[9] Susan Slyomovics, "'Hassiba Ben Bouali, If You Could See Our Algeria': Women and Public Space in Algeria", *Middle East Report* 192, *Algeria:Islam, the State and the Politics of Eradication* (1995), 8.

[10] Emmanuel Terray, "Headscarf Hysteria", *New Left Review* 26 (March-April 2004): 118—127；另见拉波内容丰富而具争议性的著作*Critical Republicanism: The Hijab Controversy and Political Philosophy* (Oxford: Oxford University Press, 2008)。拉波在其中总结了她的出发点："批判共和主义认可共和主义的经典立场，比如世俗化、无支配、公民团结等，但它不认为这些理念，在有恰当的解释的前提下，可以构成学校禁止学生穿戴面纱的理由。从根本上讲，共和主义是支持激进、平等和社会民主公民权的理想，它导向一个所有公民都享有基本的、充满活力的公民地位的社会，具体形式包括享有政治言论权、最低个人自主、物质基础、平等机会以及主体间互认平等。"(254)

女性主义对面纱争端的阐释，可见米凯拉·阿德里佐妮（Michela Adrizzoni）的"Unveiling the Veil: Gendered Discourse and the (In) Visibility of the Female Body in France", *Women's Studies: An Inter-Disciplinary Journal* 33, no. 5 (2004): 639—649。她对《阿尔及尔之战》的评论见于641—642，其中她强调了此片在"面纱形象的政治化"中所起的作用。另比较唐纳德·里德（Donald Reid）"The Worlds of Frantz Fanon's 'L'Algé rie se dé voile,'" *French Studies* 61, no. 4 (2007): 460—475，其中他认为，法农对阿尔及利亚妇女"脱纱"的评论虽然清楚有力，但却"很大程度上忽略了几位在阿尔及利亚独立战争期间，享有重要地位的几位阿尔及利亚与法国女性的处境。她们中有'民阵'斗士佐拉·德里芙（Zohra Drif），也有苏珊·马苏（Suzanne Massu）这样的法国激进人士。她们虽然不能代表在阿的大部分法阿两方女性，但只要今天提及双方的激进人士,她们都会是举足轻重的人物。"(461—62)里德也回顾了彭特克沃的电影拍竣之前数年里文学描写中的阿尔及尔之战,颇有参考价值。在早先的一篇文章里,里德对日耳曼妮·蒂庸(Germaine Tillion)在"民阵"内部讨论中的作用有权威性的描述。彭特克沃、索利纳斯和亚谢夫在《阿尔及尔之战》中采取了一种英雄主义—纪录片式的风格,而蒂庸的形象在里面消失。关于这一点的意识形态意义,里德亦有一些颇为引人注意的观察。见"Re-Viewing *The Battle of Algiers* with Germaine Tillion", *History Workshop Journal* 60 (2005):93—115.

[11] 如伊琳·比尼亚迪(Irene Bignardi)所说,"影片核心片断之一是三个女人带着炸弹走出卡斯巴区,在白人区制造了一系列恐怖事件,彭特克沃在餐馆里遇到了其中一位,但他花了很大心思才跟她搭上话。因为尽管革命了,解放了,阿尔及利亚妇女依旧生活在一个很古板的社会里,外人不能轻易接触到她们。另外两位是吉洛'从街上'找到的,拉她们进剧组并不是只靠谈话,因为其中一位事实上就是一个妓女。她很年轻,一张脸甜美,温柔,又干净,最后她演了一位'民阵'抵抗者的小新娘。" "The Making of the *Battle of Algiers*", *Cineaste* 25, no. 2 (March 2000):16.

[12] Khanna, *Algeria Cuts*, 15.

[13] Danielle Marx-Scouras, "Yacef Girls", *Maghreb Review* 21, nos. 3—4 (1996):256 266.

[14] Frantz Fanon, "L'Algérie dévoilée", *Sociologie d'une révolution: L'An 5 de la révolution algérienne* (1959; rpt. Paris: Maspero, 1966);英文版*Studies in a Dying Colonialism*, trans. Haakon Chevalier with a new introduction by A. M. Babu (London: Earthscan, 1989), 43。另见 Khanna, *Algeria Cuts*,103—208。

[15] Joan Mellen, *Filmguide to 'The Battle of Algiers'* (Bloomington: Indiana University Press, 1973), 30. 她此处所指的是电影剧本的第17幕与第87幕(Solinas, *The Battle of Algiers*, 26—28 和99—101)。影片的接受过程也包括了一些让人难以忘却的历史瞬间,其中影片被拿来服务于各种各样的教育目的,比如黑豹党(The Black Panthers)在1960年代末期对影片的使用(尤见于Francee

Covington's "Are the Revolutionary Techniques Employed in the Battle of Algiers Applicable to Harlem?" in *The Black Woman*, ed. Toni Cade [New York: Signet, 1970], 244—251）。还有最近的一例，2003年9月五角大楼对此片的一次大张旗鼓的公映。这场公映很明显是通过"研究掌握在巴格达的最有效推进策略"，来为美军专家制定伊拉克战争方针，至少《华盛顿邮报》是这么认为的。一位《邮报》记者自问道："既然本片的一些教训也可以在驻伊美军身上屡试不爽，那么现在研究了这部片子的战略专家们又会从中得出什么启示呢？"（Stephen Hunter, "The Pentagon's Lessons From Reel Life: 'Battle of Algiers' Resonates in Baghdad", *The Washington Post*, September 4, 2003, C1）。

[16] Saadi, *Souvenirs*, 22—23.

[17] 彭特克沃把两个场景并置，来引起观众注意社会习俗的策略性用途。这两个场景一个是法国士兵试图对一名阿尔及利亚妇女搜身，而激发了当地人的极大义愤（"你敢动他们的女人，你是不是疯了？"士兵的长官说）。另一个是一位身着传统服饰的女性在她的长纱下面藏匿着一把手枪，然后，这把枪就要了一个正在"喝咖啡吃冰激凌法国兵"的命（Solinas, *The Battle of Algiers*, 48—49）。欲知布希雷德和德里芙的生平及其文化影响，请参考Danièle Minne, Djamila Amrane, and Alistair Clarke, "Women at War: The Representation of Women in *The Battle of Algiers*", *Interventions* 9, no. 3（2007）: 340—349.

[18] 关于伊斯兰面纱的研究文献，可谓汗牛充栋，但又众说纷纭，大相径庭。1950年代阿尔及利亚人的面纱和1970年代中期摩洛哥人的面纱不同，和2001年沙特人的面纱又不一样。面纱不是只留眼睛的"长袍"（burka），而自1989年以来困扰法国世俗化讨论的"绸巾"（foulard）和以上两者都不相同，却和尼古拉·萨科齐的竞选有关。关于面纱的女权主义解读，最著名的是法蒂玛·梅尼希（Fatima Mernissi）的 *Beyond the Veil: Male-Female Dynamics in Modern Muslim Society*（1975; Bloomington: Indiana University Press, 1987），以及她新近出版的 *La peur-modernité: Conflit Islam démocratie*（Paris: Albin Michel, 1992）。在整个伊斯兰世界，尤其是在北非地区对性别关系的空间想象中，面纱起着自己的作

用；在对于这一点的阐述上，梅尼希的惊人大作在我看来仍旧无可匹敌。以下是她的一个精准定义："面纱（hijab）的概念是三维的，而三个维度又经常相互混杂。第一个维度是视觉维度：把东西藏住不被看见。Hajaba一词的词根就是'藏匿'。第二个维度是空间维度：分离，划界，设立门槛。第三个维度是伦理维度：它属于禁忌物品的范畴内。"（Mernissi, *Women and Islam: An Historical and Theological Enquiry*, trans. Mary Jo Lakeland [Oxford: Blackwell, 1991], 93.）关于法国的面纱争论的背后深意，内容明晰的著作有Françoise Gaspard and Farhad Khosrokhavar's *Le foulard et la Ré´publique* (Paris: Dé´couverte, 1995) and Chahla Chafiq and Farhad Khosrokhavar's *Les femmes sous le voile face à` la loi islamique* (Paris: Editions du Fé´lin, 1995)。有关法国世俗化辩论的著作，具有参考价值而比较晚近的著作是Fawzia Zoary, *Ce voile qui dé´chire la France* (Paris: É´ditions Ramsay, 2004)，尤其重要的是Talal Asad, "Trying to Understand French Secularism", in *Political Theologies: Public Religions in a Post-Secular World*, ed. Hent de Vries and Lawrence E. Sullivan（New York: Fordham University Press, 2006），494—527。对梅尼希的批评中，大体遵循马克思主义立场的可见Anouar Majod, *Unveiling Traditions: Postcolonial Islam in a Polycentric World*（Durham, N.C.: Duke University Press, 2000），尤其是105—112。

[19] Solinas, *The Battle of Algiers*, 49（scene 40）.

[20] Edward Said, "The Quest for Gillo Pontecorvo", in *Reflections on Exile and Other Essays*（Cambridge: Harvard University Press, 2002），283.

[21] Pierre Bourdieu, *The Algerians*（Boston: Beacon Press, 1962），158—159. 法文原版*Sociologie de l'Algé´rie*（1958；Paris: Presses Universitaires de France, 1974）。

[22] Fanon, *Studies in a Dying Colonialism*, 42—43。法农的《通向非洲革命》（*Pour le révolution africaine*）出版于1964年，其时作者已故去。这部作品收录了作者写于1956到1961年间的一系列有关阿尔及利亚的文章。2001年，此书以*Pour la ré´volution africaine: Essais politiques*的名称再版（Paris: La Dé´couverte, 2001）。关于法农对彭特克沃和萨阿迪的影响，可参见Khanna, *Algeria Cuts*, 103—108，以及

琼·斯科特（Joan Scott）在 *The Politics of the Veil* 中对法农作品的讨论。她的笔法有自己独具的明晰："与其说面纱说明了宗教社会上的某种隶属性，倒不如说它是实现颠覆的工具。通过它，殖民地臣民们的低三下四就会转变成昂扬独立的国族身份与个人身份……一旦欧化的乔装打扮被安全部门识破，女性激进主义分子就会改穿传统的服饰。"（Princeton, N.J.: Princeton University Press, 2007, 64—65.）对于她所说的，即便在独立以后仍存在的"面纱的多重意义"，斯科特也作了总结："对法国人而言，面纱固然仍代表着阿尔及利亚的贫穷落后，但它也是法国挫败乃至耻辱的徽记。这一块薄薄的纱布代表了三色旗的对立面。在战争刚过去的日子里，对于这个新生民族国家的领导人而言，这块纱布成为未来国家何去何从的争论焦点。"（66）

[23] 关于法农作品的讨论与论辩，可参考戴安娜·弗斯（Diana Fuss）淋漓畅快而又不可轻视的文章"Interior Colonies: Frantz Fanon and the Politics of Identification", *Diacritics* 24, nos. 2—3（Summer-Autumn, 1994）: 19—42；rpt. in *Rethinking Fanon*, ed. Nigel Gibson（Amherst: Humanities Books, 1999）；对她的回应见于德鲁西娅·康奈尔（Drucilla Cornell）的文章"The Secret Behind the Veil: A Reinterpretation of 'Algeria Unveiled,'" *Philosophia Africana* 4, no. 2（August 2001）: 27—35。弗斯认为，法农在《去纱的阿尔及利亚》（"L'Algérie dévoilée"）一文中，把"殖民地的相遇"置于"清一色的男性领域里……被殖民的他者对法农而言仍旧是无区别的，同质化的男性，而主体性也是只为男性争取的"（Fuss 36）。针对这一点，康奈尔回应道："对法农而言，民族解放不应与被迫进行的文化对话相混淆。法农的理解对我们是一个很重要的提醒，它告诉我们文化与国别差异不是静态的现实。在建设新国家的政治努力中，殖民地人民摆脱了从前压迫者对他们的定义，转而把自由想象成一个**全新的**国度，其中重塑文化形态的斗争是不可或缺的一部分。殖民者人民尝试着在政治意义上、民族意义上、文化意义上成为自己的未来的主宰，而自由也正是作为这个尝试的一部分而被赋予具体内容的。对于女性而言，自我重塑，还有重新再现她们与面纱的关系，两者是密不可分的。"

林茜·莫尔也针对弗斯提出了自己的观点,她认为"面纱""阿尔及利亚"妇女这些词,应该理解成一种以偏概全(catachreses)。但莫尔由此想提醒人们注意,法农把"去纱与本体论意义上的自由"相等同,其实是一种大而化之的做法。这一点上她又与弗斯相同。("'Darkly as Through a Veil': Reading Representations of Algerian Women", *Intercultural Education* 18, no. 4 [2007]: 341.) 在早先的一篇文章中,莫尔更加直接地重读了法农的作品,并认为《阿尔及尔之战》"歪曲了法农语域里最有价值的复杂性与模糊性,尤其是与阿尔及利亚女性有关的主题……特别是着纱与去纱的符号的传播,具有殖民性他者(the colonizing other)所不能理解的意义。"("The Veil of Nationalism", 56.)

[24] Fanon, "Algeria Unveiled", 184.

[25] 作为纪念《阿尔及尔之战》重新发行版的专刊,《电影手册》2004年9月号重申了雅各·里维特(Jacques Rivette)和塞尔日·达内(Serge Daney)对《零点地带》的批评,并且严厉地斥责了《阿尔及尔之战》,称其为恐怖主义英雄情结张本。参见"La Bataille d'Alger à présent", *Cahiers du cinéma*, September 2004, 64—74。

[26] Bowsley Crowther, "The Screen: Susan Strasberg in 'Kapo'—Film about Nazi Camp at Fine Arts Theater", *New York Times*, June 2, 1964.

[27] Jacques Rivette, "De l'abjection", *Cahiers du cinéma* 120 (June 1961):54.

[28] Ibid.

[29] Serge Daney, "Le travelling de *Kapo*", *Trafic*, no. 4, P.O.L. Editions,1992.

[30] 摄影机在这个镜头中只是微微一动,几乎让人难以察觉。事实上,它是否具有任何按保罗·路易·蒂拉尔(Paul Louis Thirard)的措辞,"把特丽莎的手艺术化"的效果,一直是一个争论的焦点。随着《零点地带》DVD版的发行,这一争论重新弥漫开来。参见蒂拉尔的文章"Pontecorvo est-il abject?" *Positif*, no. 543(May 2006):61—62;蒂拉尔本人并不认为该镜头中有再加工或审美化的痕迹。对他的回应见于Jean Michel Frodon, "Risque critique", *Cahiers du cinéma*, no. 615(September 2006):5:"但是我们只要看一看《零点地

带》的DVD，就能明白当年里维特的观察与推论是多么的准确。那确实是个跟拍镜头，也确实有再加工。尽管里维特的文章不是只写这个镜头，而是写整部影片，但它确实十分卑污，这个镜头就是明证。"

[31] 对《阿尔及尔之战》的"纪录片"风格的争议性辛辣嘲弄，可见Nancy Ellen Dowd,"Popular Conventions", *Film Quarterly* 22, no. 3（1969）：26—31。哈里森的批评相对冷静，他的关注点在于彭特克沃为达到纪录片效果而采取的技术手法。见Nicholas Harrison,"Pontecorvo's 'Documentary' Aesthetics", *Interventions* 9, no. 3（2007）：389—404； 其中他总结道："在《电影手册》2004年9月号专刊中，一位批评家曾说，'一部《阿尔及尔之战》的历史，也就是它的各种用途的历史'（Giavarini 2004: 74）； 而我的文章部分在讲，其实历史上的'阿尔及尔之战'的命运就是如此，而电影在其中起到的是非常具体的作用，尽管与此同时——或者不如说，就算是——电影美学本身的反思性、非线性、非现实性因素质疑了它作为文献和调解人的历史功用。"（403） 另见哈里森的" 'Based on Actual Events...'*Interventions* 9, no. 3（2007）：335—339。

[结 语]
分心的共和国

> 毫无疑问,仅仅成为一名共和主义者就好比什么也不是。要成为共和主义者,人们需要更多实质性的东西,需要一直拥有一种高贵的意识形态并面向未来。不是面向我们之所是,而是面向我们所应是与能是。
>
> ——格里高利·马拉农(Gregorio Marañón)[1]

---

[1] Gregorio Marañón(1887—1960),西班牙科学家、历史学家、哲学家。

让我们看看这洋溢着幸福和欢乐的图景：女人和男人们簇拥到阳台上，身子斜着探出共和国俱乐部（Casino Republicano）的窗外；一大群人举着或抛着他们的帽子；两个穿着大衣打着领带的年轻人举着三色旗。在照片中央，此旗悬挂在无风的日光下。我们或从街道对面的一个阳台，或通过一扇窗户，或由一处低矮的屋顶观察人群；创作的技巧指引我们把目光聚焦在牵引着绳索的手上；这些绳索吊起了旗帜。在某种程度上，这一技巧因此就把摄像机的工作和我们自己（作为旁观者、观察者等）跟相框中如此多人正在庆祝的事业放置在一起。当然，我们的经验、我们的时间都不可能与他们一样。旗帜凝滞地悬挂着，仅仅出于偶然而模仿了摄像机的静止状态；我们的观察与这些摩肩接踵、热情洋溢的人之间的距离，正如新闻记者与事实、历史学家与事件、流亡者与他/她的祖国之间的距离一样遥远。

但是换一种描述吧：也许是受毫无缘由的情绪渲染，和远处那些高昂地举着旗帜的年轻人一样，我们热血沸腾地看着这些旗帜；我们推搡着向前，正如那些从共和国俱乐部来的人群一样——如果不是在巴伦西亚（Valencia）的库列拉（Cullera）当时当地，在西班牙第二共和国宣告成立的当天，那就是在其他地方、在其他时刻，那些密切相关的地方和时刻。来自那些与西班牙的文学和历史地理学上相近的地方，如阿尔西拉（Alzira）的俱乐部——它只比库列拉的靠近内陆一点

图10 库列拉的共和国宣言（Proclaiming the Republic in Cullera）

点。伊巴涅兹（Vicente Blasco Ibáñez）[1]的小说《在橙树中间》（*Entre Naranjos*，1900）的场景便设置在阿尔西拉。在这部小说中，俱乐部也是政治和公共生活的焦点。俱乐部与橙树丛围着的*casa azul*[蓝色房屋]相对，布鲁尔（Rafael Brull）正是在此房屋中，找到了体现在利奥诺拉（Leonora）身上的爱情、音乐和极具私人意义的主体性。或者来自更遥远而虚构的*casinos republicanos*[共和国俱乐部]——不是某个特殊事件（例如，宣告共和国成立）的客观见证者——而同样是工人：他们的长远任务是创造某种有关"政治住所"的公共经验：创造*casa*[房屋]或

1　Vicente Blasco Ibáñez（1867—1928），西班牙现实主义小说家、电影剧作家、导演，其关于一战的小说《末日四骑士》（*Los cuatro jinetes del apocalipsis*）颇为著名。

casino republicano[共和国俱乐部]。

最后，让我们把第三条思路引入这幅题为"库列拉的共和国宣言（巴伦西亚）"的照片中来。若要对西班牙共和主义那漫长而饱受争议的文化史作出考察，就少不了种种直接相关的、醒目的意象作为其中介和条件；而上面这幅图像就是一例。[1]例如，我们发现，关于这些起中介作用的图像，"反思立场"（见证者、历史学家、新闻记者、流亡者的观点）与"狂热的认同逻辑"（演员或积极分子的观点）之间的区分是虚假的。当这些立场汇聚在一起的时候（正如照片中的情形那样）；当我们对于共和国宣言的批判性、反思性的见证，映射在这幅手工制品上的时候（这幅照片使共和国宣言成为一个符号[在共和主义俱乐部前挥舞旗帜]，成为一种政治机制），我们确乎建造了一个政治空间并置身其中。或许可以总结说，如果没有作品中那些见证者、批评者和流亡者的话，就没有共和国；似乎可以说，批评和见证都产生自这些[摄影]作品——即便仅仅是它们的观众，[仅仅是]一个社群的同一性。通过图像的诉求，我们发现自己置身其中；慢慢在我们面前展开的、我在前面章节里一直试图厘清的"神话认同"的长远逻辑，似乎正和上述图像（以及其他许多带有忧郁症色彩的图像）缠绕在一起。欧仁尼（Eugénie）那盲目的针线从我们或他人的手指间滑落；眼睛睁开后，我们跟随的是玛丽安妮（Marianne）[1]。

现代共和国是什么，它曾是什么？它有未来吗？我们能否在同一性神话的恐怖主义之外想象现代共和国，这种对主权（可分割的主权）的偶然分配——分配至各主体阶层的缺陷性概念——的形式政体？

自1939年倾覆以来，西班牙第二共和国在西班牙——以及在更广泛的欧洲、拉丁美洲、美国——的文化想象中度过了非同寻常的再世

---

1 Marianne，或指法国象征自由和共和国的女神。

生命。当然，那漫长历史中也包括对布兰科（Carrero Blanco）的戏剧性暗杀，这是我第一章的主题。总的来说，共和主义者的流亡处境极大地推动了这种再世生命。与许多文化手工制品一样，这一再世生命也获得了可观的市场价值。共和主义者痛苦之歌的录音带、小说、电影以及该主题电视连续剧，在过去三十年里上演或发行，在西班牙和其他地方受到了强烈的称赞。

但是，就像那能够被称为"品牌"的东西一样，西班牙共和国的出现，不仅需要复兴那些沉寂已久的故事，而且部分地要使其措辞去历史化，将特殊的时机与宏大的社会文化趋势转变为快照（snapshots）或陈词滥调。西班牙第二共和国的光芒、前途与传奇掩盖了其早先历史构成和文化构成的长久根源；抚平由其失败所造成的惨重创伤，也成为避免探究第一和第二共和国谱系的一种方式，成为避免探究这两个共和国内部的神话和断裂的一种方式，或者成为避免检查被要求置入共和国的价值、流通和消费市场中的文化工作形式的一种方式。这一传统的、西塞罗式的国家形式显然在西班牙早期现代国家构造中付诸阙如；那么，它是在第一和第二共和国那里获得其本土形态和居所的？**西班牙的**共和主义是什么，或曾经是什么？是什么一下子使得一般意义上的共和主义如此难以实现而又如此无止境地引人入胜？是什么原因导致它在真正出现的时候显得脆弱不堪？为什么在西班牙，为实现共和国理念所必需的文化、社会和政治机制如此脆弱？许多使这些问题显得迫切而迷人的原因，同样也使人们难以系统地处理这些问题。并且这些地方性的或毋宁说民族性的问题（毕竟，这是**西班牙**共和国的宣言，我援引欧仁尼和玛丽安妮的所有地方都是为了描述它），与现代共和国形式的一般问题如何关联起来？

这一答案首先需要谱系学考察。*República*[共和国]，*res publica*[共和国/公共事物]，[或者，]commonwealth（共和国/公有物）。在现代共和主义的中心存在着一个悬而未决的术语。无论我们把它当做一个可供消费的陈词滥调来理解，或者——共和国的种种再世生命都使我们想这么做——通过"距离"与"认同""见证"和"批判"的复杂辩证法来理解它，它都是那么棘手而顽固。让我们考察一下 *república*[共和国]的语义漂移，即从法哈多（Diego de Saavedra Fajardo）[1] 具有决定意义的《基督教政治君主的理念》（*Idea de un principe politico cristiano*，1640）一书中第21篇（*empresa*）中的概括性表述，到该词在我们今天仍在使用的各种学术辞典中的标准定义。

法哈多写道："在最初的时代，真和善都自在自为地被热爱。"但是这一黄金时代不可能持续，并且随着其衰落"恶开始滋生，让德性变得更为谨慎而保守"。

> Desestimóse la igualdad, perdióse la modestia y la vergüenza, e, introducida la ambición y la fuerza, se introdujeron también las dominaciones; porque, obligada de la necesidad la prudencia, y despierta con la luz natural, redujo los hombres a la compañía civil, donde ejercitasen las virtudes a que les inclina la razón, y donde se valiesen de la voz articulada que les dio la naturaleza, para que unos a otros, explicando sus conceptos y manifestando sus sentimientos y necesidades, se enseñasen, aconsejasen y defendiesen. Formada, pues, esta compañía, nació del común consentimiento en tal modo de comunidad una potestad en toda ella, ilustrada de la luz de la naturaleza para conservación de sus partes, que las mantuviese en justicia y

---

[1] Diego de Saavedra Fajardo（1584—1648），西班牙外交官和文人，文中提到的是他在1640年出版的反马基雅维里的标志性著作 *Empresas Politicas*，由一百篇短小的君主教育文章构成。"emblem"作为16、17世纪英国流行的文体指的是一种带有配图的写作形式。

图11　法哈多,《基督教政治君主的理念》(1640),第21篇

paz, castigando los vicios y premiando las virtudes. Y, porque esta potestad no pudo estar difusa en todo el cuerpo del pueblo, por la confusión en resolver y executar, porque era forzoso que hubiese quien mandase y quien obedeciese, se despojaron de ella y la pusieron en uno o en pocos, o en muchos, que son las tres formas de república: monarquía, aristocracia y democracia.[2]

詹姆斯·阿斯齐 (James Astry) 1700年的译文很严谨,但稍有些偏颇:

在最开始的时代不需要惩罚,因为没有犯罪;也不需要奖赏,因为美德和荣誉因其自身便受人喜爱。但是随着世界越晚近,邪恶也越孳生,在人们能够在美德领地上自由而无忧虑地生活之前,美德就已变得更为矜持。平等被弃之一旁,野心和力量取代了谦虚和羞耻的位置,紧接着政府也被卷了进来。出于必然性的驱策,审慎与通常的审慎[la luz natural]促使人们走向文明社会,在这个社会中,理性可能会促使他们运用美德,自然会让他们使用语言,以互相展露其思想的意义,使他们有可能相互知会、协助和

守护。如此一来，社会便通过普遍的同意建立了起来，同时，这一社会需要一种最高权力来保存其各部分，通过惩罚罪恶和奖掖美德，维护和平与公正。因为这一权威无法推及整个身体[这一身体属于人民：*cuerpo del pueblo*（人民的身体）]，因此在执行权力的时候便会导致混乱；因为必须要有一些人发布命令，而其余的人服从，所以这些其余的人便需要卸下其自负，将其赋予一个人、少数人或一些人，由此便形成了三种政体[*república*]：君主制、贵族制与民主制。[3]

该著作的题献者卡洛斯王子（Prince Baltasar Carlos）或许不会对这个篇目中讲述的故事感到吃惊。现代读者习惯于把共和国政体理解为与君主制不相协调的一种政体，他们会发现法哈多相当正统的分类使他们不安：君主制是共和政体的**一种**，就像贵族制和民主制一样。他的故事在很大程度上遵从了亚里士多德和西塞罗关于共和国起源和构成的叙述。和《论共和国》（*De re publica*）一样，《基督教政治君主的理念》（或如阿斯齐的译法，《王权政治家》[*The Royal Politician*]）也把公民社会（"la compañía civil"）诞生的基础设想为社会的总体属性（西塞罗一语双关地称之为 *res populi*[人民]）——这些属性使人们普遍同意[社会]不平等的协调方式，也构成了博丹下述观念的基础：主权是不可分的，因此必须由一个个体或一个单一而自治的机制来承担。[4]

然而，法哈多的论述有很多含混之处。比如，如果"el pueblo[人民]"的特点之一是能够达成一种"普遍同意[*común consentimiento*]"，并因此能够像一种单一的机制般理性而自治地行动，那么，为什么"权威 [*potestad*]"不能被分配到"人民的身体[*cuerpo del pueblo*]"中去？由此，法哈多对于"人民主权"的拒斥，究竟出于实际考虑（要管理如此[广泛]分配的权力很困难很麻烦），还是出于概念考虑（公民社会中必须有人发布命令、有人服从，这在逻辑上是必须的["forzoso"]）？

同样不清楚的是，在共和国的起源处，公民社会[la compañía civil]为何会放弃、离开、从自己身上褪掉"权威"——或者确切地说，谁（或什么）是放弃"权威"这一集体行为的代理者，法哈多的句法完全没有给出答案。

然而，得出如下结论也将是错误（或相当不完整）的：我们在这里看到的模糊之处，以及在其下一篇论述中看到的许多类似之处，恰恰表征了《基督教政治君主的理念》论辩的薄弱环节。[无论是]"cuerpo del pueblo[人民的身体]""voz articulada que les dio la naturaleza [使用自然给予他们的语言]"，[或是]建立在语言基础上的"普遍赞同"观念：法哈多的每一个关键概念都是由种种文化、政治、语言和宗教的纷争所决定和多元决定的——法哈多著作最有影响力的编者伊利巴纳（Manuel Fraga Iribarne）会毫不犹豫地管它们叫做"危机"。1640年，西班牙的一位"政治君主"将接手这些纷争。[5]在这一语境下，法哈多论述中涉及的不自洽的república[共和国]，不仅有描述性的或教学性的价值，而且还有治疗的功能：法哈多对于república[共和国]一词的定义，显露出西班牙危机特有的诸社会文化的想象和焦虑，这些危机既是新近的（哈布斯堡王朝宗派主义[confessionalism][1]在宗教和经济上的毁灭性遗产）又是当下的（内部危机如葡萄牙1640年从西班牙脱离，或者同年开始的加泰罗尼亚的独立趋向；外部危机如三十年战争[2]尾声阶段与法兰西日益敌对的关系）。[6]

或许可以这样说：当《基督教政治君主的理念》暧昧地描述共

---

[1] "Confessionalism"是一种政教合一的统治模式，依照各宗教派别的势力大小赋予政治权力。

[2] "三十年战争"又称宗教战争，指的是1618至1648年间哈布斯堡王朝同盟（包括奥地利、西班牙以及日耳曼天主教诸侯国）和反哈布斯堡王朝同盟（包括法国、丹麦、瑞典、荷兰以及日耳曼的新教诸侯国）为争夺欧洲霸权而展开的全欧洲范围内的战争，最后以哈布斯堡王朝集团惨败告终，各参战国签订了标志着现代主权国家确立的《威斯特伐利亚条约》。

和国的抽象谱系时，它同样试图向君主传达一种还在影响着共和国政治意义的文化幻想：幻想当*pueblos*[人民]涤除了异己的身体（犹太人、*moriscos*[基督新教]、路德宗等）的时候，他们就获得了自洽的集体认同和意志；幻想政治制度同样能够涤除相互对抗的利益和权威（正如法哈多对*valido*[宠臣]——当时君主的亲信或代理人——这一形象的频繁讨论表明，这在当时是一个特别棘手的问题）；幻想在西班牙各地区花样迭出的各种宗教倾向、习语和语言能够服从于单一的语言或习俗。

作为"*empresa*"或"*emblema*"这种早期备受青睐的文体样式，《基督教政治君主的理念》以戏剧化的方式结合了视觉再现和常规的注解文字，将共和国理念深深"植入"君主或其臣民的脑海中；而欢庆的快照则是为着同样目的的晚近手段。人们沿着下面这些复杂的路线来想象它：部分是自洽的程序；部分是补充性的、本地的想象；部分是陈腔滥调。在法哈多的《基督教政治君主的理念》出版之后的岁月里，传播这一难以驾驭的共和国想象的著作开始在新兴国家的各个机构中传开了：教育、文化、经济和政治机构。例如，我们可以对比一下1737年的《卡斯蒂利亚语权威辞典》[*Diccionario de la lengua castellana (de Autoridades)*]和1947年皇家学院的《西班牙语辞典》[*Diccionario de la lengua española*]中对于*república*[共和国]一词的分别定义：前者是官方引用的标准辞典，后者是学院出版的战后第一部辞典。在1737年的辞典中我们看到，*república*[共和国]主要指"El gobierno del público"（"公众的治理[the public's government]"）。紧随其后的是细微但格外重要的限定条件："Oy se dice del gobierno de muchos"（"如今指多数人的治理"）。[7]辞典进一步告诉我们，"公众"指的是"el común del pueblo o ciudad"（"城市里的普通人或平民阶层"），而"el pueblo"[人民]行使主权是表达某个民族或地域中"普遍"意见的方式。相比较而言，这里的"Muchos"（"大众"）在贬义的意义上得到了强调，指的是一种难以驾驭而混乱不堪的多头统治（polyarchy）——法哈多在《基督教政治君主的理念》中同样拒斥了此类统治。在这一早期启蒙运动的*república*[共和国]中，*el público*[人民]和*muchos*[大众]的主权最多只能说是勉强地联系在一起。正如巴里巴尔（Balibar）指出，一种新兴的"对于乌合之众（masses）的恐惧"[1]，折射的是一个世纪之前被认为与*el público*[人民]的不自洽相关的文化焦虑。"Oy"（"当今"），1737年，只有警觉如皇家学院这样的机构，才能遏止语义向着"公众"和"乌合之众"同义的民众时刻（demotic moment）流变。

然而，在1947年的《辞典》里，皇家学院对于*el público*[人民]和*muchos*[大众]之间正在消失的差别所作的评判不复可见。取而代之的是对*república*[共和国]一词两层含义作出的区分：第一层是陈旧的一般用法，在这个意义上*república*[共和国]与*Estado*[国家]是同义词；第二层是下述特殊含义："一种代议政府形式，其权力归于人民，人民人格化为'总统'这一最高领袖。"[8]主权世俗化的漫长历史被嵌入了辞典敏锐地称之为*personificación*[人格化]的过程之中——该词是"*empresa*"的严格语言学说法。在这里，"人格化"被设想为与政治代表之间有着艰难而长久的对应，它在*el pueblo*[人民]主权的授予（vesting）和[君主]主权者（"总统"）的授权（investiture）之间进行调和，这个主权者同时就是人民的替代、人民的代表以及一个独一无二的形象——在他身上，大众的种种属性以拟人化的方式呈现出来。根据*persona*[人格]一词古老的拉丁文意思，总统就是人民的"人格"：当人民主权在[君主]个体身上时，他就是人民主权的拟人化面具。

---

1 "困扰斯宾诺莎的问题——对于乌合之众的恐惧，大众的颠覆倾向——同样困扰着霍布斯。霍布斯整个对于国家的组织，包括'公共领域'和'私人领域'的区分方式，都可以被理解为一个预防大众运动的机制，因为这些运动是内战……和革命的基础。正是在这个语境下，'大众'（*multitudo*）在他的著作中成了契约定义中的最初概念，……这是为了合法地组建[国家]体系并将它在意识形态上确定下来。"参见Etienne Balibar, *Masses, Classes, Ideas: Studies on Politics and Philosophy Before and After Marx*（Routledge, 1994），16。

在下面三个时刻之间发生了很多事情——[我指的是]早期现代性时期，人们用不稳定的世俗化语言对于 res publica[共和国/公共事物]的概念化；辞典和百科全书中不情愿的早期启蒙运动；第二次世界大战的直接后果。这就是我在整本《野性唯物主义》中明确而征兆性地（symptomatically）处理的三个时刻。[分别与这三个时刻相对应的是：]法哈多简短的寓言探讨的是共和国的起源；《卡斯蒂利亚语权威辞典》中焦虑的、不情愿的观察——即人民主权有着变成单纯由乌合之众组成的政府的危险；皇家学院1947年的辞典策略性地将关于共和国总统的三种在认识论和政治—管理功能上截然不同的修辞建构凝结在一起——任何将这三个时刻编织在一起的尝试都会饱受争议。如今人们用来考察西班牙共和主义（或许也包括更广义的激进共和主义）的批判语言，就颇像这种尝试：人们在"共和国"一词的字义流变中速记般地描述各种人格化、排斥、焦虑、替代、删略[等]的文化史。

不过，这种批判语言的特征还不限于此。第二共和国的失败把共和国的**现代**观念和流亡的经验及其表征不可分地扭在了一起。随着民族主义势力的胜利以及随后的驱逐和移民，西班牙流亡者将其事业带到了国外，他们沉思这一事业，革新 el pueblo[人民]及其流亡中的"人格化"，让这些人格化染上忧郁和距离的色彩。[9]西班牙共和主义使下面这种关于现代共和国的思考变得可能了：它有赖于流亡的情境，既是脱离直接经验的流亡，也是脱离 república[共和国]的记忆和历史的流亡。作为见证形式和批判形式，这种思考在相当重要的意义上提供了一个临时的总支点和角度，由此可以反思共和国背负的历史和处境——仿佛从外部、从一个横穿街道的阳台，或者从国外、从 desde el exilio[流亡中]，从他处沉思共和主义与流亡之间缠绕错综的关系。西班牙共和国使这种关于现代共和国的思考变得可能，它依赖于从流亡经验中流亡出去的"反思性流亡"。在现代性消费、交换和流通的种种历史快照或陈词滥调的神秘人格化的内部和外部，这种[思考]

都在进行着。

西班牙共和主义如今要求的这种批判性流亡——从流亡中流亡出去的流亡——有其自己的历史，人们甚至可以说有其自己的时间、自己的时态（tense）。与西班牙之间的特殊关系将它挑明，正如第二共和国倾覆之后，流亡知识分子团体发明了忧郁的语言用以对待西班牙的文化形式一样。例如，我们可以看看哲学家赞布拉诺（María Zambrano）[1]如何着手为我们刻画她在西班牙共和主义时代的流亡生涯中进行的批判性反思的"时态"，如何思索与流亡中的共和主义思想相应的时间，如何思索这一思考（或对于更广义的文化形式的沉思）在共和国奠基方面起到的作用。她在内战的直接阴影下写作，从古巴到墨西哥的艰苦流亡，给了她有利的位置；她将彼时的经验融入进一则简短的寓言式叙述中，展望"西班牙"在一种耗竭的现代性中重生——法西斯主义在欧洲的高歌猛进，再明显不过地体现了现代性的耗竭。赞布拉诺选择重述的*relato*[故事]正是《堂吉诃德》，[因为]在当时，民族主义者和共和主义知识分子都把这部作品当做参照。

"Lo que le sucedió a Cercantes：Dulcinea"（"塞万提斯怎么了：杜尔西内娅"）首次出版于1955年（但是动笔相当早），收在*España, sueño y verdad*[《西班牙，梦想和事实》]中。[10]它之前几章分别为"塞万提斯的模棱两可之处"和"堂吉诃德的模棱两可之处"，用了略微不同的方言。不说别的，这几章首先探究了堂吉诃德的双重暗示：堂吉诃德这个人物具有"束缚中的祖先的自由梦想"，并彰显了"成为历史中的人、反对历史的人、历史过程中的人——甚至超越历史的人——所带来的冲突"；他同时代表了一个从未拥有赞布拉诺称之为"vocación de vencer"（或许可以译为"[向往]胜利的品格"）的西班牙，代表了一种落在"el hombre español[西班牙人]"身上的使命——而西班牙人

1　María Zambrano（1904—1991），西班牙作家、哲学家。

已无法在历史中、在西班牙历史中辨认出自己,无法在堂吉诃德的人格化身上辨认出自己。[11]开头的这两篇文章描写的处境乍看起来令人气馁。但作者并没有将塞万提斯的小说仅仅视作失败主义,[或]脆弱共和国的一个糟糕的例子——马茨图(Ramiro de Maeztu)[1]和其他所谓"长枪党的先驱"是这么做的;相反,赞布拉诺提醒我们说,"忧郁骑士"的历史没有结束,这一历史会在一种折返性 quimera[幻想]——拯救世界的幻想性(chimerical)欲望——的英雄—神话模式中重复。对赞布拉诺而言,[这一历史]发生了,这部小说是这样一种美学形式:以它为途径,"西班牙"——一个民族的、地理的和文化的实体,它的轮廓和特征突然变得清晰可见——界定了"西班牙"人在历史中的自我认同。更特别(或许也更具争议)的地方在于,赞布拉诺把《堂吉诃德》及其直接[呈现]的世界理解为关于上述新兴历史性自我认同的寓言。堂吉诃德这个人物"承载着束缚中的祖先的自由梦想";作为"ingenio lego"[世俗才智]或"世俗天才"的高度神话形象的塞万提斯,从文学文化的令人震惊的外部进行写作;神秘的杜尔西内娅("Dulcinea sola y blanca se consume"——"杜尔西内娅,孤独而苍白,憔悴而形销")[12]则标志着小说自身的边界,比利牛斯山脉为这一作品贴上了大陆传统的标签,同时又将其与这一传统划分开来——上述就是赞布拉诺故事中的人物。

赞布拉诺讲述了一个好故事。在"塞万提斯怎么了:杜尔西内娅"中,她设想塞万提斯"enamorado"("正在恋爱"),因此"perdidizo, sin errar"("快要自我迷失,但并未恍惚或犯错"),所用的语言既引人遐想,在哲学层面也很到位。她有力却不动声色地与

---

[1] Ramiro de Maeztu(1875—1936),西班牙政治理论家、记者、文学批评家,早年支持社会主义,后因"一战"而转向保守派,并在晚年出版的著作中鼓吹"回到纯正的西班牙性(Spanishness)",谴责自由主义及法国大革命的"自由、平等、博爱"口号。

"衰落""消褪""瞌睡"等词进行对话——马茨图等人曾用这些词汇描述西班牙巴洛克风格的降临和查尔斯五世去世后哈布斯堡王朝权力的衰落；用布拉茨克（Félix García Blázquez）的话说，描述了一个"数世纪都在摇摇晃晃蹒跚而行的国家，一个任其天才沉睡的国家"。[13]赞布拉诺说，塞万提斯确实在这一衰落、老朽、"mundo de ensueño"（"梦中世界"）的内部通过书写（或不书写）表现着他的梦游症、他半醒半睡的幻梦、他的"ensimismamiento[沉思]"或"自我专注"，还有他的"distracción[分心走神]"。但也发生了重要的事情。

> 堂吉诃德和杜尔西内娅之间究竟怎么了？塞万提斯怎么了？……他觉得自己在某种真空中游荡，他开始意识到他对文学投入了太多的信任。……有些事情……像现实自身一样进入他的梦中世界。在这个世界里，最真实的现实也将沉沦，像陷入一张网中。……他甚至不能梦想将她据为己有；她是某种他不知道如何去对待的未知之物；从来没有女人让他从自己的走神状态或自我专注中回过神来；没有谁曾让他感到如此剧烈的震动，犹如梦行者夜梦正酣时遭人唤醒一样。那一瞬间打断了睡梦，而不论这声打断多么细微，哪怕微如苍蝇振翅，它都是极其真实的。[14]

赞布拉诺说，在塞万提斯身上发生的事情是，一个想象中的女人——埃尔冬扎（Aldonza Lorenzo）——到来了，她变成了杜尔西内娅。我们作为塞万提斯的读者，与经由 el manco de Lepanto[勒班陀的独臂人][1]的遗产中介后的公共文化有着共同的关联——我们同样承认塞万提斯文本中这些时刻的重要性以及它们重复出现的特征。在《堂吉诃德》中，"打断"的形象在形式上至关重要——不合时宜地从外部闯入

---

1 塞万提斯曾参加勒班陀战役，因左手致残而得此绰号。

的不协调的角色、物件或事件，打断其他角色（或者说其实是塞万提斯自己）的自我专注——如1605年版《堂吉诃德》开场白中的著名角色，他帮助作者摆脱百般阻挠，完成开场白并使该书顺利付梓；或是种种物件，如那份覆盖了堂吉诃德在托莱多的漫游足迹的手稿，它开启了该书的第二部分，并召唤出阿梅德（Cide Hamete）的翻译者这样的角色——这位偶然发现手稿旁批的 morisco aljamiado[通晓西班牙文的摩尔人]向塞万提斯证实，他手上有《堂吉诃德》丢失的第二部分。当叙事者问他为什么因瞥见手稿而突然大笑时，"他说：笑旁边加的一个批语。……'书页边上有这么一句批语："据说，故事里时常提起的这个杜尔西内娅·台尔·托波索是腌猪肉的第一把手，村子里的女人没一个及得上她。"'[15]通过将她的描述从过去时转换到现在时（从"No podía ni soñar en hacerla suya"[他甚至不能梦想将她据为己有]到"Lo que llega en ese instante rompe el ensueño"[那一瞬间到来的东西打断了睡梦]），而赞布拉诺描绘埃尔冬扎与杜尔西内娅出场的复杂精致程度，超过了塞万提斯想象的那个翻译者的笔法。在赞布拉诺的故事中，场景由过去逐渐移入（或已经移入）某种不断重复的现在。这一刻的历史性变了；埃尔冬扎的到来影响了时间的观念，塞万提斯过去的经验现在成了赞布拉诺自己的经验，也成了我们自己的经验。

那么，埃尔冬扎的出场究竟是什么性质？如果堂吉诃德代表了折磨着西班牙文学文化和政治文化——它与[西班牙的]历史性有着疏离感——的那种自我专注和分心走神，那么，在这个简短的寓言中埃尔冬扎这个形象代表什么呢？这些都是紧要的问题，赞布拉诺希望我们由埃尔冬扎的闯入联想到共和主义替代性方案的落实或实现，而它要替代的[正是]20世纪早期左翼和右翼批评家归诸自由主义资产阶级国家头上的特质：分心走神。埃尔冬扎的出场、朋友们的闯入、意外的文本、摩尔人翻译者——这些事件都是发生在那位"分心的"作家身上的意外、*hechos*[问题]或 *sucesos*[事件]，并促使他沟通……与什么沟通？

带着这些问题，赞布拉诺戏剧性地背离了加塞特（Ortega y Gasset）[1]和乌纳穆诺（Unamuno）[2]：由于埃尔冬扎这位女哲学家、这位作为女人的哲学家的出现，塞万提斯式的西班牙中那些分心而虚弱的哲学—政治人物从堕落的消褪中觉醒。相当于"诗的理性[la razón poetica]"和"西班牙唯物主义[el materialismo español]"的杜尔西内娅/埃尔冬扎/赞布拉诺，成为补充性的文学装置——当思想软弱而一蹶不振地沉睡时，这个装置就被唤起和创造出来。作为一个复合型人物，她构成了危机时刻思考公共利益与个人利益之关系的可能性条件：杜尔西内娅/埃尔冬扎/赞布拉诺是抵抗性共和主义的三重人格化。

但是，只有当我们认为这位女哲学家的出现、文学的出现、不可化约的野性唯物主义以一种确乎是极其令人不安的形象现身——例如，决不是"当面"出现——的时候，上述人格化才发挥它的作用，才能培育这种思想的可能性。例如，我们倾向于认为，对于赞布拉诺而言埃尔冬扎再现了"身体[el cuerpo]"的形象。赞布拉诺大致在这一时期（约1950年）用"身体"一词与西班牙语 *materia*[物质]、*poesía*[诗]和 *razón poética*[诗的理性]相联系。于是，我们在"塞万提斯怎么了：杜尔西内娅"中就看到类似于作者在早期著作《哲学与诗》（*Filosofía y poesía*，1939）中描写柏拉图诗人的说法：与哲人不同，"El poeta siente la angustia de la carne, su ceniza.[诗人感觉到身体的痛苦，他的灰烬]"。[16] 通过让塞万提斯感受塞涅卡式的"肉欲的恐惧和痛苦"，并将其转变为一种美学形态，埃尔冬扎将他从自我专注中唤醒，并使他尽情挥霍（consume）这一觉醒状态："诗人的生活依从肉体；更有甚者，他就

1　José Ortega y Gasset（1883—1955），西班牙自由主义哲学家、散文家，名言是"我是我和我的环境（Yo soy yo y mi circunstancia）"。

2　Miguel de Unamuno（1864—1936），西班牙散文家、小说家、诗人、哲学家，曾认为佛朗哥领导的叛乱是"一种在殖民战争中培育起来的非基督教性质的天主教和偏执的唯物主义"。

在肉体中生活。不过,他一点一点地穿透着肉体。他在肉体中找到了自己的方式,掌握了肉体的秘密,并在使肉体变得透明的过程中将肉体精神化。诗人将肉体纳入其自身,就此他为人们征服了肉欲:他使肉欲不再陌生。"西班牙原文如下:"'El poeta vive según la carne y más aun, dentro de ella. Pero, la penetra poco a poco; va entrando en su interior, va haciéndose dueño de sus secretos y al hacerla transparente, la espiritualiza. La conquista para el hombre, porque la ensimisma, la hace dejar de ser extraña.'"[17]因此,在赞布拉诺的论述中,塞万提斯以诗来对"外在性"形象进行柏拉图式的再摄取,他对于肉体的吸纳或再度自我吸纳(re-self-absorption),可以看做是共和国与公共领域之间下述关系的形象化:真正的共和国必须维持和公共领域之间的一种永远保持警惕和悬置的关系,因为公共领域代表了将物质精神化的永久诱惑。

无论是在美学领域还是在政治领域,赞布拉诺都拒不接受这种对精神化的克服。但是她的替代性方案变得愈发神秘——可以说在政治上颇具争议。在"塞万提斯怎么了:杜尔西内娅"接下来的行文中,赞布拉诺一次又一次地重复杜尔西内娅对塞万提斯的抵抗,更确切地说是重复指出他没有能力摄取她。这一抵抗使塞万提斯有能力写作、出版,并与文学史发生关联(既是小说中出现的关联,也是通过小说而建立的关联)——由这种关联出发,西班牙人得出了一种涉及普遍关系与特殊关系之间的关系的理念。确切地说,这一理念不是直观的,甚或也不算理念。赞布拉诺的论证如下。她指出,通过引入身体(一个女人的身体,但也是具身化[embodiment]这一不可否认的事实),埃尔冬扎打断了塞万提斯的*ensimismamiento*[沉思]、他的自我审视和自我关注,打断了仅仅想着"思想"本身的走神状态。当然,这都是些很传统的说法:许多厌恶女人的作品中都把女人与物质联姻当做基础,虽然这里的联姻形式比较特异,但也难出这种窠臼。不过,频繁提及《堂吉诃德》中的"打断"形象,倒为赞布拉诺的简短故事添加了另一角度。提到埃尔冬扎时，身体物质性的粗俗感（埃尔冬扎是"腌猪肉的第一把手"）带来了（我们应该说是实现了）公共形式与私人形式的同一性和身份认同的勾连。一方面，赞布拉诺对杜尔西内娅/埃尔冬扎的暗示，起到了与托莱多手稿批语类似的作用：使杜尔西内娅/埃尔冬扎成为一个 *cosa publica*[公共身体]，一个在口头上（如果不是在物理上）被分享的身体。想想摩尔人说的话："据说，故事里时常提起的这个杜尔西内娅·台尔·托波索……[*Esta Dulcinea del Toboso, tantas veces en esta historia referida, dicen que tuvo…*]"。在这一言论中，非人称作用词 *dicen*（"他们说"）是公共性与出版物的标志；像1615年版《堂吉诃德》里登场的假堂吉诃德和桑丘那样，它也是塞万提斯幻想自己写作成功的一种表达。在此，对杜尔西内娅/埃尔冬扎的暗示带着点儿幽默，恰恰是因为著作已经被出版、被阅读，并因此可以被保存和记忆了（对于塞万提斯来说，是小说第一部分的出版；对于赞布拉诺的暗示来说，是《堂吉诃德》整部小说）——很多文本都积淀了人们共同的阅读经验史，也从中被不断发掘和追回；对于[要想]在这些文本中保存同一性的公共意义的文化而言，这里的腌猪肉意象于是就成了一个惊人而大胆的形象。但另一方面，替代和认同的链条不仅将杜尔西内娅的理想身体引向埃尔冬扎的公共身体，而且进而引向赞布拉诺自己的身体——现代版的书写知识分子，她同样（如[塞万提斯的]幻觉那样）打断了流亡共和派的自怜自哀，打断了自由主义资产阶级社会形态的昏睡状态。

赞布拉诺表达了对英雄式的"打断"形象——杜尔西内娅/埃尔冬扎/赞布拉诺的奇怪形象——的密切认同，这一表达以 *res*[事物]的方式运作：它既是这位哲学家—诗人—小说家的叙事所私人地、隐秘地、独一无二地触及的"事物"，同时这一"事物"带来的亲密的、私人的触碰使这位哲学家—诗人—小说家摆脱了分心走神、消褪、自恋和自负的 *ensimismamiento*[沉思]（仅仅想着"思想"本身的思想就表现了这种"沉思"）。不过，杜尔西内娅/埃尔冬扎/赞布拉诺同样作为 res publica[共和国/公共事物]、作为文化上认可和承认的"事物"而起作用。这一"事物"总是已经被讲述为一个故事，一个被塞万提斯的写作和持存之手碰触、提及和保存的公共事物，一个触碰这位哲学家—诗人—小说家和读者的事物（因为它已经被承认是一个公共的、出版了的文化形式）。这一双重的、勾连性的场景带有的矛盾性，在赞布拉诺关于第一次双重碰触的论述中得到表达："[El poeta] la penetra [la carne] poco a poco；va entrando en su interior, va haciéndose dueño de sus secretos"（"[诗人]一点一点地穿透着[肉体]。他在肉体中找到了自己的方式，掌握了肉体的秘密"）。在这里，一种传统的、新柏拉图主义的爱欲论令人不安地紧挨着关于掌控和占有、穿透和统治的语言，威胁着颠覆亲密的内部场景，用激烈的冲突、强暴或偷盗的暴力对待那些此前受着最紧密和最私密保护的事物。

或者可以这样说：在一切文学典故中，[被提到的]另一部著作（塞万提斯的书、伊巴斯[Haro Ibars]的书、伊巴涅兹的书等）总是已经被读过了——即便事实上没有被某个具体的读者读过，它也是被一个名义上的读者读过了（这一读者的时间和人格同样被典故相应地塑造出来）。私人主体的政治人格化、由 res[事物]的私密性到 res publica[公共事物]的运动过程的政治人格化，在结构上取决于典故的暗示形象。我们意识到（recognize）彼此和自己是这么一种人：我们能够通过某种文化形式来辨认（recognize）当下的作品（如《堂吉诃德》或第二共和国的再度运作）。在这个意义上，公共利益的概念（其实广义地说是共和国的概念）取决于那些总是先于我们时代和一切时代而存在的文化形式——在这里，我们远不只是（像我们之前讨论过的那样）从现在时转变为过去时——并且取决于种种神话理念（如"普遍性"观念本身就是这样），而它们都以一种完全客观（impersonal）的形式得到表达：dicen que[他们说]。就此而言，关于公共利益发源于私人秘密或私人同一性的故事，关于共和国诞生于私人思想的自恋 *ensimismamiento*[沉思]的故事，事实上总是极端抽象和保守的。

但这并非全部。因为就像《堂吉诃德》第一部分开场白中的朋友一样，杜尔西内娅/埃尔冬扎/赞布拉诺的闯入不仅不是客观的，而且个人色彩浓重（in person）；不仅根据一个神话时间，而且是一个 *a deshora*[一种不合时宜的时间]，一个错误的瞬间，错误的时间。更有甚者，杜尔西内娅/埃尔冬扎/赞布拉诺 *deshora*[不合时宜]的出现联系着她的人格、她的身体、她的物质性、她对于被摄取和被 *ensimismada*[沉思]的抵抗。如同最私密的、私下碰触的事物一般，如同单纯的 *res*[事物]一般，但同时也必然如 *res publica*[共和国/公共事物]一般——她的出现在赞布拉诺的思想中再现了一个伊利格瑞式（Irigarayan）[1]的时刻和事件，永久地打断了思想的流动和自恋的时间经验（此经验将时间刻画为忧郁的、自我同一的"先在性"）。赞布拉诺转向这种分裂的时间和分裂的人的做法既是非人格的，也是极为私密的。它破坏了认为公共事物可能仅仅是抽象的，或仅仅是过去的事物的想法——[在此，公共事物指的是]那个我们从中辨认出彼此和自我的故事，那个总是已经被讲述的故事。杜尔西内娅/埃尔冬扎/赞布拉诺的暗示性碰触削弱了以非人格化概念呈现出来的共和国；共和国不再具有我们曾经渴望的那种纯洁的自洽性，不再用神话那秘密的"先在性"影响我们。杜尔西内娅/埃尔冬扎/赞布拉诺的碰触破坏了共和国的历史和社会的隔离围墙，进而将共和国向着当下的永久协商开放，向着最私密、最裸露的公共认同开放。

---

1 Luce Irigaray（1932—），比利时女性主义哲学家、精神分析学家，著作有 *To Be Two*, *Sharing the World* 等。伊利格瑞反对"菲勒（逻各）斯中心主义"（pallogocentrism），认为社会的男女两性范畴根本上其实是以男性为核心参照系，因此提出性别的差异理论，以期创造一种有别于暗含的男性中心秩序的女性主体。伊利格瑞这种有本质化倾向的女性主义遭到其他女性主义者的质疑。

结　语　分心的共和国

作为结语，我想回到一开始提到的例外论主张：即认为第二共和国倾覆所带来的特殊创伤以及这一倾覆导致的商业化带来的第二次创伤改变，影响了当代政治哲学话语中的激进共和主义概念。我们看到，赞布拉诺迈出了定义这一激进共和主义的世俗和美学维度的第一步。在她的著作中，*res*[事物]和*res publica*[公共事物]作为混乱的、非辩证的、弱的概念一同出现，在杜尔西内娅／埃尔冬扎／赞布拉诺的*empresa*中（如果能算的话），通过复合型文学的人格化（如果能这么说的话），两者被嫁接或勾连在一起。

这是一个含糊其辞的说法。与此相对，为了更好地理解赞布拉诺那古怪的三重*empresa*旨在实现的事业，我们不妨考察一下胡塞尔1935年"维也纳演讲"中这些艰涩但饱含洞察的句子。在胡塞尔晚年就欧洲危机所写的著作中（包括他在1934年着手进行、在1937年最后一场大病和欧洲战争来临之际仍未完成的一系列著作和演讲系列），这篇文章或许最为重要。受演讲的形式限制，这篇文章讲得明晰精炼，没有像他当时起草的《欧洲科学的危机和超验现象学》这　"危机之书"中那样对欧洲理性主义做长篇大论。他用一种特别动人的描述来结束"维也纳演讲"。其中他指出，"超验现象学"通过召唤"理性的英雄主义"克服"自然主义"，实现"欧洲重生"的道路。[18]不过，胡塞尔并没有止步于慷慨的词句和回溯性的合法化焦虑。这位境况不佳的哲学家用以描述超验现象学和自然主义之间"英雄式的"斗争的词汇是极端诡诈（catchy）和暴力的——好比一次反对瓦格纳式自然主义的瓦格纳式的斗争。（仅仅几年之后，梅洛—庞蒂便会透过胡塞尔所预见的灾难的角度来思考哲学的使命：语调是英雄主义式的；但却是某种[特定]工作的英雄主义——承担责任、承担历史境遇，制作和塑造[making and fashioning]。**神话**就是灾难。[19]）胡塞尔提到了"暴行"和"无尽的斗争"；提到了"困乏的危险"和"缺乏信仰的毁灭性大火"，背景中弥漫着"绝望的烟火"和"巨大困乏的灰烬"。在胡塞尔所见的骚乱欧洲，人类思想的种种对抗性建构之间的冲突，必然会引发巨大的、夸张的国家冲突。这些冲突不久便将爆发在德国、奥地利和法国的土地上。胡塞尔写道，"超验现象学"自身允许理性

> 建立起一种绝对自足的精神科学，它在形式上始终自洽地理解自身，并理解作为精神成就的世界。在这里，精神并不是在自然之中或在自然之旁[in der nebender Natur]；而是自然本身被纳入精神领域。在这种情况下，自我也不再是与预先给定的世界中的其他孤立的事物并列的一种孤立的事物；总的来说[überhaupt]，为了一种内在的彼此渗透和相互支持的"为了彼此的存在"，各个自我个体（ego-persons）相互间严重的外在性、彼此并列存在的状态停止了。[20]

胡塞尔表述上的尝试性——或实际来说是其中的种种矛盾——引人注目。在这里，胡塞尔反瓦格纳主义短论中的瓦格纳主义意味臻于巅峰。胡塞尔设想的上述主张的概括性并非绝对为真，并不是在为超验现象学建立一个规范性时刻，甚至也不是教学式的（告诉人们该从他的演讲中得到哪些教训），倒毋宁说是描述性甚至历史性的（这些思想运动"总的来说"正在发生或已经发生了）。但我们觉得他的论证在这个层面已经逾越了这些偶然性。如果某种思想运动仅仅在"总的来说"的意义上发生了，那么人们可以预见到其他一些情况，让这运动不发生：情况本可以是另一种样子。但胡塞尔的结论却是两个强得多的主张——事实上，只有以某类相当混杂的术语为基础，他才能同时提出这两个主张。在"维也纳演讲"的结论部分，作者坚持认为，总的来说（也就是"必然地"），通过超验现象学，笛卡尔传统中那最细微而私密的时刻——其表现是将 ens[存在]和 res cogitans[思想]等同起来——完成了向"主体间性"诸起源的过渡；而且，作为以此为目

标的思想方法,这种超验现象学确实能够被教导——他刚刚作的演讲就是一例。胡塞尔用"偶然的必然性"(contingent necessity)来描述这一时刻背后的特殊逻辑——这种逻辑既是教学式的,又仅仅是描述性的;既是绝对为真的,又是有条件限制的——而这种偶然的必然性同样也有意表现为一种时间性(temporality)形象,以解释思想运动的时间次第:从把存在理解为与其他自然存在物并列的一个"物"(ens),到把存在理解为一个与他者内在性相关的物,一个"为了彼此的存在"。[21]因此,胡塞尔对由笛卡尔的 *sum res cogitans*[我是思想之物]到超验现象学的运动的间接论述,一般地、无法预测地、犹豫地通向了一种未知的政治本体论:保护"主体间"的相互利益的承认,也是对于自然世界的共同性情:*sum res publica*[我是公共之物]。[22]

然而,这一运动以何种形式发生?何时发生?"维也纳演讲"在结尾处描述了一种"理性的英雄主义",它将把欧洲从困顿中拯救出来,创造一个全新的、"精神的"欧洲,并创造"新欧洲"需要的思想和精神形式。胡塞尔写道,欧洲将由困顿和颓废的灰烬中凤凰涅槃——赞布拉诺的对话者可能会补充道,由"昏睡"或"膨胀"中凤凰涅槃。像他的逻辑作用词"总的来说"那样,凤凰的形象也是一种修辞性的妥协表述,在文化被理解为先验或不朽的精神之时,这一表述恰恰表征和压缩了文化上没有被自然化、也无法被自然化的东西:"从缺乏信仰的毁灭性的大火中……将会升起一个新的有内在生命的凤凰[*aus der Asche der großen Müdigkeit der Phonix einer neuen Lebensinnerlichkeit und Vergeistigung aufersteht*]":[23]欧洲共和国从凤凰的羽翼中诞生,并依赖于它——我们或许可以用赞布拉诺的话说,欧洲共和国触碰着凤凰的羽翼。这听上去很动人;但这一思想的虚构形象对谁起作用,怎样起作用,在什么处境下起作用?(最早出现的一些评论胡塞尔《危机》的文章就反对这种重新冒头的"主观主义"形式,它[恰恰是]胡塞尔在早期著作曾予以抨击的。[24])或许更重要的问题是,这种"主观主义"是如何出现的？在这方面，凤凰——它是思想的形象和载体，是实现新欧洲共和国的手段，也是未来 res publica[共和国/公共事物]的思想形象——对胡塞尔来说仍然是不可想象的。过去的灰烬催生出一只全新的、更有荣光的鸟，但只有神话叙事方式才能表现这一生死交替的说法，即呈现为（或"萦绕着"，umspannen）胡塞尔所谓的"绝对历史性——自然作为精神结构服从于它"。[25]

在胡塞尔论证的最后关键阶段，超验现象学一步步地最终达到了"绝对历史"的凤凰形象，而这个形象同样萦绕、涵括和包含着那一方法和路线：[即从 res cogitans[思想]到 res publica[共和国/公共事物]的运动。无论是作为新欧洲的公共思想的特征形式，还是作为包含着实现该思想之手段的形式，"绝对历史性"都根据一个理想时序而展开；这一理想时序既不断重复，又具有启示性[apocalyptic]，它结合了关于衰亡和重生的种种线性叙事和循环叙事——在斯宾格勒式[1]的形而上学和基督教的终末论那里，这些叙事都是耳熟能详的。因此，"绝对历史性"通过凤凰这一神话—宗教形象或 empresa 得到了很好的表达；这即是说，其时间不是发生在自然中或者自然地发生，而且甚至更不会历史地发生。[26]这可以很好地与胡塞尔对于"危机"后的欧洲思想所作的更为宏大的再定义相匹配（尽管作起来有点困难）。然而，关于绝对历史性的出现——它是否必然能从先验还原中得出，抑或仅仅是偶然地在1938年欧洲的历史处境中显现出来，还是说它像那个生动捕捉到它的 empresa 一样不过是神话世界的一端——对此关键问题，"维也纳演讲"保持着必要的沉默。

胡塞尔在那神秘的、神话般的共和主义（通往共和主义的运动、共和主义在概念上的实现）核心处保持沉默；与此相对，赞布拉诺的

1　Oswald Spengler（1880—1936），德国历史学家、哲学家，最著名的著作为《西方的没落》，其中作者提出了各个文明各有自生命期的论点。

流亡写作呈现的则是西班牙共和主义那以小说及其哲学为底色的忧郁呼喊。与胡塞尔理解的"绝对历史性"相对，赞布拉诺对于历史、文化和时间作出了一种非连续性的解释。与"维也纳演讲"中这一绝对历史性的不可思议的出现相对，赞布拉诺让女哲学家 *a deshora*[不合时宜]地出现，这可被视作这位哲学家的著作的"物质化"——这位哲学家在情绪上受到忧郁意识的影响：她意识到自己的著作必然会漂流（流亡）至消费快照的领域。胡塞尔著作中的凤凰 *empresa* 预示了对不朽理念的幻觉（共和国的实现、作为重复的符号的先验内容——这成了主体间性的根据）。这种幻觉不受种种物质性分裂（material division）的意外的影响，[尽管]它暂时性地会被流放到"物质性分裂"中去。凤凰总是必然从灰烬中升起，以往如此，将来也会如此。与此相对，赞布拉诺对共和主义出现的阐述无法归为人格化、*empresas*，或归为安慰性的神话逻辑；杜尔西内娅/埃尔冬扎/赞布拉诺那里的弱概念无法用神话的完美时间和形象中表达出来——这部分是因为，出于忧郁症，这一弱概念接受了向事件巡回（eventual circuits）、向符号市场和经济交换市场的再度投入（流放）。对于赞布拉诺而言，正如对于那些背负着反思西班牙共和国遗产使命的批评家而言，双重流亡的经验揭示出：*res*[物]及由此而来的 *res cogitans*[思想]总已经是 *res publica*[共和国/公共事物]，一种激进共和主义之物；共和国总已经是处于事物、肉体、*natura rerum*[自然物]中心的秘密。并因此也是一个私密而脆弱的——也就是**物质性的**——概念，永远不会栖身在时间或实体之中。

　　赞布拉诺的论述与政治概念极端脆弱的、物质性甚至是文学性的面相结合在一起，其品性是忧郁的：因为，作为处在事物之为事物的核心的公共秘密，共和国一直都与我们在一起；因为，既然我们是从共和国的流亡中"流亡"出来的人，也就是说，我们是位于城市外部"之外"的主体，共和国[因此]总是遥不可及；我们的任务既是不可能的，也是已然完成了的（但这"完成"毫无价值）。我们从未及时地实现过共和国，却一直（如果有过的话）*a deshora*[不合时宜]地实现它；从未亲身实现（in person），却总是在实现它的人格化（政治主体的创伤性主权）。我们作再一次的努力，就成了共和派；我们的努力和我们设法实现的共和主义人格中，都不包含丝毫必然性。努力与行动——包括思考的行动——因果性（causally）地串联在一起；它们再现了从盲目的快感或盲目的痛苦中产生的偶然结合。我们离胡塞尔很远了。[27]

然而，没有一个替代性方案是让人满意的；无论是神秘的英雄主义还是忧郁症的性情，都不足以满足我力图描述的任务；两者都没有单独的未来。我用整本书勾勒了"恐怖"的具体意义，而促进恐怖恰恰意味着不断生产上述两种品性之间（以及它们相应的概念实践之间）的关系——回到爱伦·坡《厄舍古屋的倒塌》的说法，即"裂隙"。这些术语没有一个是既定的："生产"一种关系就需要相应地"生产"相关术语（概念、创伤性概念）；"生产"在我的举止有意的地方和无意的地方。我作为一个自治主体而亲身行动；我作为原则的人格化行动（例如自治的主体性原则），而从不作为我自己来行动。如果不设法从现代国家想象的神学—政治的神话中生产出恐怖——这种努力[当然]是分裂的、分割的，并且在这个意义上是伪善的（pharisaical）或法勒斯式的——那么，就不免导致恐怖主义的虚假的直接性。（最可能的结果是这样：情况**可能**是别的样子。）法勒斯式的野性唯物主义、以促进恐怖为旨归的思想工作，并不能确保上述尝试将会成功——只能说：它们或许会成功。

注释

[1] 这张1931年的图像来自库列拉（Kullera）市档案馆，对公众开放。承蒙José María Azkárraga惠寄了由她翻拍和扫描的图像。底部标题出自Victor M.

Arbeloa, *Intelectuales ante la Segunda República española* (Salamanca: Ediciones Almar, 1981), 172—173。

[2] Diego Saavedra Fajardo, *Empresas políticas: Idea de un príncipe político cristiano*, ed. Quintín Aldea Vaquero (Madrid: Editora Nacional, 1976), 1: 227—228。

[3] Diego de Saavedra Fajardo, *The Royal Politician Represented in One Hundred Emblems*, trans. James Astry (London: Printed for Matt. Gylliflower⋯, and Luke Meredith, 1700), 1: 148—149。

[4] "国家[res publica]是人民[res populi]的利益。然而,'人民'不仅是以某种方式聚集在一起的人的集合,更是通过对正义的一致同意和对资源的共享而维系在一起的许多人的联合[*Est igitur, inquit Africanus, res publica res populi, populus autem non omnis hominum coetus quoquo modo congregatus, sed coetus multitudinis iuris consensu et utilitatis communione sociatus*]"(Cicero, *De re publica*, trans. C. W. Keyes [Cambridge: Harvard University Press, 1970], 64—65)。Jean Bodin的《共和国六书》(*Les six livres de la République*) (1576; ed. José Luis Bermejo Cabrero [Madrid: Centro de Estudios Constitucionales, 1992])在西班牙众所周知。1590年代中后期,此书通过Gaspar de Añastro e Isunza的翻译传世。见*Los Seis Libros de la Republica de Iuan, Bodino, traducidos de lengua francesa y enmendados, catholicamente por Gaspar de Añastro Isunza* (Turin, 1591)。我们不妨对比一下Sebastián de Covarrubias Orozco在1611年*Tesoro de la lengua castellana o española*, ed. Martín de Riquer (Barcelona: S. A. Horta, 1943) 中的定义: "REPVBLICA, Lat. *respublica, libera ciui-tas status libera ciuitatis*. Repúblico, el hombre que trata del bien común" ["一个自由的城市;诸自由城市的国家"]。

[5] Fraga一开始便援引José Luis Comellas说道:"西班牙在1640年突然开始崩塌。由于无力应对外在冲突,内在危机也开始滋生;各地混乱一片;经济危机和信念危机都出现了。"(见Diego Saavedra Fajardo, *Empresas políticas*, ed. Manuel Fraga Iribarne [Salamanca: Editorial Anaya, 1972. 18。) Fraga引自José Luis Comellas, *Historia de España moderna y contemporánea* (1474—1965) (Madrid:

Rialp，1968），234.

[6] Saavedra Fajardo古怪的小册子*locuras de Europa*（只可能写于1643年和1646年之间，但直到1748年才付梓出版）致力于描写1630年代末和1640年代欧洲和伊比利亚的危机，进一步将加泰罗尼亚独立的愿望和法兰西对欧洲霸权主义的追逐联系在了一起（*Locuras de Europa*, ed. José M. Alejandro [Salamanca：Editorial Anaya, 1965], 53—59）。

[7] *Diccionario de la lengua castellana (de Autoridades)*（Madrid：Imprenta de la Real Academia Española, 1737）.

[8] *Diccionario de la lengua española*（Madrid：Imprenta de la Real Academia Española, 1947）.

[9] 我强调**现代**共和国，以便提醒读者，但丁如何切实地、完美地把他的流亡与佛罗伦萨共和主义的一种早期形式的概念化编织到一块儿。下面这些著名段落出自*Convivio*（Dante, 1995：13—14；1989：18）："罗马最美丽、最著名的女儿佛罗伦萨城的公民，生生将我从她的怀里赶走——我在那儿出生、长大，直至完全成熟……——自那时起，我几乎穿过了这一语言所及的一切区域，一个无家可归的流浪者，穷得几乎就要乞讨，愣是看到机运施加的苦难，它常常将不公给予遭受折磨的人。"（*The Banquet*, trans. Christopher Ryan [Saratoga, Calif.：Anma Libri, 1995], 13—14.）

[10] María Zambrano, "Lo que le sucedió a Cervantes：Dulcinea"，*España, sueño y verdad*, ed. María Zambrano（Barcelona：E.D.H.A.S.A., 1965），43—52.

[11] Ibid., 42.

[12] Ibid.

[13] Félix García Blázquez, "La nación como comunidad de existencia：Conferencia dada en la Universidad de Valencia"，*Separada de los Anales de la Universidad de Valencia*, vol. 16, 1939—1940（Valencia：Hijo de F. Vives Mora, 1940），65.

[14] Zambrano, "Lo que le sucedió a Cervantes"，46—47.

[15] Miguel de Cervantes, *Don Quixote*, trans. Edith Grossman (New York: Ecco, 2005), 1.9, p. 67. 在西班牙语中，这几行如下："Él, sin dejar la risa, dijo: 'Está, como he dicho, aquí en el margen escrito esto: "Esta Dulcinea del Toboso, tantas veces en esta historia referida, dicen que tuvo la mejor mano para salar puercos que otra mujer de toda la Mancha" ' "（Miguel de Cervantes, *Historia del ingenioso hidalgo don Quijote de la Mancha*, ed. Francisco Rico [Barcelona: Instituto Cervantes, 1998], 1:108）.

[16] María Zambrano, *Filosofía y poesía* (Alcalá de Henares: Ediciones de la Universidad, 1993), 62.

[17] Ibid.

[18] Edmund Husserl, "The Vienna Lecture", 见 *The Crisis of European Sciences and Transcendental Phenomenology*, trans. David Carr (Evanston, Ill.: Northwestern University Press, 1970), 299.

[19] 正如Maurice Merleau-Ponty在*The Phenomenology of Perception*的"前言"结尾处的著名几行中说的："假如现象学在成为一种理论或一个哲学体系之前，曾经是一个运动，那既不是偶然，也不是诈骗。它像巴尔扎克、普鲁斯特、瓦雷里或塞尚等人的作品一样勤劳——用同样的注意和惊异，用同样的意识要求，用同样的意志去把捉正在诞生状态的世界或历史的意义。就此而言，它成了近代思想的总体努力的一部分。"（Maurice Merleau-Ponty, *The Phenomenology of Perception*, trans. Colin Smith [New York: Humanities Press, 1962], xxi.）

[20] Husserl, "The Vienna Lecture", 298.

[21] 我在此采用了Jan Patočka对于胡塞尔论述中偶然性的作用的阐述，这一说法迄今是定见。见"The Husserlian Doctrine of Eidetic Intuition and Its Recent Critics"，载 *Husserl: Expositions and Appraisals*, ed. Frederick Elliston and Peter McCormick (Notre Dame, Ind.: University of Notre Dame Press, 1977), 150—159。

[22] 关于胡塞尔离开笛卡尔主义的一个有力描述可能最早见于David

Carr的"The 'Fifth Meditation' and Husserl's Cartesianism", *Philosophy and Phenomenological Research* 34, no. 1（1973）: 14-35。对于胡塞尔从"个人回忆"转变到"一种由共同体分享的主体间性的行为"（12）的讨论，见 Robert D'Amico, "Husserl on the Foundational Structure of Natural and Cultural Sciences", *Philosophy and Phenomenological Research* 42, no. 1（1981）: 5—22. D'Amico可以帮助理解"先验历史性的可能性"在胡塞尔那里是如何建立起来的。他正在考察胡塞尔的《几何学起源》，而且他对胡塞尔工作的复杂基础的描述颇为准确："危机"系列文本离他的描述也不太远。D'Amico写道，胡塞尔"认为传统并不仅仅意味着一个事实情境的序列（所谓'归纳性概括'，毋宁说它之所以可能是因为，在符号和文献中流传下来并将继续流传下去的是一种'理想的客观性'，它排除了偶然因素和可变因素。另一方面，对自明性的说明不是一种被动接受，而是一种反思的和起源的探究"（15）。此前德里达在胡塞尔对于"符号或文献"的定义中指出了这种矛盾心理（Jacques Derrida, *Speech and Phenomena*, trans. David B. Allison [Evanston, Ill.: Northwestern University Press, 1973]）。

[23] Husserl, "The Vienna Lecture", 299.

[24] 例如，见Maximilian Beck, "The Last Phase of Husserl's Phenomenology: An Exposition and a Criticism." *Philosophy and Phenomenological Research* 1, no. 4（1941）: 479—491。

[25] Husserl, "The Vienna Lecture", 298.

[26] 有一种针对"危机"系列文本的解读仍旧强调胡塞尔论证中的神话—宗教面相，见Charles W. Harvey, *Husserl's Phenomenology and the Foundations of Natural Science*（Athens: Ohio University Press, 1989）。Harvey巧妙地将他的描述笼罩在神秘主义语言中："为什么胡塞尔把悬搁的效果看做一种类似于宗教的体验？我们认为，在开始的时候，**还原发生在我们身上**。仅仅在后来，'立场的转变'（'态度的改变'）才能随意进行。胡塞尔引导'转变'的程序化技术力图表达某种陌生经验——这种陌生经验发生在哲学家、发生在艺术家和诗人，而

且也许发生在每个挽救绝望心智的人身上;这种经验在他们个人历史中不时出现。它是对'经验的陌生性'的经验,也是对世界的经验。并且,这种陌生性丝毫不多于(也不少于)那种**看穿**行为——看穿一个人继承和发展的种种积淀下来的意义(它们结构了一个人的世界)。这种向世界的陌生性的还原常常发生在我们对世界的信仰不起作用的时候。"(233)

[27] 或者毋宁说,我们接近于我们在帕托契卡和德里达那里发现的疏离而矛盾的胡塞尔,而远离"危机"系列文本中的"英雄主义"主旋律。

索 引

(译按：索引页码均为原书页码，即本书边码)

Abbot, George, 阿伯特78

abject, abjection, 卑污14, 26, 36, 138, 150, 163, 190, 194, 195, 196

accident, 偶然的24, 43, 54, 63, 70, 133, 158, 160, 171, 197, 202, 214, 220—221；Franco's hunting, 佛朗哥的追逐~56—61

act, 行动3—4, 41, 51—53, 61, 92, 183, 200, 222；and actor, ~与演员183, 204；and agent, ~与行动者3, 19, 50, 207—208, promiscuity of, ~的混杂性3—4. 亦见performative

Adorno, Theodor W.：and Max Horkheimer, 阿多诺和霍克海默31；*Dialectic of Enlightenment*,《启蒙辩证法》153—155；and "positive concept of Enlightenment","肯定性的启蒙概念"153—160

Agamben, Giorgio, 阿甘本28, 30, 34, 64, 91—103, 152；*Homo Sacer*,《牲人》91—103

Agirre, Julen. 见Forest, Eva

aleatory materialism, 偶遇的唯物主义28—29, 114亦见contingency；matter；metonymy

Alleg, Henri, 阿莱格165

allegory, 寓言12, 36, 43, 82—84, 126, 131, 135, 138, 142, 145—146, 154, 168, 171, 201, 211, 214 allusion，典故/暗示11，20—21，137，139，144，148—149，215—217

Alonso Asenjo，Julio，244

Al Qaeda，基地组织42

Althusser, Louis，阿尔都塞18，28，30—32，110—119；"Contradiction and Overdetermination"，"矛盾与多元决定"124，126—127；*The Facts*，《事实》140—145；*The Future Lasts Forever*，《来日方长》128，140—145；"Is It Simple to Be a Marxist in Philosophy"，"在哲学中做一名马克思主义者容易吗"119；"On Content in the Thought of G. W. F. Hegel"，"论黑格尔思想的内容"30—31；*Reading Capital*，《读〈资本论〉》113—115，119，124，129—130，139—140，142；"Rousseau：The Social Contract. (The Discrepancies)"，"卢梭：社会契约（错位种种）125—130，142

antagonism，冲突15—16，31，40，151—152，159—164，208. 亦见politics；violence

anxiety，焦虑24—29，39，75，140—141，143，185，198，209，218. 亦见terror

aphrastos，无以言表33

aporia：问题性aporetic of sovereignty，主权的问题性30—33，64—65，72，86，125

Arendt, Hannah，阿伦特27，99，108

Aretxaga, Begona，阿雷特哈51—52

Aristotle，亚里士多德4，70，97—104，207；on future contingent propositions in *Peri Hermeneia*，《解释篇》论未来偶然性命题4，97—104

association，结合16，29，33，41，110—111，115；contingent，偶然的152，174，222；rules of，~原则4，13，111. 亦见community；republicanism

attribute，属性40，42，82，117，207；contingent or accidental，偶然的~43，63，69—70，160—161；essential, substantial, or necessary，本质的或必然的~86，94—95

autobiography，自传128，140—149，201

autonomy，自律性2，16，30—31，110—149，161—162. 亦见subject；subjectivity

Balibar, Etienne，巴利巴尔38，141，209；on Marx's "ontology of relation"，论马克思的"关系本体论"113，132，146

Berlin, Isaiah，伯林19

Bilson, Thomas，比尔森77

bivalence，二值4，95—101. 亦见truth；logic

Blanco, Miguel Angel，布兰科59—61

Blundeville, Thomas，布伦戴维71—72，85—86

Bodin, Jean，博丹30，64—71，207

body，身体19—21，26，81，183，186，195，196，198；Carrero's and Franco's，卡雷罗和佛朗哥的~38—63；colonized body，被殖民的身体188，193；concept of，concept and，~的概念；~与概念116，138；and embodiment，~与具象化26，32，42，54，116—118，124—135，143，146—148，168，184，200，204，215；father's divided or shared，分割或分享的父亲~69—70；and flesh，~与肉体20，42，146，168，214—216，221；instrumental use of，~的工具性使用154—155；labile body，易变的身体146—147；and *materia*，~与物质214—217；mother's undivided，母亲的完整~167—172；of the sovereign，主权者的~29，75，86；of the state, corporate body，国家的~、集体身体34—36，45，58，126，131，207

Boethius，波爱修斯70，98

Boltanski, Luc, and Eve Chiapello，博坦斯基和夏佩洛13

border, bounds，边界21，46，49—58，91，121，125；of the body，身体的~49，63；of the city，城市的~95—96；of the concept，概念的~64，96；of the country，国家的~36；of narrative，叙事的~28；of the object，对象的~27. 亦见exile；suture

Bourdieu, Pierre, 布尔迪厄32, 187—192

Brown, Norman O., 布朗190

Burke, Edmund, 伯克38

Calderón de la Barca, Pedro, 卡尔德隆60

Campo Vidal, Manuel, 坎波·比达尔46, 52, 54—55

capitalism, 资本主义63

cause, causality, 原因, 因果性25, 40—42, 58, 60, 91, 107, 127, 146, 152—153, 172, 184, 214; absent, 缺席的~134, 140—141, 147; metonymic, 转喻的~114, 130, 139—141, 143, 145, 147; structural, 结构的~144, 139, 147, 149. 亦见effect；effectivity

Cavarero, Adriana, 卡瓦雷洛27

cave of Hercules, 赫拉克勒斯洞穴30, 88—104

Cervantes, Miguel de, 塞万提斯88, 211—217

Christ and christology, 基督教与基督学30, 69, 76—79, 139, 220; freedom of, ~的自由90, 100—102, 109. 亦见concept

Cicero, 西塞罗205, 207

citizen, citizenship, 公民, 公民身份6—7, 9—17, 22, 27, 39, 106, 113, 115

city, 城市/城邦1—14, 72, 59—60, 80, 98, 178—179, 209; borders or bounds of, ~的边界95—96; concept of, ~的概念113—118

Clemente, Josep Carles, 克莱蒙44

colony, colonial, colonization, 殖民地, 殖民主义, 殖民164—165, 199—201; Sadism and the violence of, ~的施虐狂与暴力150—153, 173—193; and terror and European decolonization, ~与恐怖和欧洲解殖29, 32

Comestor, Petrus, 柯梅斯特76

community, 共同体4, 6, 12—13, 15, 30, 61, 145; and communitarianism, ~与社群主义19, 156, 164, 174; as constituted,

既成的~157—158；divided or shared, 分割或共享的~68—70；jokes and, ~与笑话38；produced contingently, 偶然产生的~164, 170；unwrought, 非功效的~69, 156—160, 171—172

concept, 概念110—149, 155—159；defective or weak, 有缺陷的或弱的~33, 63—64, 110—112, 123—124, 165, 218, 221；definition of, ~的定义117, 122, 141—142；positive, 肯定性的~153, 155—156, 167—168；relational or transactional, 关系性的或契约的~18, 112, 121, 200；theological, 神学~30, 65, 74, 88—89, 91, 131—133；and woman, ~与女性146—147, 157；wounded, 缺陷性~10, 12, 28—29, 72, 204, 222. 亦见 idea；matter；norm, normativity

consequence, consequentialism, 后果, 后果主义3—5, 16

context, historical-cultural, 语境, 历史文化~32, 79, 174, 208；and normative contexts and normative concepts, ~与规范性语境和规范性概念17—18, 20—23, 26, 132；and radical contextualization of decision, ~与决断的极端语境化161；as secret's text and context, ~作为秘密的文本和语境63；social, of a joke, 社会~, 笑话的~38；traces of, in concepts, 概念中的~踪迹142. 亦见 history, historicity

contingency, 偶然性4, 10, 31, 42—43, 89, 109, 150—172, 200, 219, 222；versions of concept of, ~概念的各种版本158—164；contingent associations, contingency and community, 偶然的结合, 偶然性与共同体152, 174, 222；contingency and historicity of concepts, 偶然性与概念的历史性31, 115, 139—140, 145；and contractualism, ~与契约论111；distinguished from fate/*tukhe*, ~区别于命运28；and distribution of sovereignty, ~与主权的分配204；future contingent propositions, 未来偶然性命题4, 30, 90—109；and judgment, ~与判断121, 158, 199；past contingent propositions, 过去偶然性命题109；radical contingency, 极端偶然性176；and suture, ~与缝合122；and transference, ~与移情129, 145

Corral, Pedro de，克拉尔105

Critchley, Simon，克里切利15，18，24

Daney, Serge，丹尼32，194—197，199

Dante Alighieri，但丁5，110，156

death，死亡1，9，21，23，28，171，174；and community, the finitude of others，~与共同体，他者的有限性156—157，195—198；and power, sovereignty, and democracy，~与权力、主权和民主34—62

decision：undecidability，决断：不可决定性1—30，35—36，49，83—86，128，130，144，161，176—177，183，200—201；sovereign, as exception，主权者之为例外30，65—70，90—109，161. 亦见ethics；sovereignty

deconstruction，解构27，115，120，144—145，159

definition，定义164；and predication，~与预测82，91—96，99；reciprocal，相互性~114

Della Volpe, Galvano，德拉·沃尔佩131，138

Athenian，雅典~125；liberal，自由~161；radical，激进~15—16，159—160；transition to，向~的过渡36，43—44，59. 亦见republicanism

deontology，义务论2，15

Derrida, Jacques，德里达13，28，30，64—72，177；*Politics of Friendship*，《友爱的政治学》68；"Provocation：Forewords"，"挑衅：前言"64—66，68；*Rogues*，《无赖》68—70；*Speech and Phenomena*，《声音与现象》68

destiny, fate，命运1，4，8—9，11—12，26，28，73，91，98，100，104，108，131—134. 亦见*tukhe*

determination, overdetermination, underdetermination，决定，多元决定，不充分决定17—18，34，49，57，62，64，75，77—79，91，109，112—149，151，161，164，171，192，208；and logical indeterminacy，~与逻辑的悬而未决95，97—99，102，108

dialectic,辩证15,62—63,117—118,126,132,150—172,177,205; and contingency,~与偶然性158—160,164; dialectics of colonial sovereignty,殖民主权的辩证法151,175; *Dialectic of Enlightenment* (Horkheimer and Adorno),《启蒙辩证法》(霍克海默与阿多诺)153—155,164; and failure of dialectical logic,~与启蒙逻辑的失败150; materialist,唯物~118; and nondialectical materialism,~与非辩证的唯物主义29; radical democratic challenge to dialectical logics,激进民主对启蒙逻辑的挑战31; and reciprocity,~与相互性151—153; nondialectical concept of *res* and *res publica*,物与共和国/公共物的非辩证概念218. 亦见history; matter; reciprocity

Diccionario de la lengua castellana (de Autoridades),《卡斯蒂利亚语权威辞典》209,210

Diccionario de la lengua espan͂ola,《西班牙语辞典》209,261

distinction, indistinction,区分,无区分6—7,9,13,22—23,58,63,111—112,117,125,155—156,170,200—201,209; and division,~与分割77; and historicity of the concept,~与概念的历史性139; public-private,公共—私人的~167; and sovereignty,~与主权64; and terror, trauma,~与恐怖,创伤23—25; between terror and virtue,~恐怖与德性40—41; zone of indistinction (and undecidability),无区分(和无法决断)的领域30,91—96,103

distribution,分配9—10,33,77,174; metaleptic,进一步转喻~107; of premises and conclusions,承诺和结论的~82; redistribution and recognition,再分配与承认16—17; of positions of sovereign and slave,主权者和奴隶的位置~10,14—15,27—28,31; of sovereignty,主权的~6,64,86,204,207,208. 亦见divisibility, indivisibility; ethics; republicanism; sovereignty

divisibility, indivisibility,可分割性,不可分割性63—87; logical status of,~的

逻辑地位70，87；of sacraments，圣餐的~77；of sovereignty，主权的~30，64—70，79，86—87，89. 亦见sovereignty

division，分割/分裂72—79，84—86，201；of act，行为的~3；from and within church，教会内部的~和从教会~76—78；of common substance，father's body，共同实质的~、父亲的身体30，69；as descant，~作为高音74—75；of the indivisible，不可分割之物的~64；as logical procedure，~作为逻辑程序78—79，84—86；of matter，事物的~30，221；political division, civil war，政治分裂、内战72—74，84—86；republicanism as，共和主义作为~18；of sovereignty，主权的~10，84—86，90；between underived and derived laws，非派生法律和派生法律之间的~68. 亦见divisibility，indivisibility

Dullaert, Johannes (Jean de Jandun Dullardus)，杜拉埃特104

effect, effectivity，效果，功效50，62，184，186；community-effects，共同体效果156—157，164，172；of concept，概念的~31；documentary，记录~199；and element，~与因素113—149；literary effects，文学效果130，144—149；mythological recognition effect，神话的承认效果4；and sovereign decision，~与主权决断98—99，108；of terror，恐怖的~25—26. 亦见structure

Elliott, Gregory，埃利奥特114，119

encounter，相遇14，15，25—26，28，114，130，138，146—149，152，164，216

enemy，敌人15，21，51，65，67

Engels, Friedrich，恩格斯124

enlightenment，启蒙29，30，38，55，63，89，108，137，148，150—172，175，189，209—210. 亦见subject, subjectivity

ethics，伦理学1—33，177，200；classical，古典~16；postmodern，后现代~15；psychoanalytic，精神分析~15；republican，共和~39；terrible, ethic of terror 恐怖~，恐怖伦理1—33；and value，~与价值2；virtue，德性15；Wittgensteinian，维特根斯坦式的~112—113

event，事件4，5，6，14，25—26，29，30，32，34—62，64，83，97—98，134，144—145，159，171，176，178，183—184，200，202，204，213—214，217；and act，~与行动92，128—130；and sovereign decision，~与主权决断80—82，91—92，94. 亦见contingency

example, exemplarity，例证，典型性35，43—44，75，83—84，86，97—103，194；Aristotle's seabattle，亚里士多德的海战98；bad or terrible，坏的或糟糕的~5，136，211；and contingency，~与偶然性162；and *exemplum*，~与典型86，189；and justification of torture，~与酷刑的证成2，4，26；literary，文学~5，140；and secularization thesis，~与世俗化论题66；and sovereignty，~与主权90，94，98—100，103；and succession, paternity, legitimacy，~与继承、父权、正当性83—84；exemplary terror，典型的恐怖125. 亦见pedagogy

exile，流亡10，12，67，76；and logic，~与逻辑79—87；

religious，宗教~67，76，79—87；republican，共和~202—222

Fanon, Frantz，法农32，150—152，164—165，184，189—192

fascism，法西斯主义33，35，37，52—53，61，154，211. 亦见violence

fear，恐惧8，104，168，198；of the masses，大众的~38—39，209；distinguished from terror and anxiety，~区别于恐怖和焦虑24—26

Forest, Eva (writing as Julen Agirre)，弗里斯特46，48—49

Foucault, Michel，福柯27，34，92；*History of Sexuality*，《性经验史》92；*Society Must Be Defended*，《必须保卫社会》34

Franco, Francisco，佛朗哥29，34—62；and *franquismo* ~与佛朗哥时代

Fraser, Nancy，弗雷泽16—18，64

Frazer, James George，弗雷泽69

Freud, Sigmund，弗洛伊德24—25，34，37—38，68—69，113，137；*Beyond*

the Pleasure Principle,《超越快乐原则》24—25，233—235；The Ego and the Id，《自我与本我》137；Jokes and Their Relation to the Unconscious,《笑话及其与无意识的关系》34，37—38；Totem and Taboo,《图腾与禁忌》68—69

friend，朋友1—2，66—67，214，217

future，未来25，27，59，64，74，76，121，177，185，190，202，216，222；future-contingent propositions，未来偶然性命题4，30，90—109. 亦见 contingency

Gabler，Neil，盖布勒1

Gallop，Jane，盖洛普169

García Blázquez Félix，加西亚·布拉茨克212

genealogy，谱系（学）28，29，36，64，76，92，128，140，142—144，148—149，198—199，205，208

givenness，给定性17，25，40—41，56，116，157—158，218—219，222

globalization，全球化1，13，16，39，57，152

Gramsci，Antonio，葛兰西119

Habermas，Jürgen，哈贝马斯28

Hardt，Michael，and Antonio Negri，哈特和内格里31，150—153，157，172，175. 亦见Negri，Antonio

Hegel，G. W. F.，黑格尔28，30—31，50，117—120，123—125，130—140，144—149，152—153，155，176—177；Encyclopedia of Logic（"Lesser Logic"），《哲学全书·逻辑学》（"小逻辑"）117—118，130，133—134；Phenomenology of Spirit,《精神现象学》120；Philosophy of Right,《法哲学原理》117，130—136，139，144，148，176—177；Science of Logic（"Greater Logic"），《逻辑科学》（"大逻辑"）152—153

Hindess，Barry，and Paul Hirst，海因兹和赫斯特120

history，historicity，历史，历史性28—30，32—33，35—37，41，47，49，53，56，59—62，75，79，83—87，103，107—108，115—118，

147—148 150—152, 173—177, 189, 198—199, 202—222; "absolute historicity"（Husserl），"绝对的历史性"（胡塞尔）220—221；historical break, 历史断裂149；of classical logic, 古典逻辑的~97—100；of concepts, 概念的~115—116, 139—140；historical embodiment, 历史的具象化124；historicist hermeneutics, 历史主义解释学17；literary, 文学~214—215；nondialectical character of, ~的非辩证性质150—151；historical account of sovereignty, 主权的历史阐述64—65, 68—70, 89—94, 210；teleological historicity, 目的论历史性118；time of historical experience, 历史经验的时间198；Tudor myth of, ~的都铎神话72

Honneth, Axel，霍内特16—17, 64

Horkheimer, Max. 霍克海默，见Adorno, Theodor W., and Max Horkheimer

Husserl, Edmund, 胡塞尔22, 28, 33, 89, 218—222；"Vienna Lecture"，"维也纳演讲"33, 218—222

idea, 理念17, 116—117, 131—133, 142, 144, 147—149, 207—209, 215, 217, 221；of the father, 父亲的~69—70；ideality and materiality, 理念性与物质性43, 142, 144, 147—149；regulative, 规范性~12—13. 亦见concept；matter

identification, 认同128—129, 148—149, 152, 162, 176, 192, 198—200, 204—205, 215—217；collective, 集体~113；and the masses, ~与大众38—39；mythic, 神话式~204；reciprocal, 相互性~169；spectatorial, 镜像~195—196, 198—200. 亦见identity

identity, 同一性/身份11, 14—15, 17, 22, 26, 60, 94, 118, 120, 127—128, 135, 150—152, 157—158, 176, 185, 190, 204, 215—216；class, 阶级~13, 113；coincidence of identity and difference, 同一性与差异性的一致157—158；communitarian, 社群主义~164；concept of identity to a concept, 概念的同一性概念122—123, 129—130, 142, 145；national, 民族~55；postnational "European", 后民族的"欧

洲"~44；reciprocal construction of "European" and "colonial"，"欧洲"~与"殖民"~的相互建构150；resistant，抵抗的~190；tautologous logic of，~的同语反复逻辑70—71. 亦见identification

indeterminacy，不可确定性34，102，108. 亦见determination

Inquisition，宗教裁判所135—137

institution，建制/机制15，17，19，40，42—43，60—61，65—68，117，124—125，139，143，164，204，207—209

instruction, scene of，教学，~场景5，152，165—172，190.亦见pedagogy

irony，反讽9—11，124，138，149，166，171

Isidore of Seville，伊西多76

Jerome，吉罗姆77

jokes, *chistes*，笑话34—38，42，45，52—53，55—56，62，140—141，143—144

justice，正义16—17，76，207

Kant, Immanuel，康德31，116—117，122，129，130，145，150，153，158，162，169；*Critique of Pure Reason*，《纯粹理性批判》116—117，122，129

Kantorowicz, Ernst，康托洛维奇42

Khanna, Ranjana，罕娜183

Kintzler，金茨特勒Catherine，40

labor，劳动33，46—47，202；of the concept，概念的~27，30，127，131—135，142，146—147，250—251；and globalization，~与全球化57；shared，共享的~185；of working through，彻底的~10，36

Laborde, Cécile，拉波179

Lacan, Jacques，拉康31—32，77，110，121—122，127，140—141，143，147，150，168—169；"Kant avec Sade"，"康德与萨德"150，168—169

Lacan, Judith，拉康140—143

Laclau, Ernesto，拉克劳15，152，159—161；*Hegemony and Socialist Strategy*,

《领导权与社会主义策略》37，114，119—121，141，144—145；and Chantal Mouffe, 与墨菲31，37，114，119—121,141，144—145，159，160；and

law, 法律14—15，39—41，50，91，96，123—126，139，168—169；and the city, 城市/城邦的~7，96；of the Father, 父法168—169；formality of, ~的构型40；immanent, 内在~69，119，122；"of movement"(Arendt), "运动的~"（阿伦特）27；and nature, ~与自然91；of noncontradiction, 非矛盾律97；preservation of, ~的保存2；republican conception of, 共和主义的~观念16，18—19；and sovereignty, ~与主权67—69, and the will, ~与意志123—126

Lenin, Vladimir Ilyich, 列宁130

Lever, Ralph, vii, 列维尔82—84

Levin, Michael, 列文1—6，12，20，26

Levinas, Emmanuel, 列维纳斯20—24，168；"Substitution", "替换"20—24

liberalism, 自由主义26，31，44，136，161，163，214，216. 亦见autonomy；ethics

libido, libidinization, 力比多，力比多化19，54—55，142—143，174. 亦见pleasure

Lispector, Clarice, 利斯佩克托尔93

Loewe, Johann Karl Gottfried, 洛维133—134

logic, bivalent and nonbivalent, 逻辑，二值和非二值4，30，70—72，90—110

Lozano, Cristóbal de, 罗扎诺30，103—109

Lukács, Gyorgy, 卢卡奇118，121

Lukasiewicz, Jan, 卢卡西维茨98

Macherey, Pierre, 马歇雷141

Machiavelli, 马基雅维里65，99，114

Marighella, Carlos, 马杰拉41—42

Markell, Patchen, 马科尔17

Martínez Guijarro, Juan (Silíceo, Siliceus), 马提内兹·古伊哈罗30, 88, 104—109

Marx, Karl, 马克思18, 30, 31, 99, 110—149; Capital, 《资本论》113—115; Communist Manifesto, 《共产党宣言》130; Critique of Hegel's Philosophy of Right, 《黑格尔法哲学批判》130—139, 144—149. 亦见dialectic; labor; matter

Marx-Scouras, Danielle, 马克斯—斯库拉184

Matesa, 马特萨35, 45

matter, materialism, 物质，唯物主义28—32, 43, 51, 52, 54, 57—58, 111, 114, 125, 129, 130—149, 214; aesthetic, 审美~57—58; aleatory materialism, 偶遇的唯物主义114; and body, ~与身体32, 52, 215, 217; and concept, ~与概念43, 149, 215; concept of, ~的概念111; critical rematerialization of symbolic body, 象征身体的批判性再物质化52; cultural materialism, 文化唯物主义122; dialectical materialism, 辩证唯物主义15; divine, 神圣的~130—149; division of, ~的分割30; and ideology, ~与意识形态52; materialism of the encounter, 相遇的唯物主义28; literary materialism, 文学唯物主义31; Spanish materialism, 西班牙唯物主义214; Spinoza and, 斯宾诺莎与~114; spontaneous resistance of, 对~的自发抵制147; woman and, 女性与~146—147

Meade, George Herbert, 米德16

mediation and immediacy, 中介与直接性9, 14, 22, 37, 45, 49, 50—51, 66, 100—101, 135, 176—177, 192, 198, 200, 204, 209, 213; and colonialism, ~与殖民主义176—177; immediacy of decisionist judgment, 决断主义判断的直接性200; and fantasy of immaterial conception, ~与非物质概念的幻想135; mediated identity to the concept, 经过中介的概念同一性118; and image, ~与意象204; immediate instance, 25; mythic immediacy, 神秘的直接性26, 49, 222; immediately present knowledge, 直接的当下知识101—102, 109; and spectatorship, ~与旁观184

melancholia, 忧郁28, 33, 204, 210—211, 216—217, 221—222

Mellen, Joan, 梅伦173—177, 193, 198—200

Merleau-Ponty, Maurice, 庞蒂218

metonymy, 转喻114, 129—130, 134, 139—141, 143, 145, 147, 170. 亦见contingency

Miller, Jacques-Alain, 米勒121—123, 140—143, 147

mirror, 镜子51—52, 101—102; divine, 神圣的~101—102; mirror-shot, 折射镜头177—193, 199—200

modernity, modernization, 现代性, 现代化6—7, 13, 26, 28—30, 38—39, 102, 108—109, 148, 149, 150—151, 174, 179, 183, 201, 207, 211, 216—222; and colonialism, ~与殖民主义150—151; and community, ~与共同体155, 174; and the concept, ~与概念116; and forms of identication, 与认同形式38—39; high modernism, 高峰现代主义19; modern political subjectivity, 现代政治主体性26; modern republic, 现代共和国18—20, 26, 33, 204—205, 210; resistance to, 对~的抵制137; and secularization, ~与世俗化28—30, 63—67, 89—91, 95—97, 99; modern state, 现代国家51, 62

Mouffe, Chantal, 墨菲15, 159—161. 亦见Laclau, Ernesto

movement, *movimiento*, motility, 运动, 能动性18, 27, 33, 34—62, 63—64, 79—87, 118—119, 126—131, 144, 179, 186, 188, 191, 195—198, 219—221. 亦见exile; traveling shot

myth, 神话4—6, 11, 21—23, 26, 30, 33, 39—41, 62, 72, 88—89, 103, 108, 114—115, 118—119, 125, 132, 144, 153—155, 180, 204—205, 210—212, 217—222; mythic posit, 神话设置39—41 name, 名字3—4, 8, 21—23, 26, 31, 51, 53—54, 57, 60—61, 65, 78—

79，92，114，126，133，135，141，143，161，170，173—174，205；and anonymity，～与匿名性14；for the event，事件的～26；generated by the state，国家生产的～51；mythic，神秘的～21—23；and nominalism，～与唯名论89，92，102，104，108，"Spanish Republic"as brand，作为商标的"西班牙共和国"205

Nancy, Jean-Luc，30，64，68—70；*The Experience of Freedom*，《自由的经验》68—71；*The Inoperative Community*，《非功效的共同体》156—158

narcissism，自恋179—180，216—217

Narcissus，那喀索斯179—180

necessity，必然性46—47，64，69—71，98，127—128，131—132，154，162，174，206—207，222；and contingency，～与偶然性158，171，219，222；logical，逻辑～70，98；natural，自然～46—47；structural，结构～128；therapeutic, of literature，文学的治疗～127. 亦见contingency

negation，否定150—154，174，188，191；denegation，否认128

Negri, Antonio，内格里19；and Michael Hardt，～与哈特31，150—153，157，172，175

Nessus, cloak of，纳萨斯，～的衬袍20—23

neurosis，神经症24

nomos：and *physis*，律法：与自然91—96，99. 亦见law；nature

norm, normativity，规范，规范性1—33，40，63，111，114，117，132，139，148—149，161，191，199，201，205；and affect，～与作用38；and fantasy，～与幻想199；formal，形式～201；and sovereign exception，～与主权性例外92—96，99—100；weak，弱～63，111. 亦见concept；value

object, objectality，对象，对体性24—29，87，101—102，116，129，131—133，135，147，155，158—161，169，172，186，189，197—199，213；and concept，～与概念122—123；and contract，～与契约167；defective，缺陷性～59；discourse and metadiscourse of，～的话语和元话语85，87；

material, 物质~110—111；mythic, 神秘的~103. 亦见subject, subjectivity

numerical, of the mass, 数量的，大众的~61；paradoxical, of the norm, 吊诡的，规范的~22；political, 政治~12, 219；of relation, 关系的~113, 132, 146. 亦见theology, political theology

organicism, 有机论18, 29, 38, 42—43, 121, 131

Orwell, George, 奥威尔163

pain, 苦难2—12, 20, 26, 70, 154, 161, 167—169, 190, 222

Pauvert, Jean-Jacques, 165, 272

pedagogy, 教学法1, 31—32, 75, 78, 81—82, 124, 127, 142, 146—147, 151—158, 174—178, 183—200, 208, 219

performative act or utterance, 施事行为或言语126

personification, 人格化54, 129, 170；of finitude, 有限性的~157；of pleasure, 快感的~170；of republicanism, 共和主义的~214, 217—218, 221—222；of sovereignty, 主权的~209—210

Persons, Robert, 珀森斯28, 76—87；*A Christian Directorie Guiding Men to Their Saluation*,《基督徒导引：通往拯救之路》76—77, 79；*Newes from Spayne and Holland*,《西班牙与荷兰的消息》79—87

Pettit, Philip, 佩迪特19

phenomenology, 现象学38, 40, 84, 123, 125, 132, 152, 218—222；of embodiment, 显现的~125, 128；of national consciousness, 民族意识~38；of terror, 恐怖~40；transcendental, 超验~218—222；of violence and instruction, 暴力和教育的~152

philosophy, 哲学19, 23, 28, 33, 42, 90, 102, 104, 110—149, 158—159, 165—166, 177, 214—218, 221；of the concept, 概念的~113, 130, 134, 139, 144, 146—149；of the encounter, 相遇的~114；and the female philosopher, ~与女性哲学家214, 221；political, 政治~23, 158—159, 166, 217；of terror, 恐怖~42；transcendental, 超验~19

pleasure, libidinization, 快感, 力比多化5—6, 34, 38, 55—56, 93, 153—172, 190, 222; and contingency, ~与偶然性163, 172, 222; of domination, 统治的~153—158, 190; of the joke, 笑话的~34, 38; Sadean, 萨德式的~164—172

Pocock, John, 波考克19

Poe, Edgar Allan, 坡1, 12—13, 20, 222; "The Fall of the House of Usher",《厄舍古屋的倒塌》1, 222; "The Premature Burial,'《过早埋葬》12—13, 20

police, policing, 治理19, 45, 52, 55, 58, 89, 111, 143, 173

political theology, 政治神学, 见theology

politics, 政治14—16, 34, 99, 110, 151, 192; and affect, ~与效果45; associative, 结合的~14; biopolitics, 生命政治26, 58; and ethics, ~与伦理学15; necropolitics, 死亡政治26; without onto-theology, 没有本体—神学论的~112; and theology, ~与神学99, 149; and violence, ~与暴力159. 亦见republicanism; sovereignty; theology, political theology

populism, 民粹主义42, 55—62

predication, 谓述22, 67, 70—72, 78—79, 82—83, 86, 97, 118, 131

primal scenes, 原初场景14—15, 77, 135, 144, 146, 149; of philosophy, 哲学的~144, 146; of political theology, 政治神学的~135, 149; of textual exegesis, 解经的~77

Primo de Rivera, José Antonio, 35, 42, 61

production, 生产4, 30—31, 72, 75, 110—149, 157, 159, 222; of community-effects, 共同体效果的~157; of concept, 概念的~30—31, 110—149; early modern cultural, 早期现代文化~72, 75; of ideology, 意识形态~121; of material objects, 物质对象的~110—111; and reproduction, ~与在生产116, 121, 133, 135; of utterance versus of truth, 言说的~对峙真理的~4. 亦见labor; matter

Putnam, Hilary, 普特南112

radical (as a modifier), 激进（作为修饰词）18—20, 159—161, 164, 210, 217—222

Rancière, Jacques, 朗西埃110, 140—141, 143, 147

rank：in logic, 层级：在逻辑学中82—83, 86—87

reciprocity, 相互性16—17, 67, 117, 164—165, 169, 173—174, 183—184；reciprocal concepts, 相互性概念165；reciprocal counterviolence, 相互性的反暴力150—153, 157—158, 164—165, 174, 183—184, 189；reciprocal definition, 相互性定义114；reciprocal determination, 相互的规定性113—114；reciprocal identification, 相互的认同169；reciprocal recognition, 相互的承认16—17；refusal of, 拒绝~188—193, 195—200

relation, 关系14—19, 31, 33, 41, 51, 54, 82—83, 92, 114—116, 118—122, 131—133, 152—166, 199, 222；ontology of, ~的本体论113, 132—133, 146；political, 政治~152—166；social, 社会~118—122, 131, 亦见community；reciprocity

representation, 表征/代表/再现11—12, 31—33, 38—42, 49—50, 54, 56, 58, 67, 80—86, 89, 93, 95, 123, 134, 141, 146—149, 168—169, 174—177, 186—187, 192—193, 196, 208—211, 214—222；allegorical, 寓言性~83—84, 214；concept as, 概念之为~31, 116—117, 119—120, 131—132；of constitutive antagonism, 建构性对抗的~160—161；of contingent association, 偶然性结合的~222；and contract, ~与契约155；of domination, 统治的~154—155, 164；and ethical judgment, ~与伦理判断199—200；of exile, 流亡的~210；and explication, ~与解释85—86；representative government, 代表政府19, 38—42, 208—209；and masques, ~与伪装81；of pain, torture, 苦难和折磨的~20, 179；of political change, 政治变迁的~37；and republicanism, ~与共和主义19, 38—42；spatial, of logical form, 空

间的~，逻辑形式的~82—83；and transference，~与移情127；and the unrepresentable，~与不可表征之物32；and women，~与女性146—147. 亦见allegory；concept

republicanism，共和主义16，26，39—40，125，136，148—149，164—172，202—222；and exile，~与流亡210—211，216，221；radical，激进~18—20，28—29，31—33，39—40，42，62，63，86—87，164—172，174，177，204—205，208，210，215—218，221—222

Ricoeur，Paul，利科20

Rivette，Jacques，里维特32，194—199

Romanticism，浪漫派23—24，63，128

Rorty，Richard，罗蒂31，161—164，172

Rousseau，Jean-Jacques，卢梭124—129，142—143

rule，规则/法则4，7，12，13，17，20，30—31，78—79，111—117，122，129，145，148，157，167，188—189，192；rules of association，结合的法则4，13，111，188；rule following，遵循规则7，20，78，111—112，148. 亦见norm

Saavedra Fajardo，Diego，vii，法哈多205—210

sacrifice，牺牲7，22，40—41，60，69—70，72，138，148—149

Sade，Donatien Alphonse François，Marquis de，萨德30—32，150—172，174—175；*Philosophy in the Bedroom*，《卧室里的哲学》31—32，154—155，165—172

Said，Edward，萨义德187，278

Santa Casa of Loreto，圣宫131—139，144—149

Schiller，Friedrich，席勒110，136—139，146—149

Schmitt，Carl，施米特29—30，64—71，89，91，95—96，99；*Concept of the Political*，《政治的概念》65—71；*Political Theology*，《政治神学》65—71，89

Schröckh，Johann Matthias，施勒克133，139

secularization，世俗化6—7，28—30，63—67，87，89—91，100，109，151，209

semantic excess, surplus，语义过度，过剩17—18，20，22，26—27，36，40，51—53，55，63—64，139，191，205. 亦见terror；value

Seneca，塞涅卡6—14，28，214

set，设置17，23—24，78，83，93—100，113—114，125，144—147，161，185—186

Shakespeare, William，莎士比亚28，72；*King Lear*，《李尔王》90；*Richard III*，《理查三世》72—79

sign, empty or vacuous，符号，空洞的60—61

Sittlichkeit (ethical life)，伦理生活16，130—131

skin，皮肤20—23，52. 亦见body

Sloterdijk, Peter，斯洛伊迪耶克145

Slyomovics, Susan，斯莉奥莫维奇178

Smith, Steven，史密斯114

Solinas, Franco，索利纳斯194

Sophocles，索福克勒斯4，6—14，21，23，28，72；*Oedipus*，《俄狄浦斯王》4—12，28；*Trachiniae*，《特剌喀斯少女》10，20，23

Soriano, Ramón，索里亚诺57

sovereignty，主权/自治性6—14，17，27—33，34—35，63—87，88—109，110，115，130—131，134，137—138，140，151，153，161，163—165，174，207—210，222；sovereign's body，主权者的身体28—29；and citizen，~与公民9；dialectics of colonial，殖民~的辩证法151，164，175；divisible，可分割的~30，33，63—87，204；logic of, of logic，主权~，逻辑~70—72，78—79，88—109，110，151，174；multitudinous，多数的~153，157；popular，大众~207—210；sovereign pleasure，自主的快感31；and slave，~与奴隶7—8，14—15，27；sovereign subjectivity，自治的主

体性153，163—165，222；wounded，缺陷性~10—12，27，222. 亦见 sublime, sublimity；theology, political theology；transcendence

Spinoza, Spinozism, 斯宾诺莎114，130

structure, 结构31，113—149，155；of feeling, 感觉~36—37；and element, ~与因素31，113—149；and effect, ~与效果113—115，120—122，124，141—142，144，149；and function, ~与功能116；Möbius strip, 莫比乌斯带94；systematic, of concept of sovereignty, 系统~, 主权概念的~65，67，91，94，99，109；of the Trinity, 132；of truth, 真理~11

subject, subjectivity, 主体，主体性15，19，26—28，34，38—39，52，71—72，79，86—87，103，118，121—123，131，138，142，146，153—155，158，166—169，179，203—204，219—222；autonomous ethical, 自律的伦理~111；articulating, 清晰表达的~119—120；as citizen, ~作为公民39；colonial, 176，190；and contract, ~与契约166—168，174；and intersubjectivity, ~与主体间性15，219，221；rule-giving and rule-following, 给予规则和遵守规则的~148；and sovereign, ~与主权者65，71，74，90，208；and subjection, ~与臣服14，26—27，168—169；and subjectivism, ~与主观主义220. 亦见libido, libinization；object, objectality；sovereignty；structure；suture

sublime, sublimity, 崇高23，37—38，40，59，63，132

surface, 表面51，94—98，103；filmic, 影片~198；mirror as, 镜子之为~179—180，183；skin or flesh and, 皮肤或肌肤和~49；and topology, ~与拓扑学94—98，101，109

suture, 缝合7，31，33，41，51—53，55，58，61，79，118—123，130，141，143—144，146—149，171，182，199

synthesis, transcendent, 综合，先验~42—43，58，61

Terray, Emmanuel, 特雷179

terror, 恐怖1—6，10，12，23—33，36，38—42，51—53，59，61—62，

89，109，110，135—139，174，195，197—198，222；and concept, as concept，~与概念，~之为概念31，33，64，110；and event, ~与事件26；distinguished from fear and anxiety，~区别于恐惧和焦虑24—25；and judgment，~与判断1—6，23；and radical republicanism，~与激进共和主义19，42，63；"the Terror"，"恐怖"23，38—39；and terrorism，~与恐怖主义26—27，40—42，51—53，59，61—62，63，149，177，201，222；theologico-political，神学政治的~135—139，149. 亦见semantic excess，surplus；sovereignty；sublime，sublimity；terrorism

terrorism，恐怖主义26—27，32，39—43，51—52，59，61—62，110，149，173—174，177—179，193，200—201，204，222

theology，political theology，神学，政治神学28—30，62，65，69，74，78，89—91，95—104，108—109，110，112，125，130，132—133，135，138—139，146，148—149，161，168，172，222

Thomson，Judith Jarvis，汤姆逊19

thought，thinking. 思考，见terror

time，时间3，25—28，33，68—69，73—75，84—85，95—96，100—103，108，149，174—175，177，184，202—203，210—211，213，217，219—222；filmic，电影~197—198；of the nation-state，民族国家的~64—65；and reflection, judgment，~与反思，判断174—175，177，193；and republic，~与共和国210—211，217，221—222；and sovereign decision, exception，~与主权决断，例外68—69，89，95—96，103；and terror，~与恐怖25—28；and untimeliness，~与不合时宜221

Toledo，托莱多28，30，103—109，213，215

Tomás y Valiente，Francisco，巴里安特60—61

topology，拓扑学28，51—52，55，61，83—84，86，89—96，103，110，114—115，148，155，157；and invagination，~与内摄94—95. 亦见surface torture, *tormento*, 折磨, 酷刑1—6, 8, 10—11, 20, 26, 32, 96, 110, 135, 138, 163—165, 173, 175—176, 178—179, 193

totality, 总体性118—123, 131—132, 155—156, 159, 269—270; of effects, 118—123, 145; and individual, ~与个体132; rejection of, 拒斥~156, 159; without totalitarianism, 没有极权主义的~155. 亦见community; idea; universal, universals

tracking shot, dolly shot, traveling shot, 跟踪镜头, 运动镜头vii, 32, 193—201. 亦见movement

tragedy, 悲剧6, 56, 81—82, 149; and comedy, ~与喜剧12; and farce, ~与闹剧56; tragic heroism, 悲剧英雄3. 亦见Alonso Asenjo, Julio; Seneca; Shakespeare, William; Schiller, Friedrich; Sophocles

transcendence, transcendent, 超验42—43, 49, 111, 131—132, 135; "Transcendental Analytic" (Kant), "先验分析"（康德）116; transcendence of norms, 规范的超验17; transcendental phenomenology, "超验现象学"218—222; transcendent synthesis, 先验综合42—43, 58, 61; transcendental tradition, transcendental philosophy, 超验哲学19, 116—117, 130. 亦见idea; phenomenology; sovereignty

transference, 移情123—130, 135, 143—147

translation, 翻译/转移5, 12, 21, 84, 113—114, 125, 132, 135, 150, 183, 188—189, 196—199, 206—207, 211, 213, 214—216; *translatio imperii*, 皇权转移133; and untranslatability, ~与不可译性160—161

trauma, 创伤24—25, 72, 75, 83, 115, 160, 217—218

tukhe,命运 9—10, 28. 亦见contingency; destiny; fate

truth, 真理/真相3—4, 9—11, 89—90, 98—101, 103, 107—108, 117, 131, 163; and torture, ~与酷刑3—4, 9—11, 20. 亦见logic; proposition

unconscious, 无意识127, 187; and the joke, ~与笑话34, 37; and the secret, ~与秘密63. 亦见libido, libidinization; subject, subjectivity universal, universals, 普遍性6—7, 12—29, 77, 138, 150—151, 168—169, 174, 215, 217; concrete, 具体的~132—133; and predication, ~与谓述70—71, 82—83; and psychoanalysis, ~与精神分析190—192; and terror, ~与恐怖23; weak or defective, 脆弱或有缺陷的~12—29, 33

unspeakable, unspeakability, 无以言表的22—23, 27. 亦见*aphrastos*

value, 价值6—7, 16—20, 22, 37, 47, 52, 96, 103, 111, 148—149, 150, 159—162, 166, 174, 179—180, 186, 204—205; affect-value of terror, 恐怖的效果价值41; ethics, ~伦理学2; of fiction, 虚构的~125; irreducible plurality of, ~的不可化约的多样性159—162; multivalue logics, 多值逻辑98; normative, of weak concepts, 规范性~、弱概念的~111; pedagogical, 教学式~83, 208; surplus value or validity, 剩余价值或有效性17—20, 22, 27, 55, 64. 亦见labor; norm, normativity; semantic excess

veil, *haik*, 32, 151, 178—199

Vilaro´s, Teresa, 45

Virgil, 维吉尔5

violence, 暴力6—8, 10, 14—15, 19, 36, 40, 43, 45, 49, 51, 61, 67, 139, 142—144, 147, 149, 150—172, 177, 183, 186—192, 201, 216, 218; and counterviolence, ~与反暴力151—156, 164—165, 173—174, 189; instituting, 建制性~159, 164, 192; of resemanticization, 再语义化的~187, 191; in social relations as such, 社会关系本身中的~159—160, 164

Voltaire (François-Marie Arouet), 伏尔泰139

walls: city's, 墙: 城邦/城市的2—22, 50, 178—179, 217; Belshaz'zar's, 伯沙撒的76—78; and concept, ~与概念26. 亦见border, bound; skin; surface

Williams, Raymond, 威廉斯36—37

Wittgenstein, Ludwig, 维特根斯坦92, 111—113, 157

Wood, Michael, 伍德90

wordplay, 文字游戏126, 130. 亦见jokes, *chistes*

Yacef, Saadi, 亚谢夫178, 183—186, 189, 193

Zambrano, María, 赞布拉诺28, 33, 211—222; "What Happened to Cervantes: Dulcinea", "塞万提斯怎么了：杜尔西内娅" 211—222

Žižek, Slavoj, 齐泽克29, 115

[附录一]
死亡驱力的变体[1]

艾蒂安·巴利巴尔

很高兴能利用这段在纽约的时间来参加今晚的活动,也就是我的朋友雅克·莱兹拉先生的新书发布会。迄今为止我都未见到这本书印出来的样子,未能领略其风采,[尤其是]封面上那幅戈雅的画作——那真正的野性唯物主义(*de verdad*,*materialism salvaje*)。但我有幸得到了校样,带着极大的愉悦、激动和亢奋读了书稿,而我今晚要与你们分享的一点感悟也来自那里。首先我要请你们原谅我的英语口音。像现在这样说的话倒没什么问题……但当我要读一些书中的段落(不读又怎么能展现这本书呢)的时候,你们就得原谅我犯的错误了。

一位老派的阿尔都塞主义者无疑会被一本题为《野性唯物主义》的书强烈吸引或驱使;当你们读到"自律性批判中的物质"一章时便

---

[1] 本文最初为巴利巴尔在《野性唯物主义》发布会上所作的演讲,时间为2010年10月20日,后作为序言收入西班牙文版《野性唯物主义》。见 *Materialismo Salvaje*, traducción de Javier Rodríguez Fernández (Biblioteca Nueva: 2012), 11—25。现根据莱兹拉教授提供的英文稿译出,原题为"The Metamorphoses of the Death Drive"。

会发现，这本书的灵感实际上来自阿尔都塞——虽然我不相信阿尔都塞会用"野性唯物主义"这一表述：莱兹拉无疑已从阿尔都塞的"偶遇（aleatory）的唯物主义"或"偶然性的唯物主义"（materialism of contingency）或"相遇的唯物主义"（materialism of the encounter）等表达出发，对[阿尔都塞的表述]进行了翻译或改造，阿尔都塞的这些表述都代表了他努力为"辩证唯物主义"甚或"机械唯物主义"等传统术语提供替代性方案，以将注意力转向唯物主义的文学维度。事实上，我惊讶而欣喜地注意到，在莱兹拉书中设置的诸多超乎寻常的相遇中，有一个是黑格尔与马克思的著名对峙，尤其是后者那令人惊叹的1843年手稿《黑格尔国家哲学批判》（实际上同样是[黑格尔]哲学的延伸，将它颠倒或让它自己反对自己，最后产生概念生产过程的物质性，这个过程尤其吸引莱兹拉的注意）；黑格尔与马克思的这次相遇具有一种与席勒在戏剧《唐·卡洛斯》（*Don Carlos*）中对于宗教裁判所圣殿的描绘如出一辙的文学形象，当时菲利普王正和宗教大法官就波萨（Marquis Posa）的命运争得不可开交——这当然也是我最喜欢的戏剧情节之一。莱兹拉尤其想从这一阿尔都塞式的上下文中借用的是他后来在书中称为"弱概念"的东西，用以呈现或理解恐怖的强度。这一概念（或对于概念的一种观念）的重点不在于其稳定的语义内容，相反倒在于偶遇的、实践的"打断"因素，所以这个对于概念的观念与其说旨在用一个总体的、共同的或理想的表征方式去涵摄差异，不如说旨在显示并且可以说扰乱或散布各种不可兼容性。听起来有点抽象，但我非常同意这种思考概念的方式，尤其是在政治和审美领域——这可不仅仅是因为我和莱兹拉都将阿尔都塞作为参考背景。

接下来我要进入到这本书的实质内容。这本书很不容易概括，某种意义上，像我这样来一揽子谈论它甚至有些荒谬。但我尤其将这本书理解为一次将两个关切点结合起来的尝试：一是我们大多数人都关心的问题，无论在美国还是在其他国家，特别是在发生了"9·11"

事件和美国政府的一系列措施之后，[如何]重新从摇摆不定的、很可能是神秘性或想象性的主权中获得一些重要的内容（我稍后会回到这个问题上来）。二是寻找或推衍一个共和主义理念的谱系，也就是为共和主义的理念提供证成。共和主义这个词确乎太宽泛也太模糊了。需要进行一些限制。所以，莱兹拉谈到了"激进的共和主义"或"激进的共和主义替代性方案"，这已经包含了一种偏向，即把萨德侯爵著作中的著名段落作为参照，这无疑（或很有可能）跟布朗肖（Blanchot）对这些段落所作的阐释有某种关联。虽然布朗肖对萨德的解读在莱兹拉的书中出现频率不高，更多倒是重新提出了萨德的问题性，但萨德那重新提出的问题性却是莱兹拉此书一直关注的参照点。我想阅读书中的一个段落，它特别能总结这本书如何能将上述两个关切点结合起来（在某种意义上，我希望做的仅仅是依照这段总结的话来进行评论）：

> 现代共和国是什么，它曾是什么？它有未来吗？我们能否在同一性神话的恐怖主义之外想象现代共和国，这种对主权（可分割的主权）的偶然分配——分配至各主体阶层的缺陷性概念——的形式政体？（204）

虽然莱兹拉谈到了"政体"，但在我看来，不仅这段话中萨德—布朗肖的联系呼之欲出，而且根本上说正是共和主义的**叛乱**（*insurrectional*）维度提供了他这里所谓的"替代性方案"。

在这里顺便就"共和主义"和"民主"两个概念之间一直以来的复杂而敏感的关系说几句。"共和主义"作为这里的问题与民主不同。莱兹拉所做的并不是通过民主理念的文学和哲学表征及其问题性讨论来重申或证明民主理念；相反，他关注的是共和主义的理念。但共和主义不一定是民主的；虽然如此，**激进**共和主义在我看来必然包含对民主的指涉，或指涉某种与"可分割性主权"观念相联系的超民主（ultra democracy），所以在某种意义上《野性唯物主义》试图提供的正是标准卢梭主义意义上的民主或民主政体（不可分割的人民主权）的反面。作为法语读者，我无法不注意到这本书的这一角度，因为我们的法国宪法第一句话就是："法兰西为不可分割、非宗教的、为社会服务的共和国。"（la France est une republique indivisible，laique，sociale…）这一点在莱兹拉后文提出的激进共和主义与民粹主义的观念和实践之间的脱节上看得特别明显，这对今天的政治现实无疑也是非常相关的。所以，或许我们可以认为，与民主或民主问题的关系，必涉及民主与其民粹的拟象相脱离的可能性和计划。这些语词都不是随意选择的，但它们同时也包含了习俗的因素。昨天我作了一场有关眼下欧洲危机的演讲，我重新定义了我所谓的"欧洲民粹主义"，试图悖论性地将民粹主义观念与某种公民（civic）观念结合起来，当然也把这种民粹主义与正在兴起的种种民族主义式的、排外的、保守的民粹主义拉开距离。

我并不把《野性唯物主义》视作对我[昨天]演讲内容的全面反驳，我也没有把自己的关切投射到自己对于这本书的阅读中去，但我还是想顺便提一句：围绕术语的争论——共和主义、民主、民粹主义——其重要性当然毫无疑问，但也可能在某种意义上是个无止境的过程，一种无限倒退。这当然与下面这个事实有关：我们此处正在使用的种种概念，恰恰都不是语义稳定的概念。它们总是包含一种过度——这就涉及莱兹拉书中一处有趣的认识论考察了——但首先要说的是，用阿尔都塞喜欢的表达来说，它们立即会变成分裂的或移置的[语词]。

现在我想说说由《野性唯物主义》引出的兴趣或种种兴趣。这本书将眼花缭乱的解读和阐释结合在一起，涉猎的文本包括法学理论或政治理论、哲学、纯思辨性哲学，当然还有各种语言的文学文本，现代欧洲史上各个时期的文学文本，不一而足，最终目的是为了勾勒出文学的伦理维度。《野性唯物主义》的兴趣部分来自将两个休戚相关的问题进行对峙或表达（articulation）。第一个问题是**恐怖**与**恐怖主义**的区别。在此我要向你们提到我对导论中一个相当重要也极具挑衅性的段落的解读。作者在提到弗洛伊德的名文《超越快乐原则》（其中引入了死亡驱力的范畴）之后，紧跟着有这么个段落。我暂且不讨论死亡驱力在《野性唯物主义》中有什么作用，先引一下莱兹拉的这段话：

> 我在本文开始时简略提到了**恐怖**一词在今天得以运作的二重规范性语境："恐怖分子"威胁城市的语境（威胁国家，威胁自由主义民主价值，威胁西方），以及"针对恐怖的战争"的语境。我提到的恐怖的建制——城市、生命政治和伦理政治的生活，以及它们之间的关联——必然由这一语境折射出来。但"恐怖主义"不是"恐怖"，虽然一般人们所谓的"恐怖行为"或"恐怖主义"也能产生我所理解的"恐怖"。但这仅仅出于偶然。通过联系、污染、取代，**恐怖主义**一词的作用在于遮蔽现代共和国中必然存在的恐怖的运作过程。……在我们想象中展现出来的恐怖分子痛苦不堪的卑污形象——它流动地、电流般地与我们自身的形象联系起来——庇护着我们的想象力，防止更为令人不安的思想渗入。我们对恐怖分子处以电刑，而电流则同时流向两个方向（恐怖分子和我们自己），虽然总是有着不同的象征（我们的幻想是预防性的：恐怖主义是一种预防疗法）和不同的效果。"我们"积极的、决断的身体——我们的伦理—政治身体——随着那个我们正在折磨的身体而获得生命；现代政治主体性产生于将他人置于"最严酷的痛苦"中的决断。这是一个哥特式的场景：一种从悲惨中获取生命的生命政治；一种死亡政治（necropolitics）。

> 恐怖以另外的方式运作，也必须以另外的方式被思考。为了以一种无以言表或无法言说的纽带将我自身与当下的他者联系起来，或与他或她密切相连，而不是用死亡政治中流行的臣服—主体化的方式，便要求我分配/散播对于伦理—政治生命之持存的责任，要求我照顾和看管那一分配/散播过程。两者都是伦理—政治任务，大体上分别属于公共的和私人的性质；两者都（在伯林的意义上）既是积极的任务也是消极的任务，同时具有肯定的一面和否定的一面。（26—27）

这是我想说的莱兹拉清楚表达的第一个因素——通过对酷刑的现象学和伦理学探讨[而实现的]关联——它非常重要地向我们显示了此书标题中"野性的"一词的含义。莱兹拉的野性意图和姿态都是为了重新将"恐怖"确立或平反为一个阿尔都塞意义上的概念，同时（如我们在其他段落中发现的那样）也是德里达意义上的概念，这么做是为了打断当代政客、政府、行政、军队（我要说"即将成为主权者的那些人"）对"恐怖"观念采取的工具化、平庸化、庸俗化。在当下关头，我们处在这样的语境中阅读这本书："反恐战争"已宣告将无限期或无止境地进行，[同时也正因此]可悲地显示出其彻头彻尾的有限性和局限性。["反恐战争"]已经完结了，但**没有**完结也**不会**完结的是对恐怖主义的永恒执著和不断使用——我不会说"调用"（manipulation），而是对恐怖主义的**使用**。

至于《野性唯物主义》清楚表达的第二个因素，我承认自己对这本书投射了一个范畴，但是也可以问问莱兹拉，为什么（以及是否）可能通过这些语汇来接近《野性唯物主义》的主题，或至少是否可能通过这本书所提供的语汇来思考它。我想到的是"悲剧"或"悲剧性"这两个词。至少在我看来，莱兹拉在某些段落仔细回避了它们，或至少有些迟疑，或许是因为这些词定义起来相当困难。不过，此书的意图或主线之一与现代悲剧问题或现代和当代政治中的悲剧性因素密不可分。从"*phobos*[恐惧]"当然还有与之相伴的"*elios*"这些著名观念那里，有什么内容至今保留着，又可以从中产生什么？在我看来，更确切地说，这一点在莱兹拉的书中得到明确表达是围绕三个理念、主题和问题进行的，这个多重表达/接合同时也是"弱概念"观念的一部分，在莱兹拉那里后者首先是个认识论问题。让我这样来说：首先隐约出现的观念是，通往现代性的著名的"世界祛魅"与其说是神学观念的世俗化，不如说是悲剧观念的消亡，无论是自古以来与城邦的创立联系在一起的悲剧形态还是公民的构成形态，都逐渐消亡了；或者说是新的创建，也就是通过神话的纽带（不同于神秘的统一体或神秘的纽带）令[城邦]免于崩溃或倾覆，这根神话纽带将私人个体维系于公共的共同体。此书开篇就提出了对于索福克勒斯和塞涅卡所写的两个版本的俄狄浦斯故事的全新解读，这绝不是偶然的，作者在这两个版本之间已经发现了[悲剧观念]消亡的种种踪迹。由此引出了强烈的后果，特别是：无论"世俗化"埋念多么重要（例如从马克斯·韦伯到卡尔·施米特都这么认为，在施米特那里甚至达到了绝对而极端的——如果不说是极端论的话——表述），无论这个理念对于理解政治现代性（或"政治性"的现代性）多么重要，我们要说，可惜的是"世俗化"理念对许多当代思想来说同样具有意识形态功用，它首先将政治的作用重新神学化，但同时也遮蔽了更关键的悲剧的问题。如果我们有时间的话，我想试着将这一总体的思辨或理论探讨结合到对于历史本身、尤其是欧洲王权历史的讨论上去。《野性唯物主义》中有很多精彩段落都涉及西班牙君主制历史，特别意在显示以世俗化范畴为基础的神学—政治叙事是相当不充分的。

我想将第二个主题表述为下述问题：是否可能重新提出政治的悲剧因素或悲剧维度，同时也不致虚假地重新引出我刚才提到的末世论视角？是否可能重新挽回那悲剧因素，它既是城邦基础，也挽救城邦于索福克勒斯或俄狄浦斯故事展现的灾难？换言之，是否有可能脱离出本雅明在其著名文章"暴力批判"中提到的神话性和神圣性之间的两难境地？这个问题牵涉另一个抉择路口，莱兹拉这本书希望在理论上占据这个路口：也就是，通过批判性而非进攻性的方式，与弥赛亚的主题既保持距离，也发生关系——也正因为这样，这本书非常隐微地与德里达的著作有关联。在很多地方，这本书是**随着**德里达而写的，特别是在批判我称之为世俗化叙事的地方，但同时某种程度上这本书也**反对**德里达。那么，在对极端暴力或残酷之事（物）或物质性进行反思分析和审美分析时，真正重要的是什么？或者说，在哪一点上恐怖主义或酷刑滑向了恐怖？当然，我们说到那个**事物**（matter）、说到野性唯物主义时，从来不可能与一个幻觉维度撇清干系。如果事物不同时是幻想之事（the matter of fantasy），它就不会变得狂野。

最后的问题是，什么使得悲剧既不同于弥赛亚式的末世论主题，也不同于**史诗**。在我看来，到最后这是莱兹拉希望讨论和引入的另一个范畴（或者用法语说是 convoquer[召唤]），不过还是选择了与之保持距离。我们知道，史诗与现代派对于政治和历史性（或政治的历史性）的表征有着千丝万缕的关系，也有各种不同派别和角度：既有进步论的叙事（最终是教学式的叙事），也有关于解放的革命叙事。在这里，构成莱兹拉分析背景的是与现代历史中英雄主义和英雄式理念、形象、符号的长久对峙，其背景是黑格尔论题（后来是布莱希特论题）：现代性没有英雄，现代性不再是史诗的舞台，史诗主人公无法在现代性背景下带领城邦前进、救城邦于危难、在城邦中受苦，而是事实上如我们所知（这一点无论在黑格尔那里，还是在马克思的批判那里都很清楚，虽然后者的批判言辞激烈，但大致还处于相同的论述框架内），[现代性的]英雄是大众，或那些最根本地与大众保持同一的个体，所以现代英雄主义通常被描述为大众的叛逆或暴动。（想想奥特加[Ortega]的著作标题吧：《大众的暴动》[*The Rebellion of the*

附录一 死亡驱力的变体

Masses]。）

我想快速读一下《野性唯物主义》中的三个段落，然后探讨最后一个问题，特别是借此回到弗洛伊德的"死亡驱力"这一重要观念。第一个段落出自讨论"法勒斯"的章节——"法勒斯"是写在伯沙撒墙上的最后一个词。这章标题是"法勒斯或可分割的主权"，借自德里达的著作。然后那里有个小标题叫"在他们可怕的分裂中分裂"。莱兹拉解释说：

> 此节小标题"在他们可怕的分裂中分裂"出自《理查三世》结尾处里奇蒙德（Richmond）的著名台词——这或许是莎士比亚中出现的对于所谓都铎历史神话的最不含混的断言，同时肯定也是他最含混的对于政治区分的探讨。战争已经胜利；"恶狗"死矣；可怕的玫瑰战争走向了尾声；斯丹莱（Stanley）告诉胜利的里奇蒙德——未来的亨利四世、伊丽莎白一世的祖父——"一顶久被篡夺的王冠"已从"死贼"头上"摘了下来"。里奇蒙德的台词如下：

> 按他们的身份依礼入葬；
> 对逃亡的士兵宣布赦免令，
> 让他们前来归顺；
> 然后，我们既已向神明发过誓愿，
> 从此红、白玫瑰要合为一家。
> 两王室久结冤仇，有忤神意，
> 愿天公今日转怒为喜，嘉许良盟！
> 我这句话，纵有叛徒听见，谁能不说声阿门？
> 我国人颠沛连年，国土上疮痍满目；
> 兄弟阋墙，阋下流血惨祸，

为父者在一怒之间杀死亲生之子，

为子者也毫无顾忌，挥刀弑父；

凡此种种使得约克与兰开斯特两王族彼此分裂，

在他们可怕的分裂中分裂。（Divided, in their dire division）

而今两家王室的正统后嗣，里奇蒙德与伊丽莎白，

凭着神旨，互联姻缘；

上帝呀，如蒙您恩许，

让他们的后裔永享太平，国泰民安，

年兆丰登，昌盛无已！

（对开本："让您的子嗣[如蒙您恩许]

国泰民安，永享太平，

年兆丰登，昌盛无已！"）

……

显然，《理查三世》把"分裂"与政治继承权的中断这两者的文化上的结合写成了戏剧，而在无嗣的伊丽莎白晚年，尤其是挫败西班牙无敌舰队之后的几年里，政治继承权问题在英国法庭和大众文化领域内越发引人焦虑。正如冈特的约翰（John of Gaunt）在《理查二世》里所说，莎士比亚对于"天堂代替者"的正当性的探讨——首先是对于夺权的理查和克劳狄、安吉洛、豪博斯等替代者的探讨——其紧迫性相当程度上来自这些篡位者、代理人、代替者给平稳继承带来的威胁，既有谱系上的威胁，也有世间的（temporal）威胁。里奇蒙德明显的天启语调具有策略意义——它强化了理查统治与动荡分裂之间的关系，这些如今都要按照里奇蒙德设想的启示秩序加以修复。……

"分离"的种种多元决定[因素]相当稠密，对此我们无需惊讶。拉康也已经注意到，对于教父学传统及其早期现代后继者们

的解经来说，皮尔逊注疏所涉及的但以理书中的场景（同样也是位于里奇蒙德的结尾台词背后的场景）发挥着类似于原初场景的作用。吉罗姆（Jerome）对但以理的著名疏解在这一点上就很明显：伯沙撒墙上的文字引起的"不仅是解读经文的需要，而且是阐释所读内容的需要，以便理解这些文字究竟在宣告什么"——《理查三世》结尾的主权表述也显然需要阐释。（73—77）

因此，上述文本提到主权是内在分裂的，或是描述了不可分割之物的吊诡却必然的分割。

第二个段落出自结尾一章，这次讨论的主题不是主权而是忧郁：

> 在下面三个时刻之间发生了很多事情——[我指的是]早期现代性时期，人们用不稳定的世俗化语言对于 res publica [共和国/公共事物]的概念化；辞典和百科全书中不情愿的早期启蒙运动；第二次世界大战的直接后果。这就是我在整本《野性唯物主义》中明确而征兆性地（symptomatically）处理的三个时刻。[分别与这三个时刻相对应的是：]法哈多简短的寓言探讨的是共和国的起源；《卡斯蒂利亚语权威辞典》中焦虑的、不情愿的观察——即人民主权有着变成单纯由乌合之众组成的政府的危险；皇家学院1947年的辞典策略性地将关于共和国总统的三种在认识论和政治—管理功能上截然不同的修辞建构凝结在一起——任何将这三个时刻编织在一起的尝试都会饱受争议。如今人们用来考察西班牙共和主义（或许也包括更广义的激进共和主义）的批判语言，就颇像这种尝试：人们在"共和国"一词的字义流变中速记般地描述各种人格化、排斥、焦虑、替代、删略[等等]的文化史。

> 不过，这种批判语言的特征还不限于此。第二共和国的失败把共和国的**现代**观念和流亡的经验及其表征不可分地扭在了一

起。随着民族主义势力的胜利以及随后的驱逐和移民，西班牙流亡者将其事业带到了国外，他们沉思这一事业，革新 *el pueblo*[人民]及其流亡中的"人格化"，让这些人格化染上忧郁和距离的色彩。西班牙共和主义使下面这种关于现代共和国的思考变得可能了：它有赖于流亡的情境，既是脱离直接经验的流亡，也是脱离*república*[共和国]的记忆和历史的流亡。作为见证形式和批判形式，这种思考在相当重要的意义上提供了一个临时的总支点和角度，由此可以反思共和国背负的历史和处境——仿佛从外部、从一个横穿街道的阳台，或者从国外、从*desde el exilio*[流亡中]，从他处沉思共和主义与流亡之间缠绕错综的关系。西班牙共和国使这种关于现代共和国的思考变得可能，它依赖于从流亡经验中流亡出去的"反思性流亡"。在现代性消费、交换和流通的种种历史快照或陈词滥调的神秘人格化的内部和外部，这种[思考]都在进行着。（210）

最后一个段落是莱兹拉提到西班牙哲学家赞布拉诺的地方，她本人是流亡者，流亡者的女儿，莱兹拉在分析中把她的著作与胡塞尔1936年的文章《欧洲科学危机与超验现象学》相对照：

赞布拉诺的论述与政治概念极端脆弱的、物质性甚至是文学性的面相结合在一起，其品性是忧郁的：因为，作为处在事物之为事物的核心的公共秘密，共和国一直都与我们在一起；因为，既然我们是从共和国的流亡中"流亡"出来的人，也就是说，我们是位于城市外部"之外"的主体，共和国[因此]总是遥不可及；我们的任务既是不可能的，也是已然完成了的（但这"完成"毫无价值）。我们从未及时地实现过共和国，却一直（如果有过的话）*a deshora*[不合时宜]地实现它；从未亲身实现（in person），却总是在实现它的人格化（政治主体的创伤性主权）。我们做再一次的努力，就成了共和派；我们的努力和我们设法实现的共和主义人格中，都不包含丝毫必然性。努力与行动——包括思考的行动——因果性（causally）地串联在一起；它们再现了从盲目的快感或盲目的痛苦中产生的偶然结合。我们离胡塞尔很远了。

然而，没有一个替代性方案是让人满意的；无论是神秘的英雄主义还是忧郁症的性情，都不足以满足我力图描述的任务；两者都没有单独的未来。我用整本书勾勒了"恐怖"的具体意义，而促进恐怖恰恰意味着不断生产上述两种品性之间（以及它们相应的概念实践之间）的关系——回到爱伦·坡《厄舍古屋的倒塌》的说法，即"裂隙"。这些术语没有一个是既定的："生产"一种关系就需要相应地"生产"相关术语（概念、创伤性概念）；"生产"在我的举止有意的地方和无意的地方。我作为一个自治主体而亲身行动；我作为原则的人格化行动（例如自治的主体性原则），而从不作为我自己来行动。如果不设法从现代国家想象的神学—政治的神话中生产出恐怖——这种努力[当然]是分裂的、分割的，并且在这个意义上是伪善的（pharisaical）或法勒斯式的——那么，就不免导致恐怖主义的虚假的直接性。（最可能的结果是这样：情况**可能**是别的样子。）法勒斯式的野性唯物主义、以促进恐怖为旨归的思想工作，并不能确保上述尝试将会成功——只能说：它们或许会成功。（221—222）

在此，我想把这些段落与一个最终主题的反思联系在一起，我认为莱兹拉整本书都涉及了这个主题。我为此找到的表述是**死亡驱力的变体**。从这里切入莱兹拉这本书的话，我们必须再次从弗洛伊德那里出发，尤其是要回到《超越快乐原则》以探讨弗洛伊德这一概念的含混性，它的双重性以及如何结合这两个方面的永恒问题。在弗洛伊德那里，死亡驱力事实上有两个向度：一是摧毁，二是死亡驱力和这一种倾向有关：倾向于回到绝对的不运动（immobility）和静止，这在某种意义上是对生命的侵凌性特征的防御。我们进一步需要解释死亡驱力与政治语境的复杂关系，众所周知（可参考萨米尔·韦伯[Samuel Weber]和德里达的讨论）弗洛伊德显然是在这一语境中对[死亡驱力]范畴作出了阐述，并将它联系到战争给我们带来（或迫使我们面对）的死亡恐惧——这是一种灭绝战争，带有恐怖主义的含义。

在我看来，莱兹拉此书相继或同时考察了死亡驱力的至少三种形象或变体。我暂且不谈我们是否应该以此来系统性地建构某个结构（economy）；目前我只想依次将它们提出。

《野性唯物主义》中死亡驱力的一个变体是**主权**。但在书中主权是作为一个非常奇怪的形象或变体而出现的。这本书没有揭示主权的本质，反倒将它中立化（neutralize）或毋宁说将它移置到崇高形象的角度。从批判理论的角度来看，这个论题太过宽泛，而且必然问题重重。随着当代批评对"崇高"的古典范畴越来越强有力的使用，这个范畴与其说带有死亡驱力的迹象，不如说是死亡驱力的移置（就此而言，萨德等人同样非常重要）。

第二个变体是**忧郁**。这在我刚才引的最后一章的段落中可以看到。莱兹拉基于弗洛伊德的观念认为，忧郁表征了不可能的哀悼情境或效果，但同时也永恒地巩固或确立了 *Widerholungszwang*，也就是"重复冲动"。莱兹拉的书并没有解决这个难题，但它突出地将其问题化了，尤其是在谈论赞布拉诺的最后几句话中——这些表述不仅雄辩，而且从这个角度来看相当有趣，它们围绕的问题是由各种重复所产生的不运动和无能力（incapacities），实际上这些便是使人们令自己与死亡保持距离的方式，以便使共和政治变得可能或再度可能。

我要提到的最后一个死亡驱力的变体是死亡驱力的**悲剧体制**（regime）。事实上，弗洛伊德一直或持续地在寻找它，但却是以问题性（aporetic）的方式进行的，甚或比这更糟——弗洛伊德寻找的方式忽视了问题性的关键所在，因为他只是间接处理了该责任的政治维度或公民维度，莱兹拉认为与共和主义相结合的保障在他那里都付诸阙如。

作为总结，我想向莱兹拉提出一个小问题。迄今为止，我都没有提到本书相当漂亮且令人印象深刻的第六章。此章标题是"三个女人，三颗炸弹"，探讨了意大利导演彭特克沃的作品。彭特克沃本人也与20世纪整个欧洲历史的悲剧有着内在关联（尤其是法国殖民史，阿尔及利亚的解放战争），特别是他的著名影片《阿尔及尔之战》。莱兹拉尤其关注的意象、形象、陈腐形象，是作为恐怖主义典型形象的戴面纱的女性炸弹袭击者，这与今天的各种讨论和对话都极为相关。在我看来，针对《电影手册》杂志上很多名人（这些人自己都是批评家，有时或同时是很好的电影导演，如里维特等人）对《阿尔及尔之战》的猛烈批评，莱兹拉对该片的评论（暂且不谈其中的许多曲折迂回）和对彭特克沃其他作品的评论，为彭特克沃作出了非常精致的辩护。为什么这些批评家会如此激烈地批评彭特克沃的电影？因为他们发现这部作品太具表征意味了，不仅太过写实，而且太具表征意味，换言之在表现革命恐怖主义的时候不够崇高。我给莱兹拉的问题简单来说就是：当今，媒体、政治宣传和电影均在我们周围制造或反复制造出这一戴面纱的女性炸弹袭击者形象——尽管可能最好的影片不会那么做，有趣的是我很难在文学作品、摄影作品或绘画作品中找到类似的指涉，当然音乐中就更没有了（虽然你们可能会在音乐中听到定时炸弹的嘀嗒声）。这一形象是否是悲剧女英雄的面具或伪装（在当今世界某些处境下它可以或仍然可能如此），抑或是与此相反，它[只是]重新演绎悲剧英雄主义的荒唐工具（而这在今天当然只能意味着对悲剧英雄主义的平庸化和全面否定）？

[附录二]
比较文学的未来

"比较文学的未来"。这个标题在一些人看来着实奇怪，但我不希望因其奇怪之处而让我们遗漏了要点，这样就会使所有抱有如下希望来到这里的人失望了：他们想听到关于比较文学未来的某种令人信服的预言式描绘，或是某个方面的论战。今天我想做的是让你们对于比较文学的过去和现在有所认识，并且告诉你们为什么在我看来，对于人文科学的未来而言，某种比较文学占据着重要地位。我会论述比较文学的诸多"未来"[1]可能是什么样的——但首先请允许我提出这么个问题：实在地讲，为什么人们应该关心这门奇怪的寄生性学科，为什么它的未来（future or futures）不仅仅是一个学科内部的事情？

这儿有个故事。当初阿布扎比国王和纽约大学校长商量在那个酋长国创办人文科学学院，他心里似乎有个非常长远的设想：美国所教授的那种人文科学（并且是如同18世纪以来起初在欧洲大学和超大学[para-university]机构中设想的、由全球性城市精英组成的那种人文科学），可以成为市民社会发展的核心，而市民社会的发展也将足够应

---

[1] futures有"期货"的意思，在此处及下文提到"诸多未来"时，请留心这里的语言游戏。

对区域挑战，为一个如今靠石油利益致富而决不能长此以往的国家构想一种未来并付诸实际。人们可以划出一条清晰的谱系，把这位国王的请求与马修·阿诺德写于1869年的《文化与无政府状态》中的主张回溯性地勾连起来（阿诺德的主张是人文科学赖以存在近两个世纪的基础）：

> 文化能为我们摆脱当前困境提供极大帮助；在于我们密切相关的所有问题上，世界上有过什么最优秀的思想和言论，文化都要了解，并通过学习最优秀知识的手段去追求全面的完美。经由这样的知识，我们把清新而自由的泉水引入我们陈旧的固有观念和习惯中去；我们现在不屈不挠地、却也是机械教条地遵循着陈旧的固有观念和习惯；我们虚幻地认为，不屈不挠走下去就是德行，可以弥补过于机械刻板而造成的负面影响。[1]

人们由此知道，为何这种人文科学观对于阿布扎比国王有很大吸引力。事实上，他的社会令人费解——在政治上不亚于我们今天面对古希腊社会：一个由公民和非公民组成的社会，在那里，一小撮酋长国公民拥有权利和特权，非公民（他们是来自巴基斯坦、印度和其他国家的劳工）则承担不同种类的义务。建立人文科学必定（已经）意味着为精英创办大学，并通过学习普遍性文化（cultural universals）来追求"全面的完美"而不是狭隘的、部分的、机械的、因循的"观念和习惯"。因而，上述设想，还有以创建一种非专家论的、非机械的社会观念（既是精英**内部**的社会，也是公民资格平衡的社会）为目标的长远设想，必定看起来像是一个启蒙的、可行的、增值性的目标。

然而，纽约大学—阿布扎比机构的课程开设起来以后，这个阿

1　Matthew Arnold, *Culture and Anarchy*, ed. Samuel Lipman (New Haven: Yale University Press, 1994), 5.

诺德式故事的发展却出人意料。认为存在"世界上最优秀的思想和言论",这一观念到头来在学院内外都争议重重——正如过去二十年中围绕去殖民化、经典书目、乃至所谓文化战争和理论战争展开的争论所示。这一最优秀文化所占据的位置、这种认为"世界上最优秀的思想和言论"确实存在的观念,以及认为它如果存在就一定能获得、如果能获得就一定可教——这一系列看法被一种不同的价值取代了。目标还是一样——阿诺德所谓"把清新而自由的泉水引入陈旧的固有观念和习惯中去",尤其是关于"社会"的固有观念——但手段或**方法**变了。"机械化"和仅仅是"机械地"遵循"固有观念和习惯"要予以抵制——办法是将课程中的技术成分(strong science component)与一种根据比较文学的话题和观念确立起来的人文科学核心拧在一块儿。简言之,"比较学"(comparativism)介入了过去"世界上最优秀的思想和言论"所涉足的争论焦点。[结果是,]不仅阿布扎比教授的文学课程汇集了各种语言的文学(通常会译成英文),仿佛"最好的"印度小说可以和"最好的"英国小说、哥伦比亚小说、意大利小说对照阅读,仿佛这是一场由"最佳"者出席的"伟大书友会"——而且甚至是历史课也得根据我们或该称之为"**比较学的**"(*comparativist*)框架进行构思。这一框架承认并强调,不同人文知识领域彼此相关地产生,也彼此相关地对自身进行界定,而其产生和界定都来自一系列交流——与其他语言的交流,与对抗性理念的交流,与不同的表达习惯、不同的确立陈述对错的方式、不同乃至对立的评判作品好坏的方式、不同的历史、不同的人文知识领域的边界观的交流。简言之,此类比较学并不自明地相信存在一个共同"世界",更不必说有什么"举世公认"的作品了,因为一样东西可能在某个"世界"中是"作品"而在另一个"世界"中则不是。对于阿布扎比政府和领导而言,这堆经过协商的大杂烩(jumble)似乎不仅是21世纪知识产品的绝佳模型,而且是市民社会的绝佳模型。

不过，我们距离阿诺德笔下的优秀[文化]或诸如"世界上最优秀的思想和言论"之类精英观念的最佳规范，已经相去甚远。"比较学"似乎着眼于差异——事实上，这是它的出发点和所需：比较学着眼于文化差异、宗教、种族和语言的差异。但它不仅仅关注差异，不管是世界的差异、作品的差异，还是评判世界和作品的方式上的差异。假如比较学**仍然是**比较文学的，这是因为它的终点回到了起点——主张从种种貌似的全面性产生出来的差异性，这差异性可以被分析并引入知识领域，但无法被化约（或者说不必被化约）、甚至无法引入阿诺德所谓的"世界"之中。就此而言，"比较学"确实可以产生或至少可以塑造某种市民社会，它拥有以中立态度对待差异的评判准则（juridical frame）。它可以着眼并生产一种与阿诺德设想的完全不同的世界，一个复数的世界。

这一状况是怎么产生的？这么一来市民社会的未来仿佛要经由比较文学[来实现]？一个新兴而复杂的民族的领导人试图为他的国家保证一种未来，它将超越所有原教旨主义，它将超越我们目前经历的高碳经济；他设想可以在未来，当稳固确立一个承担此类经济的市民社会以后，将出口的商品转化为知识产品。被他吸纳进来以帮助实现上述设想的全球性大学，部分出于思想的挑战，部分出于由此带来的经济利益，选择了参与这个规划。当然，我对这一合作的任何一方都不抱天真幻想。这么一来，一个看上去微不足道的文学研究的次级领域，竟能在这一前瞻性规划中扮演举足轻重的角色？

首先我要让你们知道，我认为这门学科（如果它是一门学科的话）能前进到哪里、以何种形式、致力于何种目的；并且我要让你们了解，将比较文学理解为一门关于未来（它自身的未来以及一般意义上的未来）的学科，其重要性何在——我们要先往回看，回溯到它作为一门学科在美国建立起来时的情境。这几乎是个圣经故事，始于战争和战后一段时间的嘈杂（babble）（估计是1937年初到1955年左右），当时一群来自欧洲的知识分子移民到美国，因为这群学院精英的政治倾向或宗教倾向威胁到了整个欧洲。他们包括阿隆索（Damaso Alonso）、韦勒克（Rene Wellek）、卡斯特罗（Americo Castro）、哈特曼（Geoffrey Hartman）、德曼（Paul de Man）、阿多诺（Theodor Adorno）。他们不仅具备一系列研究领域的训练，精通多种欧洲语言和文献，熟悉多种学科语汇（lexicons），而且设想或幻想这种训练和熟悉，这种多语言和多文化的能力是对于他们所逃离的、灾难性发展的民族主义和极权主义的解决之道。他们组织起与本民族语言和文学相反或相异的知识领域。因而，我的故事便在这样一种事业的核心找到了比较文学这一新学科：它既指向一种替代性未来——不同于几乎注定要产生敌我区分的单语言欧洲民族文化的灾难；也旨在与特定的过去脱离干系。"文学"变成了民族文化和语言价值的储存所；但文学总是"比较的"，这意味着它总是在关系中得到界定和研究，意味着所有文化、民族语言和民族，都是在关系中得到界定的——而这一点表达了下述希望：相互关系或关系性定义，其意义不必理解为战争状态或友好状态；它是一种比较状态。

　　这种对于比较文学（以及更宽泛意义上的比较）的文化形态和价值非常乌托邦式的、互补性的观念，在冷战期间的美国得以充分形成——这一时期美国和苏联越过各种意识形态和物质的壁垒进行对抗。这种境况当然对两国社会产生了巨大的阻碍和破坏性影响，大学和学院文化也未能幸免。从语言学到生物学，从历史到政治科学，显而易见，各个领域都在一定程度上受到明确的国家利益的影响。1943年到1944年期间，陆军专业训练计划扶植了对于各个民族语言的研究，这一计划资助了美国大学中超过30门语言的约五百门高强度会话课程。[1] 美国的

---

[1] See Barry L. Velleman, "The 'Scientific Linguist' Goes to War: The United States A.S.T. Program in Foreign Languages", *Historiographia Linguistica* 35:3 (2008), 385.

哲学发展出其分析[哲学]优势（analytical edge），某种程度上是为了回应欧陆哲学明显的马克思主义化。认为比较学可以提供普世性替代方案，取代民族和民族主义的沙文主义，这种学院幻想已遭到怀疑，就像普世意识形态遭到的怀疑那样。你或许会说，冷战剥夺了比较文学的未来，剥夺了比较文学对于未来的关注。你或许会进一步说，其他东西填补了这一空白，填补了第一代比较文学学者以其温情幻想所构思的未来：文学理论、高级理论，比较文学的替代性未来。被从美国的哲学系除名的欧陆哲学找到了流放者的居所，那里没有教授职位，被人们认为没有学科结果——更重要的是，也没有社会结果——这居所便是比较文学。比较文学丧失未来、并继而重新获得一种理论性未来、理论中的替代性未来，这一故事要怎么发展？它是如何开始的？

让我们回到嘈杂（babbal）和巴别城（Babel）。威廉·莱利·帕克（William Riley Parker）1962年问道："自从巴别城以来，这个世界可曾如此意识到语言？在古腾堡之前或之后，可曾有另一个时期，如此多的语言向必朽的人袭来——来自四面八方的不断压迫、不停地困扰着人们、带来不安的气息？我们生活在陌生的声音中。就是在昨天，我们还沉浸在熟悉的声音给人带来的安稳中享受宁静，不是吗？"[1] 曾任现代语言协会主席的帕克以这些话开始了第三版《国家利益与外语》"后记"。帕克这部影响深远的报告和手册在1962年出的第三版考察了自从1954年发行第一版和1957年再版以来的进展，尤其是涉及当时国会刚通过的1958年国防教育法。这一法令的第六条批准并资助在二等院校和高等大学创建各个教授和研究外语的中心。自从1960年代末，重新批准国防教育法和这些中心尤其成为一个颇具争议

---

[1] William Riley Parker, *The National Interest and Foreign Languages*, Third Edition (U.S. Government Printing Office: Department of State Publication 7324, March 1962), 151.

的问题；然而，在1954年，继而是1957年、1958年，最后在1962年，当帕克回溯到巴别城的时候，在美国教授外语被设想为属于更为普遍的冷战外交和经济战略的一部分，意在形成美国和苏联集团之间的平衡（parity）。帕克颇为抒情地唤起"昨天"——那时，"熟悉的声音"萦绕着我们，这些声音仅仅会被我们可以"享受"的"宁静"所打断——在对比的意义上确立了"不断压迫"和"困扰着人们"的恼人的、陌生的、不熟悉的现代性。我们的巴别城是那段人们熟悉的往昔的未来；我们的现代性是其结果。"袭击""陌生的声音"注入了我们本国"熟悉的"单语声调。巴别塔已经倒下，而我们如今寓居在一个不仅多语言，而且关键是可以令我们"意识到语言"的公共空间内，这个嘈杂的公共空间在和我们私人的或至少是平静的、本地的语言史相遇之后，便塑造起一个愈发差异化的共和国的集体认同（the communal identification of an increasingly differentiated Republic）。帕克的图景来自国内逻辑，但这种逻辑也是地缘政治性的。对我们的目的来说至关重要的是，这一逻辑主宰着美国学科实践的形成和巩固，并且设置了种种沿用至今的学科边界。

现在，考虑一下在以下几个方面之间进行的辩证性受难剧（passion-play），或三部分、四部分的舞曲：一方面是说着别种语言的"陌生声音"的因子（copia），巴别塔式的种种语言的播撒——这些都威胁着美国共和国的墙体；另一方面，从家园、私人沉思冥想的领域、尚未接触全球化的社会中传出的熟悉的声音和愉悦的宁静；最后则是帕克所谓"语言意识"的混杂领域，"我们"如今占据的位置，以及他写作那本手册所依据的位置。"高级理论"在美国大学文化中的出现及其短暂的霸权地位——其种种起源可以追溯到欧陆哲学被贬谪至文学专业、尤其是比较文学，但其顶峰大致可以说是在1969年至1984年之间——这一霸权地位和之后的衰落已经在帕克书末描绘的、以"语言意识"为标志的复杂状况中初见端倪。帕克将这个表述作为某种"小赠品"送给读者,镶嵌在精心构造的自问自答过程中,这一设问某种程度上意在象征并防止因战后欧洲移民或种族融合斗争所引发的种种可能的焦虑,这一设问将这些焦虑归入一种主宰性的犹太—基督教叙事中(在巴别城播撒种种语言,显得有点像是冷战的前兆,这个形象也让各个集团政治势力披上了神义论色彩)。但"语言意识"也是一个相当成问题的概念:"语言"和"意识"以多种方式发挥着勾连性语词(bridge-words)的作用,既不指向私人和公共领域,也不指向言语情境。"语言意识"关系到日常经验的现象学,并且(根据帕克的看法)关系到我们的如下意识:意识到我们在"陌生人"的城市人群中呼吸着"不安的气息",这些"陌生人"说着别种民族的语言(像欧洲移民那样),或是说着美国内部不同种族、经济和文化差异的语言(像内部移民到北部中心城市的非裔美国人那样);它还与行政—政治领域有关,共同体内部和共同体之间的种种差异在这个领域内突然显得必须以人们接受的语言和标准展开协商(它们是对任何人来说都不"陌生"或对所有人来说都同样"陌生"的语言和标准);"语言意识"得自于新兴的商业—媒体或经济领域,在其中,不同市场部门的相关"意识"成为最迫切的分析主题和商业关切的主题(在此可以想一下市场营销和广告的兴起,它们当时是调查的领域[fields of inquiry]和考量公众"语言意识"的形式);"语言意识"还关系到更纯粹的学术和神学话语,在其中,"语言意识"本身就是**学科**关注的主题——如语言学、哲学、伦理学或政治哲学等学科——以及制度协商的主题。

因此,"语言意识"在辩证平台上占据的空间是丰富而矛盾地综合决定了的(over-determined)。从"高级理论"登台占据那个帕克为其设置的空间(或者说,占据那个空间的空间)之日起,已经可以看到"语言意识"的这种自相矛盾、综合决定的性质,威胁而不是巩固了大学学科的自我认知(self-recognition)(例如,使语言研究和文化研究专业"意识到"它们本身，反思它们的规范、表达规则、行政身份，等等）。于是，与"语言意识"的诞生相应——它在学术上得到批准的形式是，翻译学校和国防教育法第六条所设的区域研究中心；种种跨越**民族**语言边界的学术专业和项目的兴起（例如比较文学研究的兴起，外语和罗马语研究专业的兴起）；为元语言学设置一组新的**恰当研究对象**，如美国的乔姆斯基和欧洲的结构人类学都在做这方面工作——与此同时出现的，是一种补偿性的、本土的（domestic）思想形象。这一形象旨在规约理论"意识"，使之避免分离为极为抽象的术语——同时，它也使严重碎片化（fragmented）、多元决定意义上的"语言意识"（战后初期获得这一意识）变得不可思议了，使这一"意识"与"语言"之间的关系成为不适宜的思考对象。

这一受到规约的形象会采纳何种形态呢？且来看一看杰出的文学研究者穆雷·萨克斯在1984年《专业》上——现代语言协会的专业期刊——发表的看法。萨克斯的直接主题是跨学科合作。他这样写道，院系之间的合作、大学与高中之间的合作以及不同系科之间的合作，应该会使我们远离大学内垂直与水平的分化（不同的系科结构、不同的研究对象）以及同样呈现为水平及垂直分布的不同研究制度所带来的"碎片化"。这些研究制度区别了作为实用工具的"语言意识"以及由对于语言的"文学性"（而非使用语言）之元理论反思所提供的"语言意识"；两者严守着这一差异：在高中及非精英大学教授外国语或更广义的文学；在精英式的高等研究教学机构教授法国及欧陆理论视点之下的文学与文化，或者是毗邻学科诸如语言学、哲学或历史影响之下的文学文化。其效果是散播性的（The effect has been one of dispersal.）。萨克斯用一种带着真实恐慌的夸张措辞给出了结论：需要重铸巴别塔碎片的形象，同时为我们勾勒出一种广受欢迎、令人熟悉的形象，它能引导我们穿过这一零落破碎的现代性荒原。毕竟，这一年是1984年。里根政府毁灭性的对抗论（confrontationalism）使得寻找

另类的社会性形式变得十分紧迫。萨克斯写道:

> 在每一向度都如此破碎的专业中,成功合作的现实前景到底为何?那些毫无相似之处以至找不到任何共同的宽旷的立足之地的人如何一起工作?我们领域里许多新的垂直与水平分割形式如今构成将我们分离开来的离心力,迫使我们与我们学科的核心渐行渐远,并且阻隔了形成一致专业实体的希望……值得我们警醒的是,我们自己使这一专业变得闭塞,而且无疑是带着热情这么做的……无论个人的推动力是什么,我们难道不是仍然在某种程度上保留着重获此爱的深切希望?那一希望是专业的真理,可以确定我们皆有此希望。而在我看来,那种爱对于我们每个人来说,是我们学科的真正核心,当我们被那一合作的观念所打动的时候,这一核心或许是我们无意识所追寻的。[1]

这一动人而引人注目的希望形象——希望重新得到爱,重新获得激情,希望恢复某个时代,获得某个超越漫长的奥威尔式冷战的未来,希望拥有"新思维"(*perestroika*)(首先由米哈伊尔·戈尔巴乔夫在1984年公开采纳的术语)——"希望"形象给了萨克斯"真理",给了他学科核心和某种未来的理念。"希望"是一种形式,"或许是无意识的",但却在情感上"打动"我们,萨克斯甚至认为,它应该也在专业上"打动"我们。希望会带给我们如今令人沮丧地丧失了的"联系"——特别是在1984年;希望会在我们之间创造出一种承认共同激情的有目的的共同体,在一个我们所共有的时代里——神话的、初始的时代,那一刻,我们的激情和选择并未受到时尚、市场、职业

---

[1] Murray Sachs, "Collaboration's End: 'Live in fragments no longer'", *Profession 84* (New York: MLA, 1984).

正确性、学科限制的约束，这一共同体会将我们引向共同的选择（我们选择了文学研究作为职业/专业）。简言之，对于萨克斯来说，构造学科共同体的这一坚固的构成性术语自身并不是那一共同体的反思对象：[这个术语便是]"希望"，"或许是无意识的"，回归某种本土（domestic）神话的希望。它不是用来思考的，而是被视为一种规约"语言意识"的情感形式。它规约这一意识，同时也使之免受学科化的侵害：回归巴别城之路并非凭借反思性的学科逻辑——这一逻辑使语言及成长神话屈服于那些语言所提供的思考与意识模式，而在于未经考察的情感，它与这些并未完全被回忆起来的语言与成长神话紧密相连。萨克斯的"希望"是这样一种形象，冷战晚期用它来翻译阿诺德笔下的"世界"。

我告诉大家的不是一个新故事，然而我想强调其中的四个要素：

首先，从20世纪中期以来，在美国，外语和比较文学学科的学科性辩证法（the dialectic of disciplinarity）拥抱了一种对于共同体的渴望，这是一种怀旧的、本土的—地缘政治式的渴望。

其次，一种理论或反思环节的观念从一开始就出现在比较文学教学之中，甚至出现在诸如《国家利益与外语》之类的手册之中。

第三，这一反思或理论环节威胁到了公私、本国—神学辩证法（domestic-theological dialectic），使之不安，而冷战时期大学的逻辑遵从这一辩证法。

第四，一系列补偿性的形象被编排了出来，从而规约反思—理论环节——包括萨克斯所呼唤的形象——"希望"形象；同时，关于失去之爱的人道主义—俄狄浦斯情结、共同选择形象、教学的天职形象等得到复兴。

那么，既然冷战最不寒而栗的日子已然过去，在这个国际化、全球市场、语言多样性丧失、全球单一文化生产的时代，在这一语境中，比较文学已经变成了什么？比较文学如何为我们提供一种未来，以超越人文主义的、阿诺德式的"希望"——即[超越那种]对于"文化性"或"世界性"或"全世界"情感作用（affectivity）的"希望"，对于全世界有希望的、且仅仅关乎情感本身的文化的"希望"？在我看来，当比较文学在[面对]其他愈发多样的陌生场景时[选择]回归熟悉的单语场景，[并且，]在欧洲启蒙运动（或者说某些启蒙的遗产）教导我们仅仅倾听一种语言的时候，[比较文学则]准备去承认其他语言，准备去承受其暴力的快感，[那么，]比较文学就打开了某个未来，打开了许多未来。在这里，我相信，比较文学及其他元—民族学科实体起着关键作用。正是在这儿，"语言意识"**最**不容易受到"希望"的规约，不易受到将要到来的"世界"之鬼魂的规约，或是斯文优雅的婴孩形象、自主的情感形式、给巴别城以来的"希望"与"世界"造成阴影的共同"人类激情"的规约。

让我们从比较文学没有一个未来，而有许多未来，多元的未来这一概念出发，重新开始。我们可能知道，有一个隐藏着的紧迫的问题，似乎是这样：**是否**比较文学有未来——不是许多未来，而是任何一种未来（have a future—not many futures, but any future at all？）？毕竟，尽管我所谓建基于全球—贸易—体系模式的全球—大学—体系的力量不断加强，我们正在看到，在整个欧美，大学里大量民族语言系被叫停，或是得不到资助，或是合并成更大的单位。在美国，我们正在看到，各学区（school districts）通告：外语教学不必成为小学和高中课程的核心部分——这一改革如今由"不让一个孩子落后"法案的繁重测试标准所推动，小布什政府在2001年颁布了这一法案，要求各学区给那些令人头痛的科目，诸如数学、阅读和英语写作更多资助。我们意识到，英语在贸易与网络的帮助下，在全球范围内不断进军，胜利凯旋。出于焦虑，我们要跟着第一个紧迫的问题再提出如下问题：如果比较文学能够在美国文科普遍失去资助、英语全球扩张、自然语言迅速灭绝以及建基于技术革新的共同地缘文化的出现这一系列情势下幸免于难，那么它可以采纳何种形态？当所谓"文学"的价值因为经典的开放化、数字化以及高级文化特权遭到质疑而动摇时，比较文学将如何存活？鉴于全球主义（globalism）、互联网、劳动市场的国际化所带来的同质化力量，比较文学如何存活？如果在这些环境里，"比较"变得越来越不必要甚至不可能——因为本土差异被包含在保护专利、地缘文化和英语世界的市场大学之内，那么比较文学又将如何存活？然而，诸如这样的问题也迫使我们从不那么实用的角度来思考，并提出一些更令人为难、让人不解的问题。其中一些表面看来不是晦涩就是琐碎。说是晦涩，因为当我们说到一个"期货"（futures）市场时——当我们说到一个称其为比较文学的学科的可能的未来/期货时，我们难道不是在谈论一宗学院商品的贸易？是否有一种商品期货市场，类似位于芝加哥交易所里那些常规的商品与价值市场，比如金、银、咖啡，等等？比较文学的"期货"贸易在那一市场中会是什么模样？我们是否应该开始想象补充性的市场，就像寄生虫附着在学院商品市场之上——为这一或那一领域的价值提供保险与再保险的贸易？或是[市场的]派生物？我们是否应该害怕学科商品市场的通货膨胀？供需法则是否规定了有价值的知识投资？另一方面，讨论"比较文学的诸多未来"或许听上去显得十分琐碎平凡——那个没有未来、没有诸多未来的情景到底是什么（我们所能想象到的诸多未来，依赖这一或那一情势）？我们或许会说，一个国家或一个概念，所谓"美国"或"中国"有许多未来，或者"社会主义"或"资本主义"有许多未来，这些未来的命运取决于高碳经济能否成功地向另一种能量形式转型；地震和海啸会让我们这样的发达社会更多还是更少地依赖核能；或者，这些未来也取决于某种特殊的流感病毒是否会席卷全球，取决于运输系统能否支持我们在21世纪发展起来的种种劳动力出口型经济。我们要说，艺术有许多未来，西红柿也有，你和我有许多未来——我们以平凡琐细的方式，通过这一点所表达的意思是，关于未来,没有什么是确定的/被规定的。

或许在不那么琐碎的角度,探讨"比较文学的诸多未来"能够引导我们去思考——就像我正在做的——诸如"比较文学"之类的东西在当下是如何想象自身的未来或诸种未来的,它在过去是如何想象自身诸种未来的。最终,通过"比较文学的诸种未来",我们所要表达的是:"比较文学"通过对于"诸多未来"、对于未来的性质的特殊理解,以及对于各种社会思考自身未来的方式的特殊理解来定义自身。这最后两种理解"比较文学的诸多未来"的方式承受着这一领域的内在规范而非来自外部的经济或体制因素的压力或危机。我怀疑人们会普遍同意,"比较文学"学科确实有一种独特的方式思考其自身的未来,或思考一般意义上的"未来"本身,尽管在我看来"比较文学"兼具这双重思考。

那么,对阿诺德的"世界"丧失希望,这意味着什么呢?被迫承认那些已然在熟悉的本土单语场景中运作的其他语言,意味着什么?唔,它意味着或多或少同时做两件同样危险的事情:它意味着保留并强调民族语言与文化传统作为差异来源的特殊性,即将"语言意识"不仅仅视为承认而是以比较为目的的差异生产。它意味着拒绝大多数的普遍主义,大多数的"世界",包括"世界文学"的"世界"。在这一描述中,比较文学起到了重新特殊化普遍主义的作用:它站在"世界"的对立面。但是它也意味着打开"语言"的概念,超越作为"民族自然语言"的标准定义,并朝向某种符号形式,这一符号形式的交际维度仅仅是次要的……

以生产一种公民认同为目标,使比较文学同时沿着这两条道路,而不是被"希望"或是"世界"的空洞含义所限定,意味着采取下述任务。

首先,文学研究与其他文化的研究应该再一次在方法论上处理中介问题。留心多语种文化的"语言意识"意味着在目的论之外来思考中介，意味着将中介视作发生于所有未来状态与结果的不确定性及偶然性之中。

第二，比较文学应该再次确立它对于种种哲学语言的立场——不管是分析派还是欧陆派的语言，包括科学哲学、精神科学、逻辑学、认识论、美学、形而上学，等等。当它如是而为的时候，比较文学将认识到，它同分析哲学与日常语言哲学之间的漫长战争已经获胜。进入文学研究领域的欧陆哲学，不管是从欧洲流亡而来的还是美国土生土长的，已经在那一领域建立并发展了聚焦于语言中介的政治哲学的诸多工具，以及聚焦于外在于给定形式框架与语言形式化视域（分析哲学的那些行话则注定归结于此）的比较学研究。在一个没有希望的世界，即在一个拥有真正**未来**的世界，哲学是比较文学的次级领域，是比较文学的研究对象以及其诸多程序与协议的一部分。

对于比较文学**实践**来说，这一向中介的回归以及重新哲学化比较文学领域意味着三桩具体事情：

首先，比较文学应该严肃对待动物或动物研究给经典人文学和文科（liberal arts）带来的挑战。这意味着**既**拓展比较学的概念，使之包含跨越生物种类的比较，同时**又**拓展"文学"的概念，使之包含由非人类动物创作的文化作品，而不仅仅是关于**非人类动物**的文化作品。我并不一定是在说由我们的宠物所写的诗歌，我所设想的东西究竟如何需要等待（but what I mean will have to wait）。

其次，在其未来（诸种未来、多元未来）之中——如果比较文学留心自己的未来，它将认真对待翻译研究领域。比较文学需重新定位这一领域，使之远离可译性的假设，对翻译的功能与技术需多加说明，并且使之导向不可译性的假设。再一次，这一点究竟如何需要等待。

第三，在其未来（诸种未来、多元未来）之中——如果比较文学留心自己的未来，它需要采取一种强硬的概念立场来**反对**正在出现的"世界文学"领域。这一强硬立场的焦点不仅仅是语言具体性，它是一种对于"世界文学"所带来的"世界"概念的批判——这一概念显然一方面受到殖民主义、精英主义想象的限定（歌德在那一时代构想了这一术语），另一方面受到带有偏见的普遍等价物的限定，而后者是同全球资本主义联合在一起的。比较文学的诸多世界不是世界文学的世界。

在耽于这一开药方式的，如果还称不上是预言式的脉络（vein）之后，让我回到开场情节来作一个小结。这一故事现在可以这么来读。建立在阿联酋和纽约大学合作基础之上的文理学院是开放但空洞的。在通往新教室的途中，学生与教员从全世界来到阿布扎比。那里的课程将会具备我已谈到的激进的比较学锋芒（comparativist edge）。一位充满希望的教师，一位比较文学（在我所说的意义上）的专家，在飞机降落时，开始和另一个同事交谈。她正想起一幅场景，或许仅仅是传说中的场景，大约发生在一百年之前，"乔治·华盛顿"号驶入纽约港，带来了两个欧洲人和一种激进的、不安定的新的研究形式。我想象中的比较（文学研究）者在阿布扎比着落，开始她在那儿的教学，她就如同弗洛伊德曾经向他的伙伴卡尔·荣格评论美国人那样，向自己的同事说："他们并没有意识到我们在带给他们瘟疫。"激进比较观的瘟疫即比较文学的未来。

参考文献

Arnold, Matthew. *Culture and Anarchy*. Ed. Samuel Lipman. New Haven: Yale University Press, 1994.

Balibar, Etienne. *The Philosophy of Marx*. New York: Verso, 1995.

Lezra, Jacques. *Wild Materialism: The Ethic of Terror and the Modern Republic*. New York: Fordham University Press, 2010.

Parker, William Riley. *The National Interest and Foreign Languages*, Third Edition. U.S. Government Printing Office: Department of State Publication 7324, March 1962.

Sachs, Murray. "Collaboration's End: 'Live in fragments no longer'." *Profession* 84. New York: MLA, 1984, 41—443.

Velleman, Barry L. "The 'Scientific Linguist' Goes to War: The United States A.S.T. Program in Foreign Languages." *Historiographia Linguistica* 35:3 (2008), 385—416.

[附录三]

"非主体"：动物、缺陷性概念与激进共和主义（访谈雅克·莱兹拉）

访谈时间：2012年12月7日

问：首先请允许我提一个有关个人学术研究轨迹的问题。您的第一本书《无法言说的主体》（*Unspeakable Subjects*）围绕"事件"概念对早期现代欧洲的一系列重要文本进行了谱系学考察，这些文学和理论文本跨度很大，包括塞万提斯一直到弗洛伊德的诸多作家作品；您的第二本著作《野性唯物主义》也涉及很多文本，书中提出的关键概念包括"恐怖"和"偶然性"，等等。我发现，您在第二本著作中讨论并捍卫了所谓"激进共和主义"的观念：根据这一观念，一个共同体建立和运作的基础是水平关系而非垂直关系，共同体是以分享某些非同一性的作用词（operators）而得以维系的。这似乎可以被视为贯穿您的思想的一条主线。我想问的是，据此是否可以推断，人们可以将您对于不同文本的解读和利用都组合成一个总的关于"激进共和主义"的叙事？抑或是应该将它们视为不同的"个案研究"，而没有一个总的叙事？

答：我第一个写作计划是关于早期现代欧洲的"事件"的谱系，而第二个计划是所谓"野性唯物主义"，你问到两者之间的关系。或者换一种表述，你的问题是：对于"事件"的研究和我后来对于"激进共和主义""偶然性""恐怖"等概念的研究是否有关。怎么说呢，答案自然很复杂，但也确实可以认为我的两个计划是相关的。在我写作第一本书的时候，我试图勾勒出我自己对于"事件性"和"事件"的理解，但那时候我还没有清楚意识到，这些思考其实和我后来在《野性唯物主义》中明确提出的一些概念分析和概念结构休戚相关。在第一本书中，我使用的"事件"概念与巴丢（Alain Badiou）著作中的"事件"概念有点关系，但也有很大的不同。我写作的时候巴丢刚刚开始在法语世界之外被读者接受，而他的《存在与事件》（*Being and Event*）也要等到几年以后才被翻译成英文。当我着手《无法言说的主体》这项计划时，我手边就放着巴丢的法文著作，而且我也特别留心了《存在与事件》中涉及"事件"的数学原则的几部分内容。不过我感兴趣的是考察，在什么情境下被算作"事件"的事情，可以回溯性地作为事件本身而明确向人呈现出来，或被建构为事件。在我看来这一问题相当棘手，而且和巴丢对于"事件"的理解截然不同。在巴丢那里，"事件"具有数字和单位的性质，不具有我所感兴趣的那种回溯性角度。一个"事件"在巴丢那里总已经是一个事件，它总已经具有那使其成为事件的融贯性原则，而且这种融贯性是永恒的。"事件"的上述两方面使它与数字概念有关，结果是"事件"作为数字而带有不可化约的、抽象的真实性和现实性。巴丢和整个柏拉图传统都将数字看作真实本身：真实就是数字的，或者说是数字性的。但我认为这种观点不正确。当我在《野性唯物主义》中提出"缺陷性概念"（debilitated concept）或"概念的脆弱性"时，我所考虑的结构恰恰是"事件"的回溯性确立。我这一提法受到弗洛伊德的影响，也吸收了巴丢的老师阿尔都塞的一些观点。另一点差异是，"事件"的这种回溯性建构性质不仅适用于哲学领域，而且也和诸多学科的建构方式本身密切相关，涉及它们如何被确立为研究对象的问题。因此，我就对于诸如塞万提斯的《堂吉诃德》、笛卡尔的《第一哲学沉思录》、莎士比亚的《一报还一报》等文本感兴趣，它们不仅是**处于**早期现代时期中的事件记录，而且也是在随后几个世纪中被**作为事件**而回溯性地建立起来的文本，它们似乎变成了用于检验某一学科本身融贯性的手段。也就是说，任何学科若要将上述文本中的一个或一些当做研究对象，那么在研究文本所再现的事件时，该学科也要研究自身诞生时刻的额外的、首要的事件；反过来说，被该学科视为研究对象的文本，同时也体现和表征了后一类型的事件；等等。学科对象的这种自我复制——即一方面是研究对象，另一方面是学科借以获得自身融贯性和同一性的对象——在我看来远未得到充分考察。在巴丢对于"事件"的论述中，这一自我复制现象也未被考虑在内，因为巴丢认为"事件"无法具有这种复制的、非同一性的结构（归根结底，"事件"是一个数字，因此始终抽象地与自身保持同一性）。对于我刚才描绘的内容，你也可以这么想：根据我提出的"事件"定义，"事件"的完整性和稳定性都仅仅是在某些时刻为了某些特殊目的而被回溯性地建构起来的，因此总是会易于改变。一个事件的种种边界都可以被重新划定，过去不是事件的事情可以变成事件，然后再由于机制的变化或不同力量的作用而重新变成"非事件"，等等。这一点也与巴丢著作中界定的"事件"非常不同：这就好像在说数字5可以是数字5，然后（或与此同时）又不是数字5，在然后（或与此同时）又变成数字5，如此等等。他对此肯定无法接受。就我本人来说，我在第一本书中也仅仅触及上述论题所产生的后果中很少一部分，但是……要知道，那本书的写作背景和用语都首先限定在文学批评和文学理论的范畴内，没有考虑到与更宽泛的哲学领域、特别是政治哲学之间的衔接。后者是我在《野性唯物主义》中试图去做的工作：该书的问题意识是，对于哲学尤其是政治哲学而言，如何在我所勾勒的偶然性框架中思考"事件"的含义？如果你这么问的话，并且要是加上《野性唯物主义》中提出的"缺陷性概念"和"脆弱概念"等说法，那么我觉得就可以说，我在第一本书中称之为"事件"的概念，如今就对应着第二本书中的"缺陷性概念"或"有缺陷的概念"。这些词从某种意义上说具有相同的结构和位置。所以《野性唯物主义》试图考察的是"事件"的政治性——如果你按照我所描绘的方式理解"事件"概念的话。缺陷性概念的政治性何在？对于这一问题的回答就涉及我所谓的"激进共和主义"。这本书试图从我第一本书考察的相同时间和地点（也就是早期欧洲现代）出发，勾勒"激进共和主义"。欧洲早期现代时期，民族国家开始以非常不同于中世纪的方式思考主权问题，开始遵循科层制和法律；另一方面，现代性也随着印刷业的兴盛、随着美洲的发现、随着殖民地和殖民主义的战争、随着民族国家间（而非王室之间）的国际政治结盟而发端。

问：接下来我想提出两种对于您的研究方式和立场的可能批评，它们来自不同方向。首先，针对您的一些说法，我怀疑当今不耐心的左派会说：您对于文学文本和哲学文本的一些分析和解读确实挺有意思的，但也仅此而已。莱兹拉迷恋这些文本，却不关心一下大街上正在发生的事情。可是这种文本解读能带给我们什么呢？我们需要实践指导；我们需要新的总体性样式；我们需要团结和认同。我们需要给贫穷者以发出他们声音的位置和倾听他们声音的方式——真实存在的穷人，而不是什么"不可言说的主体"。别谈什么"贱斥"，别谈什么"脆弱概念"。"偶然性"？"破碎的主体"？省省吧。——您将如何应对这类批评？

答：事实上我本人也经常站在这种"不耐心的左派"立场对自

己提出质疑。我认为这是个完全正当且完全必要的问题。过去好几年里，我也曾被不同人以不同方式问过类似问题。对此我还没有一个能令人绝对满意的现成答案，但我可以勾勒出一些大致的轮廓来界定问题和答案的各自指向。首先我要说，这个问题事关事态的急迫性和政治策略。问题也可以表述如下：莱兹拉，你已经告诉我们激进共和主义是怎么样的了，也谈了偶然性、作为政治根基的非主体间关系，等等。这些都不错。但现在请你告诉我，在我们今天面对的掠夺式资本主义语境下，你说的这些有什么帮助，对于财富不平等和世界上有那么多人受苦受难、深陷绝望的境地有什么帮助？对于欧洲的去工业化进程和信贷市场危机的现状有什么帮助？请你告诉我，为什么我要花时间读你的书，而不是去大街上参加抗议游行，做一些实实在在的事情？——如果这一问题的性质如上，那么这是个有关理论和实践之关系的老问题。该问题也可以被不同的人利用，有时候得出的结论是挺令人泄气的，比如有人会说：你所做的工作不仅对于改变不平等现状毫无实际帮助，而且甚至与既有权力体制合谋，因为在你的描述中，反抗这个体制似乎变得不可能了，要做些具体实际的事情反而变得更为困难。这是个很强的质疑，而且很难给出让人满意的回复。确实，危机事态的急迫性是无法化约的——德里达在《难题性》(*Aporias*)中就谈到了这一点——急迫事态向人提出的需求不可能轻易回避。有人正在死去，我们必须采取行动；有人受了重伤，或正在挨饿，我们必须采取行动。需求的性质是绝对和直接的，要求人们立即当下采取行动。但与此同时，未经思考的行动，或本能或直接地回应需求，总是有变成意识形态工具的危险。直接通过情绪和行动来回应事态是一种意识形态回应，而一种经过反思的、批判性的、审慎的立场则要求花更长时间来作出真正负责的伦理回应。确实，事态的需要具有"难题性"或僵局的性质。它好像要求人们做到：一方面必须采取直接行动；另一方面必须伦理地行事——伦理地行事指的是考虑到情境方方面面的规定性，以便在作出决定时，各种后果和事态的真实性都呈现在你面前。可是，如果你考虑这些方方面面，那么挨饿的孩子就会死去，不平等也将持续。而如果你试图两面兼顾，那么你就会陷入无法摆脱的僵局。你必须行动，但你不能行动；你必须**现在**就行动，但你不能不作思考，不能不同时理解该做什么、为什么要做。所以，了解这个状况并意识到这个难题性，恰恰就是了解撰写一本有关不平等和激进共和主义的政治哲学著作时的历史事态。我当然知道，当下的世界历史事态要求每个人都该上街，摧毁那些政治机制——它们剥削穷人、再生产寡头政制的腐败权力，等等。是的，我们应该立即行动，立即摧毁这些剥削机制。这里的需求是绝对的。但与此同时，辨认权力得以施展的真实位置，则要求人们评判何种策略最为有效，何种替代性方案最为可取。在某种意义上，德里达会说这一切都来自未来：他的意思是，它们都来自一个我们尚未对之加以思索的地方。我们若没有实际上的思考，也就谈不上对这"尚未思考"的事情进行思考。就此而言，我的工作力图生产一种思考方式和一系列术语，以便在面对直接的急迫需求时，"思考"得以可能。这不是说我的书可以当做一本教人如何快速思考的指导手册；相反，我认为它提供的是一套技术，用以辨别概念通过何种方式将自己掩饰为自然的东西，而实际上它们并不是自然的。它提供种种技术以将概念"去自然化"，或将它们变得有缺陷、脆弱并且显而易见。在我看来，使概念的缺陷变得显而易见，本身就是一件直接而急迫的任务。直接而急迫的任务当然可以是阻止一辆即将碾过一个儿童的卡车，或帮助街上的穷人，或阻止一辆运输动物去屠宰场的货车，等等——这些都是直接而急迫的任务，毫无疑问。但我认为同样急迫的是思考政治概念何以是缺陷性的，它们何以是不自然的，而且总是可以被解构、总是已经被解构。就急迫性而言，我当然明白来自左派的那些质疑，我当然明白有很多事态要求我们立即介入。但这些急迫事态之一就是：当今政治概念正在变得固化僵化和意识形态化。我们急切需要拆散这些固化的政治概念，这任务和我们有责任阻止一辆即将碾过儿童的卡车一样重要。这就是我会给出的回答。我明白这个答案不会令人满意，因为确实很难将这些事情看作同等重要。当今世界工业资本主义体系造成的不平等产生了许多要求人们立即行动的局面，这一点毋庸置疑；要是说思考政治概念的脆弱性和缺陷性的重要性相当于阻止联碳公司在印度建造一座将会夺去两千人性命的工厂，确实令人感到不快。但这却是事实。

问：一个与上述批评有所不同但同样不耐心的质疑可以来自传统"共和主义"阵营，包括汉娜·阿伦特、J. G. A. 波科克、菲利普·佩迪特，等等。在共和主义者看来，你所致力的"激进共和主义"或许颇为骇人——比如说，你本学期在教授一门题为"抒情与贱斥"的课程，并且你希望表明"贱斥"是一项政治德性。但"贱斥"怎么可能是政治**德性**？在共和主义的耳朵听来，将"抒情诗"和"贱斥"联系在一起，又将它们与政治德性（被认为是公民参与的条件）联系在一起，是非常古怪的。更不用说哈贝马斯式的商谈伦理了：如果主体间关系被你所谓的"非主体间关系"所取代，那么还谈什么"共和国"呢？

答：如你所知，我目前的思考力图更为具体地澄清我所谓"激进共和主义"（在政治主体的意义上）具有何种政治模式。所谓政治主体，我指的是在激进共和国中占有一席之地的实体。像你说的那样，"贱斥"作为一项政治德性的命题在经典共和主义者看来或许颇为骇人，我认为原因是经典共和主义的基础在于，主体性应该被设定为首要政治德性——这里"主体性"的意思是，在一个行为由中性法律机制确保的领域内，个人能不受压迫地出于自己意图而自由行动。这听起来很不错，但事实上是不可能实现的，也很可能是不可欲的。我们不应该将共和国设想为对于"主体性"（指的是自由意志、意向性、等等）进行经典共和主义式的分配，而应该重新用另一种方式思考它。人们会问，为什么要这样？原因如下。如果你在这方面为政治参与的主体设下标准，那么西方欧洲主体性的定义和其他一系列与之相关的东西都会随之而来，也就是说，你将不得不认为世界是以霸权为核心的，不得不认为权利与主体相关，不得不认为非主体要臣服于主体，尤其是你将不得不认为"自由"背负着"意图""理解"等概念的包袱。佩迪特等经典共和主义者可能会提出的问题，与其说是质疑不如说是困惑：除此之外[共和主义]还能说些什么呢？除此之外你还能如何前行？你是不是说，我们应该变得非理性，共和国领域应该向非理性开放，我们不应该将自由、意图、意向性、理解视为行事标准？你是不是说，法律不该是中性的，[共和国的]形式装置不应该是法律的中立性？从某种意义上说，不错，我的主张包括上述所有这些。我确实认为，我们必须允许某些被视为"非理性"（被那种由主体性概念而来的"理性"概念视为非理性）的事物存在。我们必须承认，有些因果关系形式是不确定的，或是不可规定的。我们必须承认，有些计划超出我们数学般精确的对于未来的掌控之外，它们无法由意向性行为进行思考，而是涉及偶然性，涉及逃逸出"可量化"（mathematizable）范畴之外的伦理责任：也就是说，我的责任不仅出于我的决断带来的种种可能后果，而且具有义务论的维度——我的责任来自决断的性质，而不是决断的结果。上述种种都是为了说明，将政治结合与非主体性关系关联起来，并不是创造一个萨德式的疯人院并把它当做共和国的模型（尽管我有时候也确实如此主张），而是要强调新的权利形式、行为方式、责任形式的可能性，它们将会是主体间的、非主体的形式，将涉及种种非主体，也将涉及主体对非主体的种种责任。政治领域是不连续的，垂直关系出现后就遭消解，水平关系也不始终如一地保持原状，而是既作为某个群体的策略需要而出现，又诞生于种种偶然性，在某个需要政治结合的特定时刻冒出来。

这些事件可以是如地震、海啸那样的自然事件；它们要求形成之前不曾存在过的垂直化和水平结合方式，但随后这些必要的结合就该被认为是脆弱的、有缺陷的——缺陷指的既是它们的结构，也是它们的持续时间，因为这些结合形式往往都是短暂的。保护这种特定意义上的政治结合的法律体制，不是中性的法律。它有积极的义务去生产和表现概念中存在的缺陷。这样的法律机制应该积极主动地将政治概念去自然化，将它们变得有缺陷。因此，经典共和主义的政治模型——根据启蒙而设想的政治主体的共同体——就不复有效了。[在激进共和主义中]将不存在经典意义上的中性法律机制，来保障政治主体的主权/自主性的分配；存在的将是一种非中性的法律机制，保障和维持政治概念的缺陷性，并且生产缺陷性。法律应当如此。

问：您提到的非中性法律机制涉及另一个对于"激进共和主义"来说可能更为重要的政治问题，也就是"主权"问题。所以，现在我想转到《野性唯物主义》中一处有关"主权"的段落。在讨论施米特和阿甘本有关法律状态或常规状态与例外状态之间的区分、内与外的区分（或"无法区分"）时，您写道："人们应该还记得阿甘本坚持认为主权权力所**不是**的东西：它不是一种时间和空间上的悬置，而是空间性的一种特殊运用或一个特殊角度，一个被表达为（或映射为）某一空间或**形象**（*figure*）的过程。每个点以颠倒（价值和意义上的颠倒：无论人们多么希望分析解释这个最终将两个面合成一个面的平面）的方式带回到起源，然后通过再次的重复而将之再度带回到出发点。"（第96页）如今在政治哲学界和法学理论界，在阐释施米特"主权者"定义（"决断例外状态的人"）时，一种通行理解认为主权者在法律体系内部划出了一个时间和空间上的"外部"。由此，例外状态必然被设想为一种后于"常规"的状态（例如近期出版的Paul Kahn的《政治神学》一书就是这样认为的）。阿甘本对于该问题的激进化，在这一读法中也很容易被重新吸纳到"常规先于例外"的逻辑序列中。但我认为您在上面这段话中的讨论将问题引到了非常不同的方向。"常规"和例外状态像一个不断自我展开和自我重复的圈环，彼此紧密相连，逻辑上的先后被莫比乌斯带式的结构取代了。我的问题是，如果主权的时间—空间结构确实如您再三强调的那样建构的话，我们如何将主权话语与其他法律话语甚或非法律话语区分开来？或者说，这本来就是您的批判所欲达到的目的之一？换一种表述：我们知道，施米特界定了"主权者"而非"主权"。似乎就施米特本人的论述而言，他所强调的不是"主权"本身的确定性特征，而是主权者意志的纯粹性。在这个意义上，一旦主权结构被通过"未来偶然性命题"加以阐释（比如您在书中详细地考察了"规范"与"事例"在主权界定上的悖论性关系），"主权性"会不会有最终被中立化乃至消解的危险（或好处）？

答：根据我之前描述的激进共和主义，主权问题确实很重要，因为如果法律机制的存在是为了保障和生产概念的缺陷性，尤其是那些旨在界定和规范个体间结合方式的概念，那么如何可能存在主权？我在《野性唯物主义》的"可分割主权"一章谈到过古典主权概念的种种限制，这种主权概念来自博丹以降的欧洲政治哲学传统，其中包括霍布斯和卢梭。我思考主权问题的角度来自德里达所谓"可分割主权"的"难题性"。这一概念与比如说"可分割的主权者"不一样。主权者不可能既被分割又继续活着。但主权必须被设想为一个缺陷性的概念，因为它同时是统一的和分裂的。没有任何人类身体可以同时保持统一和分裂，但主权概念可以且必须是这样。"主权"和"主权者"的区分看起来是个非常理想化的区分，人们很容易根据康托洛维奇（Kantorowicz）在《国王的两个身体》（*The King's Tow Bodies*）中的论述而将这一区分描述如下：国王的肉身死亡了，但主权的崇高身体本身却从不死亡,而仅仅由一个肉身传递到另一个肉身。在这个意义上,有人或许会说:你的意思是不是说,主权之所以崇高,仅仅因为它同时保持统一和分裂?因为使主权有别于主权者身体的,正是主权这种既统一又不统一的特性,主权具有这种悖论性的、逻辑上不可能的存在结构。你是不是在重复"国王的两个身体"的经典结构,重复康托洛维奇(在很大程度上也包括施米特)描述的政治神学结构?在某种程度上,这么说是对的。我唯一想补充的是:我对主权的分析主要是为了提供一种方式,让人们认识到,没有任何东西内在地就具有主权性质——没有任何身体或概念内在而言就是主权者。正如垂直关系偶然地在某个历史领域内出现,并受到各种不同的历史压力影响,因而可以在不同意义上消散或转移,主权也具有相同结构。"主权"是一个缺陷性概念,和所有其他缺陷性概念没有差别。因此,我思考的激进共和国的法律体制也注定要使主权变得有缺陷。这并不是说要砍掉国王的脑袋或者诸如此类,而是说激进共和国的法律体制和哲学体制都可能使"主权"这个概念变成缺陷性概念,并保持它的缺陷性——不是阻止它继续成具有主权性,而是防止"主权"成为一个无缺陷的概念,也就是防止它成为彻底的"统一"。我认为这就是"激进共和主义"观念的实践结果之一,同时也是对于"统一性概念"的意识形态作出批判时附带的激进哲学思考之一。

问:您的"非主体"概念让我想到阿甘本所谓的"赤裸生命"。虽然两个概念处在不同的理论脉络中,但两者都将政治神学问题、主权问题和动物性问题结合在一起。因此,或许我可以在此合理地转向"动物性"问题。"动物"话题近年来在西方学界和中国学界都已经成为热议的理论焦点,您本人也写过不少有关动物性的文章。但就该问题在中国的讨论而言(我相信这也不仅仅是在中国才有的现象),研究者们往往从环保主义和动物保护主义的角度切入,将动物性问题翻译和转化为一个通常意义上的伦理问题：如何善待动物？然而有趣的是，德里达在其晚期著名的演讲《我所是的动物》（*The Anmial That Therefore I Am*）中写道："在所谓'人'的边界之外的事物（但却绝非处在一个单一的对立面），不是'动物'或'动物生命'，而已然是一个异质性的生命多样性，或更准确地说，是生命与死亡之关系的组织形式的多样性，这些由关系组织构成或缺乏组织形式的领域，越来越难以通过有机或无机的方式、通过生或死的区别来加以分解。这些关系既互相缠绕，又如深渊一般，它们永远都无法被彻底对象化。"（第31页）我们是否可以说，德里达在这里的思考线索，以及他对动物性问题的总体论述，是对列维纳斯的"他者"观念的延续——尽管德里达也批评了列维纳斯对动物问题的处理？另一方面，似乎沿着福柯对于"生命政治"的思考，人们也可以碰到"动物性"问题。那么，您认为动物性问题背后的理论来源是什么，为什么这个问题变得重要？并且，尤其就您自己的思考和写作来说，如何将"动物"融合进"激进共和主义"的观念之中？

答：为继续我们之前的论述，动物问题可以作为一个很好的例子。对于我之前所说的这些，有人可能会这么回**答**：是的，我们知道你不要一个德性主体构成的共和国，而提出由偶然结合的非主体所构成的激进共和国，其偶然的结合总是处于瓦解的边缘，而且由于其缺陷性而必然会瓦解——它的普遍性必然会瓦解。如果是这样的话，那么这些即将结合在一起的非主体是什么呢？人们首先可以想到的就是我们所谓的"非人类动物"。仿佛他者是一个"非主体"那样去思考他者、去与他者发生关系，并将这种关系变成非主体之间的关系，这便是将他者设想为一个非人类动物。也就是说，在那个时刻，非人类动物与人类动物一样在共和国中占有一席之地。所有奇特而带有潜在麻烦的结果都由此而来，最为深远的结果之一如下：如果你说这种扩展[至动物和其他非主体]的激进共和国是非主体之间关系的共和国，或如克里斯蒂瓦（Julia Kristeva）所说，贱斥者之间关系的共和国，如果你说动物占有贱斥的位置、非主体的位置，那么你的意思是不是说，激进共和国对于非主体的保护措施也同样应该扩展至非人类动物，比如一只虾、一只海星，甚或一种病毒？你是不是说，既然激进共和国应该保护非主体，它也应该保护那些作为非主体的病毒？所谓"深度生态学"的一些分支确实如此主张，并且他们的论述很自洽很严密，也完全知道这一提议的后果是使将近70%的人类死亡：所有那些无法在病毒感染中得到治疗的人，或不在农作物中用上农药和杀虫剂的人都将死亡。我并不接受这种论述。原因之一当然是我不希望看到70%的人类死亡的前景——这可不是闹着玩的。但另一方面也是因为，如果你思考一下这一可能性，就会发现那些最先死去的人当是最贫穷和最脆弱的群体：如果我们追随"深度生态学"设想的场景，那所谓"健康圈"就必然会被制造出来以保护大城市和第一世界的人口，这些人口拥有武器防卫自己的共同体边界，而处在"健康圈"之外的所有人都会死去。可以说，人的"必死性"因此将会出现不均衡分配——它将倾斜向穷人、不受保护者、人类中的贱斥者。这就是为什么我无法接受这一生态学假设，即保护非主体关系的共和国应该保护将会杀死70%人类的病毒。提出此类主张的人将会成为意识形态附庸，并重新陷入对于"概念"的统一性观念之中，重新陷入菲勒斯式的"独特性"概念；与此同时，也将放弃共和国的激进性，退回到人道主义主体的首要地位[——虽然这里的"人道主义"恰恰是最"不人道"的]。因此，即便认可生态学上述主张的结果（消灭大部分人类），即便人们可以说："好吧，我们可以从一而终地支持这个灾难性后果，因为我们都在乎、都听命于'一切生命都具有神圣性'这一单一、自洽而自主的观念"，如此臣服于该概念在我看来仍然是不可接受的，因为它实际上仍然受到经典人道主义和主体性形式的摆布，它仍然与一个统一性的"概念"观挂钩，与主体对于统一性概念的责任挂钩，而不是与偶然性、变化事态、模态样式等挂钩。

但深度生态学的支持者们或许还会说：那么，在你所谓的"非主体"中，你要如何区分人类和黏液菌？我的回答是，事实上你仍然可以作出区分，只要你愿意同时说明，对于差异的概念化本身也会受到各种协商、变迁、偶然性的影响。在这个意义上，什么是动物？它们是否是充分意义上的非主体，可以在激进共和国中被赋予某些权利和地位？答案是肯定的，它们都占有一席之地。我的方法论表明了应该如何对此进行思考：我们必须考察，非人类动物如何像人类一样在我们中间产生同样的政治恐怖，或不如说，我们必须认为非人类动物能够在人类中产生恐怖，并且能够将这种恐怖变成政治结合的要素，因为不是所有"恐怖"都能如此。在这个意义上，就像人们所遇到的产生必要政治恐怖的"他者"那样，非人类动物是我要与之发生共和政治关系的政治非主体。这里，不耐心的左派或不耐心的动物伦理学家或许会再次跳出来说：即便如此，你说的这些对于人们处理工业化农场问题有什么帮助？美国去年有超过90亿动物被宰杀加工成食物，你说的这些于事何补？我的回答和对于之前问题的回答一样：我的著作既有帮助，又没有帮助。它当然无法教你如何拦下装满去往屠宰场的牲口的货车。在这方面它是没用的。但另一方面它也是有用的，因为你能由此理解为什么应该拦下货车，或者为什么不应该这么做。它对于计算式伦理有帮助——我们用它们来决定是否应该拦下货车，拦下货车是否同时意味着对于另一些正在发生的可怕情景视而不见，因而就需要在各种情景的急迫需要之间作出权衡。同时，它也帮助我们首先认识到，计算式伦理在哪些情境下是充分的或不充分的。因此，[断然决定]赋予一个特定情境以更强的急迫性，在我看来无论从伦理上说还是从概念上说，都很难站得住脚。如果主张我们应该拦下货车的意思是我们不必周密思考，意味着我们不必同时采取非计算式的思考方式,那这一立场我无法接受。我们必须同时做到两者,虽然这是一个不可能的情境。我们有两种绝对的急迫需求,一是行动的需求,二是思考的需求。它们同时并存,不可化约地相互冲突。这就是我们今日的政治存在处境,但你无法为了一方而放弃另一方。

问:最后我想问一个有关比较文学与政治之间的关系的问题,但我同时又不想这么问,因为您已经在《比较文学的未来》一文中,以及在为中文版《野性唯物主义》撰写的序言中探讨过这一问题了。所以请允许我问另一个相关但有所不同的问题:您如何思考比较文学与政治哲学之间的关系?比如,根据您在中文版序中的描述,或许有理由认为,上个世纪随着西方大学尤其是美国的政治科学逐渐量化和分析化,比较文学作为一门学科和一个研究领域,与政治哲学处于同样尴尬和暧昧的状况之中。但为了使问题复杂化,我想再引入这两个学科在当今中国学界的大致状况。如您所知,今天中国学界有很多人奢谈"政治哲学"——从柏拉图、亚里士多德谈到霍布斯、卢梭,一路下来到罗尔斯、诺齐克等。就像杰姆逊(Fredric Jameson)对于美国政治哲学复兴的诊断一样(逃避当代资本主义发展的现实而乡愁般自欺欺人地到近代资本主义萌芽期思想家那里寻找答案),中国的政治哲学热背后的政治动机也很明确:据说此类讨论刻不容缓,比如什么是建立一个好政府的必要原则?什么是公民德性?民主政制下有什么显白教诲和隐微教诲?似乎随着政治局势的变动,"言辞中的城邦"也跟着箭在弦上一般。但另一方面,比较文学则被视为与这些重要问题毫无瓜葛。虽然您说您的《野性唯物主义》一书是政治哲学,但我恐怕中国读者更多地会把它当成一本文学理论著作。您如何看待这两个学科或领域之间的关系——如果不从中国的特殊语境出发,而仅仅就您自己的理解来看的话?

答：关于比较文学的过去和未来，我有过一些说法，但你的问题非常具体：我所做的算不算政治哲学，或仅仅是比较文学或文学理论？我的回答是，在非常特殊的意义上，政治哲学总已经是比较文学。这话听起来很荒谬，其实不然。可以从三种不同但相关的层面思考这一点。

首先，"政治"一词与城市、城邦有关，与古希腊的 *polis* 有关。它要求我们思考人与人的关系、主体之间的关系、主体与非主体（无论你怎么称呼他们[比如奴隶、女人、疯子等]）的关系，认为它们受到古典意义上"城市"或"城邦"的概念支配。当你说"古典意义上的城市概念"时，你就在讨论文学了：你在讨论一个想象的建构，一个发挥康德所谓"规范性理念"作用的文化产物，这正因为（而不是尽管）它与种种文化想象有关。我知道我可能在"文化想象"的一般观念、城市的文化意象和文学的特殊形式之间滑动得太快了。但在此我不想过多纠缠这些问题。政治与"想象与他人（其他人、其他非主体，等等）的关系"这一可能性密切相关（想象这些关系与当下相同或不同）；政治与虚拟的或假设的非历史可能性相关，一如它与现实相关；——就这些方面来说，政治从始至终都离不开特殊的文学想象。并且，由于政治结合是虚拟的或假设的，由于我们以政治哲学来想象事物如何不同于目前所是的样子，因而政治哲学所做的就是将某个时刻的事态与其他时刻的事态进行比较——后者同样是想象的产物，它同样是文学事态。这就是为什么政治总是比较文学：它总与想象性的观念有关，而这些观念部分而言就属于文学。

其次，哲学几乎显然地总是具有文学性质，而且和作为比较文学的政治不无关系。哲学在古希腊总是和"爱"（*philo*）与"智慧"（*sophia*）有关，哲学就是爱智慧。最粗略地说，智慧本身就是一个文学观念或意象：比如在柏拉图对话中，智慧（"索菲亚"）就总是被与苏格拉底的论辩技巧和方法联系在一起。但我认为除此之外，还有更有意思的理由认为"哲学"与文学有关：文学总是关于对世界的表征。自康德以降，"哲学"就不与世界本身相关，而是关于世界以何种方式表征给我们——所谓作为现象的世界。由于文学性与现象相关，它与"哲学"也相关。

问：这听起来有点像解构的态度，即哲学和文学归根结底都是修辞性的，因此是同一件事。我们所需要做的仅仅是分析哲学话语的各种真理陈述背后的修辞手法，而不是为真理陈述本身辩护。

答：是的，对此可以说很多，但认为就此主张哲学和文学是一回事是非常错误的。原因之一是，真理标准可以处在文学范畴之外（毕竟我们可以写作虚构的文学作品——发疯的西班牙人大战风车，或新英格兰人大战白鲸），但真理标准不可能落在哲学之外。这一态度令我的一些持解构立场的同事很不解，他们对我说："你为什么还要继续讨论真理？你分明知道一切都是相对的！"——但对此我不能接受。我认为确实存在而且必须存在各种有着自身领域、适用范围和历史的真理机制（regimes of truth）。真理确实存在，这些真理对于各自所处的领域而言是绝对的真理，而任何领域内任何可以想见的真理都有这种性质。因此，"哲学"或爱智慧就是研究真理领域和真理机制如何生成，如何受到规范，如何消逝。我认为这是一种不错的、但又充满争议的对于"哲学"的界定。文学就不然。你或许可以在这个意义上将文学理解为哲学的一个子集：它是真理条件得以展开的领域之一，这些条件在其中或者得到满足，或者没有满足；或者得到相应调整，或者没有。和其他领域一样，文学同样拥有自身的历史和外延。文学当然不仅仅是这样，但它同时也必然具有此种性质。"文学"作为一个特殊概念出现于18世纪晚期和19世纪，在所谓"文学"的真理领域中，你会发现有些事情是可能的、有些是不可能的，有各种规则和文类对材料进行组织,等等;文学的真理是对某些总体要求的满足,等等。就此而言,文学与真理相关,它是真理机制得到规范的领域之一。所以,政治哲学在我的描述中与文学相关,政治哲学在某些意义上总已经是比较文学,但这并不意味着政治哲学要放弃自身的真理判断(包括涉及某些城市意象、某些关于城邦的文学意象的自洽性、可能性、可欲性的真理判断)。恰恰相反,就政治哲学与文学有关这一点来说,我们必须设想政治哲学带有至少两种真理机制,而两者并不总是可以相互结合,或用一方融合另一方,两者的关系也永远不会事先确定。这一不可解决的特点就是政治哲学的政治性所在,也是政治哲学的哲学性所在。

第三,已经谈到了"政治"和"哲学",似乎就该说说"政治哲学"本身了。政治哲学和比较文学之间是什么关系?有人或许会说:你已经谈到政治总是和比较文学相关,也说到哲学总是和文学有关(文学可能是哲学内部的真理领域之一,或内在于哲学话语所描述的相互角力的种种真理领域之中),那政治哲学怎么说呢?我认为这是一个非常困难的问题。也可以说,一方面很困难,另一方面也很容易。因为在美国学院里你找不到所谓"政治哲学"。这一立论或许有失偏颇,但背后的理由是,在哲学系这一唯一被承认的建制化学科内部,我之前描述的那种政治分析恰恰是被排除在外的。所以如果你接受我对于政治和哲学的界定,那么在美国就不存在(并且不可能存在)[学科意义上的]政治哲学。不是说没人在研究算得上是政治哲学的学问,而是说在美国这样的学问无法被称作"政治哲学"(在其他地方亦然)。有些欧洲学者所做的工作比一般理解的政治哲学更接近我所描述的政治哲学,例如布鲁门伯格(Hans Blumenberg)——如果你以特别的方式理解他的话——他的工作比哈贝马斯等人更接近政治哲学,反而哈贝马斯等人更接近于严格意义上的启蒙哲学。最后,像霍内特(Axel Honneth)和"承认学派"等学者虽然属于法兰克福学派，但却成功切断了法兰克福学派中最有趣和真正是政治哲学的部分，比如阿多诺对于美学理论的探讨，对于多元决定原则的讨论，等等。政治哲学在这个意义上是个非常棘手的概念，一个奇异的怪兽。如果人们真的说"莱兹拉的书不是政治哲学，而是比较文学"，那我或许会将这句话视为荣誉，只要我们理解比较文学在我勾勒出的图景中总是政治哲学，那就没什么问题。但我的著作绝对不是经典纯文学意义上的"比较文学"：例如，你在一个17世纪西班牙文学文本中找到一个国王的梦境描述，然后你发现"天哪！同一时期在另一个民族文学文本内我找到了几乎同样的文学意象"，然后比较一通。不错，这种研究从某种意义上说确实是比较文学，但它在思想上无足轻重，而且与政治和哲学都没多大关系，和政治哲学也没有半点关系。

译后记

雅克·莱兹拉无疑算得上是一个"知识恐怖分子",而这本《野性唯物主义》的"杀伤力"绝不弱于一颗知识炸弹:当无辜的读者出于对(例如)"共和主义"的兴趣翻开此书,却迎面碰上拉康、德里达、南希、墨菲、拉克劳这些名字的时候(更别提那些平日几乎闻所未闻的宗教文献了),他由此放下这本书转身离去,想必合情合理。作者蒙太奇式的论辩往往让人感到难以厘出个"主心骨",更休想总结概括——正如巴利巴尔给本书作评论时说的:"这本书很不容易概括,某种意义上,像我这样来一揽子谈论它甚至有些荒谬。"(见本书附录一)

那么,谁是莱兹拉?国内知识界对他几乎没有了解,这也并不奇怪:虽然莱兹拉学识渊博,但著述却不多,除了本书之外,之前还曾出版过一本题为《无法言说的主体》(*The Unspeakable Subjects: The Genealogy of the Event in Early Europe* [Stanford: Stanford University Press, 1997])的书,重点对《堂吉诃德》进行研究。莱兹拉在西方学界一方面是莎士比亚研究和文艺复兴研究的专家,但另一方面又擅长在最"时髦"的领域进行论辩——例如,这几年来他就"动物性"(animality)或"兽性"(monstrosity)有过很多研究,不仅在纽约大学的本科生通识教育课上开设专题,更在2011年夏天赴中国作了两场题为"处于翻译中的动物"("The Animal in Translation")的演讲。可无论是哪个"方面",中国读者可能都会感到相当程度的陌生——莎士比亚研究和文艺复兴时期（或宽泛意义上的"早期现代"时期）文献研究在国内尚属方兴未艾的西学研究领域，而面对"动物性"问题，则国内学界似乎连门道都还没摸到。不仅如此，莱兹拉的"武器库"中还有诸如精神分析、政治哲学、语言学分析，等等，恐怕读者涉猎再广，都很难一目了然地捕捉其论述的轨迹。当然，造成这一困难的另一原因是，莱兹拉的论述不但经常闪烁飘忽，甚至很多时候，在他笔下没有一个概念是稳定的——每当你认为也许领会了某段话的意思，接下来你可能就会发现作者悄悄地对它作出修正、重新界定甚至是颠覆。因此，莱兹拉的论述中很少有定论，很少有斩钉截铁的论断，甚至没有结论。或许这与他所接受的思考传统不无关系：莱兹拉早年毕业于耶鲁大学，曾听过被称为"耶鲁四人帮"的德·曼等人的课，深受其影响。也正是因此，他的论述时常会着眼于某句话、某个短语，更多时候是某个单词的多义性——例如在本书第二、三章，作者就从"divide"一词的多重含义出发，将"不可分割的主权"这一博丹至施米特以来一直被认为是不可移易的论断"演绎"得出神入化，在多个神学文本、文学文本、逻辑学文本中来回穿梭，从而引出逻辑"层级"的问题，再进而根据亚里士多德的"未来偶然性命题"探讨主权决断的政治地位和逻辑地位……或许有人会说："讨论个主权问题写得这么绕，有必要吗？"对此，我只能这么回答：如果想在理论上（重新）打开诸如"主权""政治性"等有着陷入"非此即彼"危险境地的概念，那么这本书或许是个不错的智性邀请。

不过，上述再简单不过的介绍似乎除了能够令人安心地给莱兹拉贴几个没有意义的标签之外（解构批评家？后现代主义者？西方学院左派？），并没有为解决我们的关键问题提供多少帮助：这本《野性唯物主义》究竟在讲什么？对此，我们不妨从出版社为该书提供的一份"内容简介"出发，最宽泛地了解一下作者的问题意识究竟是什么：

译后记

此书探讨的是当代政治哲学中三个相关问题。如果各种不同的社会利益和社会需求之间根本上是相互冲突的,那么社会统一体如何能从异质性中产生?这种统一体是否需要与之对应的普遍性,如果是的话,那么这些普遍性是什么,在哪里可以找到这些普遍性,或者说,它们如何确立?最后,我们应该如何修正民主的概念,从而应对经济全球化、国家和非国家的恐怖主义,以及宗教的、伦理的或民族的原教旨主义等问题?

作者通过论辩而重新激发"恐怖"这一术语,认为恐怖应被视为具有社会普遍性的意义。恐怖以一种危险的方式存在于私人空间和公共空间之间,它是一种无法约束的、无客体的焦虑体验。恐怖是不同于各个人群或阶级各自利益的东西;它严格来说不是一个在传统意义上作为普遍性论断之基础的概念(诸如平等或安全之类)。

但作者认为,恐怖在概念上的欠缺恰恰悖论性地提供了唯一充分而可靠的方式,将伦理判断和政治判断联系起来。他鲜明地指出,对于恐怖原教旨主义的批判必须建立在社会性恐怖的基础上。通过在弗洛伊德的著作和阿尔都塞晚期对于"偶然相遇的唯物主义"之间建立起开创性的方法论对话,作者向我们表明,一种恐怖伦理——以及在政治领域中的一种激进民主共和国——可以建立在他所谓的"野性唯物主义"之上。

简单来说,作者想探讨的总问题是:如何按照非同一性的逻辑设想共和国的可能性。"激进共和主义"也好,"恐怖伦理"也好,甚至"野性唯物主义"也好,追随的都是这样一种阿尔都塞式的(或毋宁说阿多诺式的)非同一性原则。从这里出发,作者在书中展开了与当今各种思想立场的对话,不仅涉及阿伦特和波考克等被视为共和主义代表人物的政治哲学家,也涉及霍克海默和阿多诺等西方马克思主义者。在此,我没有办法也没有必要为莱兹拉的论辩进行归纳总结;相反,我想极其简要地勾勒莱兹拉所涉及的无数理论问题中的一个："主权"。具体地说，莱兹拉在本书第三章中讨论了施米特的著名论断——主权者是决断例外状态的人。在相当程度上，如今国内学界对该论题的讨论几乎悖论性地将施米特的另一个论断——"现代国家理论的所有重要概念，都是世俗化了的神学概念"——反过来读为对现代国家的主权的充分解释：在止步于施米特的主权界定（如果这是一个界定的话）时，我们其实已经将现代主权观念重新神话化乃至神学化了。在这个意义上，如巴利巴尔所说，依照"世俗化"的范畴来解释现代主权观念的产生是不充分的。

莱兹拉对施米特及其后的阿甘本的"主权"概念所作的分析，根本上围绕着他所谓的"未来偶然性"命题展开。初看上去，莱兹拉的分析颇像齐泽克在《意识形态的崇高客体》中对于拉康的"征兆"概念所作的阐释——因此我们不妨稍微绕一下道，对"主权"和"征兆"进行一个十分牵强的类比。在《意识形态的崇高客体》中，齐泽克为"征兆"作了如下"定义"："这就是征兆：一个具体的'病理性'的意指构成对快感的绑定，一个抵抗沟通与阐释的惰性瑕疵，一个不能囊括在话语循环、社会粘结网络循环中却又成为其生存条件的瑕疵。"（齐泽克：《意识形态的崇高客体》，季广茂译，中央编译出版社2002年版，105页）主权决断，或者（在此语境下两者是一回事）对主权所下的定义，与"征兆"有着若干相似性：第一，"征兆"不是自外于语言流通之外的另一种语言，而仅仅是本身无意义的踪迹，它只能被回溯性地建构。第二，因此"征兆"会随着每一次的"历史断裂""每一个新的主人能指的到来"而回溯性地改变"一切传统所具有的意义"，重构对过去的叙述并"使其以另外一种新方式具有可读性"。（同上，78页）第三，"征兆"既在社会符号体系内部，又处在其外部，既是其"惰性瑕疵"，又是其不可或缺的存在条件。类似地，根据莱兹拉对于施米特和阿甘本的"主权"定义的分析，"主权决断"既是施展主权权力的一次事例，又是确立规范，既处在主权权力规范特征的内部，又处在其外部。正如阿甘本所说，主权决断并不是自外于既定法律体系的一次干预,而恰恰是不可能区分内部与外部、法与自然——"例外状态"把被排除出社会状态的自然状态重新引入了社会的"内部"。在施米特对于实证法学的批判中,面对自称自洽而具有普遍性的法律体系,"主权决断"构成了悖论性的法律,即它确乎可以根据法律体系的结构而在拓扑学上得到定位,但它的存在既颠覆了法律的日常运用,也构成了法律的基础。

至此,我们似乎遵循着不无道理的逻辑时间顺序:有规范,才有例外。但这种貌似合理的理解无法解释施米特的如下断言——规范什么也说明不了,而例外能说明一切。施米特的这句话表明,主权逻辑并不是一个在单一连续的法律平面上突然的悬置或切断"常规状态",而是——如莱兹拉所说——"一个折叠—颠倒—循环的过程":一个拓扑学变换的过程。根据施米特和阿甘本(尤其是后者),主权决断不(仅仅)是时间和空间上的悬置,它主要是一种在结构上作出区分的不可能性,用阿甘本的话说就是:"不可能区分[*discernere*]内在与外在、自然与例外、**自然与法**"。由此,如果我们分析诸如这样一个颇具施米特色彩的定义——"主权是决断例外状态"——就会得到:一方面,"主权"要遵从本身悬而未决的"主权决断"的界定,而另一方面对于"例外状态"的决断只能推出一个"无区分的拓扑学地带",一个无法区分内部与外部的莫比乌斯带结构。

问题是,在这样无区分的结构中,我们如何摆脱主权逻辑在表述时的同语反复的困境——"主权是主权"?莱兹拉暗示,解决方式之一已经包含在为主权下定义的行为本身之中:

> 就其所定义的事例来说,主权权力的定义是规范性定义,但它也是从属于"规范"的一个"事例";它可以被算进两个集合中的任何一个;并且它无法被计算在内。说主权权力是(或不是)主权权力之施展的一个规范或一个事例,这既不对也不错。

"主权权力是……"其后的内容既属于主权权力施展的事例，也属于主权权力的规范性特征——这一点并不仅仅是莫比乌斯带式结构的又一次重复，而是可能引申出一个"偶然性"命题："主权权力是（或不是）主权权力之施展的一个规范或一个事例"，这么说既不对也不错。主权决断可以是一个偶然性命题，这么说包含两层可能含义。第一，如果我们由此诉诸本体—神学论，把主权决断视为已经获得了启示性的洞察（上帝拥有对未来结果的知识），那么"主权决断"所宣示的建构性（constituting）的主权权力，就变成了不过是一个已经在政治神学意义上确立起来的既定（constituted）权力——上帝安排的秩序——的施展事例，因此主权者既没有制定规范的能力，也没有自由。在这个意义上，"未来偶然性"的问题变成了直接当下的神圣知识。第二层含义是，我们在如下意义上可以把"主权决断"视为一个"过去偶然性"命题：用阿伦特的话说，一次意志行为可以"延伸……权力发生效力的维度"，或者说，主权者确乎可以拥有统御过去的权力。莱兹拉告诉我们："主权的逻辑无法作为一种'未来偶然性'而存在于其结构中，无法作为一个施事行为而存在——这种施事行为[被认为是]外在于主权逻辑所努力获得（并以此塑造自身）的本体—神学论视野，而且总是听命于证实性、不恰当性、偶然性。"主权决断的意志行为若想要是"自由"的（恰切的意义上是"主权的/自主性的"），它就只能采取"过去偶然性"的方式：事情本可以是另一个样子，而我的断言使得它看起来确实以另一种样子发生了。每一次主权决断都是对前一次决断的否决（undecision），并由此确认自身统御的性格：与上帝的神圣预知相反、但又保持着这种神圣预知的"无时间性"特征，现代国家的主权决断因而也就注定是"无时态"并且"不可思考"的。但伴随着早期现代"世俗化过程"的"征兆"在于，

> 在主权的种种断言与它需要的本体—神学论开始分离的时刻，对于主权逻辑的单一平面进行思考，就是邀请疯狂、互相冲突的故

事、文化叙事的过度决定和不充分决定（underdetermination）、纯粹的（mere）文学；就是邀请、召唤、甚或**创造**出关于"恐怖"的现代经验。

由此"主权"问题便和"恐怖"挂钩了。我们或许可以说，"恐怖"在莱兹拉的论述中成了"主权决断"的征兆——"恐怖"既构成了主权逻辑的剩余物，也是其不可或缺的不稳定前提。如何处理、应对、创造、揭示"关于'恐怖'的现代经验"，就成了讨论主权问题必须回答的概念难题。而在本书最后，莱兹拉也确实将"恐怖"和"主权"共同归于他用"法勒斯"来指称的特质下，也就是"可分割性"：

> 如果不设法从现代国家想象的神学—政治的神话中生产出恐怖——这种努力[当然]是分裂的、分割的，并且在这个意义上是伪善的（pharisaical）或法勒斯式的——那么，就不免导致恐怖主义的虚假的直接性。（最可能的结果是这样：情况**可能**是别的样子。）法勒斯式的野性唯物主义、以促进恐怖为旨归的思想工作，并不能确保上述尝试将会成功——只能说：它们或许会成功。

总之，这本书为我们重新讨论"主权""偶然性""恐怖""共和国"等概念打开了许多空间，我们未必（其实也很难）把莱兹拉的某个暂时的推论视为确定不移的真理命题，但这些散落在各章甚至各小节、各段落中的论辩，也许会在我们思考某个概念时与我们发生对话关系。为帮助读者更好理解这本书及其作者，我将巴利巴尔对此书的评论译出作为附录，另外也附了一篇莱兹拉谈论比较文学的文章，希望这篇从具体学科建制切入的文章能为把握莱兹拉的论述方式提供一个方便的入口。另外，考虑到与本书的考察具有相关性，本书还收入了我与莱兹拉教授进行的一次访谈（附录三）。

最后谈谈这本书的翻译。应该说,本书翻译是多人合作的产物,具体分工如下:我负责导论、第三章、第五章、结语和附录一的翻译,并与朱羽合译了第二章和附录二,朱羽负责第一章和第四章的翻译,姜清远负责第六章的翻译。我对第一章和第四章进行了不同程度的修订。黄锐杰曾提供结语一章的初稿,我在此基础上进行了重译;另外,王晴曾提供第六章译文的另一个版本。对于其他译者付出的辛劳,我要在此表示感谢。另外,我还要感谢此书编辑周彬的辛苦劳作。在翻译时,译者努力遵守的原则是"信而可读"(literal and readable),但莱兹拉"野性"的文风和旁征博引式的论述无时无刻不在挑战上述原则,更挑战译者的知识边界,因此有时难免要进行调整,多数情况下是以中括号的形式增加一些短语以贯通文义——当然,是否真的做到了译者所希望的"文从字顺",最终得由读者评判。

另外,在此要感谢莱兹拉教授帮忙解答了一些翻译过程中遇到的问题,也要感谢张旭东老师和罗岗老师促成此书的出版。最后需要说明的是,为方便读者理解,译者在各自承担的译文中添加了若干脚注。译文和注释如有错漏或不当之处,还望读者指正。

王 钦

2012年8月